Andreas Bärtels

Gehölze von A–Z

Andreas Bärtels

Gehölze von A–Z

1500 Bäume und Sträucher

800 Farbfotos

23 Zeichnungen

Mit Beiträgen von Dorothea Haag

Ulmer

Mit Gehölzen gestalten 8

von Dorothea Haag

Gehölze im Hausgarten 10
Im Wechsel der Jahreszeiten 10
Gartenräume und Gartenstimmungen 11
Standortfaktoren 12
Pflanzenleben in Gemeinschaften 13

Verwendungsmöglichkeiten von Gehölzen 14
An Sitzplätzen 14
An Mauern, Zäunen und Pergolen 14
An Steinen, Stufen und Mäuerchen 15
Am Wasser 16
In Vorgärten 17
In Innenhöfen 18
In Pflanzgefäßen 19

Mit Gehölzen Gartenbilder komponieren 20
Bäume für Struktur und Akzente 20
Sträucher für Räume und Flächen 21

Gehölze pflanzen und pflegen 24

Bodenvorbereitung und Pflanzung 24
Wuchshöhen 26
Den Boden vorbereiten 26
Verbesserung des Bodens 26
Bodenverbesserung für Rhododendron 27
Substrate für Troggärten 27
Pflanzung 27

Die Pflege der Gehölze 30
Bodenpflege und Düngung 30
Gehölzschnitt 30
Technik des Gehölzschnittes 31
Pflanzschnitt 31
Erhaltungsschnitt an Sträuchern 34

inklusive Einteilung der Gehölze in Schnittgruppen ✂

Durchtreibende Unterlagen 37

Erläuterungen zu den Pflanzenporträts 39

Laubgehölze

Laubgehölze 40

1300 Bäume, Ziersträucher, Kletterpflanzen und Bambusse werden ausführlich beschrieben.

Lernen Sie die Gehölze kennen und erfahren Sie alles Wichtige zur Verwendung im Garten, zum Standort sowie zur Pflege und Vermehrung der verschiedenen Arten.
Mit hilfreichen Übersichten zur Sortenwahl.

Mit Ihren Favoriten im Garten:

Ahorn 43
Clematis 82
Hortensie 128
Magnolie 149
Rhododendron 177
Rose 191
Wisterie 231

Nadelgehölze und Ginkgo

Nadelgehölze und Ginkgo 234

240 Nadelbaumarten und -sorten werden verständlich und umfassend dargestellt.

Erfahren Sie alles über die Ansprüche und Verwendungsmöglichkeiten der vielgestaltigen Nadelbäume.

Service

Service 279
Weiterführende Literatur 281
Bildquellen 281
Register 281
Impressum 286

Vorwort

Bäume und Sträucher sind nicht nur ein unverzichtbarer Bestandteil von Natur und Landschaft, sie sind auch die wichtigsten Gestaltungselemente im Garten.

Gehölze bilden das Gerüst eines Gartens, sie umhegen ihn, schützen vor Einblicken und bilden Kulissen. Sie untergliedern und verbinden Gartenräume und bilden den richtigen Rahmen für Stauden und Sommerblumen.

Kein anderer Pflanzentyp erreicht ein so hohes Alter wie die Bäume. Sie können viele Jahrzehnte an ihrem Standort stehen. Weil sich Bäume und Sträucher, im Gegensatz zu Stauden, nach einigen Standjahren nicht mehr oder nur mit einem hohen Aufwand verpflanzen lassen, muss der Pflanzplatz mit Bedacht gewählt werden. Er muss den Ansprüchen der Gehölze an den Boden und die Lichtverhältnisse genügen. Dies ist neben einer sachgerechten Pflege für eine langfristig gesunde und artgerechte Entwicklung der Gehölze von entscheidender Bedeutung.

Die ersten Kapitel dieses Buches, verfasst von Frau Dorothea Haag, beschäftigen sich mit Fragen der Gartengestaltung. Neben allgemeinen Gestaltungsprinzipien werden typische Situationen im Garten angesprochen. Beispiele zeigen, wie sich mit Bäumen und Sträuchern einzelne Gartenbereiche gestalten lassen.

Die darauffolgenden Kapitel befassen sich mit der Praxis der Gehölzpflege, angefangen bei der Pflanzung und den dazu notwendigen Bodenvorbereitungen bis hin zu artgerechten Schnittmaßnahmen an den verschiedenen Gehölztypen.

Den weitaus größten Teil des Buches nimmt die Beschreibung von über 1500 Gartengehölzen ein: sommer- und immergrüne Laubgehölze, einschließlich Kletterpflanzen und Bambus, sowie Koniferen. Sie werden jeweils in der alphabetischen Reihenfolge ihrer botanischen Namen beschrieben, die deutschen Bezeichnungen sind dahinter vermerkt. Kennt man nur den deutschen Namen, findet man mithilfe des Registers leicht das entsprechende Gehölzporträt.

Neben der Beschreibung der morphologischen Eigenschaften, dem Aussehen, werden jeweils Angaben zur Verwendung, zum geeigneten Standort, zur Pflege, zum Schnitt und zur Vermehrung der Gehölze gemacht. Zahlreiche Farbfotos vermitteln einen visuellen Eindruck der vorgestellten Gehölze.

Es gibt unzählige Gehölzarten und -sorten, die unter mitteleuropäischen Klimabedingungen gedeihen können. Daher musste für dieses Buch eine Auswahl getroffen werden. Aufgrund meiner jahrzehntelangen Erfahrungen im Umgang mit Bäumen und Sträuchern habe ich vorzugsweise solche ausgewählt, deren Wuchsform, Belaubung, Blüten oder Früchte einen hohen Schmuckwert besitzen. Sie sind gleichzeitig aber auch robust und pflegeleicht und in Baumschulen oder Gartencentern leicht zu beziehen. Das gilt gleichermaßen für einheimische wie für fremdländische Arten, die den gleichen ökologischen Wert wie einheimische Gehölze besitzen. Neben langjährig bewährten Sorten sind auch neu eingeführte aufgenommen worden, die ebenfalls einen hohen Gartenwert besitzen und die eine weitere Verbreitung verdienen.

Bei der Auswahl haben aber auch die Wuchshöhe und Kronenbreite eine wichtige Rolle gespielt. Deshalb wurden einige Großbaumarten nicht berücksichtigt. Die beschriebenen Arten und Sorten fügen sich in die üblichen Dimensionen unserer Hausgärten problemlos ein.

Alle beschriebenen Gehölzarten und -sorten sind unter mitteleuropäischen Klimabedingungen, abgesehen von Extremstandorten, ausreichend frosthart.

Allen Hobby- und Berufsgärtnern wünsche ich beim Umgang mit Bäumen und Sträuchern die gleiche Freude und Begeisterung, die mir bei meiner jahrzehntelangen beruflichen Arbeit mit Gehölzen, in der Baumschule sowie im Forstbotanischen Garten der Universität Göttingen, und in meinem eigenen Garten zuteil geworden ist.

Andreas Bärtels, Waake-Bösinghausen

Betula pendla 'Youngii'

Mit Gehölzen gestalten

Gehölze im Hausgarten

Ein Garten verändert sich durch das Wachsen der Pflanzen in seinen Dimensionen, seinen Licht- und Schattenverhältnissen sowie seinen Farben ständig. Dadurch werden seine Proportionen, seine Wirkung und seine Stimmung beeinflusst. Am eindrucksvollsten vollzieht sich dieser Wandel bei den Bäumen, während sie sich vom winzigen Keimling über Jugend- und Reifestadium zur charakteristischen Altersgestalt entwickeln. Zudem verwandeln vor allem die Laubbäume ihr Gesicht wesentlich im jahreszeitlichen Wechsel.

Im Wechsel der Jahreszeiten

Das starre, filigrane, transparente und eher grafische Winterbild der Gehölze, das den Blick in weitere Räume freigibt, wird im Frühling von zarten Grün- und Blütenschleiern überdeckt und zum Sommer hin mehr und mehr verdichtet. Durch größere Blätter und „schwerere Farben" tritt nun das Körperhafte der einzelnen Pflanzen deutlicher hervor. Im Herbst entsteht dann durch Früchte und Laubfärbung ein regelrechtes Leuchten im Garten. Rote, orange und gelbe Farbtöne drängen dunkelgrüne zurück. Schließlich kehrt nach dem Laubfall die Transparenz wieder. Der Jahreskreis schließt sich.

Der Umgang mit diesem jahreszeitlichen Wechsel und der ständigen Veränderung durch Wachstum bedeutet das Einbeziehen der Dimension Zeit. Gerade das macht das Gestalten eines Gartens ebenso schwierig wie spannend und reizvoll. Werden diese Veränderungen bewusst bei der Gartenanlage eingeplant, erlebt man Rhythmen und Höhepunkte im Jahresablauf. Glanzlichter können zu jeder Zeit, auch noch im November, aufleuchten. Wir müssen sie uns nur vor Augen führen, das heißt ins Bewusstsein und an den rechten Platz im Garten rücken. Voraussetzung ist die möglichst genaue Kenntnis der Wachstumsbedingungen und Wuchseigenschaften der Pflanzen sowie das Wissen um die Wuchskaft der Pflanzenpartner. Es kommt also auch darauf an, wie sie in Pflanzengemeinschaften zusammenleben. Dieses Kapitel will daher zunächst einmal Verständnis für den „Prozess Garten" wecken. Ein soeben angelegter Garten hat niemals das Gesicht, zeigt niemals die Raumwirkung, die man erreichen möchte. Selbst wenn relativ ausgewachsene Pflanzen vorhanden sind oder verwendet werden können, müssen die Individuen erst miteinander verwachsen, sich zu einer Gemeinschaft entwickeln. In jedem Garten vollzieht sich der Prozess des Wachsens und Zusammenwachsens anders, aber fortwährend. Niemals ist ein Garten fertig, einen Endzustand gibt es nicht – wohl aber verschiedene Reifestadien.

Beschützt und beschattet von Sträuchern und Bäumen: ein kleiner Sitzplatz.

Als zum Himmel hin offener Freiraum unterliegt ein Garten weiteren Veränderungen, nämlich den stets wechselnden Einflüssen des Lichtes und der Witterung, im Tages- wie im Jahresrhythmus.

Ein Garten kann aus einer stets kurz geschorenen Rasenfläche und einer Umfriedung aus einer einartigen Nadelgehölzhecke bestehen. Mit geringen Abweichungen bietet er so ein jederzeit gepflegtes, aber auch gleichförmiges, fast bewegungsloses Bild – weitgehend unabhängig von den Jahreszeiten. Doch welche „Naturnähe" kann uns ein Garten bringen, in dem man sich zu jeder Jahreszeit und bei jedem Wetter auf kleine und große Erlebnisse freuen kann: Wie schön ist der Garten, wenn bei Nässe Blätter glänzen, manche Farben besonders leuchten oder wenn Regentropfen sich zu Perlenschnüren an Nadeln, Blättern und Halmen sammeln. Auch Gerüche sind nach einem Regen intensiver wahrnehmbar. Tau, Reif, Eis und Schnee verzaubern das Gartenbild und die tiefstehende Wintersonne bringt silbrige Samenstände oder letzte Blätter zum Aufleuchten. Wenn ein Gehölz mitten im Winter blüht und duftet, wenn schließlich der Frühling hervorbricht und sich nach der Winterruhe Sommerfülle und Herbstpracht entwickeln, sind wir froh, einen Garten zu haben, der uns die Jahreszeiten mit allen Sinnen erleben lässt.

Gartenräume und Gartenstimmungen

Ein Hausgarten wird vom Menschen bewusst aus seiner Umgebung herausgenommen und eingegrenzt. Mit dem Ziel, dass sich Pflanzen hier zu seinem Nutzen und zu seiner Freude entwickeln, legt der Mensch seinen Garten an, baut und formt ihn. Die Grenzen des Grundstücks werden zuweilen mit mehreren Nachbarn gemeinsam von Mauern, Zäunen, Hecken, Pflanzungen besetzt. So bildet sich immer ein Gartenraum heraus, umgeben von gebauten oder gewachsenen Wänden – ein Raum ohne Dach. Solch einen Raum gilt es zu gliedern und zu gestalten. Dies geschieht durch gebaute Elemente wie Mauern, Zäune, Pergolen, Stufen oder Wege und durch Geländemodellierung. Die Raumgestaltung erfolgt ebenso durch das Pflanzen von Bäumen, Sträuchern und Stauden in unterschiedlichen Anordnungen wie in Reihen, in Gruppen, in Einzelstellung oder auch flächig. So können Raumtiefe – Vorder- und Hintergrund – sowie Raumfolgen mit Durchgängen und Durchblicken entstehen. Es werden mannigfaltige, weite und offene, aber auch enge versteckte Bereiche geschaffen – selbst auf einem kleinen Gartengrundstück.

In einem Garten wird der Raumeindruck zunächst von den realen Größenverhältnissen bestimmt. So spielt es eine Rolle, wie hoch die umgrenzende Hecke in Bezug zur Fläche und vor allem in Bezug zum Menschen ist. Doch hängen Raumgefühl und die Stimmung, die ein Garten ausstrahlt, ganz wesentlich von den Eigenschaften der einzelnen Pflanzen ab. Stellen wir uns auf einer von Hecken umgebenen Rasenfläche eine Birke vor: eine transparente, helle Baumgestalt mit biegsamen, herabhängenden Zweigen und zierlichen, beweglichen Blättern. Wie anders wirkt dagegen eine Schwarz-Kiefer von gleicher Größe auf demselben Gartenstück: eine geschlossene, dunkle Baumgestalt mit starren, eher bizarren Zweigen und harten, schwarzgrünen Nadeln. Schon eine Pflanze prägt die Stimmung in einem Garten durch ihre Gestalt (Habitus), ihre Dichte, die Form und Beschaffenheit ihres Laubes, die Farben und sogar durch ihren Geruch. Gerüche prägen unsere Gartenbilder und sind in besonderem Maße mit unserer Erinnerung an Gartenstimmungen verknüpft. So verleiten uns Pflanzen auch zum Anfassen, zum „Begreifen" von glatter, fedriger, harter, seidiger, samtener, filziger, weicher Oberfläche. Selbst unsere Ohren haben teil an der Wahrnehmung.

Rankpflanzen umspielen strenge Strukturen.

Eine schmale Lücke zwischen hohen Hecken verlockt zum Durchblick und gibt dem Garten eine geheimnisvolle Tiefe.

Gewiss aber spielen die Augen beim Erfassen der Stimmung im Garten eine entscheidende Rolle. Die Verwandlung durch verschiedene Farben, durch Enge und Weite, aber vor allem durch verschiedene Helligkeiten machen den besonderen Reiz eines Gartens aus. Der Lichtwechsel vom tiefen Schatten vielleicht nur eines einzigen Baumes über den Halbschatten des Gehölzsaumes bis hin zur besonnten Lichtung kann auch in einem kleinen Garten zum Erlebnis werden.

Standortfaktoren

Beim Gestalten mit sogenannten toten Materialien, beispielsweise beim Malen, Werken und Bauen, kann man nach funktionalen und ästhetischen Gesichtspunkten komponieren. Beim Gestalten mit Pflanzen kommen „lebensnotwendige" Kriterien dazu. Pflanzen sind von den Lebensgrundlagen Licht, Luft und Wasser sowie vom Boden unmittelbar abhängig, weil sie fest an ihrem Standort wurzeln. Darüber hinaus wirkt die lebendige und gebaute Umgebung, die engere und weitere Nachbarschaft wesentlich auf die Pflanzen ein. Jede Pflanzenart hat spezielle Ansprüche an die Elemente, hat spezielle Eigenarten, ihr Leben zu entfalten, sich mit anderen Pflanzen zu vergesellschaften. Die Lichtverhältnisse von sonnig bis schattig, die Feuchtigkeit im Bereich trocken bis nass, die Temperatur und die Windverhältnisse mit allen Übergängen und Kombinationen sind wichtige Parameter des Standortes. Hinzu kommt die Bodenbeschaffenheit – felsig, sandig, lehmig, flach- oder tiefgründig, nährstoffreich oder nährstoffarm, sauer oder basisch. Dies alles sind die Standortfaktoren, die bewirken, dass ganz bestimmte Pflanzen und Pflanzengemeinschaften an einem Standort wachsen.

Zunächst sollte man also die Standortfaktoren untersuchen, um die Pflanzenauswahl darauf abzustimmen. Je exakter die Standortfaktoren mit denen des natürlichen Verbreitungsgebietes einer Pflanze übereinstimmen, umso besser gedeiht sie und umso weniger bedarf sie dauerhafter Pflege. Das heißt nicht, dass die Pflanze unbedingt zu den heimischen Vertretern gehören muss. Sie sollte aber standortgerecht verwendet werden, also möglichst dieselben Standortfaktoren bekommen wie an ihrem Heimatort.

Selten findet man ein einheitliches Gartengelände vor. Man wird in den meisten Fällen sonnige und schattige, trockene und feuchte, geneigte und ebene Stellen antreffen. Zudem verändert man die Standortfaktoren mit jeder gebauten und gepflanzten Maßnahme.

Der Garten soll zu einem vielfältigen Lebensbereich werden. Um Räume, Rhythmen, Farben und wechselnde Stimmungen im Garten zu schaffen und außerdem die persönlichen Wünsche zu erfüllen, wird man zunächst einmal die Besonderheiten der vorgefundenen Standorte ausbauen und hervorheben. Dazu kommen dann Modellierungen und die „Infrastruktur" des Gartens, also die Wege, außerdem Rasen- und Wasserflächen sowie Pflanzbereiche. Auf diese Weise entstehen sehr verschiedenartige Pflanzenstandorte. Sie bilden die Voraussetzung für pflanzliche Vielfalt und charakteristische Gartenräume. Bei der Pflanzenauswahl und -verwendung geht es darum, mit dem Vorgefundenen zu arbeiten. Es gilt, Standortvorteile zu nutzen und neue Pflanzenstandorte zu schaffen, um vielfältige Pflanzenbilder zu erzielen. Der einzige wirklich unveränderbare Standortfaktor ist die Himmelsrichtung.

Von der Frage wohin und wie lange Schatten auf einen Platz fällt, leitet sich jedes Pflanzenwachstum ab. Der Standort prägt und verändert auch die Pflanzen selbst in ihrem Aussehen. Im Schatten gedeihen eher solche mit großen, weichen Blättern in Grüntönen aller Schattierungen, die Blütenfarben sind eher zurückhaltend. Am warmen Sonnenplatz bilden sich vermehrt kleine, oft harte, dornige, ledrige, filzige, häufig auch duftende Blätter in graugrünen, graublauen und rotbraunen Farbtönen aus. Die Blüten entfalten hier ihre Farben- und Formenfülle sowie ihren Duft.

So muss in einem Garten die kühle Nordseite durchaus keine „Schattenseiten" haben. Sondern gerade hier kann sich ein ausgeprägtes, charakteristisches Pflanzenleben entwickeln, das im deutlichen Kontrast zu den blütenreichen und farbenfrohen Partien in der Sonne steht.

Pflanzenleben in Gemeinschaften

Führt man sich die geschilderten Pflanzungen am schattigen oder am sonnigen Platz vor Augen, „malen" nicht nur Gehölze das Bild, es sind auch Stauden sowie ein- und zweijährige Pflanzen beteiligt. Stauden sind dauerhafte Pflanzen, die mit Zwiebeln, Knollen oder unterirdischen Wurzelstöcken überdauern, deren oberirdische Teile aber im Gegensatz zu den Gehölzen nicht verholzen. Die Seerosen im Wasser, das Schilf am Ufer, die Gräser in Moor und Heide und die vielen Blütenpolster auf felsigem Untergrund sind Stauden. Auch die meisten Blumen des Waldrandes und des Waldbodens, die Farne sowie die Gräser und Wiesenblumen gehören zu den Stauden. An jedem Standort leben Stauden und Gehölze miteinander. Sie ergänzen sich sowohl in der Landschaft als auch im Garten.

In jedem Garten, selbst im sehr kleinen, kann man die Lebensbereiche Wald, Waldrand, Lichtung sowie Ufer entstehen lassen. Diese Lebensbereiche, die durch unterschiedliche Licht-, Boden- und Feuchtigkeitsverhältnisse in jedem Garten relativ einfach zu schaffen sind, entsprechen den natürlichen Standorten. Schwieriger wird es, wenn bestimmte Gartenbilder verwirklicht werden sollen, ohne Rücksicht auf die Standortgegebenheiten zu nehmen. Wenn also ein Steingarten auf fettem Bördeboden oder eine Moorbeetpflanzung mit Rhododendren auf durchlässigem, kalkreichem Boden gewünscht wird. Es ist nicht sinnvoll und ökologisch nicht vertretbar, Pflanzen an einen Standort zu zwingen, dem sie ganz und gar nicht gewachsen sind. Es gibt viele Möglichkeiten, differenzierte Gartenbilder zu gestalten, ohne den Standort wesentlich umzubauen: Das Vorgefundene ausschöpfen und die Pflanzen genau kennen sind die wichtigsten Voraussetzungen.

Stauden als typische Gehölzbegleiter

- **Im Schatten eines Baumes oder Gebäudes:** Christrosen, Märzenbecher, Busch-Windröschen, Schlüsselblumen, Lungenkraut, Stauden-Vergissmeinnicht, Maiglöckchen, Elfenblume, Geißbart, Bergenien, Funkien, Farne und Waldgräser.
- **Im wechselnden Schatten einer Strauchgruppe:** Schneeglöckchen, Narzissen, Veilchen, Wiesenraute, Fingerhut, Eisenhut, Anemonen, Storchschnabel, Glockenblumen, Akelei, Frauenmantel.
- **Auf einer Lichtung mit nährstoffreichem, feuchtem Boden:** Krokusse, Tulpen, Rittersporn, Margeriten, Phlox, Schleierkraut, Astern und Sonnenblumen zusammen mit Rosen.
- **Sonniger Standort mit trocknerem, durchlässigem Boden:** Kleingehölze wie Lavendel, Fingerstrauch, Zwergmispel, Heide- und Erikaarten, Ginster und Zwerg-Kiefer; Polsterstauden, Schwertlilien, Königskerzen, Steinbrecharten, Fetthennen und vor allem auch Gräser.
- **Im Wasser, Uferbereich:** Sumpf-Vergissmeinnicht, Sumpfdotterblumen, Wasser-Schwertlilien sowie Gräser (Binsen- und Schilfarten).

Gehölze und Stauden ergänzen sich zu einem fein abgestimmten Bild.

Verwendungsmöglichkeiten von Gehölzen

Für fast jede Gartensituation gibt es einen passenden Baum oder Strauch. Ausschlaggebend für die Auswahl sind meist die Größe des Gehölzes sowie die Standortansprüche.

Gehölze an Sitzplätzen

Den Hauptsitzplatz im Garten bildet im Allgemeinen die Terrasse. Eine oder auch mehrere Hauswände schirmen diesen Sitzplatz ab, und der Blick wandert in Richtung Garten. Strauchgruppen oder eine Mauer, ein Zaun oder eine mit Rankpflanzen überwachsene Pergola schützen vor Einblick und Wind. Wenn der Platz es erlaubt, kann ein kleinkroniger Baum, zum Beispiel ein Zier-Apfel oder ein Pflaumenblättriger Weißdorn, eine zu starke Sonneneinstrahlung mildern. Da die umgebenden Pflanzen meist auch vom Hausinneren aus zu sehen sind, also jederzeit im Blickfeld stehen, sollten sie zu allen Jahreszeiten etwas bieten: ein interessantes Winterbild aus bizarr gewachsenem Geäst, auffallenden Knospen, farbiger Rinde, immergrünem Laub, an den Zweigen haftende Früchte und Samenstände, vielleicht sogar eine Winterblüte oder eine intensive, lang anhaltende Herbstfärbung. Vor allem im Frühling und im Sommer kann der Duft von Blüten, Blättern und Früchten das Gartenerleben bereichern, zumal wenn er Bienen und Schmetterlinge anlockt.

Es hat seinen besonderen Reiz, verschiedene Sitzplätze im Garten spontan oder auch zu bestimmten Höhepunkten im Jahr aufsuchen zu können. Eine Bank oder ein Sitzmäuerchen an einem Aussichts- oder Ruhepunkt verlockt zum Hinsetzen. Unter den Blüten eines Goldregens, unter den herabhängenden Zweigen einer Trauer-Ulme oder einer Hänge-Esche fast verborgen, hat man Muße zum genauen Hinschauen. Ein Sitzplatz in der Tiefe des Gartens bietet selbst bei geringer Entfernung zur Terrasse völlig andere Perspektiven: So schweift der Blick zurück zum Haus, an dem es rankt und blüht. Den Rücken gedeckt durch einen Gehölzsaum, wird man hier noch an Sommerabenden in der Dämmerung das Leuchten heller Blätter von panaschierten Gehölzen oder die hellen Blüten der Stauden genießen können.

Zu den besonderen Gartenerlebnissen gehören das Sitzen, Tafeln, Picknicken und das Liegen auf der Wiese unter der lichten Krone eines Baumes. Der Schatten eines Gebäudes oder Sonnenschirmes kann nur ein schwacher Ersatz für das milde und lebendige Licht- und Schattenspiel unter dem Blätterdach sein.

Gehölze mit attraktivem Erscheinungsbild rund ums Jahr
Felsenbirne (Porträt Seite 56), Fächer-Ahorn (Seite 47), Zaubernuss (Seite 123), Felsenmispel (Seite 98), Hartriegel (Seite 90), Duft-Schneeball (Seite 225), Sommerflieder (Seite 66) und Strauchrose (Seite 195).

Der Besitzer der Bank muss seinen idyllischen Gartenplatz gegen die üppig blühenden Hortensien behaupten.

Gehölze an Mauern, Zäunen und Pergolen

Mauern, Zäune und Pergolen im Garten dienen dem Schutz vor Einblicken und der Umgrenzung. Raumbildung und Gliederung verschiedener Bereiche innerhalb des Gartens lassen sich mithilfe dieser Elemente ebenso erzielen. Mauern eignen sich außerdem zum Stützen und Auffangen von Höhenunterschieden. Klettergehölze können diese Baulichkeiten, wie auch Rankgerüste und Lauben, kletternd, rankend und windend überziehen und

Mit einer efeuüberwachsenen Mauer im Rücken fühlt man sich gleich behaglich und kann seinen Blick in Ruhe auf den Garten lenken.

sie mit dem Garten buchstäblich verwachsen lassen. Einer meterhohen Mauer aus Beton, Steinen oder aus Drahtschotterkörben (Gabionen) nehmen sie ihre Strenge und beleben sie mit Blatt- und Blütenkaskaden oder mit dicken, aufliegenden Kissen.

Starkwüchsige Klettergehölze zum Beranken von Gebäuden und Mauern
Blauregen (Porträt Seite 231), Efeu (Seite 125), Kletterrose (Seite 198), Wilder Wein (Seite 159), Kletter-Hortensie (Seite 128).

Schwachwüchsige Klettergehölze zum Beranken von Zäunen und Pergolen
Henrys Geißblatt (Porträt Seite 146), Pfeifenwinde (Seite 58), Jungfernrebe (Seite 159), Winter-Jasmin (Seite 138), Waldrebe (Seite 82), Kletterrose (Seite 198), Jelängerjelieber (Seite 145), Echte Weinrebe (Seite 229), Kiwi (Seite 52).

Die Klettergehölze finden an jeder Mauer oder Wand einen Platz, denn ihr Bedarf an Bodenfläche ist gering. Natürlich brauchen sie ausreichenden Wurzelraum und Nährstoffe im Boden, aber das Wasser können sie aus Fugen und Ritzen zwischen Terrassenplatten und Wegebelägen beziehen, sofern diese nicht versiegelt sind.

Auch ein höherer Zaun, der einem Gartenraum häufig die Umgrenzung und damit Geborgenheit gibt, kann ebenfalls mit verschiedenen Klettergehölzen bepflanzt werden. Ein begrünter Zaun bietet einen Lebensraum für Vögel, Igel, Schmetterlinge und Bienen. So eine Zaunwand erfordert kaum Pflege und außerdem sehr wenig Platz.

Eigens für das Überwachsen durch Pflanzen werden Rankgerüste, Laubengänge, Lauben und Pergolen gebaut. Ursprünglich stammen diese Konstruktionen aus dem Weinanbau. Neben ihrer Nützlichkeit bringen sie eine hohe Gestaltungsqualität in die Gärten. Pergolen können Gebäude miteinander verbinden, etwa das Wohnhaus mit Carport und Garage. Pergolen können zum Eingang oder zu entfernten Gartenbereichen führen, Sitzplätze einrahmen und beschatten oder Wege begleiten.

Gehölze an Steinen, Stufen und Mäuerchen

Hier wachsen neben Gräsern und Polsterstauden, die aus Fugen und Ritzen hervorquellen und überhängen, auch kriechende Zwerggehölze. Diese stammen größtenteils aus der alpinen und der Heide-Steppen-Flora. Sie lieben einen sonnigen Standort mit durchlässigem, schotterreichem Boden.

Bei diesem Gartenthema kommt es häufig zu ästhetischer Missgestaltung: Eindrucksvolle Landschaften wie Hochgebirge oder Heidelandschaften sollen in einen begrenzten Gartenraum gebracht werden und

Üppige Rosen, feinblättrige Polsterstauden und grobe Steine bilden ein kontrastreiches Miteinander.

Trockenheitstolerante Kleingehölze für den Steingarten
Ginster-Arten wie Zwerg-Elfenbein-Ginster (Porträt Seite 102), Perovskie (Seite 160), Johanniskraut (Seite 133), Bartblume (Seite 75), Spierstrauch (Seite 214), Lavendel (Seite 142), Kleinstrauch- und Zwergrose (Seite 197), Kletternder Spindelstrauch (Seite 113), Zwergmispel (Seite 97), Berg-Kiefer (Seite 263), Kriech-Wacholder (Seite 250) und Eibe (Seite 271) mit flachwachsenden, kugeligen oder kissenförmigen Polstern.

erfahren dadurch eine zu starke Verkleinerung. Schnell gerät der Versuch, mit aufgetürmten Felsbrocken und Zuckerhut-Fichten die Alpen oder mit Säulen-Wacholdern und Heidegewächsen die Heide nachzuahmen, zur Karikatur dieser großartigen, von Weite lebenden Naturräume.

Aus Stufen, Mauern, terrassierten Beeten und einzelnen Steinen oder Kiesflächen können sich im Zusammenspiel mit den typischen Stauden und blütenreichen Kleingehölzen intensive Gartenbilder entfalten. Ein so gestalteter Gartenteil kann unsere Fantasie anregen und Träume von den „großen" Landschaften in uns wecken, ohne das natürliche Vorbild ins Kleinformat pressen zu müssen.

Gehölze am Wasser

Wasser bringt eine hohe Aufenthaltsqualität und eine Vielfalt an Erlebnissen in den Garten. Abgesehen davon, dass es ohne Wasser kein Pflanzenwachstum gäbe, kann man es ruhend oder fließend in den Garten holen. Es lohnt sich, ein Gewässer – und sei es noch so klein – in der Nähe des Wohnbereiches zu installieren. Schon in einer mit Wasser gefüllten Schale spiegeln sich Sonne, Wolken und Himmel. Es werden Wind und Regen, Rauhreif und Eis sichtbar.

Dieses Erleben steigert sich noch durch Pflanzen in und am Wasser. Nur wenige Gartengehölze, einige kleinbleibende Weiden zum Beispiel, gedeihen am feuchten bis nassen Ufer. Diese Zone ist eher Revier der Wasser- und Sumpfstauden. Sofern Gehölze oder auch andere aggressiv wurzelnde Pflanzen wie Bambus in Gewässernähe frei ausgepflanzt werden, sollte man ihre Wurzelkraft bedenken und eine Wurzelsperre oder einen Sicherheitsabstand vorsehen. Das gilt besonders für Folienbecken, da ihre Dichtungsbahnen von den Wurzeln durchstoßen werden können.

Doch häufig wachsen die Gehölze an gebauten, vielleicht sogar erhöhten Becken, an Trögen oder Brunnen. Die Bäume und Sträucher wurzeln dabei in ganz normalem Gartenboden und stehen in eher ästhetischer als standortmäßiger Zuordnung zur Wasserfläche. Besonders hängende, bizarr oder breit wachsende Formen bieten im Kontrast zur ruhigen Wasserfläche und in der Spiegelung reizvolle Aspekte zu jeder Jahreszeit.

Ästhetisch wirkende Gehölze in Wassernähe
Hänge-Birke (Porträt Seite 65), Hänge-Esche, Trauer-Ulme, Zier-Kirsche (Seite 169), grün- und rotlaubige geschlitztblättrige Ahornarten wie Fächer-Ahorne (Seite 47) und Pagoden-Hartriegel (Seite 91).

Das Grün der Bäume und Solitärsträucher – teilweise im Wasser gespiegelt – vermittelt eine kühle, fernöstlich anmutende Atmosphäre.

Gehölze in Vorgärten

Geschnittene Kleingehölze und Stauden prägen diesen Vorgarten.

In den meisten Fällen begrenzen das Wohnhaus, die Straße und die seitlich angrenzenden Nachbargrundstücke den Vorgarten. Häufig nehmen Verordnungen der Gemeinde und Städte (Bebauungspläne) Einfluss auf die Art seiner Umgrenzung, seine Bepflanzung und die Auswahl des Materials. Solche Bestimmungen werden geschaffen, um diesen in die Öffentlichkeit wirkenden Bereich mit dem Straßenbild in Einklang zu bringen oder um überhaupt erst ein Straßenbild zu schaffen. Mauern, Zäune, Gitter, Hecken, aber auch vor allem Bäume und Sträucher können ein Straßenbild prägen, etwa wenn der Rotdorn blüht, der Flieder duftet, die Ahornblätter im Herbst leuchten oder die Kastanien herabprasseln.

Der „Abstandshalter" zwischen öffentlichem und privatem Raum gilt als Visitenkarte der Bewohner: Den Vorgarten sieht man im Vorübergehen oder -fahren, und er empfängt den Besucher. Dieser oft schmale Gartenstreifen kann eine versiegelte Abstellfäche oder auch ein kleines Paradies sein. Ob ein Vorgarten einladend lebendig oder vornehm zurückhaltend, ob er „pflegeleicht" versiegelt oder originell dekoriert ist – er spiegelt zum einen den Zeitgeist, zum anderen die Haltung der Bewohner wider. Der Vorgarten schirmt zur Straße hin ab. Er dient dem alltäglichen Durchgang und in den meisten Fällen als Ein- und Ausfahrt sowie als Stellfläche für die Fahrzeuge. Auch die Mülltonne muss hier untergebracht werden. Der Platz vor dem Haus kann aber auch ein Gespräch mit Vorübergehenden ermöglichen, er kann zum Verweilen, zum Sitzen vor der Haustür, zum Feiern, zum Spielen einladen und zu einem Teil des Wohnens im Freien werden.

Doch was bedeutet das nun für die Verwendung von Gehölzen?

Tab. 1 Besonderes für den Vorgarten

Zaubernuss (Porträt Seite 123)	blüht im Winter
Kornelkirsche (Seite 93)	Blütenschmuck im Frühjahr
Schmuck-Ahorne (Seite 43), Hartriegel (Seite 93)	farbige oder auffallend strukturierte Rinde
Duft-Schneeball (Seite 225)	intensiver Duft

Vom Standort her können hier alle bereits beschriebenen Möglichkeiten vorkommen: unterschiedliche Licht-, Feuchtigkeits- und Bodenverhältnisse, Plätze, Mauern, Stufen, Zäune, Pergolen, auch Wasserflächen. Außer den oben genannten gesetzlichen Kriterien kommen noch einige speziell pflanzliche hinzu: Unter den Bäumen sollte man wegen des meist eingeschränkten Platzes eine sorgfältige Auswahl treffen. Ein Hausbaum verleiht dem Vorgarten einen eigenen Charakter, er beschirmt den Eingang, er überragt das Dach. Doch er muss Platz genug finden. Es gibt eine beträchtliche Auswahl an kleinkronigen Bäumen. Kein Baum sollte unter dem Aspekt gepflanzt werden, dass man ihn zurückschneiden kann, wenn er zu hoch wächst. Man sollte auf einen

Baum verzichten, wenn nicht gewährleistet ist, dass er seine charakteristische Gestalt entwickeln darf. Zudem ist zu bedenken, dass vom Baum oder auch von Großsträuchern herabfallende Blätter oder Früchte eine besondere Rutschgefahr mit sich bringen.

Auch die Sträucher, als markante Solitärgehölze oder in abschirmenden Gruppen oder als Hecke gepflanzt, geben dem Vorgarten oder sogar der gesamten Straße ein besonderes Gesicht.

Unentbehrlich, gerade im Vorgarten, sind die hinsichtlich ihres Platzbedarfes anspruchslosen Klettergehölze. Sie „gehen die Wände hoch" und und können dabei weniger Ansehnliches kaschieren. Selbstverständlich muss man hier die jeweiligen Standort- und Wuchseigenarten beachten, damit der Zuwachs nicht zum Zuwachsen führt. Doch gerade in einem Vorgarten lassen sich Bauelemente wie Mauern, Zäune, Gitter, Carports, Garagen, Müllboxen mit Rankgerüsten und Pergolen verbinden und mit den über und über wachsenden Rankern zu einladenden und abgeschirmten Vorhöfen verwandeln.

In diesem Innenhof erinnert die Kombination von Feuer-Ahorn, Rankern, Stauden und Wasserpflanzen an üppige Wildnis.

Gehölze in Innenhöfen

Ein Innenhof ist ein von Wänden umschlossener, nach oben offener Raum. Seine Atmosphäre hängt wesentlich von dem Verhältnis zwischen Grund- und Wandflächen ab, das wiederum sein Kleinklima bestimmt. Solch ein nach den Seiten geschlossener Raum unterliegt extremen Schwankungen in Bezug auf Lichteinfall und Temperatur – je kleiner der Innenhof, desto stärker die Schwankungen. Bei hohem Sonnenstand kann kurzzeitig stauende Hitze, bei tiefem Sonnenstand kühlender, anhaltender Schatten entstehen. Außerdem treten zuweilen Windverwirbelungen auf. Die einzelnen Pflanzen innerhalb eines Hofes können infolgedessen extrem verschiedene Standorte haben. Außerdem sind sie häufig einem schnellen Wechsel der Verhältnisse ausgesetzt. Die Pflanzen müssen also zum einen robust und tolerant gegenüber Standortveränderungen sein. Zum anderen sollten sie in einem Atriumhof, der von allen Seiten zu jeder Zeit einsehbar ist, im gesamten Jahresverlauf ein gutes Bild abgeben. Wegen ihrer engen räumlichen Beziehung zum alltäglichen Wohnen vermitteln die Pflanzen des Innenhofs den Betrachtern ihren Lebensrhythmus. Sie locken zudem Vögel, Schmetterlinge und andere Kleinlebewesen an.

Durch vertiefte Plätze mit Stufen, Podesten, Hochbeeten, Pergolen oder mithilfe von Wasser kann man unterschiedliche Räume sowie Ein- und Aussichten innerhalb des Hofes schaffen. Im Zusammenspiel mit Pflanzen ergeben sich vielfältige Möglichkeiten der Gestaltung.

Robuste Bäume und Sträucher für Innenhöfe

Dornenlose Gleditschie (Porträt Seite 122), Japanische Zier-Kirsche (Seite 169), Mehlbeere (Seite 211), Lederblättriger und Pflaumenblättriger Weißdorn (Seite 100), Hahnensporn-Weißdorn (Seite 100), Blumen-Esche (Seite 120), Zier-Apfel (Seite 153), Stern-Magnolie (Seite 151), Ginkgo (Seite 246), Eisenhutblättriger Ahorn (Seite 49), Felsenbirne (Seite 56), Blumen-Hartriegel (Seite 92), Goldregen (Seite 141), Blut-Pflaume (Seite 167), Zaubernuss (Seite 123) und Bodnant-Schneeball 'Dawn' (Seite 225).

Gehölze in Pflanzgefäßen

Der Reiz, mit bepflanzten Gefäßen zu „gärtnern“, liegt in der Mobilität. Sie haben die Möglichkeit, die Töpfe und Kübel einzeln, in Reihen oder in Gruppen zusammenzustellen, Gefäße verschiedener Größe zu kombinieren, sie attraktiv zu bepflanzen und immer wieder neu zu arrangieren.

Aus Gründen der Sicherheit, der Optik und des Gedeihens sollten die Pflanzgefäße waagerecht und auf festem Grund stehen. Sie können fast überall ihren Platz finden: auf einer Dachterrasse oder dem Balkon, im Eingangsbereich, im Innenhof, auf der Terrasse und am Wasserbecken oder begleitend an Wegen und Stufen. Jedoch sollte man schon vorab bedenken, dass Gehölze in Kübeln – in Abhängigkeit von ihrer Größe, des Substrates und des Pflanzgefäßes – ein beträchtliches Gewicht besitzen und mit dem Wachstum auch noch an Masse zulegen. Der vorgesehene Standort, dessen Statik und somit Belastungsfähigkeit, sowie die Möglichkeit des Transportes der Kübel sind daraufhin genau zu prüfen.

Solch eine artenreiche Mischung aus kleinwüchsigen Gehölzen in schönen Gefäßen kann auf kleinem Raum eine eigene Gartenstimmung schaffen.

Wenn man Gehölze auf Dauer in Gefäße pflanzt, die im Freien stehen, sollte es sich um winterharte Pflanzen handeln. Sie können draußen – gegebenenfalls mit Winterschutz – ohne nennenswerten Schaden überwintern. Andernfalls brauchen sie im Winter den Schutz eines frostfreien oder temperierten Gebäudes. Dafür muss man einen entsprechenden Raum zur Verfügung haben – entweder im eigenen Haus oder beim Gärtner in der Nähe.

Außerdem sollten die Gehölze klein bleiben oder langsam wachsen, ihr Habitus und ihre Wurzel sollten zur Gefäßform und -größe passen. Gut geeignet sind schnittverträgliche Pflanzen, die sich immer wieder in der Größe reduzieren oder in eine bestimmte Form bringen lassen. Die Größe der Gefäße und die Standortbedingungen wiederum müssen den Eigenschaften der Pflanzen entsprechen.

Tab. 2 Geeignete Gehölze für Pflanzgefäße

Winterharte, robuste Kleinbäume und Sträucher:	Zier-Apfel (Porträt Seite 153), Zier-Kirsche (Seite 170), Korkenzieher-Weide (Seite 206), Japanische Ahorne (Seite 47)
Malerische Sträucher	Felsenbirne (Seite 56), Immergrüne Zwergmispel (Seite 98), Goldregen (Seite 141), Fügel-Spindelstrauch (Seite 112), Etagen-Hartriegel (Seite 91)
Schnittverträgliche Gehölze (Formschnitt)	Liguster (Seite 143), Buchsbaum (Seite 68), Eibe (Seite 271)
Überwallende, herabhängende Gehölze	Efeu (Seite 125), Teppich-Zwergmispel (Seite 97), Kletternder Spiendelstrauch (Seite 113), Winter-Jasmin (Seite 138)
Blühende Gehölze als Blickfang	Rosen (Seite 191), Hortensien (Seite 129), Spiersträucher (Seite 214)
Trockenheitsverträgliche Halbsträucher	Lavendel (Seite 142), Perovskie (Seite 160), Bartblume (Seite 75)

Mit Gehölzen Gartenbilder komponieren

Bäume werden von dem Ort, an dem sie wachsen und mit dem sie verwachsen, geprägt. Zugleich prägen sie wiederum den Ort.

Bäume für Struktur und Akzente

Bevor man Bäume in den Garten pflanzt, sollte man sich über Folgendes klar geworden sein: Man muss den Bäumen den Raum geben, in dem sie ihre Lebensgrundlage finden und in dem sie sich zu ihrer charakteristischen Gestalt entwickeln können.

Ein Baum wirft im Laufe der Zeit immer mehr Schatten und nimmt damit dem Garten und anderen Pflanzen Licht. Bäume im Hausgarten sollten bezüglich ihrer Dichte und Größe im ausgewachsenen Zustand dem Lichtbedürfnis der Menschen, die unter ihnen wohnen, entsprechen. Man sollte einen Baum auswählen, der dem vorhandenen Platz angemessen ist. Die Abstände von Gehölzen zur Grundstücksgrenze sind in Abhängigkeit von ihrer Größe im Nachbarschaftsrecht des jeweiligen Bundeslandes festgelegt. Im Bebauungsplan der jeweiligen Gemeinde kann es zudem Vorschriften zur Gehölzauswahl geben. Diese Bestimmungen sind bei der Gartenplanung zu berücksichtigen, will man spätere Unannehmlichkeiten vermeiden.

Man kann einen Baum im Vorgarten nah ans Haus pflanzen, sofern man die Wurzelkraft und die Wurzelform berücksichtigt. Er mildert dann die Strahlung der hochstehenden Mittagssonne im Sommer. Er wirft seinen Schatten auf das Dach und bildet mit seinem Stamm und einigen Ästen den Vordergrund zum Durchblick in den Garten. Für solche Plätze in Hausnähe eignen sich Bäume mit spätem Austrieb und frühem Laubfall; sie lassen die Herbst- und die Frühlingssonne hindurch, spenden im Sommer aber kühlenden Schatten. Bäume mit schwer verrottbarem Laub, wie die Walnuss, oder Bäume, von denen viele Samen und Zweige abfallen (zum Beispiel Birke), wird man hier nicht wählen. Gleiches gilt beispielsweise für die Eberesche, deren fleischige Früchte zu einem schmierigen Brei zertreten werden.

Neben der Größe und den Wuchseigenschaften wird man bei der Auswahl des Hausgartenbaumes vor allem auch seine Gestalt im weitesten Sinn berücksichtigen. Wesentliche Auswahlkriterien sind also die Wuchsform, die Belaubung (Laubfarbe und -beschaffenheit, sommer- oder immergrün) sowie mögliche Besonderheiten wie besonders attraktive Blüten, Früchte oder Rinden. Viele Bäume und Sträucher entwickeln sich zu **besonderen Wuchsformen** wie Säulen (Säulen-Zier-Kirsche, Säulen-Eiche, Säulen-Buche), Kugeln (Kugel-Ahorn, Kugel-Robinie) oder Formen mit hängenden Ästen (Hänge-Esche, Trauer-Ulme, einige Zier-Kirschen). Außerdem gibt es Formen mit korkenzieherartig gedrehten Ästen (Korkenzieher-Weide). Diese vom normalen Habitus abweichenden Wuchsformen erfordern einen besonderen Platz im Garten, damit ihre auffallende Gestalt zur Geltung kommt. Klare Formen wie Säule und Kugel verlangen eine geometrische Stellung; sie können im Mittelpunkt, paarweise am Eingang stehen oder als Reihe, als Allee oder im Rondell gepflanzt werden. Hängende Formen sollten auf eine ruhige Fläche (Rasen oder Wasser) oder auf eine flächige Pflanzung herabwallen können. Gehölze mit bizarrem Astwerk wie die Scheinbuche brauchen einen

Zwei Kugelbäume markieren den Hauseingang, begrüßen Bewohner und Gäste und betonen den dörflichen Charakter.

ruhigen Hintergrund, eine helle Wand zum Beispiel, um zur vollen Wirkung zu kommen.

Auch Laub- und Nadelbäume, deren **Blatt- und Nadelfärbung** vom gewohnten Grün abweichen, sind im Garten als Besonderheit zu verwenden. In einem kunterbunten Farbgemisch hebt sich die Wirkung gegenseitig auf. Doch mit Farbgruppierungen, mit sorgfältiger Farbabstimmung sind reizvolle Effekte zu erzielen. So leuchtet ein einzelner Baum mit weißbuntem oder gelbem Laub besonders auffallend aus dem umgebenden Dunkelgrün hervor, zum Beispiel der Goldbunte Eschen-Ahorn, die Gold-Ulme und einige Gleditschien- und Robiniensorten. Eine Gruppe von graublau-silbernen Gehölzen mit beispielsweise Silber-Ahorn, Weidenblättriger Birne oder Mehlbeere kann mit den dazu passenden Stauden einem sonnigen, trockenen Standort einen ganz eigenen, eindrucksvollen Charakter verleihen. Ein rotlaubiger Baum stellt immer eine auffallende Erscheinung dar. Rotlaubige Sorten gibt es von Ahorn, Buche, Zier-Apfel und Zier-Pflaume. Sie bilden in Begleitung von Sträuchern und Stauden mit Blüten in Rosa- und Purpurtönen einen besonderen Blickfang. Jedoch sollte der Einsatz dieser farbigen Gehölze im Garten wohldosiert werden, damit das große Farbspiel des Herbstes nicht überdeckt oder vorweggenommen wird.

Wenn es die gesetzlichen Bestimmungen und die räumlichen Voraussetzungen erlauben, sollte man Bäume in die Gärten pflanzen. Bäume sind unentbehrliche Begleiter im Erleben eines Gartens. Bäume verleihen einem Garten Struktur, setzen Akzente, geben Reife, Schatten und ein Klima, das Sträuchern wie Rhododendron, Blumen-Hartriegel, Fächer-Ahorn oder Magnolie sowie zahlreichen Stauden erst den optimalen Lebensraum bereitet.

Ein Solitärgehölz steht frei zwischen niedrigen Buchskugeln und Stauden – so kommt die charakteristische Gestalt voll zur Geltung.

Sträucher für Räume und Flächen

Sträucher bilden im Gegensatz zu Bäumen keinen durchgehenden Stamm aus, sondern treiben mehrere gleichwertige Grundtriebe. Einen Garten ohne Sträucher kann man sich kaum vorstellen, zumal es eine große Anzahl von Arten in sehr unterschiedlicher Größe und Gestalt gibt. So vielseitig ihr Farben- und Formenreichtum ist, so vielseitig lassen sich Sträucher im Garten verwenden. Man kann sich mit ihnen umgeben, sich dahinter verbergen und geborgen fühlen, geschützt vor Wind und Einblicken.

Sträucher können als markante Einzelgestalt ebensogut verwendet werden wie in Gruppen. Sie sind wegen ihrer Größe und ihres Volumens besonders wirksam als raumbildende Elemente. Man kann sie als Umgrenzung, in Reihen oder als freiwachsende und geschnittene Hecke in vielerlei Höhenabstufungen pflanzen. Von der niedrigen Einfassungshecke bis zur baumhohen Wand reichen die Möglichkeiten. Die Heckensträucher können Blüten, Früchte oder immergrünes Laub tragen, benötigen aber auch eine regeläßige Pflege in Form von Schnitt.

Hat man genügend Platz, um eine oder mehrere Reihen von Sträuchern als freiwachsende Hecke setzen zu können, erhöht sich der Erlebniswert, weil man aufeinanderfolgende Blütezeiten, verschiedene Früchte, unterschiedliche Blattformen und -farben, sehr frühen Austrieb oder immergrünes Laub kombinieren kann. Zudem bietet solch ein Gebüsch Bienen, Vögeln, Igeln und anderen Kleintieren Nahrung und Lebensraum. So bilden geschnittene oder freiwachsende Hecken sowohl aus ökologischer wie aus ästhetischer Sicht ein wesentliches Element im Garten.

Wie bei den Bäumen gibt es auch unter den Sträuchern einige Vertreter, die von Natur aus zu auffallenden Formen wie Kugeln oder Säulen heranwachsen. Einige Sträucher entwickeln ein vom normalen Bild abweichendes farbiges, hängendes oder korkenzieherartig gedrehtes Astwerk. Für ihre Verwendung gelten dieselben Kriterien wie bei den Bäumen.

Einige Sträucher, wie vor allem Hainbuche, Buchsbaum, Liguster und Eibe, eignen sich besonders gut dazu, zu Toren und Bögen formiert, in geometrische Formen wie Kegel, Kugel, Quader, Pyramide oder auch in freie Formen wie Figuren geschnitten zu werden. Mit diesen kompakten Gehölzen kann man zum Beispiel Eingangsbereiche kennzeichnen, in farbigen Staudenrabatten Gegensätze erzeugen, einen Rhythmus in der Bepflanzung markieren und einen Hintergrund bilden. Im Herbst und Winter, nach dem Verklingen der Farben, treten sie als Hauptdarsteller auf.

Bodendeckende Gehölze

Bodendecker sind vor allem durch ihre Verwendung im öffentlichen Bereich in Form von monotonem Einheitsgrün in Verruf geraten. Doch im Garten eignen sich sowohl Stauden wie auch bestimmte Gehölze dazu, dichte Teppiche mit Blättern, Blüten und Früchten zu bilden, die einen reizvollen Untergrund für höhere Stauden, Sträucher und Bäume bilden. Ebenso können sie eine ruhige Fläche zwischen Gebäuden, am Wasser oder auf Dächern darstellen. Wie alle anderen Sträucher brauchen Bodendecker den passenden Standort, damit sie dauerhaft und lückenlos zusammenwachsen. Als besonders zuverlässig unter den bodendeckenden Gehölzen gelten Immergrüne Spindelsträucher, Efeu, Immergrün, flachwachsende Fingersträucher, Rosen, Schneebeeren, Felsenmispeln sowie Kriech-Wacholder.

Farbigkeit wird nicht nur durch Blüten sondern auch durch Gehölze mit verschieden farbigen Nadeln und Blättern erreicht. Einen Akzent setzt die herausragende Kegelform.

Kletternde Gehölze

Einige Kletterpflanzen können sowohl in der Waagerechten (auf dem Boden) als auch in der Senkrechten (an Stämmen und Wänden) flächendeckend wachsen. Efeu, Kletter-Hortensien und Immergrüne Spindelsträucher erobern sich beide Dimensionen. Klettergehölze können sich meterweit von ihrem Standort fortbewegen, über den Boden, über Wände, über Zäune und Mauern, über Baum und Strauch. Aufgrund ihrer Anpassungsfähigkeit können sie mit jeder Art von Gebäude verwachsen, es wenn nötig sogar verdecken, aber auf jeden Fall verschönern – immer vorausgesetzt, man gibt ihnen den rechten Platz. Anderenfalls können die besonders wuchsfreudigen unter den Kletterpflanzen zur alles überwuchernden Plage werden. Um Schäden zu vermeiden, sind ihre Vitalität, ihre Wuchs- und Klettereigenschaften zu berücksichtigen. Manche Klettergehölze sind selbstklimmend. Mit Hilfe ihrer Haftorgane klettern sie ganz ohne Kletterhilfe die Wände hoch, zum Beispiel Efeu, einige Arten der Jungfernrebe und die Kletter-Hortensie.

Einige Gehölze sind in der Lage, von oben nach unten zu wachsen. Ihre freischwingenden, manchmal meterlangen Triebe hängen aus Gefäßen, aus Bank- und Terrassenbeeten, von Stützmauern und Pergolen herab und verweben sich zu lockeren Vorhängen. Zu den Gehölzen, die man überhängend wachsend verwenden kann, zählen Efeu, Gewöhnliche Jungfernrebe, Winter-Jasmin und Kletterrosen mit hängenden, weichen Trieben (Rambler).

Klettergehölze bereichern in ökologischer, funktionaler und ästhetischer Hinsicht unsere Gärten. Wegen ihrer Flexibilität, wegen ihrer Vielfalt an Formen, Farben, Blüten, Früchten und Düften finden sie gerade im kleinen Garten Verwendung.

Glyzinien brauchen viel Platz zur Entfaltung.

Rosen

Rosen nehmen in unserem Klimabereich den ersten Platz unter den Blütensträuchern ein, was die Blütenfülle, die Farbpalette der Blüten und die Blühdauer betrifft. Zierendes Laub, auffallende Stacheln, Früchte (Hagebutten) und vor allem eine ganze Skala von Düften machen manche Arten und Sorten besonders wertvoll. Allen Rosen gemeinsam ist das Bedürfnis nach einem sonnigen Platz und freiem Stand. Rosen lieben es nicht, wenn sie im Traufbereich von Bäumen und im zeitweiligen Schatten stehen müssen. In voller Sonne hingegen, den freien Himmel über sich, entwickeln sich Rosen gesund und in ihrer ganzen Pracht.

In ihrem Wuchs, in ihrem Habitus, zeigen Rosen deutliche Unterschiede. Es werden verschiedene Rosenklassen unterschieden (siehe Seite 194): Strauchrosen – zu denen unter anderem Wild- und Kleinstrauchrosen zählen, ferner Kletterrosen (wie die Ramblerrosen) sowie Buschrosen. Letztere umfassen Beet-, Edel- und Zwergrosen.

Hochstammrosen lassen sich aus allen Arten von Rosen ziehen; hier wird per Stammveredlung die charakteristische Wuchsform erzielt. Verwendet man als Edelreis langtriebige Rosen, erhält man Trauer- oder Kaskadenfomen.

Rosen sind im Garten unentbehrlich.

Gehölze pflanzen und pflegen

Bodenvorbereitung und Pflanzung

Die richtige Auswahl von Baum- und Straucharten für den jeweiligen Standort, eine gründliche Bodenvorbereitung sowie sachgerechte Pflanzung und Pflege sind entscheidende Voraussetzungen für das Gedeihen der Gehölze.

Wuchshöhen

Die Wuchshöhe von Bäumen und Sträuchern stellt eine der wichtigsten Kriterien bei der Auswahl von Gartengehölzen dar. Nicht selten wird für einen bestimmten Platz im Garten eine zu starkwüchsige Art gewählt oder Bäume und Sträucher werden zu eng gepflanzt. Sie wachsen dann mehr oder weniger schnell über den ihnen zugedachten Raum hinaus, bedrängen sich gegenseitig, geben zu viel Schatten oder versperren die Sicht. Durch ständige Rückschnitte wird dann versucht, die Wuchshöhe in bestimmten Grenzen zu halten. Ein solches Vorhaben ist stets zum Scheitern verurteilt, denn ein kräftiger Rückschnitt hat stets auch einen starken Neutrieb zur Folge, die ursprüngliche Höhe wird rasch wieder erreicht. Durch unsachgemäße Rückschnitte verlieren Bäume und Sträucher außerdem ihren arttypischen Aufbau, sie werden zu seelenlosen, uniformen Gestalten.

Den Boden vorbereiten

Bei Nachpflanzungen von Gehölzen in älteren Gärten oder bei Neupflanzungen auf gut gepflegten Kulturböden sind vor dem Pflanzen keine besonderen Bodenvorbereitungen notwendig. Bei der Neuanlage eines Gartens im Anschluss an bodenverdichtende Baumaßnahmen ist dagegen eine gründliche Bodenvorbereitung notwendig. Diese sollte möglichst nicht auf die Baumgrube begrenzt werden, sondern die gesamte Gartenfläche umfassen. Nur eine tiefe Lockerung verdichteter Böden garantiert einen ungehinderten Abzug überflüssigen Wassers und sorgt für eine ausreichende Durchlüftung des Bodens. Ein gut funktionierender Wasser- und Lufthaushalt ist die Vorraussetzung für eine optimale Wurzelentwicklung. Neben der mechanischen Bodenlockerung kann auch der Einsatz von Gründüngungspflanzen zur Bodenlockerung beitragen.

Verbesserung des Bodens

Bodenverbesserungen können überall dort notwendig sein, wo Extremböden mit Gehölzen bepflanzt werden sollen, wie zum Beispiel leichte, nährstoffarme Sandböden, feinkörnige, schwer durchwurzelbare Lehm- oder Tonböden, stark alkalische, sehr saure, sehr trockene oder sehr nasse Böden. Der Aufwand für die Verbesserung von Extremböden kann sehr hoch sein, deshalb ist es notwendig, für Bepflanzung von Sonderstandorten solche Gehölzarten auszuwählen, die mit diesen Standortbedingungen zurechtkommen.

Cornus kousa mit üppiger Blüte.

Eine der wichtigsten Maßnahmen zur Bodenverbesserung ist die Anreicherung des Bodens mit Humus wie Kompost, Rindenhumus, Rhodohum®, Rizinusschrot, Torf oder Gründungungspflanzen. Der Einsatz von Torf und Torf-Kultur-Substraten sollte aus ökologischen Gründen so weit wie möglich eingeschränkt werden. Humus trägt zur Bildung einer stabilen Krümelstruktur des Bodens bei. Er verbessert die Sorptionskraft (Nährstoffspeicherungsvermögen) und das Pufferungsvermögens des Bodens und trägt somit zu einer gleichmäßigen Nährstoffversorgung der Pflanzen bei. Durch Humusgaben lassen sich auch die physikalischen Eigenschaften des Bodens und damit der Wasser- und Lufthaushalt verbessern.

Auch durch das Abdecken der Baumscheiben oder Pflanzflächen mit Rindenmulch oder Pinienrinde, die den Boden feucht und locker halten, wird Humus zugefügt. Durch Rindenhumus und -mulch kann es zur Festlegung von Stickstoff kommen, weil die Mikroorganismen, die die Rinde abbauen, einen hohen Nährstoffbedarf haben. Dann sind zusätzliche Stickstoffgaben nötig.

Kleinflächige Bodenverbesserungen im Garten

Neben Humus kann man auch folgende Mittel verwenden:

- Agrosil® LR (neutral wirkendes Silikat-Kolloid)
- Hygromull® (organischer Harzschaum)
- Alginure®-Bodengranulat (quellendes Huminstoffkonzentrat)
- Gartenkalk (granulierter Kalkmergel)
- Steinwolle (als granulierte Flocken erhältlich)
- Lavalit® (aufbereiterter Lavagesteinsgrus)
- Tongranulat

Die meisten Rhododendren gedeihen in einem Boden mit einem pH-Wert zwischen 4,2 und 5,5 am besten.

Bodenverbesserung für Rhododendron

Rhododendren und andere Ericaceen (zum Beispiel *Calluna*, *Enkianthus*, *Erica*, *Daboecia*) sind ausgesprochene Flachwurzeler. Ihre feinen Faserwurzeln brauchen lockere, leicht durchwurzelbare, humose, frische Böden. Sie sind besonders empfindlich gegen stauende Nässe, Bodenverdichtungen und eine alkalische Bodenreaktion.

Begrenzender Faktor für die Kultur von Rhododendren ist vor allem der pH-Wert des Bodens, der optimale pH-Wert liegt zwischen 4,2 und 5,5. *Rhododendron*-Sorten, die auf eine kalktolerante Unterlage veredelt worden sind, tolerieren einen pH-Wert bis 6,5. Rhododendren gedeihen am besten auf humosen Sandböden und sandig-humosen Lehmböden. Solche Böden können notfalls leicht durch organische Materialien (Torf, Lauberde, Rindenkomposte oder die speziell für sie entwickelte Rhododendron-Pflanzerde) verbessert werden, vor allem im Hinblick auf ihr Speicherungsvermögen für Wasser und Nährstoffe. Durch Gaben von kohlensaurem Kalk lassen sich pH-Werte unter 4,2 anheben. Grundlage für die Dosierung der Kalkgaben ist eine Bodenuntersuchung. Geringfügig erhöhte pH-Werte können durch hohe Torfgaben abgesenkt werden.

Problematisch ist die Kultur von Rhododendren auf schweren Lehm- und Tonböden sowie auf stark alkalischen Böden, sie sind auch durch hohe Humusgaben nur schwer dauerhaft zu verbessern. Unter solchen Bedingungen können Rhododendren nur dann erfolgreich kultiviert werden, wenn ein Bodenaustausch vorgenommen oder eine ausreichend starke, 20 bis 40 cm dicke Schicht aus geeignetem Susbtrat aufgebracht worden ist. Eine Dränageschicht aus Buschwerk oder grobfaserigem Rindenkompost soll das Aufsteigen des kalkhaltigen Bodenwassers verhindern. Für Rhododendren geeignete Substrate werden im

Fachhandel angeboten oder können selbst hergestellt werden. Grundlage aller Mischungen ist ein hoher Anteil an grobfaserigem Weißtorf, dem andere organische Materialien (zum Beispiel Kokosfasern, Kiefernrindenschrot), Estrichsand und je Kubikmeter Substrat 2 bis 3 kg eines langsam fließenden, chloridarmen Mehrnährstoffdüngers oder eines speziellen Rhododendron-Düngers beigemischt werden. Alle Substrate sollen eine hohe Strukturstabilität aufweisen, die dauerhaft einen optimalen Wasser- und Lufthaushalt garantiert.

Substrate für Troggärten

Bei der Bepflanzung von Brüstungströgen oder freistehenden Trögen, Schalen oder Kübeln ist neben der Auswahl passender Gehölze auch die Verwendung geeigneter Substrate von Bedeutung. Substrate für Pflanztröge müssen den extremen Bedingungen des begrenzten Wurzelraumes genügen. Sie müssen deshalb vor allem strukturstabil und damit luft- und wasserdurchlässig sein. Die Pflanzenwurzeln müssen ausreichend mit Sauerstoff und Nährstoffen versorgt werden, gleichzeitig muss eine Vernässung des Substrates verhindert werden. Eine optimale Substratmischung für Tröge besteht zu etwa einem Drittel aus grobfaserigem Weißtorf, dem Mittel wie Estrichsand, Hygromull®, Grodan®-Steinwolle, Lavagrus oder Tongranulat sowie ca. 1,5 kg/m^3 Alginure®-Bodengranulat und 1 bis 3 kg/m^3 eines langsam fließenden Mehrnährstoffdüngers beigemischt werden.

Pflanzung

In zunehmendem Maße werden Bäume und Sträucher in Töpfen oder Containern gezogen. Sie können, sofern der Ballen gut durchwurzelt ist, ganzjährig gepflanzt werden. Im Freiland gezogene Gehölze, mit Ballen oder wurzelnackt, können dagegen nur außerhalb der Vegetationszeit gerodet und gepflanzt werden, sommergrüne Laubgehölze erst nach dem Laubfall.

Gleichgültig, ob Gehölze im Frühjahr oder Herbst gepflanzt werden, der Boden darf zur Pflanzzeit nicht zu nass sein, außerdem sollen Bodenverdichtungen vermieden werden. Im Herbst sollten immergrüne Laub-und Nadelgehölze möglichst früh gepflanzt werden, damit sie noch vor dem Winter neue Wurzeln bilden können.

Beim Transport **wurzelnackter Gehölze** muss darauf geachtet werden, dass die Wurzeln nicht austrocknen. Sie sind außerdem unbedingt vor Frost zu schützen. Vor dem Pflanzen werden beschädigte Wurzeln bis ins gesunde Holz zurückgeschnitten, dabei ist auf möglichst glatte Schnitte zu achten. Die Wurzeln müssen unbedingt nass in den Boden kommen. Notfalls müssen die Wurzeln vor dem Pflanzen einige Stunden in Wasser gestellt werden. Das gilt zum Beispiel besonders bei der Frühjahrspflanzung von Rosen, die in der Regel in einem Kühlhaus überwintert haben. Die oberirdischen Pflanzenteile wurzelnackter, meist noch relativ junger Sträucher werden um ein Drittel bis zur Hälfte zurückgeschnitten. Um einen breitbuschigen Aufbau zu fördern, wird der Schnitt möglicht über einem nach außen zeigenden Auge angelegt.

1 Die Pflanzgrube wird mindestens in doppelter Größe des Ballendurchmessers ausgehoben. Das Gehölz einsetzen und die Knoten des Ballenleinens lösen, es jedoch nicht entfernen.

2 Der Bodenaushub wird mit Kompost gemischt und in das Pflanzloch gefüllt. Beim Antreten der Erde darauf achten, dass der Ballen nicht beschädigt wird.

3 Angießen und die Baumscheibe mit organischem Material abdecken.

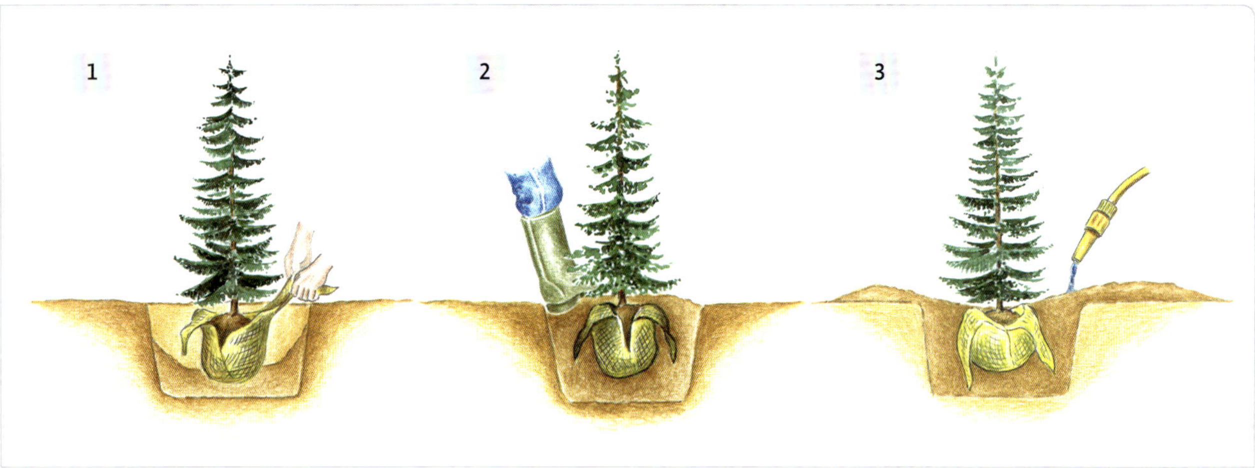

Größere Sträucher und kleinere Bäume werden an einem senkrecht stehenden Pfahl angebunden. Bei Koniferen sollte man den Baumpfahl schräg, zur Hauptwindrichtung hin, in den Boden schlagen, um den Ballen nicht zu beschädigen.

Die Größe der Pflanzgrube soll den Durchmesser des Wurzelwerkes oder des Ballens deutlich überragen. Grubensohle und die Seitenwände müssen wasser- und luftdurchlässig sein. Stauende Nässe in der Wurzelgrube kann den Tod der Gehölze bedeuten.

Vor dem Füllen des Pflanzloches muss eine nicht ausreichend feinkrümelige Aushuberde notfalls mit eigenem, reifem Kompost, Rindenhumus oder Torf verbessert werden. Frischer Stalldung oder Mineraldünger dürfen nicht mit den Wurzeln in Berührung kommen, will man Wurzelverbrennungen vermeiden. Beim Einfüllen der Aushuberde muss darauf geachtet werden, dass das Material zwischen die Wurzeln gelangt.

Das Pflanzen **ballierter Gehölze** unterscheidet sich nicht vom Pflanzen wurzelnackter Pflanzen. Auch hier müssen die Wurzeln feucht in den Boden kommen, notfalls stellt man den Ballen kurze Zeit in Wasser. Vor dem Befüllen des Pflanzloches werden die Knoten des Ballenleinens und eine eventuell vorhandene Maschendrahtbespannung gelöst, Leinen oder Maschendraht aber nicht entfernt. So werden Einschnürungen am Wurzelhals vermieden.

Angießen: Anschließend wird die Erde rings um die Wurzelkrone oder den Ballen festgetreten, soll dabei aber nicht verdichtet werden. Danach wird eine Gießmulde angelegt und das Gehölz kräftig angegossen. Dabei soll die Erde so stark durchnässt sein, dass Hohlräume zwischen der Wurzelkrone geschlossen werden. Die Wurzeln erhalten so einen guten Bodenschluss und vertrocknen nicht.

Mulchen: Wird der Wurzelbereich nach dem Pflanzen mit organischem Material abgedeckt, bleibt der Boden länger feucht, es muss weniger häufig gegossen werden. Der Boden bleibt gut durchlüftet und kann sich erwärmen. Eine ausreichende Durchlüftung und Erwärmung sind Vorraussetzungen für eine optimale Wurzelneubildung.

Beim Pflanzen von **Solitärgehölzen** ist die Anlage eines 10 bis 30 cm hohen Gießrandes unbedingt erforderlich, er muss eine ausreichend große Wassermenge aufnehmen können. Wassergaben sind naturgemäß vom Witterungsverlauf und von der Niederschlagsmenge abgängig. Bei trockener Witterung sind zusätzliche Wassergaben auch über das Pflanzjahr hinaus notwendig. Wichtig sind ausgewogene Wassergaben, ein Zuviel an Wasser behindert eine Durchlüftug und Erwärmung des Bodens und damit die Wurzelneubildung.

Die letzte Maßnahme einer Baumpflanzung stellt das **Anbinden** des Baumes an einen Baumpfahl dar. Der Pfahl muss bis ins feste Erdreich getrieben werden. Er soll nicht bis in die Krone hineinreichen. Große Solitärbäume werden oft durch drei miteinander verbundene Baumpfähle gesichert. Die Gehölze sollen so vor zu starker Windbewegung geschützt werden, damit sie sich ungestört im Boden verankern können.

Stärkere Solitärgehölze werden mit drei oder vier am Kopfende verbundenen Pfählen windfest verankert.

Die Pflege der Gehölze

Alle Pflegemaßnahmen zielen darauf ab, Bäume und Sträucher möglichst lange in einem vitalen Zustand zu erhalten. Voraussetzung dafür sind neben der Auswahl geeigneter Gehölzarten für einen gegebenen Standort ein gesunder Boden, die richtige Ernährung, eine zusätzliche Bewässerung in Trockenzeiten und ein sachgerechter Schnitt.

Bodenpflege und Düngung

Ziel jeder **Bodenpflege** ist die Schaffung und Erhaltung einer krümeligen Bodenstruktur mit einem ausgewogenen Verhältnis zwischen Bodensubstanz und Hohlraumvolumen. Sie bietet die beste Vorraussetzung für einen optimalen Wasser- und Lufthaushalt und damit für ein gesundes Mikroorganismen- und Pflanzenleben. Beeinflussen lässt sich die Bodenstruktur vor allem durch die Einarbeitung von Humus in Form von Kompost, Stallmist, Torf, Rindenhumus und Humusdüngern. Auch das Mulchen von Baumscheiben oder ganzen Pflanzflächen mit organischen Materialien oder der Anbau von Gründüngungspflanzen vor dem Pflanzen haben positiven Einfluss auf die Bodenstruktur. Auf schweren Böden kann auch eine tiefe Bodenlockerung und das Einarbeiten grobkörniger Substanzen wie Sand oder Kies für eine gute Dränage sorgen. Zur Bodenpflege gehört natürlich auch das Freihalten der Pflanzflächen von Unkraut, die den Gehölzen Nährstoffe und Wasser streitig machen.

Mit einer **mineralischen oder organischen Düngung** sollen dem Boden die Nährstoffe wieder zugeführt werden, die ihm durch das Wachstum der Pflanzen entzogen worden sind oder die durch Auswaschung und Festlegung verloren gehen. Alle Düngergaben sind auf den anstehenden Boden, dessen Versorgung mit pflanzenverfügbaren Nährstoffen und den Bedarf der Pflanzen abzustimmen. Eine über den Bedarf der Pflanzen hinausgehende Düngung belastet die Umwelt und wirkt sich ungünstig auf das Pflanzenwachstum aus.

Hinweise für eine sachgerechte Düngung sind durch eine Bodenanalyse in Verbindung mit einer Düngeempfehlung zu erhalten. Im Serviceteil ab Seite 280 finden Sie Anlaufstellen für Bodenuntersuchungen, zur Entnahme von Bodenproben sowie Adressen geeigneter Bodenlabore.

Um unsere Umwelt zu schonen und Auswaschungen von Nitraten und Phosphaten zu vermeiden, sollte möglichst auch im privaten Garten mit Langzeitdüngemitteln gearbeitet werden. Sie garantieren einen gleichmäßigen, lang andauernden Düngefluss. Zu beachten ist auch der Zeitpunkt der Düngung. Bei Gehölzen beginnt die Wurzelaktivität selten vor Anfang April, spätestens Ende Juni sollte eine letzte Düngergabe verabreicht werden.

Bewässerung: Unsere Gartengehölze haben sehr unterschiedliche Ansprüche an die Bodenfeuchtigkeit. Angaben dazu finden sich bei den später beschriebenen Baum- und Straucharten unter dem Stichwort Standort. Bei allen nicht trockenresistenten Arten kann es in niederschlagsarmen Zeiten zu Wassermangel kommen, dann ist eine Bewässerung notwendig. Wassermangel tritt aber nicht nur im Sommer auf. Immergrüne Laub- und Nadelgehölze leiden auch bei tiefen Temperaturen im Winter unter Wassermangel. Großblättrige Rhododendren zeigen dies zum Beispiel durch das Einrollen der Blattspreite, wodurch die Wasserverdunstung reduziert wird. Alle immergrünen Gehölze, auch die Koniferen, sollten bei trockenem Herbstwetter, notfalls auch zwischen zwei Frostperioden und nach langen Frostperioden unbedingt durchdringend bewässert werden. Bei allen Bewässerungsmaßnahmen sollte man darauf achten, dass das Wasser tatsächlich auch an die Wurzeln gelangt, beim Arbeiten mit einer Brause ist dies häufig nicht der Fall.

Gehölzschnitt

Schnittmaßnahmen sollen den natürlichen Aufbau eines Gehölzes fördern und ihn später erhalten oder wiederherstellen. Schnittmaßnahmen sind auch zur Formgebung von Hecken und Formgehölzen notwendig, nicht dagegen zur Höhenbegrenzung von Sträuchern, die stärker gewachsen sind als erwartet.

Regelmäßige Schnitte zur Begrenzung des Höhenwachstumes vernichten oft nachhaltig die natürliche Wuchsform von Bäumen und Sträuchern. Unterlässt man das Schneiden, nachdem man wenige Jahre einen Aufbauschnitt durchgeführt hat, beginnen Gehölze bald zu blühen und zu fruchten. Sie stellen dabei ihr starkes jugendliches Wachstum ein, und besonders die Sträucher erreichen bald annähernd ihre Maximalhöhe. Wird ein Gehölz an einem bestimmten Platz zu groß, hat man die falsche Art gewählt. Man kann diesen Fehler nur durch die Pflanzung eines neuen, besser geeigneten Gehölzes revidieren.

Technik des Gehölzschnittes

Beim Schneiden von Bäumen und Sträuchern sind folgende Grundsätze zu beachten:

- Geeignete, scharfe Werkzeuge benutzen, zum Beispiel zweischneidige Scheren und Baumsägen mit verstellbaren Blättern.
- Schnitte im rechten Winkel zur Zweigachse und dicht oberhalb einer Blattknospe durchführen.
- Äste an ihrer Ansatzstelle bis auf den „Astring", einen wulstartig verdickten Ring in Stammnähe, abschneiden. Äste zunächst 20 bis 30 cm vom Stamm entfernt von unten her anschneiden, um ausbrechende Äste und Stammwunden zu verhindern.
- Schnittwunden möglichst klein halten, raue Sägeschnitte glatt nachschneiden und die Wunde mit einem dauerelastischen Baumwachs verstreichen.
- Schnittmaßnahmen werden häufig in der Zeit der Vegetationsruhe vorgenommen, sollten aber nicht bei Temperaturen unter −3 °C durchgeführt werden. Weil aber nicht wenige Baumarten nach Schnittmaßnahmen im ausgehenden Winter erhebliche Mengen an Blutungssaft abgeben, werden diese besser im Spätsommer geschnitten. Notwendig ist dies bei *Acer*, *Gleditsia*, *Juglans*, *Liriodendron*, *Magnolia*, *Sophora* und *Tilia platyphyllos*.

1 Gehölz vor dem Schnitt **2** Entfernen von Seitenzweigen: Hier wird auf Astring geschnitten, es soll kein sogenannter Zapfen stehen bleiben.
3 Rückschnitt eines einjährigen Triebes am Beispiel *Prunus*: Der Schnitt liegt dicht und schräg über einem Auge.
4 Bei der Entfernung von Zweigen und Ästen dürfen keine Stümpfe stehen bleiben.
5 Eine Rindenzunge reißt mit dem sich neigenden Ast aus dem Stamm aus und hinterlässt schlecht heilende Wunden. **6** Richtige Schnittfolge (a, b, c) an starken Ästen zur Vermeidung von Risswunden. **7** Ein sachgerechter Schnitt liegt möglichst dicht am Stamm und hinterlässt eine glatte Wunde mit ovalem Querschnitt.

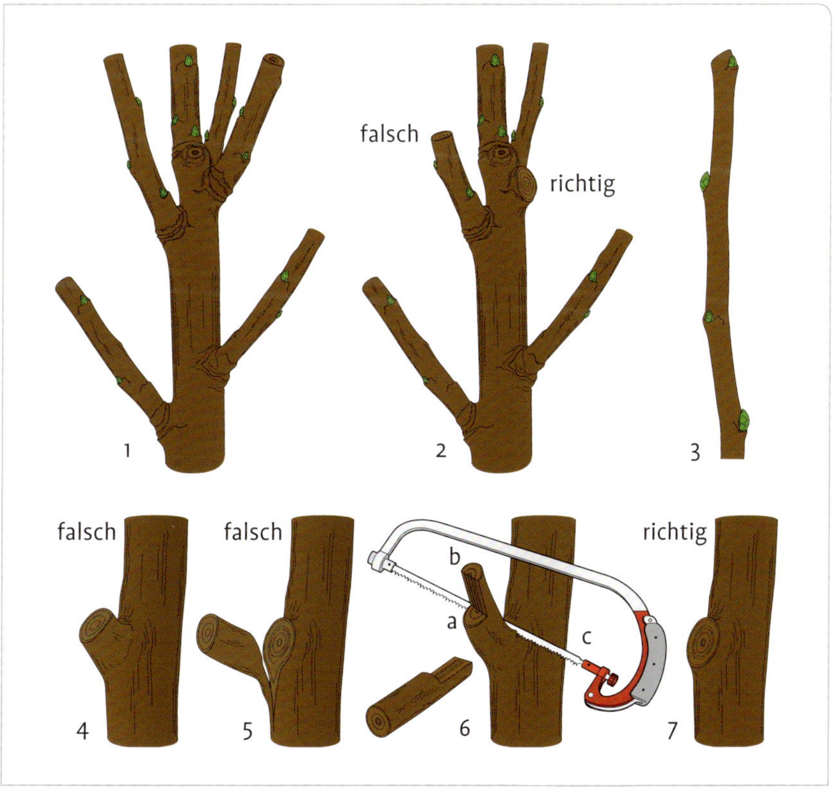

Pflanzschnitt

Sommergrüne Gehölze werden oft mit nackten Wurzeln verpflanzt. Sie verlieren beim Roden ein Teil ihrer Wurzeln, deshalb muss vor dem Pflanzen ein Ausgleich zwischen den verbliebenen Wurzeln und oberirdischen Pflanzenteilen geschaffen werden. Man entfernt dazu schwache und beschädigte Zweige und kürzt die restlichen um etwa ein Drittel ein. Auch bei sommergrünen Straucharten, die in Containern kultiviert worden sind, wird ein Rückschnitt in der Regel eine bessere Verzweigung zur Folge habe.

Gehölze, die sich von Natur aus mit wenigen, dicken Zweige aufbauen, benötigen keinen Pflanzschnitt, gleichgültig ob sie wurzelnackt oder mit Topfballen gepflanzt werden. Dazu gehören Vertreter der Gattungen *Aralia*, *Daphne*, *Hydrangea aspera*, *Magnolia*, *Paeonia* und *Rhus*. Das Gleiche gilt für Bäume und Sträucher, die aus stark entwickelten Endknospen weiterwachsen, wie zum Beispiel *Aesculus*, *Sorbus* und *Euonymus planipes*.

Bei vieltriebigen Kleinsträuchern und sommerblühenden Straucharten sollte man dagegen alle Zweige stark zurückschneiden. Das gilt zum Beispiel *für Buddleja*, *Caryopteris*, *Hypericum*, *Hydrangea paniculata*, *Perovskia*, *Potentilla* und alle kleinstrauchigen *Spiraea*-Arten wie zum Beispiel *Spiraea betulifolia*, *S. decumbens*, *S. densiflora* und *S. japonica*.

Bei nahezu allen wurzelnackten, zwei- oder dreijährigen Sträuchern werden nach dem Pflanzen die schwächeren und älteren Triebe ganz entfernt. Die restlichen werden um ein Drittel oder die Hälfte ihrer Trieblänge eingekürzt.

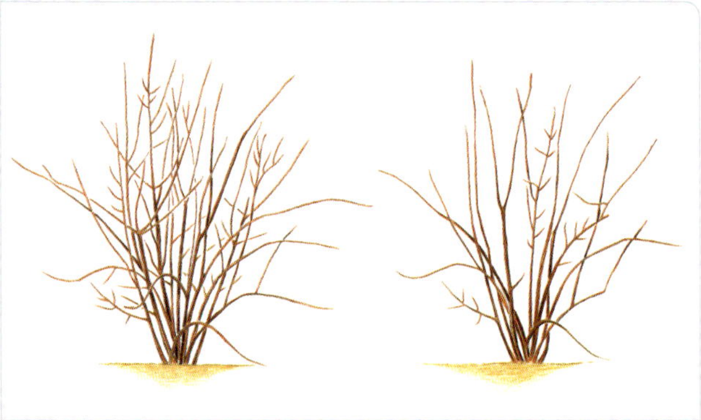

Locker aufgebaute Solitärgehölze, beispielsweise *Amelanchier laevis*, oder Sträucher mit großen Endknospen wie *Euonymus planipes* werden beim Pflanzen nur ausgelichtet.

Bei allen Rosen werden bei einer Herbstpflanzung nur die Spitzen der Triebe eingekürzt. Nach dem Abhäufeln im Frühjahr schneidet man die Triebe bis auf drei bis sieben Augen zurück, gemäß der Regel: Schwacher Trieb – starker Rückschnitt, starker Trieb – schwacher Rückschnitt.

Alle Sommer- und Herbstblüher wie zum Beispiel *Buddleja davidii* schneidet man im Frühjahr nach der Pflanzung ganz kurz zurück.

Sind dicktriebige Sträucher wie *Rhus typhina* nur spärlich verzweigt, können auch sie beim Pflanzen zurückgeschnitten werden.

Der Pflanzschnitt bei Zierkirschen (hier am Beispiel *Prunus serrulata* 'Kanzan') und Zierapfelbäumen ist dem im Obstbau üblichen Schnitt ähnlich: Die Seitentriebe werden bis auf eine Ebene zurückgeschnitten, der Mitteltrieb bleibt 20 bis 30 cm länger.

Alle jungen strauchartigen, sommergrünen Heckenpflanzen müssen nach dem Pflanzen ganz kurz zurückgeschnitten werden.

Immergrüne Laub- und Nadelgehölze, die stets in Containern kultiviert oder mit Ballen gepflanzt werden, benötigen keinen Pflanzschnitt. Das gilt auch für alle mit Ballen gelieferte Solitärgehölze, sie haben schon in der Baumschule die notwendigen Rück- und Korrekturschnitte erfahren.

Jungen, wurzelnackt gelieferten Bäumen gibt man eine Starthilfe durch einen Rückschnitt oder ein Auslichten der Krone. Beim Rückschnitt werden alle Seitenzweige auf die gleiche Länge so eingekürzt, dass die oberste Knospe nach außen zeigt, der Mitteltrieb bleibt etwas länger. Bei der Kronenerziehung in den folgenden Jahren einen lockeren Kronenaufbau anstreben, in dem sich die Seitenäste auf ein längeres Stück des durchgehenden Stammes verteilen. Zu vermeiden sind dicht stehende Astquirle und Zwieselbildungen.

Bei Heckenpflanzen hängt der Pflanzschnitt vom Alter der Pflanzen ab. Bei jungen Pflanzen von Hainbuche, Liguster, Weißdorn oder Kornelkirsche fördert ein starker Rückschnitt eine dichte Verzweigung vom Boden an. Weniger stark werden junge Rotbuchen geschnitte. An älteren, in Baumschulen speziell für Hecken gezogenen, gut garnierten Pflanzen werden Seitenzweige und Stammverlängerung nur eingekürzt.

Viburnum plicatum 'Mariesii'

Erhaltungsschnitt an Sträuchern

Im Gegensatz zu Baumarten, deren Kronen nach einigen Jahren des Aufbauschnittes in der Regel keines Schnittes mehr bedürfen, müssen zahlreiche Straucharten regelmäßig beschnitten werden. Dabei soll der natürliche Aufbau der Art möglichst erhalten bleiben, wird bei einigen Arten aber bewusst beeinflusst, um deren Blühfreudigkeit zu fördern und zu erhalten.

Die Durchführung der Erhaltungsschnitte ist abhängig vom Aufbau und Blühverhalten der Art. Aus praktischen Gründen werden die Gartengehölze dazu verschiedenen **Schnittgruppen** zugeordnet. Angaben dazu finden sich bei den Pflanzenbeschreibungen unter dem Stichwort „Pflege“.

- **Schnittgruppe ✂ 1:** Bäume und Sträucher, bei denen Erhaltungschnitte nicht notwendig sind.
- **Schnittgruppe ✂ 2:** Sträucher, die regelmäßig ausgelichtet werden müssen.
- **Schnittgruppe ✂ 3:** Sträucher, die regelmäßig im Frühjahr stark zurückgeschnitten werden.
- **Schnittgruppe ✂ 4:** Sträucher, die unmittelbar nach der Blüte zurückgeschnitten werden.
- **Schnittgruppe ✂ 5:** Schnitt bei Heckenpflanzen.
- **Schnittgruppe ✂ 6:** Schnitt bei Schling- und Kletterpflanzen.

Schnittgruppe ✂ 1: Bäume und Sträucher, bei denen Erhaltungschnitte nicht notwendig sind

Zu dieser Gruppe gehören zunächst alle **baumförmig wachsenden Arten**. Bei ihnen sind Erziehungs- und Aufbauschnitte in der Regel schon in den Baumschulen durchgeführt worden. An jungen Bäumen sind nur in den ersten Standjahren Aufbau- und Korrekturschnitte notwendig.

Unter den strauchförmig wachsenden **sommergrünen Laubgehölzen** gibt es einige Gattungen, die sich vom Boden an nur mäßig stark verzweigen und nur selten basale Verjüngungstriebe bilden. Sie bauen sich auch ohne Schnittmaßnahmen harmonisch auf. Hierzu gehören zum Beispiel alle Arten der Gattungen *Cercis*, *Cornus kousa* und *C. florida*, *Enkianthus*, *Exochorda*, *Hamamalis*, *Laburnum* und alle strauchförmig wachsenden Ahornarten.

Auch die meisten **immergrünen Laubgehölze** lassen sich dieser Gruppe zuordnen, auch sie entwickeln sich in der Regel harmonisch und bedürfen keines Schnittes. Gleichwohl können zum Beispiel Mahonien unmittelbar nach der Blüten stark zurückgeschnitten werden. *Photinia* × *fraseri* 'Reb Robin' bildet oft lange Jahrestriebe, die im Frühjahr eingekürzt werden können, die Farbwirkung des neuen Austriebes wird dann deutlich intensiver sein. Arten der Gattungen *Buxus*, *Ilex*, *Ligustrum*, *Prunus laurocerasus* oder *Pyracantha* sind sehr schnittverträglich und werden nicht selten als Heckenpflanzen eingesetzt.

Zur Schnittgruppe gehören auch **alle immer- und sommergrünen Koniferen**. Sie werden in der Regel ebenfalls nicht beschnitten. Deshalb fehlt bei der Beschreibung der Nadelgehölze auch der Hinweis auf die Schnittgruppe. Während Eingriffe bei Arten der Gattungen *Abies*, *Araucaria*, *Cedrus*, *Gingko*, *Metasequoia*, *Picea*, *Pinus* und *Tsuga* in der Regel vermieden werden, sind Schnittmaßnahmen bei Arten der Gattungen *Chamecyparis*, aufrechtwachsenden *Juniperus* und *Thuja* durchaus denkbar. Wenn man bei Ihnen die äußeren Triebspitzen vor dem Johannistag, dem 24. Juni, einkürzt, wird man einen neuen Durchtrieb und damit einen kompakten, geschlossenen Wuchs erreichen. Von allen Nadelgehölzen gelten die Eiben als besonders schnittverträglich. Sie sind deshalb als Heckenpflanzen besonders gut geeignet.

Will man Zwergkiefern, *Pinus mugo*, möglichst niedrig und kompakt erhalten, kann man im Frühjahr die jungen, oft als „Kerzen“ bezeichneten Austriebe einkürzen.

Zahlreiche dicht verweigte, kompakt aufgebaute **Zwerggehölze** kommen zeitlebens ohne Schnittmaßnahmen aus.

Schließlich lassen sich auch alle **Bambusarten** dieser Gruppe zuordnen. Schnittmaßnahmen sind nicht notwendig. Bei zu breit gewordenen, horstartig wachsenden Arten können die äußeren Halme entfernt werden. Zu weit überhän-

Erhaltungsschnitt bei Sträuchern (auch Strauchrosen) der Schnittgruppe 2: Sie werden regelmäßig ausgelichtet.

Erhaltungsschnitt bei Sträuchern der Schnittgruppe 3: Alle im Spätsommer blühenden Halbsträucher werden im Frühjahr knapp über dem Boden zurückgeschnitten.

Auch die Triebe von *Buddleja davidii* werden jährlich kurz zurückgeschnitten. Wird der Strauch nach einigen Jahren zu groß oder unansehnlich, ist auch eine Rücknahme bis ins alte Holz möglich (Schnittgruppe 3).

gende Halme können eingekürzt werden. Auch bei der Beschreibung der Baumbusarten ist auf den Hinweis zur Schnittgruppe verzichtet worden.

Schnittgruppe ✂ 2: Sträucher, die regelmäßig ausgelichtet werden müssen

Zahlreiche sommergrüne Straucharten bilden Jahr für Jahr in Bodennähe zunächst unverzweigte Langtriebe, die sich im folgenden Jahr im Spitzenbereich verzweigen und zu blühen beginnen. Die Verzweigung setzt sich in den folgenden Jahren weiter fort, die Zweige werden dabei aber stets kürzer, Zahl und Größe der Blüten lassen langsam nach, Astpartien oder ganze Pflanzen beginnen zu vergreisen. Typische Beispiele für das Wuchsverhalten von Gehölzarten dieser Gruppe sind Forsythien, Strauchrosen und Johannisbeeren.

Um die Vergreisung dieser Sträucher zu verhindern, sollen bei ihnen in Abständen von zwei bis drei Jahren einige der jeweils ältesten Äste bis zum Boden herausgeschnitten werden, um Platz für die Entwicklung der jungen Zweige zu schaffen.

Weil die Sträucher dieser Gruppe in der Lage sind, sich aus basalen Abventivknospen zu regenerieren, können jahrelang ungepflegte Sträucher auch radikal bis auf kurze Aststümpfe zurückgeschnitten und dadurch verjüngt werden.

Schnittgruppe ✂ 3: Sträucher, die jährlich im Frühjahr stark zurückgeschnitten werden

Zur dieser Gruppe gehören Straucharten, die ihre Blüten vom Frühsommer bis zum Herbst an den Enden der diesjährigen Langtriebe anlegen. Typisch für die Arten dieser Gruppe sind zum Beispiel Beet- und Edelrosen und zahlreiche kleinstrauchartig wachsende *Spiraea*-Arten, wie zum Beispiel die zahlreichen Sorten von *Spiraea japonica*. Genauso wie diese verhalten sich viele halbstrauchig wachsenden Arten, deren Zweige in kalten Wintern oft beschädigt werden, wie Arten und Sorten der Gattungen *Caryopteris*, *Lavandula* oder *Perovskia*.

Schon im Herbst werden die weichen Spitzen der Beet- und Edelrosen eingekürzt. Im Frühjahr entfernt man überflüssige, schwache und beschädigte Triebe und schneidet die übrigen zurück (Schnittgruppe 3).

Bei all diesen Sträuchern schneidet man alle vorjährigen Zweige bis auf möglichst kurze Zweigstummel zurück. Das gilt auch für die Sorten von *Buddleja davidii*, während *B. alternifolia* zu den Straucharten der Schnittgruppe 2 gehört.

Sehr verschieden werden die Arten der Gattung *Hydrangea* behandelt. Bei *Hydrangea arborescens* und *H. paniculata* und deren Sorten werden die Blüten an den Ende der diesjährigen Triebe angelegt. Deshalb werden alle Zweige im Frühjahr bis auf kurze Zweigstummel zurückgeschnitten. Bei *Hydrangea aspera* 'Macrophylla', den Sorten von *H. macrophylla* und *H. serrata* sowie bei *H. quercifolia* werden die Blütenknospen im Spitzenbereich der vorjährigen Zweige angelegt. Bei ihnen werden nur die abgeblühten Blütenstände und vertrocknete Zweige entfernt.

Ältere, dicht verzweigte Sträucher von *Hydrangea macrophylla* können von Zeit zu Zeit vorsichtig ausgelichtet werden.

Um die Sorten der Besenheide, *Calluna vulgaris*, möglichst kompakt und niedrig zu halten, werden die Sträucher im Frühjahr so weit zurückgeschnitten, dass noch ein beblättertes Zweigstück des vergangenen Jahres stehen bleibt. Das gilt auch für die sommerblühenden *Erica cinerea* und *E. vagans*. Auch bei *Erica carnea* kann man jährlich oder in Abständen von einigen Jahren die Triebe nach der Blüte unterhalb der Blütenstände einkürzen.

Schnittgruppe ✂ 4: Sträucher, die unmittelbar nach der Blüte zurückgeschnitten werden

Es handelt es hier um Baum- und Straucharten, deren Blüten an den Langtrieben des Vorjahres angelegt werden und die im Frühjahr aufblühen. Durch einen regelmäßigen starken Rückschnitt gleich nach der Blüte sorgt man auch für eine reiche Blüte im kommenden Jahr und verhindert gleichzeitig das Auftreten von *Monilia* (siehe Tippkasten auf Seite 169). In dieser Weise sollten *Prunus mume*, *P. nipponica* var. *kurilensis*, *P. tenella* und *P. triloba* behandelt werden.

Schnittgruppe ✂ 5: Schnitt bei Heckenpflanzen

Die Erziehung einer Hecke setzt schon bei jungen Pflanzen ein. Sie müssen regelmäßig stark zurückgeschnitten werden, wenn die Hecke vom Boden an gut verzweigt sein soll. Der Hauptschnitt einer Hecke findet im Winter statt. Zu dieser Zeit können bei sommergrünen Arten auch Korrekturschnitte bis ins mehrjährige Holz vorgenommen werden. Sommerschnitte sollten erst ab Ende Juli durchgeführt werden, um brütende Vögel nicht zu stören.

Eine Hecke wird sich dann am besten entwickeln, wenn die Seitenwände nicht senkrecht, sondern in Trapezform geschnitten werden. Nur dann erhalten auch die unteren Bereiche ausreichend Licht und werden in ihrem Wachstum gefördert.

Erhaltungsschnitt bei Klettergehölzen der Schnittguppe 6: Der Schnitt der Kletterrosen unterscheidet sich nicht wesentlich von dem der Strauchrosen. Häufig werden allerdings, wie hier dargestellt, die Seitentriebe jährlich bis auf wenige Augen eingekürzt.

Wisteria und Campsis blühen besonders reich, wenn die letztjährigen Langtriebe im Hochsommer bis auf kurze Stummel zurückgeschnitten werden. Das kurze Blühholz bleibt ungeschnitten (Schnittgruppe 6).

Schnittgruppe ✂ 6: Schnitt an Schling- und Kletterpflanzen

Die einzelnen Gattungen werden recht unterschiedlich behandelt.

Bei *Actinidia*, *Akebia*, *Ampelopsis*, *Aristolochia*, *Celastrus*, *Hedera*, *Lonicera*, *Parthenocissus* und *Vitis* sind Auslichten und Rückschnitt nur dann erforderlich, wenn die Gehölze über den ihnen zugedachten Raum hinauswachsen.

Bei der vergleichsweise schwach wachsenden Kletterhortensie, *Hydrangea anomala* subsp. *petiolaris*, sind korrigierende Eingriffe fast immer überflüssig.

Der Schlingknöterich, *Polygonum baldschuanicum*, wächst so stark, dass er einen jährlichen Rückschnitt verträgt, er ist aber nicht unbedingt erforderlich.

Kletterrosen können wie Strauchrosen behandelt werden, man lichtet sie also, soweit möglich, nur kontinuierlich aus.

Bei *Campsis* und *Wisteria* werden nach einigen Jahren des Aufbaues im Sommer alle diesjährigen Triebe auf zwei bis drei Knospen zurückgeschnitten, wobei das kurze Blühholz sorgfältig geschont wird.

Bei *Clematis* unterscheiden wir drei Schnittgruppen:

Bei frühblühenden Arten wie *Clematis alpina*, *C. macropetala* und *C. montana* werden die Blüten am alten Holz angelegt. Schnittmaßnahmen beschränken sich hier auf das Auslichten und Entfernen schwacher oder abgestorbener Triebe im Herbst oder Frühjahr. Sind Rückschnitte erforderlich, werden diese unmittelbar nach der Blüte durchgeführt.

Bei *Clematis*, die am alten und jungen Holz blühen, handelt es sich nahezu ausschließlich um großblumige Sorten, die im Frühjahr und Frühsommer blühen. Sie blühen Ende April bis Anfang Mai oder Ende Mai bis Anfang Juni an kurzen Seitentrieben, die an vorjährigen Zweigen entstehen und ein zweites Mal mit einer meist schwächeren Nachblüte im August/September an diesjährigen Neutrieben. Auch hier kann sich der Schnitt auf das Herausnehmen schwacher oder abgestorbener Triebe beschränken. Zu den *Clematis*, die ausschließlich vom Mittsommer bis zum Herbst am alten Holz blühen, gehören Arten wie *Clematis orientalis*, *C. tangutica*, *C. vitalba* und *C. viticella* mit den dazugehörigen Abkömmlingen. Bei den natürlichen Arten sind regelmäßige Rückschnitte nicht notwendig, aber durchaus möglich. Spätblühende Hybriden, häufig Abkömmlinge von *Clematis viticella*, werden regelmäßig im Spätherbst oder Frühjahr auf eine Höhe von etwa 50 cm über dem Erdboden zurückgeschnitten.

Durchtreibende Unterlagen

Die meisten Rosen, Zierkirschen, Zieräpfel, Flieder und zahlreiche andere Ziergehölze werden in der Baumschule durch eine Veredlung vermehrt. Nicht selten treiben aus der Unterlage mehr oder weniger „wilde“ Triebe, die man an ihrer Entstehungsstelle, nicht etwa nur an der Bodenoberfläche, sorgfältig entfernen muss. Sie könnten sonst die Edelsorte überwachsen, mindestens aber in ihrer Entwicklung hemmen.

Erläuterungen zu den Pflanzenporträts

In diesem Buch werden etwa 1500 Gartengehölze in alphabetischer Reihenfolge ihrer wissenschaftlichen Namen beschrieben. Es werden dabei Laubgehölze, Kletterpflanzen, Bambus und Nadelgehölze berücksichtigt.

Ausgewählt wurden Arten und Sorten mit einem hohen Gartenwert. Der zeichnet sich nicht nur durch die Attraktivität von Blattfarben, Blüten und Früchten aus, sondern schließt auch Wüchsigkeit und Robustheit ein. So finden sich neben bewährten älteren Sorten auch vielversprechende, erst in den letzten Jahren eingeführte Sorten.

Von wenigen Ausnahmen abgesehen, sind alle beschriebenen Arten und Sorten nahezu überall in Deutschland ausreichend winterhart. Bei den wenigen, nicht überall winterharten Sorten wird darauf hingewiesen, dass sie nur für wintermilde Standorte geeignet sind.

Bei den meisten Arten folgt die Beschreibung anhand gleich bleibender Stichworte: Aussehen – Verwendung – Standort – Pflege – Vermehrung. Wo diese Differenzierung fehlt, kann davon ausgegangen werden, dass die Angaben denen der voraus beschriebenen Art entsprechen.

Unter dem Stichwort **Aussehen** werden Eigenschaften der Pflanzen wie Wuchsgröße, Belaubung, Blüten und Früchte beschrieben.

Bei dem Stichwort **Verwendung** wird auf die wichtigsten Verwendungsbereiche in Gärten und Parkanlagen hingewiesen. Da der Einsatz eines bestimmten Baumes oder Strauches von vielen Faktoren abhängig ist, können die Hinweise hier nur beispielhaft sein. In vielen Fällen sind weitere Verwendungen durchaus möglich.

Unter dem Begriff **Standort** werden die Ansprüche der jeweiligen Art an die Lichtverhältnisse, an Bodenfeuchtigkeit, Bodenart und Bodenazidität (sauer bis kalkhaltig) beschrieben. Die Beachtung der Standortansprüche ist die wichtigste Voraussetzung für ein Gedeihen der Gehölze. Mit der allgemein prognostizierten Klimaerwärmung werden solche Gehölze gut zurechtkommen, die für Standklima geeignet sind und die trockene Böden, Lufttrockenheit und sonnigwarme Standorte tolerieren.

Unter dem Stichwort **Pflege** wird, soweit notwendig, auf bestimmte Bedürfnisse der Art hingewiesen, zum Beispiel auf den Schutz von Jungpflanzen in kalten Wintern, auf notwendige Bewässerungen bei trockenwarmer Witterung, vor allem aber auf die Art und Weise, wie eine bestimmte Art zu schneiden ist. Die Schnittmethoden der angegebenen Schnittgruppen werden auf den Seiten 34–37 ausführlich beschrieben. Hinweise zur Schnittgruppe fehlen bei der Beschreibung von Bambus und Nadelgehölzen, weil bei diesen in der Regel Schnittmaßnahmen nicht durchgeführt werden.

Es wird nur dann auf bestimmte Krankheiten und Schädlinge hingewiesen, wenn diese für die Art besonders relevant sind.

Unter dem Stichwort **Vermehrung** wird kurz erwähnt, wie eine bestimmte Art zu vermehren ist.

Laubgehölze

Abelia × grandiflora, Großblütige Abelie

Aussehen: Die wintergrüne, etwa mannshohe, reich verzweigte Hybride (*A. chinensis × A. uniflora*) trägt an bogig überhängenden Zweigen bis 4,5 cm lange, eiförmige, glänzend dunkelgrüne Blätter, die sich im Herbst bronzebraun bis purpurn verfärben. Vom Juli bis zum Oktober erscheinen die weißen, leicht rosa getönten, 2 cm langen, glockig-trichterförmigen, leicht duftenden Blüten.
Verwendung: *A. × grandiflora* ist ein exzellenter Zierstrauch mit spätsommerlicher Blüte für geschützte Lagen.
Standort: Sonnig bis lichtschattig, wärmeliebend. Boden durchlässig, mäßig trocken bis frisch, sandig-lehmig bis lehmig, schwach sauer bis schwach alkalisch.
Pflege: Winterschutz bei Jungpflanzen ratsam. ✂2.
Vermehrung: Krautige oder halbreife Stecklinge im Juli/August.

Abelia mosanensis, Koreanische Abelie

Aussehen: Der sommergrüne, breit aufrecht und etwas unregelmäßig wachsende Strauch wird etwa mannshoch. An den rötlichen, anfangs borstig bewimperten Trieben sind die schmal-elliptischen, 4–10 cm langen, glänzend dunkelgrünen Blätter gegenständig angeordnet. Sie färben sich im Herbst schön orangerot. Im Mai/Juni schmückt sich der Strauch mit zahlreichen kleinen, stieltellerförmigen Blüten, bei denen die Kronröhre karminrot, die ausgebreiteten Kronzipfel weiß oder zartrosa sind.
Verwendung: *A. mosanensis* ist die einzige Art der Gattung, die bei uns überall vollständig frosthart ist.
Standort: Sonnig bis lichtschattig. Boden mäßig trocken bis frisch, alle gepflegten Gartenböden, schwach sauer bis alkalisch.
Pflege: Anspruchslos, ✂2.
Vermehrung: Krautige Stecklinge.

Abeliophyllum distichum, Schneeforsythie

Aussehen: Die Schneeforsythie ist ein mit den Forsythien nahe verwandter, in Korea heimischer Strauch. Er ist sommergrün, bis 1,5 m hoch, sparrig verzweigt mit schmal eiförmigen, beiderseits mattgrünen Blättern. Die 2 cm breiten, trichterförmigen Blüten stehen zur Blütezeit im März/April in achselständigen Trauben an den vorjährigen Zweigen. Sie sind zartrosa bis weiß und duften stark nach Mandeln. Bei der Sorte 'Roseum' sind die Blüten stärker rosafarben als bei der Art.
Verwendung: Die Schneeforsythie ist ein hübscher Liebhaberstrauch.
Standort: Sonnig bis lichtschattig, wärmeliebend, hitzeverträglich, ge-

Empfehlung
Die Zweige dieses interessanten Vorfrühlingsblühers lassen sich gut vortreiben.

Abelia × grandiflora

Abelia mosanensis

Abeliophyllum distichum

schützt. Boden mäßig trocken bis frisch, sandig-lehmig bis lehmig, schwach sauer bis alkalisch.
Pflege: Braucht als Jungpflanze Winterschutz. ✂ 2.
Vermehrung: Krautige Stecklinge im Juni.

Acer campestre, Feld-Ahorn

Aussehen: Der Feld-Ahorn, ein kaum mehr als 15 m hoher Baum, hat einen meist kurzen Stamm mit einer fast rechteckig gefelderten Borke und eine etwas unregelmäßige, dicht verzweigte, eiförmige bis rundliche, bis 10 m breite Krone. Die Zweige sind oft mit flügelartigen Korkleisten bedeckt. Drei- bis fünflappig sind die 5–10 cm langen, stumpfgrünen Blätter, die sich im Herbst leuchtend goldgelb bis bronzegelb verfärben. Im Mai stehen jeweils 10–20 grünliche Blüten in aufrechten Rispen zusammen. Bis 3 cm lang sind die Früchte mit den waagerecht ausgebreiteten Flügeln.
Verwendung: *A. campestre* wird meist als Einzel-, Gruppen- oder Alleebaum gepflanzt, die sehr schnittverträgliche Art eignet sich aber auch sehr gut für freiwachsende oder geschnittene Hecken. 'Carnival' ist eine Sorte mit weiß- und cremegelb panaschierten Blättern.
Standort: Sonnig bis halbschattig, windfest, für Stadtklima geeignet, Luft- und Bodentrockenheit ertragend. Boden trocken bis frisch, durchlässig, sandig-kiesig bis lehmig, schwach sauer bis stark alkalisch.
Pflege: Sehr anpassungsfähig und schnittverträglich. ✂ 1, 5.
Vermehrung: Aussaat unmittelbar nach der Ernte im Herbst.

Acer campestre

Acer campestre

Acer campestre 'Carnival'

Acer campestre

Weitere kleinkronige *Acer*-Arten und -Hybriden

Acer monspessulanum, Burgen-Ahorn
Wärmeliebende und hitzeverträgliche Art, ein 3–10 m hoher langsam wachsender, breit- bis rundkroniger Baum mit drei- bis fünflappigen, derben, nur 3–5 cm breiten Blättern. Sie sind oberseits glänzend dunkelgrün, im Herbst leuchtend goldgelb.

Acer × _zoeschense_ 'Annae', Zöschener Ahorn
Bis etwa 15 m hoher Baum mit einer breit gewölbten Krone. Blätter 10–20 cm breit, fünf- bis siebenlappig, im Austrieb dunkel purpurfarben, später oberseits glänzend oliv- bis dunkelgrün, nur der Blattstiel und die Nervatur bleiben rot. Herbstfärbung gelb bis goldbraun. Mit der schönen Belaubung ein attraktiver Solitär- und Straßenbaum, der auch für die Bepflanzung großer Kübel geeignet ist.

Acer monspessulanum

Acer × *zoeschense* 'Annae'

Acer capillipes, Roter Schlangenhaut-Ahorn

Aussehen: Der bis 12 m hohe, meist mehrstämmige Baum baut eine regelmäßig trichterförmige Krone auf. Die lange glatt bleibende, rötlich grüne Rinde wird von schmalen, weißen Längsstreifen durchzogen. Bis 12 cm breit sind die dreilappigen dunkelgrünen, im Austrieb rötlichen Blätter, die sich im Herbst leuchtend scharlach- oder dunkelrot bis orange verfärben. Typisch für die Art sind die roten Jungtriebe und Blattstiele. Die bis 8 cm breiten, grünlich gelben Blüten sind sehr reizvoll.
Verwendung: Der sehr elegante Baum eignet sich besonders gut für Einzelstellung in kleineren Gärten oder in größeren Staudenrabatten. Das gilt gleichermaßen auch für alle anderen Schlangenhaut-Ahorne. Alle bauen sich ähnlich auf wie *A. capillipes* und besitzen eine vergleichbare Stammzeichnung.
Standort: Sonnig bis halbschattig. Boden durchlässig, frisch bis feucht, nährstoffreich, sandig- oder lehmig-humos, sauer bis neutral.

Acer capillipes

Pflege: Keine besonderen Ansprüche. ✂ 1.
Vermehrung: Aussaat im Herbst oder Frühjahr, Sorten und Hybriden durch Veredlung im Sommer oder Winter unter Glas.

Weitere empfehlenswerte Schlangenhaut-Ahorne

Acer × *conspicuum* 'Phoenix'
5–6 m hoher, sparsam verzweigter Baum. Die weiß gestreiften Zweige im Winter auffallend rot. Blätter dreilappig, 12–20 cm lang, im Herbst leuchtend gelb bis orangegelb.

***Acer davidii*, Davids Schlangenhaut-Ahorn**
Bis 15 m hoher Baum. Krone regelmäßig trichterförmig. Rinde grün oder rötlich grün, mit schmalen weißen Streifen. Blätter meist ungelappt, 8–16 cm lang. Herbstfärbung gelb bis orangerot. Bei der subsp. *grosseri* färben sich die sehr variablen, dreilappigen oder ungelappten Blätter im Herbst intensiv gelb, orange und karminrot.

Acer davidii subsp. *grosseri*

Acer davidii

Acer rufinerve

***Acer pensylvanicum*, Amerikanischer Schlangenhaut-Ahorn**
Bis 12 m hoher Baum. Krone offen trichterförmig. Rinde grün, mit schmalen, weißen Längsstreifen. Blätter dreilappig, 12–18 cm lang, Seitenlappen weit oberhalb der Mitte angesetzt. Herbstfärbung gelb.

Acer pensylvanicum

***Acer rufinerve*, Rostnerviger Schlangenhaut-Ahorn**
12–15 m hoher Baum. Krone regelmäßig schmal trichterförmig. Rinde grün bis bräunlich grün, weiß gestreift. Blätter dreilappig, 6–15 cm lang, unterseits in den Nervenwinkeln rostbraun behaart. Herbstfärbung stumpfrot bis orangegelb.

***Acer tegmentosum*, Koreanischer Schlangenhaut-Ahorn**
Bis 10 m hoher Baum. Krone regelmäßig schmal trichterförmig, offen. Rinde purpur- bis graugrün, weiß gestreift. Blätter dreilappig, 10–18 cm lang. Herbstfärbung gelb.

Acer tegmentosum

Acer griseum

Acer griseum, Zimt-Ahorn

Aussehen: Der Zimt-Ahorn wächst langsam zu einem 5–8 (–12) m hohen, oft vom Boden an mehrstämmigen Baum heran. Er hat eine locker aufgebaute, breit trichterförmige Krone und eine glatte, auffallend zimtbraun gefärbte Rinde, die sich in dünnen Querstreifen löst. Die dreizähligen, olivgrünen Blätter färben sich im Herbst gelb oder orange bis scharlachrot. Die vergleichsweise großen, dicken und behaarten Früchte bleiben meist über den Winter hängen.
Verwendung: Der Zimt-Ahorn ist auch für kleinere Gärten geeignet. Besonders mehrstämmige Exemplare sind äußerst attraktiv.
Standort: Sonnig bis lichtschattig. Boden frisch bis feucht, Bodentrockenheit nur schlecht ertragend, durchlässig, locker, sandig- oder lehmig-humos, sauer bis neutral.
Pflege: Standortansprüche beachten. ✂ 1.
Vermehrung: Aussaat im Herbst oder im Frühjahr.

Besonderheit im Garten
Acer griseum ist mit der eigenartigen Rindenfärbung eine einzigartige Erscheinung unter den Ahorn-Arten. Ein Muss für Ahorn-Liebhaber!

Acer negundo, Eschen-Ahorn
(Tab. 1)

Aussehen: Der Eschen-Ahorn ist ein rasch wachsender, 12–15 (–20) m hoher Baum mit einer 10–12 m breiten, lockeren, unregelmäßig gewölbten Krone, überhängenden Zweigen und meist grünen, blau bereiften Trieben. Die gefiederten Blätter haben meist 5 eiförmige bis länglich-eiförmige, bis 10 cm lange Blättchen. Sie sind im Sommer oliv- bis frischgrün, im Herbst meist blassgelb, selten intensiver gefärbt. Die gelblich grünen Blüten sind zweihäusig, sie werden durch Wind bestäubt und öffnen sich deshalb vor der Laubentfaltung im März/April. Die gelblich braunen, zu Trugdolden geordneten Früchte bleiben oft über Winter hängen.
Verwendung: Das raschwüchsige Pioniergehölz wird in Parks und großen Gärten einzeln oder in Gruppen gepflanzt, außerdem für Uferbepflanzungen und Ödlandbegrünungen eingesetzt. Es werden auch mehrere, vorwiegend buntlaubige Sorten gepflanzt; sie sind für kleinere Gärten besser geeignet.
Standort: Sonnig bis halbschattig, hitzeverträglich. Boden mäßig trocken bis feucht, nährstoffreich, alle Bodenarten, neutral bis alkalisch.
Pflege: Robust und anspruchslos. ✂ 1.
Vermehrung: Aussaat unmittelbar nach der frühen Ernte im Herbst.

Acer negundo 'Flamingo

Acer negundo 'Odessanum'

Tab. 1 Empfehlenswerte Sorten von *Acer negundo*

Sorte	Wuchshöhe	Blätter
'Aureovariegatum'	5–7 (–10) m	dunkelgrün, goldgelb gefleckt
'Flamingo'	5–6 (–10) m	grün, auffallend weiß bis rosa gerandet
'Odessanum'	8–10 m	goldgelb, im Schatten grün
'Variegatum'	10–12 m	breit und unregelmäßig weiß gerandet, junge Blätter rosa, gelegentlich ganz weiß

Acer palmatum, Fächer-Ahorn

(Tab. 2)

Aussehen: Der reich verzweigte, zierlich belaubte, im Wuchs und Blattschnitt sehr variable ostasiatische Fächer-Ahorn kann baum- oder strauchförmig wachsen und mit seinen malerischen, im Alter oft schirmförmigen Kronen Höhen von 8–10 m erreichen. Die meist fünf- bis siebenlappigen, bis 10 cm breiten Blätter sind im Umriss rundlich und meist bis unter die Blattmitte oder auch deutlich tiefer eingeschnitten. Sie sind bei der Art frischgrün, bei den zahlreichen Sorten auch intensiv gelb oder rot bzw. auch panaschiert. Bei der Art und bei zahlreichen Sorten nehmen die Blätter im Herbst eine leuchtende, gelborange bis rote Herbstfärbung an. Die ansehnlichen, 6–8 mm breiten Blüten haben rötlich purpurne Kelch- und cremeweiße Kronblätter, sie öffnen sich im Mai/Juni. Die stumpfwinklig bis waagerecht gespreizten Fruchtflügel sind im Sommer oft schön rot.

Verwendung: *A. palmatum* ist mit dem filigranen Aufbau und den zierlich geschnittenen Blättern sicher die attraktivste aller strauchförmig wachsenden Ahorn-Arten. Sie und ihre zahlreichen Sorten finden auch in kleinsten Gärten ausreichend Platz. Gerne werden sie als Solitär in Teichnähe, in Innenhöfen oder in großen Pflanzgefäßen gepflanzt oder mit Farnen, Gräsern, Bambus und Kleingehölzen kombiniert. Zu den besonders empfehlenswerten, gartentauglichen Fächer-Ahorne gehören auch *A. japonicum* 'Aconitifolium' und *A. shirasawanum* 'Aureum'.

Standort: Sonnig bis lichtschattig, windgeschützt. Boden frisch bis feucht, mäßig nährstoffreich, sauer bis neutral, durchlässig, sandig-humos, empfindlich gegen Vernässung, Verdichtung und hohe Kalkgehalte.

Pflege: Empfindlich gegen *Verticillium*-Welke. Befallene Äste bis ins gesunde Holz herausnehmen. Sonst möglichst nicht schneiden. ✂ 1.

Vermehrung: Aussaat im Herbst oder Frühjahr. Sorten durch Veredlung auf getopfte Unterlagen im Sommer oder im Winter unter Glas.

Acer palmatum 'Atropurpureum'

Acer palmatum 'Aureum'

Acer palmatum 'Corallinum'

Acer palmatum 'Dissectum'

Acer palmatum 'Osakazuki'

Acer palmatum 'Sangokaku'

Tab. 2 Empfehlenswerte Sorten von *Acer palmatum*
Von den weit mehr als 100 Sorten kann hier nur eine kleine, repräsentative Auswahl beschrieben werden. Bei den angegebenen Wuchshöhen handelt es sich um Maximalhöhen, die die Pflanzen erst nach vielen Standjahren erreichen.

Sorte	Wuchs/Wuchshöhe	Blätter
'Atropurpureum'	aufrecht, 6–8 m	leuchtend purpurn, im Herbst prachtvoll scharlachrot
'Bloodgood'	rundkronig, 6–10 m	Blätter groß, beständig dunkel purpurrot
'Aureum'	trichterförmig, 6–8 m	im Austrieb buttergelb, im Sommer hellgrün, Herbstfärbung goldgelb
'Beni-hime'	sehr zierlich, 1 m	klein, im Austrieb weinrot, später vergrünend, Herbstfärbung dunkel weinrot
'Burgundy Lace'	aufrecht, bis 8 m	zierlich, tief geteilt, burgunderrot
'Butterfly'	trichterförmig, 6–7 m	sehr klein, tief geteilt, blass- oder bläulich grün, cremefarben panaschiert, die panaschierten Flecken im Herbst scharlach- bis magentarot
'Chitose-yama'	strauchförmig, 3–4 m Zweige leicht überhängend	tief geteilt, blass karminrot, später purpurrot, im Herbst leuchtend karminrot
'Corallinum'	zierlich, 2–3 m	tief geteilt, anfangs leuchtend rosarot, im Sommer grün getönt, Herbstfärbung scharlachrot
'Crimson Queen'	schirmförmig, 2 m, Äste bogig abwärts wachsend	fein und tief eingeschnitten, anfangs sehr dunkel purpurrot, im Herbst leuchtend scharlachrot
'Dissectum'	schirmförmig, 2–4 m, Äste in flachen Bögen abwärts geneigt	tief geteilt, Lappen oft mehrfach fiederschnittig, frischgrün, im Herbst leuchtend gelb
'Fireglow'	aufrecht, bis 10 m	beständig dunkel weinrot
'Garnet'	schirmförmig, bis 3 m, rotlaubiges Pendant zu 'Dissectum'	fein und tief eingeschnitten, beständig dunkel weinrot, Herbstfärbung leuchtend rot
'Inaba-shidare'	schirmförmig, bis 3 m	groß, tief und fein eingeschnitten, gleichbleibend tief weinrot, im Herbst leuchtend orangerot
'Katsura'	aufrecht, bis 10 m	im Austrieb orangegelb, rot überhaucht, im Sommer goldgelb, grün überhaucht, Herbstfärbung orange
'Koreanum'	stark, 10–12 m	ziemlich groß, leuchtend hellgrün, anfangs Ränder mit schmaler, blassrosa Zeichnung, Herbstfärbung goldgelb bis orange- und hochrot
'Linearilobum'	schmalkronig, bis 10 m	bis zur Basis geteilt, Lappen oft bis auf die Mittelrippe reduziert, frischgrün, im Herbst intensiv gelb
'Orange Dream'	stark, 6–8 m	im Frühjahr glänzend orangegelb, im Herbst gelblich grün
'Osakazuki'	stark, 7–8 m	groß, derb, 8–10 cm breit, im Austrieb olivbraun, im Sommer dunkel bräunlich grün, im Herbst viele Wochen lang prachtvoll orange bis rot
'Red Pygmy'	trichterförmig, bis 2 m	zierlich, bis zur Basis geteilt, Lappen schmal linealisch, im Frühjahr dunkelrot, dann blaugrün, im Herbst goldgelb
'Sangokaku'	7–8 (–12) m, Zweige im Winter auffallend korallenrot	frischgrün, im Herbst goldgelb mit aprikosenfarbenen und hellroten Schattierungen
'Seiryu'	trichterförmig, 8–10 m	Blattlappen fiederschnittig, frischgrün, im Herbst dunkel purpurrot
'Shin-deshojo'	zierlich, 2–3 m hoch	im Frühjahr karmin- oder scharlachrot, im Sommer bläulich grün, im Herbst rot und orange
'Shinobuga-oka'	elegant aufrecht, 3–5 m	tief eingeschnitten, Blattlappen nur 5–10 mm breit, frischgrün, im Herbst orangegelb
'Shishi-gashira'	trichterförmig, dicktriebig, 5–6 m	ziemlich derb, dunkelgrün, im Herbst goldgelb bis orangerot
'Trompenburg'	schmal aufrecht, bis 10 m	tief geteilt, anfangs dunkelpurpurn später braunrot, im Herbst scharlachrot
'Villa Taranto'	trichterförmig, bis 4 m	Blattlappen schmal linealisch, im Austrieb dunkelpurpurn, im Sommer dunkelgrün und rötlich überlaufen, im Herbst intensiv goldgelb
'Wilson's Pink Dwarf'	schwach, bis 1,5 m	im Austrieb leuchtend rosa oder rosarot, im Sommer frischgrün, im Herbst scharlachrot

Weitere empfehlenswerte Fächer-Ahorne

***Acer circinatum*, Weinblatt-Ahorn**
Meist mehrstämmiger, bis 12 m hoher Kleinbaum. Blätter sieben- bis neunlappig, im Umriss rundlich, 6–12 cm breit, hellgrün, bis etwa auf die Hälfte der Blattspreite eingeschnitten. Herbstfärbung ganz prachtvoll rot. Blüten ansehnlich, etwa 1,2 cm breit, mit purpurnen Kelch- und weißen Kronblättern. Ein sehr attraktiver, vergleichweise schattenverträglicher Kleinbaum.

***Acer japonicum* 'Aconitifolium', Eisenhutblättriger Ahorn**
Langsam wachsender, im Alter bis 5 m hoher Strauch. Blätter frischgrün, sehr dekorativ, im Umriss rundlich, bis 14 cm breit, fast bis zur Basis fiederschnittig gelappt. Herbstfärbung zuverlässig leuchtend orangerot bis tief weinrot. Hübsche Blüten im April/Mai, bis 1,5 cm breit, mit purpurroten Kelch- und rosafarbenen Kronblättern. Die rechtwinklig gespreizten Fruchtflügel sind über Sommer glänzend rot. Gehört mit den filigran geschnittenen Blättern und der zuverlässigen Herbstfärbung zu den schönsten Gartengehölzen. Ökologisch wertvoll, da Bienenweide.

Acer japonicum 'Aconitifolium'

Acer shirasawanum 'Aureum'

***Acer shirasawanum* 'Aureum', Japanischer Gold-Ahorn**
Im Alter 7–9 m hoher, langsam wachsender Strauch mit oft fächerartig gestellten Zweigpartien und rundlicher oder kuppelförmiger Krone. Blätter rundlich, neun- bis elflappig, bis zur Blattmitte eingeschnitten, im Austrieb goldgelb, später etwas dunkler und im Herbst schließlich scharlachrot bis goldbraun. Blüten ansehnlich, 6–8 mm breit, mit purpurnen Kelch- und weißlichen Kronblättern, sie stehen im Mai/Juni in lang gestielten Trugdolden oberhalb der Blätter. Fruchtflügel waagerecht gespreizt, anfangs rot. Der gelblaubige Japanische Gold-Ahorn ist ein prachtvolles Pendant zu *A. japonicum* 'Aconitifolium'.

Acer platanoides, Spitz-Ahorn (Tab. 3)

Aussehen: Der heimische Spitz-Ahorn wächst zu einem stattlichen, breitkronigen, 20–30 m hohen Baum heran. Stamm und Starkäste sind mit einer längsrissigen, dunkelbraunen bis schwärzlichen Borke bedeckt. Die fünflappigen, lang gestielten, 12–18 cm langen Blätter sind oberseits glänzend dunkelgrün, sie färben sich im Herbst goldgelb bis tiefrot. Die schönen, gelblich grünen Blüten entfalten sich vor dem Laubaustrieb im Mai, sie stehen in 4–8 cm langen, aufrechten Trugdolden zusammen und sind von beachtlicher Wirkung. 5–7 cm lang sind die Früchte mit den fast waagerecht gespreizten Fruchtflügeln.
Verwendung: Der raschwüchsige, anpassungsfähige Spitz-Ahorn kann sehr vielseitig als Garten-, Park-, Allee- und Stadtstraßenbaum eingesetzt werden. Das gilt auch für seine

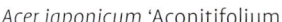

Acer platanoides

Tab. 3 Empfehlenswerte, gartentaugliche Sorten von *Acer platanoides*

Sorte	Wuchshöhe	Kronenform	Blätter
'Columnare'	0–12 (–20) m	schmal säulenförmig	Herbstfärbung goldgelb
'Crimson Sentry'	8–10 m	breit säulenförmig	dunkelrot, im Herbst gelborange
'Drummondii'	10–15 m	breit kegelförmig bis rundlich	hellgrün, mit einem breiten, gelben bis cremefarbenen Saum
'Faasen's Black'	12–15 (–20) m	eiförmig bis rundlich	glänzend dunkel purpurbraun, im Herbst rot
'Globosum'	4–7 m	kugelig bis abgeflacht kugelig	kleiner als bei der Art
'Royal Red'	15–20 m	breit kegelförmig bis rundlich	im Austrieb glänzend karminrot, bis zum Herbst glänzend dunkelrot bleibend

Acer platanoides 'Drummondii'

Acer pseudoplatanus

zahlreichen Sorten, von denen einige etwas schwächer wachsen als die Art.

Standort: Sonnig bis halbschattig, für Stadtklima geeignet. Boden trocken bis feucht, durchlässig, nährstoffreich, alle Bodenarten, schwach sauer bis alkalisch.

Pflege: Schnittmaßnahmen im Frühherbst oder nach dem Laubfall bis Anfang Januar, da sonst mit starken Blutungen zu rechnen ist. ✂ 1.

Vermehrung: Wie bei *A. palmatum*.

Acer pseudoplatanus, Berg-Ahorn

Aussehen: Der Berg-Ahorn gehört mit Wuchshöhen von 30–40 m und der hoch aufgewölbten,15–20 m breiten Krone zu den stattlichsten Baumarten der heimischen Flora. Seine oft tief angesetzte Krone wird aus kräftigen, aufstrebenden Hauptästen gebildet. Den Stamm bedeckt eine schuppige, silbrige bis graubraune Borke, die nach dem Abfallen interessante Muster hinterlässt.

Bis 20 cm lang und breit sind die lang gestielten, fünflappigen, bis zur Mitte eingeschnittenen, matt dunkelgrünen Blätter. Sie färben sich im Herbst intensiv goldgelb. Die 6–12 cm Blütentrauben entfalten sich mit den Blättern im Mai. Ungefähr 3 cm lang sind die etwa rechtwinklig gespreizten Fruchtflügel.

Die Sorte 'Atropurpureum' unterscheidet sich von der Art nur durch die purpurroten Blattunterseiten und Fruchtflügel. 'Brillantissimum' ist ein kleiner, kaum mehr als 7 m hoher Baum mit einer abgeflacht kugeligen Krone. Die Blätter sind im Austrieb terakotta- bis orangefarben, später gelb bis orangegelb und vergrünen dann allmählich.

Acer platanoides 'Globosum'

Verwendung: Ein prächtiger Solitärbaum in der Landschaft, im Park und als Hofbaum. In einigen Gebieten der Alpen landschaftsprägend.
Standort: Sonnig bis lichtschattig. Boden frisch bis feucht, tiefgründig, nährstoffreich, humos- oder sandiglehmig, schwach sauer bis alkalisch.
Pflege: Empfindlich gegenüber Hitze, Luft- und Bodentrockenheit. ✂ 1.
Vermehrung: Wie bei *A. palmatum*.

Acer rubrum 'Oktober Glory', Rot-Ahorn

Aussehen: Bis etwa 20 m hoch wird der Rot-Ahorn mit seiner kegelförmigen bis rundlichen, 7–10 (–14) m breiten Krone und der silbergrauen Borke. Drei- bis fünflappig sind die 6–10 cm langen Blätter. Sie sind oberseits glänzend dunkelgrün, unterseits blaugrün. Im Herbst färben sie sich intensiv scharlach- bis orangerot. Die meist zweihäusigen, honigartig duftenden Blüten öffnen sich schon im März/April lange vor der Laubentfaltung, sie sind dunkelrot und stehen in dichten Büscheln zusammen. Die spitzwinklig gespreizten Fruchtflügel sind anfangs dunkelrot.

Acer rubrum 'Oktober Glory'

Verwendung: Durch die intensive herbstliche Laubfärbung gehört der Rot-Ahorn zu den besonders attraktiven Vertretern der Gattung, ein Baum oder Großstrauch für die Einzelstellung in Parks und Gärten. Das gilt vor allem für die Sorte 'Oktober Glory' mit ihrer zuverlässigen Herbstfärbung.
Standort: Sonnig bis halbschattig. Boden frisch bis feucht, durchlässig, sauer bis neutral, empfindlich gegen Bodenverdichtungen und Kalk.
Pflege: Schnittmaßnahmen möglichst vermeiden, nur an zusagenden Standorten frohwüchsig. ✂ 1.
Vermehrung: Wie bei *A. palmatum*.

Acer saccharinum 'Laciniatum Wieri', Silber-Ahorn

Aussehen: Der Silber-Ahorn erreicht Höhen von 20–40 m. Er hat eine locker aufgebaute, hoch gewölbte, 12–20 (–25) m breite Krone mit weit ausladenden Ästen und überhängenden Zweigen. Die fünflappigen, lang gestielten, 7–14 cm breiten Blätter sind meist bis über die Mitte eingeschnitten und wirken deshalb sehr filigran. Sie sind oberseits lichtgrün, unterseits auffallend silbergrau bis -weiß. Die unscheinbaren grünlichen Blüten entfalten sich schon im Februar oder März.
Verwendung: Gehört mit dem lockeren Kronenaufbau, den malerisch überhängenden Zweigen und den filigranen Blättern zu den attraktivsten Großbäumen der Gattung.
Standort: Sonnig bis halbschattig, windgeschützt, für Stadtklima geeignet. Boden mäßig trocken bis feucht, durchlässig, sandig-lehmig, auch sehr arme Sandböden, schwach sauer bis neutral, auf kalkhaltigen Böden chlorosegefährdet.
Pflege: Schnittmaßnahmen nur im Spätsommer oder bis zum Januar durchführen. ✂ 1.
Vermehrung: Veredlung im Sommer oder Winter unter Glas.

Acer saccharinum 'Laciniatum Wieri'

Acer tataricum subsp. *ginnala*, Feuer-Ahorn

Aussehen: Der meist vom Boden an mehrstämmige Baum oder Großstrauch wird im Alter 10–15 m hoch und gleich breit, er bildet eine breit kegelförmige bis schirmförmige Krone aus. Bei den 4–8 cm langen, dreilappigen Blätter ist der Mittellappen deutlich länger als die Seitenlappen. Die oberseits glänzenden Blätter färben sich im Herbst leuchtend feurig- bis dunkelrot. Die kleinen, gelblich weißen, duftenden Blüten stehen im Mai in lang gestielten Trugdolden zusammen, bis zu 50 Einzelblüten können eine Trugdolde bilden. Die parallel bis spitzwinklig gespreizten Fruchtflügel sind anfangs oft auffallend rot.
Verwendung: Der mäßig rasch wachsende Feuer-Ahorn ist ein robuster Großstrauch oder Kleinbaum für Einzel- und Gruppenpflanzungen.
Standort: Sonnig bis halbschattig, windresistent, für Stadtklima geeignet. Boden trocken bis feucht, sauer bis neutral, alle durchlässigen Bodenarten.
Pflege: Robust und pflegeleicht. ✂ 1.
Vermehrung: Aussaat im Herbst oder Frühjahr.

Acer tataricum subsp. *ginnala*

Actinidia arguta

Actinidia arguta, Scharfzähniger Strahlengriffel

Aussehen: Die früh austreibende Art kann 8–10 m hoch winden. Die 8–15 cm langen, breit eiförmigen, am Rand scharf und borstig gezähnten Blätter sind oberseits glänzend dunkelgrün, unterseits auf den Nerven borstig behaart. Bei der zweihäusigen Art sind die reinweißen Blüten etwa 2 cm breit, die weiblichen stehen einzeln, die männlichen in Büscheln, Blütezeit ist der Juni. Die süßsauren, schmackhaften, 2–2,5 cm langen, länglichen bis nahezu kugeligen, kahlen und glatten Früchte haben einen hohen Gehalt an Vitamin C.
Verwendung: Rasch wachsende Liane zur Bekleidung von Mauern, Lauben und Pergolen. Sie benötigen dazu weitmaschige Klettergerüste. Statt der Art werden häufig vegetativ vermehrte, großfrüchtige Sorten gepflanzt. Dazu gehören die besonders großfrüchtige 'Ambrosia' und die rotfrüchtige 'Maki'. Die Sorten 'Issai' und 'Weiki' gelten als bedingt selbstfruchtbar, das Hinzupflanzen der männlichen Sorte 'Nostino' sichert aber regelmäßige Erträge.
Standort: Sonnig bis halbschattig, wärmeverträglich, für Stadtklima geeignet. Boden frisch bis feucht, durchlässig, gepflegt, nährstoffreich, lehmig, sauer bis alkalisch.
Pflege: Keine besonderen Ansprüche. ✂ 6.
Vermehrung: Aussaat im Frühjahr unter Glas, die Sorten durch Stecklinge von krautigen Trieben.

Actinidia deliciosa 'Hayward', Chinesischer Strahlengriffel, Kiwipflanze

Aussehen: Die jungen Triebe der 8–10 m hoch windenden Art sind braunrot filzig. Die derben, dicklichen, 8–12 cm langen, eiförmigen oder rundlichen Blätter sind oberseits dunkelgrün gefärbt. Unterseits sind sie dicht graufilzig sternhaarig. Im Juni entfalten sich die zweihäusigen, duftenden, cremeweißen, 3–5 cm breiten Blüten mit ihren gelben Staubgefäßen. Die breit eiförmigen, 3–5 cm langen, vitaminreichen, sehr saftigen, fein säuerlich schmeckenden Früchte sind dicht mit bräunlichen Haaren bedeckt. Die Früchte reifen bei uns oft erst Anfang November.

Actinidia deliciosa 'Hayward'

Sortenempfehlung
Neben 'Hayward' werden auch andere großfrüchtige Sorten wie 'Abbot', 'Bruno', 'Starella' oder die selbstfruchtbare 'Jenny' gepflanzt. Für die Befruchtung ist es trotzdem immer besser, auch eine männliche Sorte wie 'Matua' oder 'Tomuri' zu pflanzen.

Verwendung: Wird in allen warm temperierten und mediterranen Klimazonen zur Fruchtgewinnung angebaut. Der Vitamin-C-Gehalt der Früchte beträgt 60 bis 300 mg/ 100 g Frischsubstanz.
Standort: Sonnig, geschützt, wärmeliebend und wärmebedürftig. Boden mäßig feucht und durchlässig, gepflegt, nährstoffreich und lehmig, schwach sauer bis schwach alkalisch.
Pflege: Auf zusagenden Standort achten, im Sommer an trockenwarmen Tagen ausreichend mit Wasser versorgen. ✂ 6.
Vermehrung: Handveredlungen im Winter unter Glas.

Actinidia kolomikta, Kolomikta-Strahlengriffel

Aussehen: Die ostasiatische Art wird etwa 3 (–6) m hoch. Ihr besonderes Merkmal sind die dünnen, beiderseits mattgrünen, 10–15 cm langen, breit eiförmigen, borstig gesägten Blätter. Im Frühjahr und Frühsommer ist die obere Blatthälfte auffallend weiß gefärbt. Die weißen Partien färben sich später rosa und vergrünen zum Herbst hin vollständig. Diese hoch dekorative Färbung ist bei männlichen Pflanzen stärker ausgeprägt als bei weiblichen, deshalb werden in der Regel nur männliche Pflanzen vegetativ vermehrt. Die weißen, duftenden, 1–1,5 cm breiten Blüten öffnen sich im Mai/Juni. Nur selten sind die grünlichen oder gelblichen, etwa 2 cm langen, wohlschmeckenden Früchte zu sehen.
Verwendung: Farbenfrohe Liane, auch für freistehende Klettergerüste geeignet.
Standort: Sonnig bis halbschattig (zu schattige Standorte beeinträchtigen die interessante Blattfärbung), geschützt. Boden frisch bis feucht, nährstoffreich, durchlässig, alle gepflegten Gartenböden, schwach sauer bis alkalisch.
Pflege: An zusagenden Standorten pflegeleicht. ✂ 6.

Actinidia kolomikta

Aesculus × carnea 'Briotii', Rotblühende Rosskastanie

Aussehen: 'Briotii' entwickelt sich zu einem 10–15 m hohen, sommergrünen Baum mit einer kompakten, kuppelförmigen, 8–12 m breiten, dicht belaubten Krone. Bis 25 cm lang sind die derben, handförmigen, fünf- bis siebenteiligen, dunkelgrünen, im Herbst gelben Blätter. Im Mai/Juni entfalten sich an den Zweigenden 10–20 cm lange, kandelaberartige Blütenrispen. Die blutroten, am Grunde gelb gefleckten Blüten produzieren reichlich Nektar und Pollen und sind deshalb eine gute Bienenweide.
Verwendung: Eignet sich von allen baumförmig wachsenden Arten der Gattung *Aesculus* am besten für größere Gärten.
Standort: Sonnig bis lichtschattig. Boden frisch, tiefgründig, nährstoff-

Aesculus × carnea 'Briotii'

reich, sandig-lehmig, schwach sauer bis alkalisch.
Pflege: Weitgehend resistent gegen die Kastanien-Miniermotte. ✂ 1.
Vermehrung: Okulation im Sommer im Freiland, Handveredlung im Winter unter Glas.

Aesculus × neglecta 'Erythroblastos', Karolina-Rosskastanie

Aussehen: 'Erythroblastos' ist ein langsam wachsender, zierlicher, früh austreibender, 5–8 m hoher Baum. Seine handförmigen, fünfteiligen Blätter sind im Austrieb sehr auffallend karminrosa, später gelblich grün und im Herbst wieder tiefgelb bis orange. Pfirsich- bis rosafarbenen sind die Blütenrispen, die sich im Mai entfalten. Früchte werden kaum ausgebildet.
Verwendung: Schöner Solitärbaum, der auch für kleinere Gärten nicht zu groß wird.
Standort: Sonnig, im Schatten keine gute Ausfärbung der Blätter. Boden frisch bis feucht, tiefgründig, nährstoffreich, sandig-lehmig, schwach sauer bis alkalisch.
Pflege: Keine besonderen Ansprüche. ✂ 1.
Vermehrung: Wie bei *A. × carnea*.

Aesculus parviflora

Aesculus parviflora, Strauch-Rosskastanie

Aussehen: Die Strauch-Rosskastanie breitet sich durch bodennahe unterirdische Ausläufer langsam aus, bildet so mitunter ausgedehnte Dickichte und kann nach vielen Jahrzehnten weit mehr als 10 m breit werden. Die Wuchshöhe ist im Alter auf 3–6 m begrenzt. Die vergleichsweise zierlichen, fünf- bis siebenteiligen, 8–20 cm langen Blätter sind im Austrieb bronzefarbenen, später oberseits mittelgrün, unterseits fein graufilzig behaart und im Herbst leuchtend gelb. Die schlanken, vielblumigen Blütenrispen, die sich erst im Juli oder August entwickeln, sind 20–30 cm lang. Die dekorative Wirkung der kleinen, weißen Blüten wird vor allem durch die sehr weit herausragenden Staubblätter erreicht. Die durch Nachtschmetterlinge bestäubten Blüten duften besonders in den Abendstunden. Nur selten werden die 2–3 cm langen Früchte mit den warzigen Fruchthüllen angelegt.
Verwendung: Braucht für eine artgerechte Entwicklung ausreichend Platz.
Standort: Sonnig bis halbschattig, auch im Schatten hochkroniger Bäume. Boden frisch bis feucht, tiefgründig, nährstoffreich, sandig-lehmig, schwach sauer bis alkalisch.
Pflege: Keine besondern Ansprüche. ✂ 1.
Vermehrung: Ausläufer ausgraben und weiterkultivieren.

Akebia quinata, Fingerblättrige Akebie

Aussehen: Die linkswindende, sommer- oder wintergrüne Liane kann bis 10 m hoch klettern. Sie hat wechselständige, gefingerte Blätter mit 5 3–6 cm langen, länglichen oder eiförmigen, dunkelgrünen, un-

Aesculus × neglecta

Akebia quinata

terseits bläulich grünen Blättchen. Die einhäusigen, nach Vanille duftenden Blüten stehen in hängenden, achselständigen Trauben zusammen. Die 2–3 cm breiten, männlichen Blüten sind violettbraun, die weiblichen rosa. An sommerwarmen Standorten werden die 5–10 cm langen, fleischigen, hellvioletten Balgfrüchte ausgebildet. Sie platzen zur Reife einseitig auf, dann werden die zahlreichen, glänzend schwarzbraunen, in mehreren Längsreihen angeordneten Samen sichtbar. Sie sind von einer geleeartigen, süßlichen, essbaren Pulpe umgeben.
Verwendung: *A. quinata* ist dank

ihrer lange haftenden Blätter und den eigenartig gefärbten Blüten ein hoch interessanter Schlingstrauch, welcher Mauern, Lauben, Pergolen und alte Bäume überzieht.
Standort: Sonnig bis halbschattig, wärmeverträglich. Boden frisch bis feucht, durchlässig, nährstoffreich, humos, sandig-lehmig, sauer bis schwach alkalisch.
Pflege: In der Jugend etwas frostempfindlich. Braucht ein weitmaschiges Klettergerüst. ✂ 6.
Vermehrung: Aussaat im Herbst oder Frühjahr unter Glas. Vermehrung auch durch Wurzelschnittlinge möglich.

Alnus glutinosa, 'Imperialis', Kaiser-Erle

Aussehen: Im Gegensatz zur Schwarz-Erle, einem 10–25 m hohen, heimischen für den Garten wenig attraktiven Saumgehölz von Bächen und Flüssen, entwickelt sich die Kaiser-Erle zu einem eleganten, locker aufgebauten, 8–10 m hohen Baum mit einer feingliedrigen Krone und überhängenden Zweigen. Die zierlich geschnittenen Blätter sind auf jeder Seite mit 3–4 schmalen, tief eingeschnittenen, meist ganzrandigen Lappen versehen.
Verwendung: Der elegante Kleinbaum ist als Gartenbaum viel besser geeignet als die Art selbst.
Standort: Sonnig bis lichtschattig. Boden frisch bis nass, alle Bodenarten, sauer.
Pflege: ✂ 1.
Vermehrung: Handveredlungen im Winter unter Glas.

Alnus glutinosa 'Imperialis'

Weitere gartentaugliche *Alnus*-Arten

***Alnus cordata*, Herzblättrige Erle**
Früh austreibender, 15–20 (–30) m hoher Baum. Blätter ledrig, rundlich bis länglich-eiförmig, an der Basis herzförmig, oberseits glänzend dunkelgrün, sehr gesund und im Herbst lange haftend. Ein hervorragender Park-, Allee- und Stadtstraßenbaum.

***Alnus incana* 'Aurea', Gold-Erle**
Bis 10 m hoher, oft mehrstämmiger, lockerkroniger Baum mit gelben Trieben, die sich im Winter, wie die männlichen Blütenkätzchen, orangegelb färben. Blätter im Austrieb gelbgrün, später hellgrün.

***Alnus × spaethii*, Späths Erle, Purpur-Erle**
10–15 m hohe Baum mit einer regelmäßigen, breit kegelförmigen Krone. Blätter ledrig, schmal-elliptisch bis elliptisch. Sie sind 6–18 cm lang, im Austrieb bräunlich purpurfarben bis dunkelviolett, über Sommer mattglänzend dunkelgrün und bei der erst spät einsetzenden Herbstfärbung violettrot. Ein wertvoller und attraktiver Garten- und Parkbaum mit gesundem, lange haftendem Laub.

Alnus cordata

Alnus incana 'Aurea'

Alnus × spaethii

Amelanchier lamarckii

Amelanchier lamarckii, Kupfer-Felsenbirne

Aussehen: Bis 10 m hoch kann die Kupfer-Felsenbirne werden. Sie entwickelt sich zu einem großen, dekorativen Strauch oder kleinen, mehrstämmigen Baum mit einer ausgebreiteten oder trichterförmigen, im Alter 5–8 m breiten Krone. Im Austrieb sind die bis 10 cm langen, elliptischen bis länglich-elliptischen Blätter tief bronzefarben getönt, im Herbst färben sie sich auffallend orange bis karminrot. In überreicher Fülle trägt die Art im April bis Mai ihre weißen Blüten, die zu 8–10 (–16) Stück in lockeren, leicht überhängenden Trauben zusammenstehen. Im Juli-August reifen die etwa 1 cm dicken, purpurroten bis blauschwarzen, wohlschmeckenden Früchte.
Verwendung: Häufig gepflanzte Solitär- und Gruppensträucher, die sich auch gut für freiwachsende Blütenhecken eignen. Die Früchte aller Arten sind eine beliebte Nahrung für Vögel (zum Beispiel Meisen, Ringeltauben, Drosseln) und Kleinsäugetiere. Die Blüten werden stark von Insekten beflogen.
Standort: Sonnig bis halbschattig, wärmeverträglich. Boden mäßig trocken bis feucht, alle durchlässigen Bodenarten, schwach sauer bis alkalisch.
Pflege: Robust und anspruchslos. ✂ 1.
Vermehrung: Aussaat im Herbst oder Frühjahr. Hybriden und Sorten durch Okulation im Sommer im Freiland oder Veredlung im Winter unter Glas.

Vielseitige Amelanchier
Felsenbirnen sind dank ihrer regelmäßigen, überreichen Blütenfülle, der oft prachtvollen Herbstfärbung und des reichen Fruchtschmuckes sehr beliebt. Die wohlschmeckenden Früchte eignen sich als Naschfrüchte zum Rohgenuss, aber auch zur Herstellung von Marmelade, Gelee, Saft und Wein. Sie dienten in Nordwestdeutschland in Notzeiten als Korinthenersatz für den sonntäglichen Stuten.

Weitere empfehlenswerte *Amelanchier*-Arten

Amelanchier alnifolia, Erlenblättrige Felsenbirne
2–4 m hoher, straff aufrechter, vielstämmiger Strauch mit rundlichen bis breit elliptischen, 2–5 cm langen Blättern, cremeeißen, duftenden Blüten und purpurschwarzen, süßen, saftigen Früchten.

Amelanchier × grandiflora 'Ballerina', Großblütige Felsenbirne
3–6 (–8) m hoher Strauch mit derben, mattglänzend dunkelgrünen Blättern und einer dunkel purpurbraunen Herbstfärbung. Früchte besonders groß, bis 1,5 cm dick, als Naschfrüchte besser geeignet als die Früchte aller anderen Felsenbirnen.

Amelanchier lamarckii

Amelanchier lamarckii

Amelanchier alnifolia

Amelanchier laevis

Amelanchier laevis

Amelanchier laevis, Kahle Felsenbirne
8 (–13) m hoher, schlank aufrechter, locker aufgebauter Großstrauch. Blätter im Austrieb bronzerot getönt, später dunkelgrün, im Herbst auffallend gelb und rot. Blüten im April, weiß, überaus zahlreich und zu 5–9 in 4–12 cm langen, überhängenden Trauben geordnet. Früchte schmackhaft, purpurrot bis blauschwarz, bis 1 cm dick.

Amelanchier ovalis 'Helvetica'

Amelanchier ovalis 'Helvetica', Gewöhnliche Felsenbirne
Sorte der Gewöhnlichen Felsenbirne. Ein kompakter, reich verzweigter, 1–3 m hoher Strauch, der sich durch kurze Ausläufer langsam ausbreitet. Blätter 2,5–4 cm lang, rundlich bis eiförmig, mattgrün, unterseits anfangs dicht weißfilzig behaart. Blüten im Mai, weiß, sehr zahlreich, zu 3–6 in gedrungenen, aufrechten Blütentrauben. Sehr attraktiver, trockenresistenter Blütenstrauch.

Andromeda polifolia, Kahle Rosmarinheide

Aussehen: Nur etwa 0,2 m hoch wird der locker verzweigte Zwergstrauch. Er baut sich mit kriechenden Ästen und kahlen, bogig aufsteigenden, hellbraunen, bereiften Zweigen auf. Die 1,5–3 cm langen, linealischen Blätter sind am Rand stark eingerollt und unterseits silbrig bis hellblau. Weiß bis zartrosa sind die 5–7 mm langen, krugförmigen Blüten, sie stehen im Mai/Juni an den Zweigenden in 3 cm breiten Büscheln.

Statt der Art sind häufig wüchsige oder kompakt wachsende, reichblühende Sorten in Kultur wie zum Beispiel 'Blue Ice' (Blätter auffallend bläulich), 'Compacta', 'Compacta Alba', 'Macrophylla' oder 'Nikko' (große, rosa Blüten).
Verwendung: Die zierliche, hübsch blühende Art wird oft in Verbindung mit Rhododendren und Azaleen oder an moorigen Stellen in Heidegärten gepflanzt. *Andromeda*-Arten sind in allen Teilen giftig. Die Bestäubung der Blüten erfolgt vor allem durch Hautflügler und Falter.
Standort: Sonnig. Boden nass bis feucht, moorig oder torfig, nährstoffarm, sauer.

Andromeda polifolia 'Nikko'

Pflege: Gedeiht nur an zusagenden Standorten zufriedenstellend. ✂ 1.
Vermehrung: Aussaat unter Glas oder Stecklinge im August/September.

Aralia elata, Japanischer Angelikabaum

Aussehen: *A. elata* ist ein sommergrüner, 4–5 m hoher, sparsam verzweigter, steif aufrechter, dickastiger, breitkroniger Strauch, der oft Ausläufer bildet. Die wechselständig angeordneten, doppelt gefiederten Blätter können bis 1 m lang werden. Jede Fieder ist aus 5–9 dünnen, 8–12 cm langen, eiförmigen oder elliptischen, unterseits bläulich grünen Blättchen zusammengesetzt. Im August stehen an den Zweigenden auffallend große, bis 45 cm breite, doldenartige Blütenstände mit sehr zahlreichen kleinen, cremeweißen Blüten, die sehr stark von Insekten besucht werden. Nur etwa 3 mm dick sind die schwarzen, kugeligen, fünfkantigen, fleischigsaftigen, stark färbenden Früchte.
Verwendung: Mit den großen Blättern und den riesigen Blütenständen im Hochsommer ist *A. elata* ein ornamentaler Solitärstrauch für Parks und größere Gärten. Das gilt auch für die beiden Sorten 'Aureovariegata' und 'Variegata' mit den gelb- oder cremeweiß gerandeten Blättern.
Standort: Sonnig bis halbschattig, windgeschützt. Boden mäßig trocken bis feucht, durchlässig, sandiglehmig, schwach sauer bis alkalisch.
Pflege: Die dicken Triebe beim Pflanzen nicht zurückschneiden. ✂ 1.
Vermehrung: Samen 12–18 Monate stratifizieren, im Frühjahr unter Glas aussäen. Wurzelschnittlinge.

Aralia elata 'Variegata'

Arctostaphylos uva-ursi, Rotfrüchtige Bärentraube

Aussehen: *A. uva-ursi* ist ein immergrüner, teppichbildender, bis 0,3 m hoher und bis 1 m breiter Spalierstrauch mit niederliegenden, wurzelnden Zweigen. Die 1–3 cm langen, ledrigen Blätter sind glänzend dunkelgrün. Im April bis Mai stehen die 5–6 mm langen, krugförmigen, weißen, an den Spitzen rosafarbenen Blüten in kurzen, nickenden Trauben an den Zweigenden. 3–12 Einzelblüten können dabei eine Traube bilden. Die 6 mm dicken, kugeligen, glänzend scharlachroten Früchte bleiben sehr lange haften. Die Blüten werden von langrüsseligen Insekten, vor allem Hummeln, bestäubt.
Verwendung: *A. uva-ursi* ist ein reizender, langsam wachsender Zwergstrauch für Stein- und Heidegärten, Rhododendrenbeete und Gräber. Die lange haftenden Früchte sind Nahrung für Schneehühner, Häher und Drosseln. Die Blätter sind eine klassische Teedroge gegen Harnwegsbeschwerden und Nierenleiden.
Standort: Sonnig bis halbschattig. Boden mäßig trocken bis frisch, durchlässig, sandig bis lehmighumos, schwach sauer bis neutral.
Pflege: Auf zusagenden Standort achten. ✂ 1.

Arctostaphylos uva-ursi

Vermehrung: Aussaat der ausgewachsenen Samen unmittelbar nach der Ernte oder im Frühjahr unter Glas. Stecklinge von ausgereiften Trieben.

Aristolochia macrophylla, Amerikanische Pfeifenwinde

Aussehen: Die linkswindende Liane windet sich an Klettergerüsten bis 10 m hoch, ihre schleppenartig überhängenden Zweige können bis 3 m lang werden. Die dunkelgrünen, herz- bis nierenförmigen Blätter sind 10–30 cm lang. Wenig auffällig und etwas unter dem üppigen Laub versteckt sind die 3 cm langen, pfeifenartig gebogenen Blüten. Sie sind am tellerartig erweiterten Saum purpurbraun und haben am Grund eine

Aristolochia macrophylla

bauchig erweiterte, gelbgrüne Röhre. Die Blüten sind als Kesselfallenblumen ausgebildet, sie lassen die sie besuchenden Insekten erst nach der Bestäubung frei, nachdem die sonst starren Reusenhaare im Inneren der Blüten verwelkt sind. Blütezeit ist der Mai. Nur selten werden bei uns die 4–8 cm langen, zylindrischen, sechskantigen Früchte ausgebildet.
Verwendung: Raschwüchsige, tropisch anmutende Liane zur schnellen Begrünung von Mauern, Zäunen, Lauben und Pergolen. Die großen, fast dachziegelartig angeordneten Blätter bilden einen blickdichten, stark Schatten spendenden Vorhang.
Standort: Halbschattig bis schattig, windgeschützt. Boden frisch bis feucht, durchlässig, nährstoffreich, sandig bis lehmig, neutral bis alkalisch.
Pflege: Bei sommerlicher Trockenheit wässern. Schnittmaßnahmen sind nicht notwendig. ✂ 6.
Vermehrung: Ablegen der langen Zweige.

Aronia arbutifolia, Filzige Apfelbeere

Aussehen: Die Filzige Apfelbeere ist ein bis 2 m hoher, locker aufgebauter, zuletzt ausladender Solitär- und Gruppenstrauch mit filzig behaarten Trieben und 2–4 cm langen, oberseits tiefgrünen, unterseits dicht graufilzigen Blättern, die sich im Herbst zuverlässig leuchtend hochrot verfärben. Die Herbstfärbung setzt oft schon sehr früh ein. Die rötlich weißen Blüten stehen zu 5–17 in kleinen Trugdolden zusammen. Die 4–7 mm dicken, leuchtend roten Früchte reifen spät und bleiben bis zum Dezember haften. 'Brillant' ist eine sehr attraktive Sorte mit einer zuverlässigen, lebhaft roten Herbstfärbung, die Blätter bleiben lang

Aronia arbutifolia

haften. Zahlreiche Blüten und große, hochrote Früchte.
Verwendung: *Aronia*-Arten werden als Solitär- und Gruppensträucher oder für freiwachsende Hecken verwendet. Die Früchte sind reich an verschiedenen Vitaminen und Flavonoiden sowie an Zucker, Pektin und Mineralien. Durch ihren hohen Gehalt an Anthocyanen sind sie sehr gut zur Gewinnung von Farbstoffen geeignet. Die herb-adstringierenden Früchte eignen sich nicht als Naschfrüchte, können aber sehr gut zur Herstellung von Marmeladen und Soßen oder als Zusatz zu Milchprodukten verarbeitet werden. Sie werden gerne und rasch von Vögeln verzehrt.
Standort: Sonnig bis halbschattig. Boden mäßig trocken bis feucht, nährstoffreich, sandig-lehmig, sauer bis neutral.

Aronia melanocarpa

Pflege: Sehr robust und anpassungsfähig. ✂ 2.
Vermehrung: Früchte früh ernten, Samen auswachsen lassen und bis zur Aussaat im Frühjahr stratifizieren. Hybriden und Sorten durch Okulation oder krautige Stecklinge Im Juli/August.

Weitere empfehlenswerte *Aronia*-Arten

***Aronia melanocarpa*, Kahle Apfelbeere**
1–2 m hoher, buschiger Strauch mit kurzen Ausläufern. Blätter glänzend tiefgrün, im Herbst leuchtend weinbis dunkelrot. Blüten im Mai, reinweiß, 1–1,5 cm breit, zahlreich, zu 7–15 in kahlen Trugdolden. Früchte bis 8,5 mm dick, anfangs auberginefarben, später glänzend schwarz, werden meist sehr rasch von Vögeln gefressen.

***Aronia × prunifolia* 'Viking', Pflaumenblättrige Apfelbeere**
Bis 2,5 m hoher, breit aufrechter Strauch. Blätter im Austrieb bronzefarben, später dunkelgrün, im Herbst rot, gelb oder purpurn. Blüten im Mai, weiß, 1–1,6 cm breit, sehr zahlreich, je 13–17 Einzelblüten in Trugdolden. Früchte glänzend auberginefarben, 0,8–1 cm dick, essbar, bis zum Dezember haftend. Auch 'Nero' ist eine empfehlenswerte, großfrüchtige Sorte.

Aronia × prunifolia 'Viking'

Berberis buxifolia 'Nana'

Berberis buxifolia 'Nana', Buchsbaumblättrige Berberitze

Aussehen: Von der immergrünen Art wird bei uns nur diese Sorte kultiviert. Sie wächst buschig, ist sehr dicht verzweigt und wird kaum mehr als 0,5 m hoch. Die kleinen, ledrigen, rundlichen, stachelspitzigen Blätter sind glänzend dunkelgrün. Im Gegensatz zur Art blüht 'Nana' vergleichsweise spärlich.
Verwendung: Reizender Zwergstrauch für Einzel- und Gruppenpflanzungen in Rabatten, Stein- und Heidegärten oder für niedrige Hecken und Einfassungen.
Standort: Sonnig bis halbschattig. Boden mäßig trocken bis frisch, sommerliche Bodentrockenheit ertragend, durchlässig, sandig bis lehmig, schwach sauer bis alkalisch.
Pflege: Anspruchslos, pflegeleicht, ✂ 1.
Vermehrung: Stecklinge von ausgereiften Trieben.

Berberis candidula, Schneeige Berberitze, Immergrüne Kissen-Berberitze

Aussehen: Die immergrüne Art wächst zu einem 0,6–1 m hohen, halbkugeligen, dicht verzweigten Strauch mit stark bedornten, übergebogenen Zweigen heran. Die 1,5–3 cm langen, elliptischen, oberseits glänzend dunkelgrünen Blätter sind an der Unterseite schneeweiß. Im Mai öffnen sich die goldgelben, etwa 1,5 cm breiten, meist einzeln unter dem Laub stehenden Blüten. Die blauschwarzen, stark bereiften, ellipsenförmigen Früchte fallen nicht besonders auf.
Verwendung: Der zierliche Kleinstrauch kann einzeln oder in Kleingruppen zur Bepflanzung von Rabatten, Heide- und Steingärten oder von Gräbern ebenso verwendet werden wie für geschnittene Hecken. Das gilt auch für die anderen hier beschriebenen immergrünen Arten und Hybriden.
Standort: Sonnig bis halbschattig. Boden frisch bis feucht, durchlässig, sandig bis lehmig, schwach sauer bis alkalisch.
Pflege: Pflegeleicht. ✂ 1, 5.

Berberitzen sind schwach giftig
Blätter und Rinde (besonders die Wurzelrinde) der Berberitzen enthalten schwach giftige Alkaloide. Während die Früchte von *B. vulgaris* gelegentlich zu Kompott verarbeitet werden, gelten die Früchte anderer Arten als schwach giftig. Die Blüten aller *Berberis*-Arten enthalten reichlich Nektar, Berberitzen sind deshalb wertvolle Insektennährpflanzen, außerdem gute Vogelnähr- und -schutzgehölze.

Weitere kleinstrauchig wachsende *Berberis*-Arten und -Hybriden

***Berberis × frikartii* 'Amstelveen'**
Wuchs kompakt, bis etwa 1,5 m hoch. Blätter immergrün, oberseits glänzend dunkelgrün, unterseits bläulich weiß. Blüten hellgelb, Mai/Juni. Früchte blauschwarz. Neben 'Amstelveen' sind 'Telstar' und 'Verrucandi' beliebte Sorten.

Berberis hookeri

Berberis hookeri

***Berberis hookeri*, Hookers Berberitze**
Wuchs etwas steif aufrecht, kompakt, 0,8–1,2 m hoch. Blätter immergrün, elliptisch-lanzettlich, oberseits glänzend dunkelgrün, unterseits blauweiß. Blüten hellgelb, Mai/Juni. Früchte purpurschwarz, nicht oder nur wenig bereift.

Berberis 'Jytte'

Berberis **'Jytte'**
Wuchs halbkugelig, dicht verzweigt, 1,2 m hoch. Blätter immergrün, oberseits glänzend dunkelgrün, unterseits weiß. Blüten gelb, duftend, Mai. Früchte blauschwarz.

Berberis **'Klugowskii'**
Wuchs breit aufrecht, dicht verzweigt, 1–2 m hoch. Blätter immergrün, oberseits glänzend dunkelgrün, unterseits bläulich weiß. Blüten goldgelb, Mai/Juni. Früchte blauschwarz.

***Berberis verruculosa*, Warzige Berberitze**
Wuchs kompakt, dicht verzweigt, 1–1,5 m hoch. Zweige bogig überhängend bis ausgebreitet, dicht mit schwarzbraunen Korkwarzen bedeckt. Blätter immergrün, elliptisch, stark gewellt, oberseits glänzend dunkelgrün, unterseits blaugrün. Blüten hellgelb im Mai. Früchte tiefpurpurn und bereift.

Berberis 'Klugowskii'

Berberis verruculosa

Berberis julianae

Berberis julianae, Julianes Berberitze

Aussehen: Der immergrüne, dicht verzweigte, aufrechte Strauch kann Höhen von 2–3 (–4) m erreichen. Seine derb ledrigen, 5–9 cm langen, glänzend dunkelgrünen Blätter sind rundherum mit 15–30 begrannten Sägezähnen ausgestattet. Die älteren Blätter färben sich vor dem Laubfall im Herbst oft hochrot. Reingelb sind die zahlreichen, 1,2 cm langen Blüten, die zu 8–15 in Büscheln zusammenstehen. Die Blütezeit liegt im April bis Mai. Nur wenig auffällig sind die 7–8 mm langen, blauschwarzen, bereiften Früchte.
Verwendung: Die starkwüchsige, in Sortimentsprüfungen hoch bewertete Art wird gerne für den Aufbau hoher Hecken eingesetzt.
Standort: Sonnig bis halbschattig, für Stadtklima geeignet. Boden mäßig trocken bis frisch, alle gepflegten, durchlässigen Bodenarten, schwach sauer bis alkalisch.
Pflege: Anspruchslos, sehr schnittverträglich. ✂ 1, 5.
Vermehrung: Aussaat im Herbst oder nach einer Stratifikation im Frühjahr.

Berberis × ottawensis 'Superba', Große Blut-Berberitze

Aussehen: Die sommergrüne Sorte 'Superba' ist ein starkwüchsiger, aufrechter, später locker überhängender, 3–4 m hoher Strauch mit tief rotbraunen Zweigen. Die 2–5 cm langen, verkehrt-eiförmigen bis nahezu rundlichen, metallisch glänzenden Blätter sind intensiv braun- bis schwarzrot. Im Herbst nehmen sie eine leuchtend orange- bis dunkelrote Färbung an. Gelbrot sind die zahlreichen, 1 cm breiten, süßlich duftenden Blüten, sie heben sich gut von den dunkel gefärbten Blättern ab. Die eiförmigen Früchte färben sich zur Reife hellrot.
Verwendung: 'Superba' ist ein stattlicher Solitärstauch mit einem sehr hohen Gartenwert.
Standort: Sonnig bis halbschattig. Boden trocken bis frisch, alle gepflegten, durchschnittlichen Bodenarten, sauer bis alkalisch.
Pflege: Robust und pflegeleicht. ✂ 2.
Vermehrung: Stecklinge von krautigen Trieben.

Berberis × ottawensis 'Superba'

Berberis × stenophylla

Berberis × stenophylla, Schmalblättrige Berberitze

Aussehen: Der 2–3 m hohe Strauch baut sich mit bogig überhängenden Zweigen vergleichsweise locker und elegant auf. Schmal-elliptisch bis lanzettlich sind die 1–2,5 cm langen, stachelspitzigen, an den Rändern stark umgerollten, immergrünen Blätter. Sie sind oberseits glänzend dunkelgrün, unterseits bläulich weiß. Im Mai schmückt sich der Strauch mit zahlreichen goldgelben bis orangefarbenen, in der Knospe gelegentlich rötlichen Blüten, die bis zu 6 in Büscheln zusammenstehen. Die kugeligen, 6–7 mm dicken, blauschwarzen, bereiften, wenig auffallenden Früchte reifen im Oktober.
Verwendung: Als Solitärgehölz oder in lockeren Gruppen, auch als Heckenpflanze. Nur selten werden bei uns zwergig wachsende Sorten wie 'Corralina Compacta' oder 'Irvinii' angeboten.
Standort: Sonnig bis lichtschattig. Boden frisch bis feucht, alle durchlässigen, gepflegten Gartenböden, sauer bis neutral, empfindlich gegen hohen Kalkgehalt.
Pflege: In der Jugend frostempfindlich. ✂ 1.
Vermehrung: Stecklinge von ausgereiften Trieben.

Empfehlung für den Garten
Berberis × stenophylla gehört, bedingt durch den eleganten Aufbau, die zierlichen Blätter und die zahlreichen, intensiv gefärbten Blüten, zu den schönsten immergrünen Berberitzen – ein Solitär-, Gruppen- und Heckenstrauch mit einem sehr hohen Gartenwert.

Berberis thunbergii, Thunbergs Berberitze (Tab. 4)

Aussehen: *B. thunbergii* ist ein sommergrüner, aufrechter, bis 2 (–3) m hoher, fein und dicht verzweigter Strauch. Seine 1–2 cm langen, ganzrandigen, sehr variablen Blätter sind oberseits hellgrün, unterseits bläulich grün und im Herbst auffallend orange bis scharlachrot. Die zahlreichen gelben, außen oft rötlichen, etwa 1 cm breiten Blüten stehen einzeln oder sind zu 2–5 in Büscheln angeordnet. Sie blühen im Mai auf. In großer Zahl werden die elliptischen, 7–8 mm langen, leuchtend roten, essbaren Früchte angelegt, sie bleiben oft bis zum Frühjahr haften.
Verwendung: *B. thunbergii* ist ein anspruchsloser Solitär-, Gruppen- und Heckenstrauch. Von der sehr häufig kultivierten, variationsfreudigen, für den Garten sehr wertvollen Art sind zahlreiche Sorten in Kultur, die sich im Habitus und in der Laubfärbung oft deutlich von der Art unterscheiden.
Standort: Sonnig bis halbschattig, für Stadklima geeignet. Boden frisch bis feucht, alle gepflegten, durchlässigen Gartenböden, schwach sauer bis alkalisch.
Pflege: Robust, pflegeleicht. ✂ 2, 5.
Vermehrung: Aussaat im Herbst oder nach einer Stratifikation im Frühjahr. Sorten durch Stecklinge von krautigen Trieben.

Berberis thunbergii

Betula albosinensis, Chinesische Birke, Kupfer-Birke

Aussehen: Die Chinesische Birke wächst langsam zu einem 10 (–20) m hohen Baum heran. In der lockeren Krone hängen die Seitenzweige über. Die Rindenfärbung dieser Art ist einmalig. Die glatte Rinde von Stamm und Ästen kann glänzend weißlich rosa, aber auch kupferfarben oder rotorange sein. Die äußeren Rindenschichten rollen in großen Fetzen dünn ab. Die länglich-eiförmigen, lang zugespitzten, 3–5 cm langen Blätter sind oberseits gelblich grün, im Herbst färben sie sich gelb bis orangegelb.
Verwendung: Mit ihrer vergleichsweise geringen Größe und der ungewöhnlichen Rindenfärbung gehört die Chinesische Birke zu den wertvollsten Gartenbäumen der Gattung.
Standort: Sonnig bis lichtschattig. Boden frisch bis feucht, durchlässig, sandig bis lehmig, sauer bis neutral.
Pflege: Schnittmaßnahmen sind bei Birken nicht erforderlich. Notfalls

Tab. 4 Empfehlenswerte Sorten von *Berberis thunbergii*

Sorte	Wuchs	Blätter
'Atropurpurea'	strauchartig, 2–3 m hoch	purpurrot bis rotbraun, im Herbst orange- bis karminrot
'Atropurpurea Nana'	zwergig, 0,6 m hoch	dunkel braunrot, im Herbst leuchtend rot
'Aurea'	locker halbkugelig, 0,5–0,7 m hoch	hell- bis goldgelb
'Bagatelle'	zwergig, 0,4 m hoch	anfangs braun-, später schwarzrot, Herbstfärbung intensiv rot
'Bonaza Gold'	kompakt, 0,5 m hoch	im Austrieb leuchtend goldgelb, später zitronengelb
'Golden Nugget'	gedrungen, bis 0,3 m hoch	goldgelb, im Herbst orange
'Golden Ring'	strauchartig, 2–3 m hoch	dunkel purpurrot, mit einem schmalen goldgelben Randstreifen, Herbstfärbung prächtig rot
'Green Carpet'	kleinstrauchig, bis 1 m hoch	klein, grün, im Herbst intensiv feuerrot bis orangegelb
'Green Ornament'	strauchartig, bis 1,5 m hoch	anfangs bräunlich, zuletzt dunkelgrün, im Herbst fahlgrün bis braungelb, Früchte zahlreich, glänzend rot
'Helmond Pillar'	breit säulenförmig, bis 1,5 m hoch	schwärzlich purpurbraun, unterseits hellgrün und purpurn bereift
'Kobold'	zwergig, bis 0,5 m hoch	Blätter klein, dunkelgrün, im Herbst leuchtend gelborange bis scharlachrot
'Red Chief'	strauchartig, bis 2 m hoch	im Austrieb dunkelrot, später braunrot, im Herbst leuchtend rot
'Rose Glow'	breitbuschig, bis 1,5 m hoch	hell rotbraun bis karminrosa, rosa, grau und weiß gefleckt
'Roxane'	strauchartig, bis 1,5 m hoch	rotbraun, im Herbst lange haftend, Herbstfärbung leuchtend karminrot

Betula albosinensis

sollte im Spätsommer geschnitten werden, weil Birken bei Verletzungen im Frühjahr stark bluten. Diese Eigenschaft wird bei der Gewinnung von Birkenwasser genutzt. ✂ 1.
Vermehrung: Aussaat im Herbst oder zeitigen Frühjahr auf frischen, durchlässigen, sandigen oder sandig-lehmigen Böden.

Betula ermanii, Gold-Birke

Aussehen: Die Gold-Birke kann Höhen von 10–20 m erreichen. Sie bildet meist einen kurzen Stamm, der sich bald in aufstrebende Äste auflöst. Die anfangs breit kegelförmige Krone wird im Alter breiter und aufgelockerter. Den Stamm bedeckt eine auffällige, gelblich weiße bis weiße oder rötliche, abrollende Rinde, die bis ins hohe Alter ziemlich glatt bleibt. Die dunkelgrünen Blätter sind breit eiförmig und lang zugespitzt, 5–8 cm lang. Sie färben sich im Herbst schon sehr früh leuchtend goldgelb.
Verwendung: *B. ermanii* ist, wie andere weißstämmige Birkenarten, ein prachtvoller Solitärbaum für Parks und große Gärten.
Standort: Sonnig bis lichtschattig. Boden mäßig trocken bis feucht, gedeiht auch auf nährstoffarmen, sandig-kiesigen Böden, schwach sauer bis schwach alkalisch.
Pflege: Keine besonderen Ansprüche. ✂ 1.
Vermehrung: Aussaat wie bei *B. albosinensis*. Sorten durch Winterhandveredlungen unter Glas.

Weitere empfehlenswerte weißstämmige *Betula*-Arten

***Betula maximowicziana*, Lindenblättrige Birke**
Stattlicher, 15–20 (–30) m hoher Baum mit einer ausladenden Krone. Stamm meist bis weit in die Krone hineinreichend. Rinde anfangs orangebraun, später grau bis weißlich orange gefärbt, dünn abrollend. Blätter groß, 16–18 cm lang, an der Basis tief herzförmig, dunkelgrün, im Herbst goldgelb, in Form und Größe entfernt an Lindenblätter erinnernd.

***Betula papyrifera*, Papier-Birke**
Stattlicher, 20–25 m hoher Baum mit einer hoch gewölbten, offenen Krone. Rinde blendend weiß, lange glatt bleibend, mit feinen Querstreifen, sich später in breiten, papierartigen Lappen lösend. Borke am Stammfuß älterer Stämme dunkel und tief aufgerissen. Blätter breit eiförmig, 5–11 cm lang, oberseits mattgrün, im Herbst intensiv goldgelb.

Betula maximowicziana

Betula papyrifera

Markenzeichen: weiße Rinde
Die Papierbirke gehört zusammen mit der Japanischen Weiß-Birke und der Weißrindigen Himalaja-Birke zu den Birken mit der hellsten Rinde. Ein schöner Solitärbaum für Parkanlagen und große Gärten.

***Betula platyphylla* var. *japonica*, Japanische Weiß-Birke**
Bis 25 m hoher, lichtkroniger, sehr früh austreibender Baum mit durchgehendem Stamm und einer auffallend weißen Rinde. Blätter 4–10 cm lang, dreieckig bis herzförmig, tiefgrün, im Herbst goldgelb.

***Betula utilis* 'Doorenbos', Weißrindige Himalaja-Birke**
Selektion aus der var. *jaquemontii* – ein 15 (–20) m hoher, lockerkroniger Baum. Schon in der Jugend mit einer auffallend schimmernd weißen, lange glatt bleibenden Rinde. Blätter 7–8 cm lang, eiförmig, dunkelgrün, im Herbst goldgelb. 'Doorenbos' ist sicher die schönste unter den weißrindigen Birken, sie ist auch für mittelgroße Gärten hervorragend geeignet.

Betula platyphylla var. *japonica*

Betula utilis 'Doorenbos'

Betula nana, Zwerg-Birke

Aussehen: Die Zwerg-Birke ist vom nördlichen, arktischen und östlichen Europa bis nach Sibirien zu finden. Sie kommt in den Hoch- und Zwischenmooren und in Zwergstrauch-Gesellschaften auf nassen, nährstoffarmen Böden vor. Die zierliche Art wird mit ihren niederliegenden bis aufsteigenden Ästen nur 0,5–1 m hoch. Ihre 0,5–1,5 cm breiten, derben, oberseits glänzend dunkelgrünen Blätter sind nahezu kreisrund. Die Blätter können sich an den natürlichen Standorten im Herbst intensiv rot verfärben.
Verwendung: Im Garten findet die Zwerg-Birke in Stein-, Heide-, Sumpf- und Wassergärten einen angemessenen Platz.
Standort: Sonnig. Boden frisch bis nass, durchlässig, nährstoffarm, sandig bis torfig, sauer bis neutral.
Pflege: Nur an zusagenden Standorten frohwüchsig. ✂ 1.
Vermehrung: Durch Aussaat, meist aber durch krautige Stecklinge.

Betula nigra, Schwarz-Birke

Aussehen: Der 12–15 (–20) m hohe, oft vom Boden an mehrstämmige Baum hat eine lockere, rundliche Krone. Der Art ist eine sehr auffällige Rindenfärbung eigen. An jungen Bäumen ist die Rinde von Stamm und Ästen rot- bis gelbbraun und meist sehr dicht und kraus aufgerollt. Mit zunehmendem Alter wird die Rinde dunkler, die Borke ist zuletzt grob aufgerissen, hart und schwarz. Rauten- bis eiförmig sind die 4 cm langen, am Rand doppelt gesägten oder schmal gelappten Blätter. Sie sind oberseits glänzend dunkelgrün, unterseits blaugrün und im Herbst leuchtend gelb gefärbt.
Verwendung: Wird wegen ihrer schon an jungen Pflanzen schönen, dekorativen Rinde häufig als Park- und Gartenbaum gepflanzt, vor allem an Fluss- und Teichufern oder auf feuchten Wiesen.
Standort: Sonnig. Boden mäßig trocken bis nass, sandig-kiesig bis lehmig oder tonig, sauer bis neutral.
Pflege: Keine besonderen Ansprüche, ✂ 1.
Vermehrung: Wie bei *B. albosinensis*.

Betula nigra

Betula pendula, Hänge-Birke, Sand-Birke, Warzen-Birken (Tab. 5)

Aussehen: Die heimische Hänge-Birke ist ein anfangs raschwüchsiger, 10–25 m hoher, lockerkroniger Baum mit mehr oder weniger stark überhängenden Zweigen. Seine Rinde ist anfangs glänzend hellbraun, später weiß. An älteren Bäumen wird die Borke schwarz, rau und rissig. Die dünnen, kahlen Triebe sind stark mit Korkwarzen bedeckt. Die Blätter sind rautenförmig bis dreieckig, 5–7 cm lang, oberseits lebhaft grün. Sie färben sich im Herbst intensiv gelb.
Verwendung: Die Hänge-Birke wird ihres malerischen Wuchses wegen sehr häufig als Solitär-, Gruppen- oder Straßenbaum gepflanzt oder in der freien Landschaft als Pioniergehölz eingesetzt. Für den Hausgarten kommen die hier genannten Sorten eher in Betracht als die Art selbst.
Standort: Sonnig. Boden trocken bis feucht, gedeiht auch auf nährstoffarmen Sandböden, sauer bis schwach alkalisch.

Betula pendula

Pflege: Sehr anpassungsfähig. ✂ 1.
Vermehrung: Aussaat im Herbst oder zeitigen Frühjahr, die Sorten durch Winterhandveredlungen unter Glas.

Betula pendula

Tab. 5 Empfehlenswerte Sorten von *Betula pendula*

Sorte	Wuchs	Blätter
'Dalecarlica', Schlitzblättrige Birke	10 (–20) m hoch, Stamm durchgehend, Zweige überhängend	zierlich, tief gelappt
'Fastigiata', Säulen-Birke	15–20 m hoch, Krone anfangs straff säulenförmig	tiefgrün, lange haftend
'Purpurea', Purpur-Birke	bis 10 m hoch, Krone unregelmäßig	anfangs purpurbraun, später bronzegrün
'Tristis', Hänge-Birke	10–20 m hoch, Äste in weiten eleganten Bögen abstehend, Zweige schleppenartig hängend	in Form und Färbung wie bei der Art
'Youngii', Trauer-Birke	5–7 m hoch, Krone schirmförmig, Zweige hängend, fadenförmig dünn	in Form und Färbung wie bei der Art

Betula pendula 'Purpurea'

Betula pendula 'Youngii'

Betula pendula 'Fastigiata'

Betula pendula 'Tristis'

Buddleja alternifolia

Buddleja alternifolia, Chinesischer Sommerflieder

Aussehen: Der starkwüchsige, 2–4 m hohe und gleich breite Strauch baut sich mit langen, dünnen, weit ausgebreiteten und elegant überhängenden Ästen und Zweigen auf. Die Blätter sind schmal-elliptisch, 3–9 cm lang, oberseits stumpfgrün, unterseits sternhaarig-filzig. Im Juni/Juli stehen lilapurpurne, herb duftende, 0,8–1,3 cm breite Blüten in zahlreichen, etwa 4,5 cm breiten Büscheln auf der ganzen Länge der vorjährigen Zweige.

Verwendung: Der sehr reich und prachtvoll blühende Strauch entfaltet seine ganz Schönheit am besten, wenn er auf Mauerkronen oder in großen Pflanzkübeln steht. Er lässt sich gut mit Rosen oder sommerblühenden Kleinsträuchern wie *Caryopteris*, *Perovskia* oder *Potentilla* kombinieren.

Standort: Sonnig, trockenresistent. Boden mäßig trocken bis frisch, alle durchlässigen, schwach sauren bis alkalischen Gartenböden.

Pflege: Robust und pflegeleicht. ✂ 2.

Vermehrung: Aussaat im März/April oder Stecklinge von krautigen Trieben.

Buddleja alternifolia

Buddleja davidii, Sommerflieder, Schmetterlingsstrauch (Tab. 6)

Aussehen: *B. davidii* ist ein starkwüchsiger, breit aufrechter, 2–3 (–5) m hoher Strauch mit bis 20 cm langen, oberseits dunkelgrünen, unterseits weißlich- bis grünlich-filzigen Blättern. Bei der wilden, bei uns nicht kultivierten Art sind die violetten bis purpurnen Blüten mit einem orangefarbenen Auge versehen. Unter den zahlreichen Sorten finden sich Blütenfarben in Weiß, Violett, Lilablau, Hellblau oder Rosa. Die stark duftenden, 0,8–1,4 cm breiten Blüten sind an 10–30 (–40) cm langen, aufrechten oder übergeneigten, vielblumigen Rispen angeordnet, die sich im Juli bis September an den Zweigenden entwickeln.
Verwendung: Alle Sorten sind prachtvoll blühende Solitärsträucher, die ihren besten Platz in Staudenrabatten finden. Von den zahlreichen Sorten werden nur die mit einem besonders hohen Gartenwert genannt. Die meisten Sorten werden, wenn sie regelmäßig zurückgeschnitten werden, etwa 2–3 m hoch. Deutlich zierlicher wachsen die kleinrispigen 'Nanho Blue' und 'Nanho Purple'. Der Schmetterlingsstrauch ist cin gutes Beispiel dafür,

Tab. 6 Empfehlenswerte Sorten von *Buddleja davidii*

Sorte	Blütenfarbe	Besonderheit
'African Queen'	purpur- bis violettblau	Rispen sehr schlank
'Black Knight'	purpur- bis dunkelviolett	reichblühend
'Dart's Ornamental White'	weiß	sehr reich blühend
'Empire Blue'	hell blauviolett	Blühbeginn sehr früh
'Fascination'	lilarosa	schöne rosa Blütenfarbe
'Ile de France'	blauviolett	Blütenfarbe besonders dunkel
'Nanho Blue'	violettblau	nur etwa 1,5 m hoch
'Nanho Purple'	purpurrot	nur etwa 1,2 m hoch
'Niobe'	purpurviolett	lange Blütezeit
'Peace'	weiß	reich und lange blühend
'Pink Delight'	silbrig rosa	schönste rosa blühende Sorte
'Royal Red'	purpurrot	spät, aber lange blühend
'Summer Beauty'	purpurviolett	Wuchs niedrig und kompakt
'White Bouquet'	reinweiß	Rispen gedrungen
'White Profusion'	reinweiß	Rispen lang und kräftig

Buddleja davidii 'Ile de France'

Buddleja davidii *'Niobe'*

Buddleja davidii 'Nanho Blue'

Buddleja davidii 'Pink Delight'

dass auch nicht einheimische Arten einen hohen ökologischen Wert besitzen. Kaum ein anderer Strauch unserer Gärten wird so stark von Faltern, Schwebfliegen, Hummeln und Bienen besucht wie die Schmetterlingssträucher.
Standort: Sonnig, hitzeverträglich, für Stadtklima geeignet. Boden mäßig trocken bis frisch, alle durchlässigen, schwach sauren bis alkalischen Gartenböden.
Pflege: In der Jugend frostempfindlich, treibt nach leichten Frostschäden gut wieder durch. ✂ 3.
Vermehrung: Krautige Stecklinge.

Buxus sempervirens, Gewöhnlicher Buchsbaum

(Tab. 7)

Aussehen: Der Buchsbaum ist ein dicht verzweigter, breit aufrechter, langsam wachsender Strauch, der sich in hohem Alter zu einem bis 8 m hohen Kleinbaum entwickeln kann. Er trägt an vierkantigen Trieben ledrige, 1,2–2,3 cm lange, eiförmige bis länglich-elliptische, glänzend dunkelgrüne Blätter. Von den kleinen, gelben, unscheinbaren Blüten, die im April/Mai in kleinen Knäueln in den Blattachseln stehen, geht ein starker, herber Geruch aus. Er ist in allen Teilen schwach giftig.

Buxus microphylla 'Faulkner'

Tab. 7 Empfehlenswerte *Buxus*-Sorten

Sorte	Wuchs	Blätter
'Angustifolia'	gedrungen, rundlich bis breitbuschig, kompakt, 2–3 m hoch	lanzettlich, mittel- bis dunkelgrün, bläulich bereift
'Blauer Heinz'	kompakt, kugelig, sehr dicht verzweigt und belaubt, bis 0,5 m hoch	klein, breit eiförmig, ausgesprochen blaugrün
'Bullata'	kräftig, etwas steif und grobastig, 2–3 m hoch	groß, breit eiförmig, blasig aufgetrieben, dunkel blaugrün
'Elegantissima'	breit aufrecht, dicht verzweigt und dicht belaubt, 1–1,2 m hoch	elliptisch mittel- bis dunkelgrün, unregelmäßig cremeweiß gerandet
'Globosa'	eiförmig-kugelig, sehr dicht verzweigt, 1–1,5 m hoch	elliptisch, schwach glänzend, leicht bläulich dunkelgrün
'Handsworthiensis'	stark, breitbuschig aufrecht, dicht verzweigt, 2–3 (–5) m hoch	sehr groß, eiförmig, tiefgrün
'Hollandia'	schmal aufrecht, sehr dicht verzweigt, bis 1,2 m hoch	elliptisch, glänzend dunkelgrün
'Latifolia Maculata'	kugelig bis breit kegelförmig, locker verzweigt, 2–3 m hoch	groß, breit eiförmig, glänzend dunkelgrün, im Austrieb nahezu vollständig gelbgrün, später dunkelgrün mit gelben Aufhellungen
'Rotundifolia'	stark, kegelförmig, locker verzweigt, 2,5–4 (–8) m hoch	eiförmig-rundlich, bläulich grün
'Suffruticosa'	rundlich bis breit kegelförmig	klein, eiförmig, glänzend dunkelgrün
B. microphylla 'Faulkner'	breitbuschig aufrecht, kompakt, 0,8–1,2 m hoch	länglich-eiförmig, dunkelgrün
B. microphylla 'Herrenhausen'	schwach, breitbuschig bis abgeflacht kugelig, sehr dicht verzweigt, 0,4–0,7 m hoch	klein, länglich-eiförmig, schwach glänzend mittelgrün

Buxus microphylla 'Herrenhausen'

Verwendung: Der langlebige Buchsbaum ist ein traditionsreiches Gehölz der Bauern-, Renaissance- und Barockgärten, in denen er seit jeher zu Hecken und grünen Skulpturen jedweder Form geschnitten wurde. Für Beeteinfassungen ist seit langer Zeit die schwachwüchsige Sorte 'Suffruticosa' verwendet worden, seit einigen Jahren werden dazu gerne auch die bläulich grün belaubte Sorte 'Blauer Heinz' und die kleinblättrige *B. microphylla* 'Herrenhausen' verwendet. Buchsbaum wird gerne auch an schattigen Standorten zum Sichtschutz gepflanzt. In geschnittenen Formen ist Buchsbaum außerdem seit Jahren eine beliebte Topfpflanze für Terrassen und Hauseingänge. Das gilt auch für *B. microphylla.*
Standort: Sonnig bis schattig, hitzeverträglich und wärmeliebend. Boden mäßig trocken bis frisch, alle durchlässigen Gartenböden, neutral bis alkalisch.
Pflege: Anspruchslos und pflegeleicht. ✂ 1, 5.
Vermehrung: Sehr selten durch Aussaat, meist durch halbreife Stecklinge im August/September.

Callicarpa bodinieri 'Profusion', Schönfrucht, Liebesperlenstrauch

Aussehen: 'Profusion' ist ein sommergrüner, locker und etwas sparrig aufgebauter, 2–3 m hoher Strauch mit weich behaarten Trieben und gegenständigen, 5–12 cm langen, elliptisch eiförmigen Blättern, die sich im Herbst hellgelb bis orange verfärben. Die kleinen lilafarbenen Blüten sind zu achselständigen Knäueln geordnet, sie werden stark von Hummeln, Bienen und Schwebfliegen besucht. Schon im Frühherbst reifen die sehr zahlreichen, etwa 4 mm dicken, kugeligen, glänzend rotvioletten, sehr lange haftenden, giftigen, an Liebesperlen erinnernden Früchte.
Verwendung: Ein Strauch für Einzel- und Gruppenpflanzung mit einem ganz ungewöhnlichen, unter unseren Gartengehölzen einzigartigen Fruchtschmuck. Der Fruchtansatz lässt sich verbessern, wenn mehrer Sträucher zusammengepflanzt werden und so eine Fremdbefruchtung möglich wird.
Standort: Sonnig bis lichtschattig. Boden gleichbleibend frisch, alle gepflegten, durchlässigen Gartenböden, sauer bis schwach sauer.

Callicarpa bodinieri 'Profusion'

Pflege: In der Jugend frostempfindlich. ✂ 2.
Vermehrung: Krautige Stecklinge.

Calluna vulgaris, Besenheide

(Tab. 8)

Aussehen: Die Besenheide, eine Charakterpflanze der norddeutschen Heidelandschaften, ist ein immergrüner, dicht verzweigter, bis 0,5 m hoher, aufsteigender oder niederliegender Strauch mit 1–3 mm langen, nadelförmigen, grünen Blättern, die bei zahlreichen Sorten auch graugrün bis silbrig sein können. Die glockigen, nickenden Blüten sind bei der Art lilarosa, bei Sorten auch weiß, rosa, rot oder violett. Sie öffnen sich von Juli bis September und sind eine wertvolle Bienenweide.
Verwendung: Die Besenheide und ihre zahlreichen Sorten sind ein unverzichtbarer Bestandteil von Heidegärten, sie werden dort in kleineren Tuffs oder großflächig gepflanzt, können aber auch in Steingärten, auf Gräbern oder in Pflanzkübeln einen angemessenen Platz finden. Neben Sorten mit einfachen und gefüllten Blüten werden seit einigen Jahren vermehrt sogenannte Knospenblüher angeboten. Ihre Blüten

Calluna vulgaris 'Marleen', 'Marlies' und 'Bonita'

Tab. 8 Empfehlenswerte Sorten von *Calluna vulgaris*
Von den überaus zahlreichen Sorten werden hier nur die besten, reichblühenden, in Deutschland angebotenen Sorten aufgelistet.

Sorte	Blütenfarbe	Besonderheit
'Alicia'	reinweiß	Knospenblüher, Blätter lebhaft grün
'Allegro'	weinrot	Blätter dunkelgrün
'Amethyst'	purpurrot	Knospenblüher, Blätter dunkelgrün
'Anette'	reinrosa	Knospenblüher, Blätter frischgrün
'Annemarie'	purpurrot	Blüten gefüllt, Blätter dunkelgrün
'Aphrodite'	leuchtend rot	Blätter auch im Winter dunkelgrün
'Beoley Silver'	weiß	Blätter silbrig behaart
'Bonita'	purpurrot	Knospenblüher, Blätter orangerot bis bronzefarben
'Boskoop'	malvenlila	Blätter bronzegelb, im Winter orangerot
'Cottswood Gold'	weiß	Blätter ganzjährig zitronengelb
'County Wicklow'	hellrosa	Blüten gefüllt, Blätter frischgrün
'Dark Beauty'	hell purpurrot	Wuchs gedrungen, Blätter dunkelgrün
'Dark Star'	rubinrot	Blüten halbgefüllt, Wuchs gedrungen
'Gold Haze'	weiß	Blätter beständig goldgelb
'H. E. Beale'	muschelrosa	Blüten gefüllt, Blätter dunkelgrün
'Heidezwerg'	lila	Wuchs polsterartig, 10 cm hoch
'Jana'	tief purpurrot	Blüten groß, gefüllt, Blätter leicht graugrün
'J. H. Hamilton'	lachsrosa	Blüten gefüllt, Blätter dunkelgrün
'Kinlochruel'	weiß	Blüten gefüllt, Blätter dunkelgrün
'Marleen'	lilarosa	Knospenblüher, Blätter dunkelgrün
'Marlies'	violettrot	Knospenblüher, Blätter dunkelgrün
'Melanie'	reinweiß	Knospenblüher, Blätter hellgrün
'Peter Sparkes'	tiefrosa	Blüten gefüllt, Blätter dunkelgrün
'Radnor'	hellrosa	Blüten gefüllt, Blätter frischgrün
'Romina'	purpurrot	Knospenblüher, Blätter dunkelgrün
'Sandy'	weiß	Knospenblüher, Blätter beständig gelb
'Schurig's Sensation'	lilarosa	Blüten gefüllt, Blätter dunkelgrün
'Theresa'	rosa	Knospenblüher, Blätter ganzjährig gelb

Calluna vulgaris 'Alicia'

Calluna vulgaris 'Allegro'

Calluna vulgaris 'Annemarie'

Calluna vulgaris 'Boskoop'

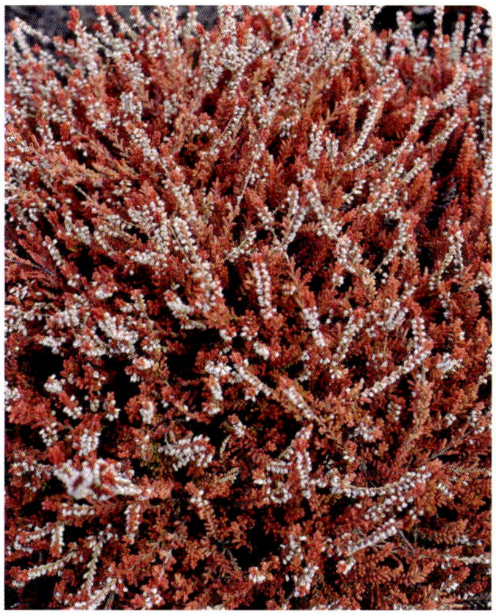

Calluna vulgaris 'Gold Haze'

Calluna vulgaris 'Romina'

bleiben geschlossen, verblühen nur sehr langsam und behalten oft bis weit in den Winter hinein eine gleichbleibende Färbung.
Standort: Sonnig. Boden mäßig trocken bis feucht, durchlässig, nährstoffarm, sandig, sandig-humos, sauer.
Pflege: Im Frühjahr die letztjährigen Jahrestriebe bis auf ein Drittel ihrer Länge zurückschneiden. ✂3.
Vermehrung: Aussaat im Frühjahr unter Glas. Stecklinge im Juli bis August.

Calycanthus floridus, Gewürzstrauch

Aussehen: Der sommergrüne, 1–3 m hohe Strauch zeichnet sich u.a. durch seine angenehm duftende Rinde aus. Seine einfachen, gegenständigen, 5–12 cm langen, schmal eiförmigen Blätter sind oberseits rau und lebhaft grün, unterseits graugrün und bleibend dicht behaart. In den 4–5 cm breiten, stark duftenden, dunkel rotbraunen Blüten sind die zahlreichen schmalen Tepalen sternförmig ausgebreitet. Die Blüten stehen im Mai/Juni einzeln an kurzen Seitenzweigen. Die feigenartigen Sammelfrüchte werden bei uns nur selten ausgebildet.
Verwendung: *Calycanthus floridus* ist mit den eigenartigen Blüten ein schöner Liebhaberstrauch für kleine Gartenräume.
Standort: Sonnig bis halbschattig. Boden frisch bis feucht, gut gepflegte tiefgründige, humose Gartenböden, sauer bis neutral.
Pflege: Keine besonderen Ansprüche. ✂1.
Vermehrung: Krautige Stecklinge.

Calycanthus floridus

Camellia japonica, Japanische Kamelie (Tab. 9)

Aussehen: Die Japanische Kamelie wächst hierzulande nur zu einem breit aufrechten Strauch heran, unter günstigen Klimabedingungen kann sie 9 (–15) m hoch werden. Ihre immergrünen, einfachen, steifen und ledrigen Blätter sind länglich bis elliptisch. Sie sind 5–10 cm lang, am Rand gezähnt und oberseits glänzend dunkelgrün. Bei der Art sind die 3–4,5 cm breiten, roten Blüten einfach. Unter den zahlreichen Sorten finden wir dagegen Blüten in sehr verschiedenen Formen, Größen und Farben, sie blühen von März bis Mai auf. In den einfachen, oft schalenförmigen Blüten fallen die großen, goldgelben Staubblattbüschel auf. Die ledrigen Fruchtkapseln werden bei uns nur selten ausgebildet.
Verwendung: Von den weit mehr als 100 Kamelienarten sind *C. japonica* und *C. sasanqua* die frosthärtesten. Trotzdem können sie nur an geschützten, wintermilden Standorten im Freien kultiviert werden. Unter weniger günstigen Klimabedingungen empfiehlt sich eine Kultur in Kübeln und eine Überwinterung bei Temperaturen von maximal 10 °C.
Standort: Halbschattig, geschützt, luftfeucht. Boden frisch bis feucht, gut durchlässig, humos, sauer.
Pflege: Im Freiland Schutz vor Wind und Wintersonne. ✂1.
Vermehrung: Stecklinge von ausgereiften Trieben im August.

Tab. 9 Empfehlenswerte Sorten von *Camellia*
Von den weit mehr als 200 Sorten der Art werden hier nur robuste Sorten genannt, die sich unter Freilandbedingungen am besten bewährt haben.

Sorte	Blüten
'Adolphe Audusson'	blutrot, halbgefüllt, sehr groß
'Apollo'	rot, halbgefüllt, mittelgroß
'Apple Blossom'	weiß, rosa getönt, mittelgroß
'Bella Romana'	rosa, karminrosa gestreift, mittelgroß
'Berenice Boddy'	hellrosa, halbgefüllt, schalenförmig, klein
'Bob Hope'	dunkelrot, halbgefüllt bis päonienförmig, groß, duftend
'Brushfield's Yellow'	cremeweiß mit gelber Mitte, anemonenförmig, mittelgroß
'Guilio Nuccio'	leuchtend korallenrosa, halbgefüllt, sehr groß, Staubgefäße goldgelb
'Hagoroma'	zartrosa bis fast weiß, halbgefüllt, schalenförmig, mittelgroß
'Kramer's Supreme'	leuchtend rot, duftend, päonienförmig, sehr groß
'Masayoshi'	kirschrot, unregelmäßig weiß gefleckt, halbgefüllt, groß
'Mathotiana'	kirschrot, gefüllt
'Monjushu'	tief scharlachrot, weiß gefleckt, halbgefüllt
'Mrs. Tingley'	hell lachsrosa, vollständig gefüllt, groß
'Wildfire'	orangerot, halbgefüllt, mittelgroß

Camellia japonica 'Hagoroma'

Camellia japonica 'Kramer's Supreme'

Camellia japonica 'Adolphe Audusson'

Camellia japonica 'Bob Hope'

Camellia japonica 'Masayoshi'

Camellia japonica 'Apollo'

Camellia japonica 'Brushfield's Yellow'

Camellia japonica 'Monjushu'

Camellia sasanqua, Herbstblühende Kamelie

Aussehen: *C. sasanqua*, heimisch auf den südjapanischen Riukiu-Inseln, ist ein schlanker, dicht beblätterter, bis 5 m hoher Strauch oder kleiner Baum mit 5–7,5 cm langen, elliptischen oder länglichen, derb ledrigen, dunkelgrünen Blättern. Von Oktober bis zum März öffnen sich die 5–7 cm breiten, weißen bis rosa Blüten. Sie haben 5–6 Kronblätter und einen auffallenden Kranz aus langen, goldgelben Staubblättern.

Neben der Art werden einige Sorten angeboten, wie zum Beispiel 'Apple Blossom' (Blüten weiß, rosa überhaucht), 'Crimson King' (Blüten tief karminrot) oder 'Versicolor' (Blüten weiß und rosa).
Verwendung und Standort: Wie bei *C. japonica*.
Pflege: Wie bei *C. japonica*. Die Blüten können im Herbst unter Frühfrösten leiden. ✂ 1.
Vermehrung: Stecklinge von ausgreiften Trieben.

Camellia sasanqua

Campsis radicans

Campsis × tagliabuana 'Mme Galen'

Campsis radicans, Amerikanische Trompetenwinde

Aussehen: Die mit Haftwurzeln ausgestattete Liane kann bis 10 m hoch klettern. Da die Haftwurzeln nur schwach ausgebildet sind, benötigt sie dazu ein weitmaschiges Klettergerüst. Die unpaarig gefiederten Blätter sind bis 23 cm lang. Von Juli bis September erscheinen die orange bis hell orangefarbenen, am Saum scharlachroten, röhrig-trichterförmigen, 5–7 cm langen Blüten. Sie werden an den diesjährigen Langtrieben in großen, endständigen Rispen angelegt. Bei der Sorte 'Flava' sind die Blüten orange- bis reingelb gefärbt. Die zylindrischen Fruchtkapseln werden bei uns nur selten ausgebildet.
Verwendung: Als attraktive Kletterpflanze.
Standort: Sonnig-warm, geschützt. Boden frisch bis feucht, durchlässig, nährstoffreich, sandig bis lehmig, neutral bis alkalisch.

Gestaltungstipp
Campsis-Arten sind mit ihrem dichten, mattenförmigen Wuchs, ihren großen Fiederblättern und den auffällig gefärbten, exotisch wirkenden Blüten und üppigen Fiederblättern bestens geeignet, hohe Mauern und Fassaden zu begrünen.

Pflege: Die vorjährigen Langtriebe im Frühjahr auf 10–20 cm einkürzen. ✂ 6.
Vermehrung: Aussaat im Frühjahr.

Campsis × tagliabuana 'Mme Galen', Großblütige Trompetenwinde

Aussehen: Wächst wie *C. radicans* und wird bis etwa 8 m hoch. Die gefiederten Blätter können bis 45 cm lang werden. Die weit geöffneten, trompetenförmigen, außen orangefarbenen, innen korallenroten Blüten sind 8 cm lang, sie blühen ebenfalls von Juli bis September auf. Bei der schwachwüchsigen 'Indian Summer' sind die bis 50 cm langen Blätter mattglänzend dunkelgrün, die großen Blüten orangerot gefärbt.
Verwendung, Standort und Pflege: Wie bei *C. radicans*.
Vermehrung: Wurzelschnittlinge oder Ablegen der langen Zweige.

Caragana arborescens, Gewöhnlicher Erbsenstrauch
(Tab. 10)

Aussehen: *C. arborescens* ist ein sommergrüner, anfangs straff aufrechter, zuletzt 4–5 m hoher und gleich breiter Strauch mit auffallend

Tab. 10 Empfehlenswerte Sorten von *Caragana arborescens*

Sorte	Wuchs
'Lorbergii'	zierlich, mit aufrechten Grundtrieben, überhängenden Triebspitzen und sehr zierlichen Fiederblättern
'Pendula'	meist hochstämmig veredelt, Zweige in kurzen Bögen senkrecht abwärts wachsend
'Walker'	meist hochstämmig veredelt, Fiederblättchen ähnlich denen von 'Lorbergii'

olivgrüner Rinde. Die paarig gefiederten, bis 15 cm langen Blätter sind meist aus 8–12 elliptischen, 1–2,5 cm langen, frischgrünen Blättchen zusammengesetzt. Im Mai/Juni trägt der Strauch an Kurztrieben seine hellgelben, 1,5–2,5 cm langen Schmetterlingsblüten. Die zylindrischen Fruchthülsen werden 3,5–5 cm lang.

Verwendung: Robuster Blütenstrauch, der auch in freiwachsenden Hecken verwendet werden kann.

Standort: Sonnig, Luft- und Bodentrockenheit ertragend, windresistent. Boden trocken bis frisch, alle durchlässigen, nährstoffarmen, schwach sauren bis alkalischen Bodenarten.

Pflege: Robust, pflegeleicht. ✂ 2.

Vermehrung: Aussaat im Frühjahr im Freiland.

Caragana arborescens 'Walker'

Caragana arborescens

Carpinus betulus, Gewöhnliche Hainbuche

Aussehen: Die heimische Hainbuche ist ein 10–15 (–25) m hoher, ein- oder mehrstämmiger Baum mit einer ausladenden Krone und einem oft spannrückigen Stamm. Er besitzt eine lange glatt bleibende, mit einem netzartigen Muster versehene Rinde. Die Blätter dieses sommergrünen Gehölzes sind 5–10 cm lang, elliptisch eiförmig, doppelt gesägt und dunkelgrün. Sie färben sich im Herbst meist gelbbraun. Die Blütenkätzchen erscheinen mit dem Blattaustrieb. Die geflügelten Früchte sind zu mehreren in bis 15 cm langen, ährenartigen Ständen geordnet.

Verwendung: *C. betulus* ist ein robuster, langlebiger, anpassungsfähiger Park-, Allee- und Straßenbaum. Im Hausgarten wird die Hainbuche vorzugsweise als Heckenpflanze eingesetzt.

Standort: Sonnig bis schattig, für Stadtklima geeignet. Boden mäßig trocken bis feucht, alle durchlässi-

Carpinus betulus

Carpinus betulus

gen Bodenarten, schwach sauer bis alkalisch.
Pflege: Pflegeleicht, schnittverträglich. ✂ 1, 5.
Vermehrung: Früchte noch vor der Vollreife ernten und gleich aussäen. Sorten durch Handveredlungen unter Glas.

Caryopteris × clandonensis, Bartblume (Tab. 12)

Aussehen: Die Sorten von *C. × clandonensis* entwickeln sich zu 0,7–1 m hohen, sommergrünen, aromatisch duftenden Sträuchern mit grau behaarten Trieben. Die 5–8 cm langen, länglich-lanzettlichen, mattglänzend graugrünen, unterseits grauweißen Blätter sind gegenständig angeordnet. Die mehr oder weniger intensiv blauen Blüten sind bis 1 cm breit. Sie stehen im August/September in vielblumigen Ständen zusammen.

Gestaltungstipp
Durch ihre späte Blüte und die bei Gehölzen seltene blaue Blütenfarbe sind Bartblumen wertvolle, attraktive Sommer- und Herbstblüher für Stein- und Steppengärten.

Verwendung: Für kleine Gärten geeignet. Gerne werden sie zusammen mit Rosen, Gräsern und Stauden gepflanzt.
Standort: Sonnig, wärmeliebend. Boden trocken bis frisch, durchlässig, sandig bis lehmig, schwach sauer bis stark alkalisch.
Pflege: Vorjährige Zweige im Frühjahr regelmäßig stark zurückschneiden. ✂ 3.
Vermehrung: Krautige Stecklinge im Juli oder August.

Tab. 11 Empfehlenswerte Sorten von *Carpinus betulus*

Sorte	Wuchs
'Columnaris'	anfangs säulenförmig, später breit eiförmig, sehr dicht verzweigt, 12–15 m hoch
'Fastigiata'	anfangs schmal säulenförmig, später breit eiförmig, 10–22 m hoch
'Frans Fontaine'	säulenförmig, kompakt, geschlosen, 5–8 m hoch
'Pendula'	meist hochstämmig veredelt, Krone kuppelförmig, Äste und Zweige bogig abwärts wachsend

Cassiope 'Edinburgh', Schuppenheide

Aussehen: Der bis 0,3 m hohe, immergrüne Zwergstrauch breitet sich mit steif aufrechten Trieben mattenförmig aus. Die nur 3–5 mm langen Rollblätter stehen dachziegelartig übereinander und sind in 4 Reihen angeordnet. Die cremeweißen, glockenförmigen Blüten sind etwa 7 mm lang. Es stehen im Mai bis zu

Carpinus betulus 'Fastigiata'

Carpinus betulus 'Pendula'

Cassiope 'Edinburgh'

Tab. 12 Empfehlenswerte Sorten von *Caryopteris × clandonensis*

Sorte	Blütenfarbe	Wuchs	Blätter
'Blauer Spatz'	dunkelblau	breit aufrecht	dunkelgrün
'Blue Ballon'	leuchtend blau	kugelig	dunkelgrün
'Dark Knight'	dunkel violettblau	kompakt	silbrig behaart
'Grand Bleu'	intensiv dunkelblau	straff aufrecht, reich verzweigt	dunkelgrün
'Heavenly Blue'	tiefblau	locker aufrecht, vieltriebig	grün
'Kew Blue'	dunkelblau	aufrecht, feintriebig	silbrig behaart
'Summer Sorbet'	hellblau	locker aufrecht	gelbgrün gerandet

Caryopteris × clandonensis 'Heavenly Blue'

Caryopteris × clandonensis 'Grand Bleu'

Caryopteris × clandonensis 'Summer Sorbet'

12 Einzelblüten dicht gedrängt an den Zweigspitzen.
Verwendung: Die vergleichsweise robusten Sorten 'Edinburgh' und 'Muirhead' werden häufiger gepflanzt als andere Arten und Sorten der Gattung. Alle sind mit ihren glänzenden Blättern und den zarten Blütenglöckchen ganz reizende Zwerggehölze, die ihren besten Platz in Steingärten finden.
Standort: Sonnig, kühl und feucht. Boden frisch bis feucht, humos, durchlässig, sauer.
Pflege: Gedeiht nur an zusagenden Standorten zufriedenstellend. ✂ 1.
Vermehrung: Stecklinge von ausgereiften Trieben.

Catalpa bignonioides, Gewöhnlicher Trompetenbaum (Tab. 13)

Aussehen: Über einem meist kurzen, knorrigen Stamm breitet der 15–18 m hohe Baum seine ausladende Krone aus. An dicken, steifen Zweigen sind die 10–20 cm langen, eiförmigen, dunkelgrünen Blätter gegenständig oder zu dritt in Quirlen angeordnet, werden sie gerieben, riechen sie etwas unangenehm. Im Juni/Juli stehen an den Zweigenden die 10–15 cm langen, reich verzweigten, lockeren Blütenrispen. Die Einzelblüten sind 3–5 cm lang, haben einen schiefen, reinweißen

Catalpa bignonioides

Catalpa bignonioides

Tab. 13 Empfehlenswerte Sorten von *Catalpa bignonioides*

Sorte	Wuchs	Blätter
'Aurea', Gold-Trompetenbaum	schwächer als die Art	im Austrieb goldgelb, später vergrünend
'Nana', Kugel-Trompetenbaum	4–6 (8) m hoch, Krone kugelig, kompakt	grün, kleiner als bei der Art

Catalpa bignonioides 'Aurea'

Catalpa bignonioides 'Aurea'

Saum und sind im Schlund mit purpurnen Flecken und 2 gelben Längsstreifen gezeichnet. Die bis 40 cm langen, bohnenförmigen Fruchtkapseln bleiben oft bis in den Winter hinein haften.

Verwendung: Gehört mit den großen, kandelaberartigen Blütenständen zu den schönsten Ziergehölzen unserer Breiten – kein anderer unserer Blütenbäume blüht so spät im Jahr.
Standort: Sonnig bis halbschattig, windgeschützt, für Stadtklima geeignet. Boden frisch bis feucht, tiefgründig, nährstoffreich, sandig-lehmig, schwach sauer bis alkalisch.
Pflege: Bei Sommertrockenheit gießen. ✂ 1.
Vermehrung: Aussaat im Februar/März unter Glas.

Ceanothus × delilianus 'Gloire de Versailles', Blaue Säckelblume

Aussehen: Der wintergrüne, locker aufgebaute, rasch wachsende Strauch wird bis 1,5 m hoch. Seine gegenständigen, bis 8 cm langen, länglich-eiförmigen Blätter sind

Ceanothus × delilianus 'Gloire de Versailes'

Ceanothus × pallidus 'Marie Simon'

oberseits dunkelgrün, unterseits behaart. Von Juli bis Oktober stehen kleine, hellblaue Blüten in großen, end- und achselständigen Rispen an den Enden der diesjährigen Triebe. Die Sorte 'Topas' hat zart indigoblaue Blüten. *C. × pallidus* 'Marie Simon' unterscheidet sich von den Sorten von *C. × delilianus* vor allem durch die blassrosa Blüten, die in dichten, kegelförmigen, vielblumigen Rispen zusammenstehen.
Verwendung: Säckelblumen sind sehr hübsche, sommerblühende Kleinsträucher für Rabatten, Stein- und Heidegärten.
Standort: Sonnig bis lichtschattig, hitze- und trockenresistent. Boden mäßig trocken bis frisch, durchlässig, alle gepflegten Gartenböden, sauer bis alkalisch.
Pflege: Jährlicher Rückschnitt fördert die Blühwilligkeit. ✂ 3.
Vermehrung: Krautige Stecklinge.

Celastrus orbiculatus, Rundblättriger Baumwürger

Aussehen: Die linkswindende Liane kann bis 12 m hoch klettern. Die 5–10 cm langen hellgrünen Blätter sind rundlich bis breit eiförmig. Sehr unscheinbar sind die meist zweihäusigen, blassgrünen Blüten. Sie stehen in kurzen, achselständigen Büscheln zusammen und blühen im Juni auf. Sehr attraktiv sind die

Celastrus orbiculatus

giftigen, 8 mm dicken, kugeligen, orangegelben Früchte. Sie reifen im Oktober und bleiben bis weit in den Winter hinein haften. Ein reicher Fruchtansatz ist nur zu erwarten, wenn Pflanzen beiderlei Geschlechtes benachbart sind oder wenn Selektionen mit zwittrigen Blüten gepflanzt werden. Fruchtzweige sind ein sehr haltbarer Vasenschmuck.
Verwendung: *C. orbiculatus* ist eine robuste, üppig wachsende Liane zur Bekleidung von Mauern, Lauben und Pergolen oder zum Beranken alter Bäume. Sie benötigen stabile Klettergerüste.
Standort: Sonnig bis halbschattig. Boden mäßig trocken bis frisch, durchlässig, nährstoffreich, schwach sauer bis alkalisch.
Pflege: Regelmäßige Schnittmaßnahmen sind nicht notwendig. ✂ 6.
Vermehrung: Aussaat im Frühjahr, Ablegen der langen Zweige.

Cercidiphyllum japonicum, Katsurabaum

Aussehen: Der sommergrüne, früh austreibende Katsurabaum wächst meist mehrstämmig zu einem 12–15 m hohen Baum mit einer kegelförmigen Krone heran. Sein Sprosssystem ist auffallend in Lang- und stark gestauchte Kurztriebe gegliedert. An den Langtrieben sind die breitrunden, an der Basis herzförmigen Blätter wechselständig angeordnet, an den Kurztrieben stehen sie stets einzeln. Die oberseits bläulich grünen, eigenartig handnervigen Blätter färben sich im Herbst ganz prachtvoll hellgelb bis karmin- und scharlachrot. Das herabfallende Laub verströmt einen weitstreichenden, kuchenähnlichen Duft. Der zweihäusige Baum hat sehr unscheinbare Blüten und etwa 1,5 cm lange Fruchtkapseln.
Verwendung: Dieses schöne Gehölze wächst nur langsam und findet daher auch in mittelgroßen Gärten ausreichend Platz. Der Katsurabaum gehört mit seiner grazilen Verzweigung, der stets gesunden Belaubung und der prachtvollen Herbstfärbung zu unseren schönsten Laubbäumen.
Standort: Sonnig bis halbschattig. Boden frisch bis feucht, tiefgründig, nährstoffreich, sandig-lehmig, schwach sauer bis alkalisch.
Pflege: Bei Sommertrockenheit wässern. ✂ 1.
Vermehrung: Aussaat im Frühjahr unter Glas.

Cercidiphyllum japonicum

Cercis canadensis 'Forest Pansy' Kanadischer Judasbaum

Aussehen: Von dem Kanadischen Judasbaum wird überwiegend diese Sorte gepflanzt, ein 3–6 m hoher, langsam wachsender Kleinbaum mit mehreren Hauptästen und einer weit ausladenden Krone. Die nahezu kreisrunden, 7–12 cm langen Blätter sind im Austrieb glänzend purpurschwarz, später tief purpurrot und zuletzt dunkelgrün. Die jungen Triebe und Blattstiele sind ebenfalls purpurschwarz. Die Attraktivität des Baumes ist in erster Linie durch die reizvolle Laubfarbe begründet, die pinkfarbenen Schmetterlingsblüten sind vergleichsweise unscheinbar.
Verwendung: Kleiner Solitärbaum mit ungewöhnlicher Laubfärbung.
Standort: Sonnig. Boden mäßig trocken bis frisch, alle durchlässigen, gepflegten Böden, neutral bis alkalisch.
Pflege: Frosthärter als *C. siliquastrum*. ✂ 1.
Vermehrung: Veredlung im Winter unter Glas.

Cercis siliquastrum, Gewöhnlicher Judasbaum

Aussehen: *C. siliquatrum* ist ein langsam wachsender, meist mehrstämmiger, 4–6 (–8) m hoher, sommergrüner Baum mit einer breit trichterförmigen bis schirmförmigen Krone. Die 10–13 cm breiten, matt bläulich grünen, nahezu kreisförmigen Blätter sind an der Basis tief herzförmig. Lange vor der Laubentfaltung, im April/Mai, öffnen sich die 2 cm langen, purpurrosa Schmetterlingsblüten. Sie stehen in Büscheln zu 4–10 zusammen. Die Blüten können sich auch an stärkeren Stämmen entwickeln. Die bräunlichen Fruchthülsen bleiben oft lange hängen. Die Sorte 'Bod-

Cercis siliquastrum

Chaenomeles japonica

Chaenomeles speciosa 'Exima'

nant' ist besonders prachtvoll und sehr reich blühend.
Verwendung: Mit der frühen Blüte und dem eigenartigen Blühverhalten gehört der kleine Solitärbaum zu unseren attraktivsten Vorfrühlingsblühern.
Standort: Sonnig-warm, geschützt, für Stadtklima geeignet. Boden mäßig trocken bis trocken, durchlässig, sandig bis lehmig, schwach sauer bis alkalisch.
Pflege: Gedeiht am besten in wintermilden Regionen. ✂ 1.
Vermehrung: Aussaat im Frühjahr nach einer Heißwasserbehandlung.

Cercis siliquastrum 'Bodnant'

Chaenomeles japonica, Japanische Zierquitte

Aussehen: Der dicht und sparrig verzweigte, dornige, sommergrüne Strauch wird etwa 1 m hoch und breit. Breit eiförmig sind die 3–5 cm langen, kerbig gesägten, oberseits dunkelgrünen Blätter. Die zahlreichen ziegelroten, 2,5–3 cm breiten, einfachen, schalenförmigen Blüten öffnen sich im März/April. Attraktiv sind auch die 3–4 cm dicken, rundlichen, gelben, oft dunkel punktierten, intensiv aromatisch duftenden, essbaren Früchte. Sie reifen im September/Oktober und sind bei einer Temperatur von 2,5 °C bis zu 4 Monate lagerfähig.
Verwendung: Schöner Blütenstrauch für Einzel- und Gruppenpflanzungen. Die Früchte sind reich an Vitamin C, Zitronensäure, Pektin und Aromastoffen, sie werden gerne zu Gelee oder Quittenbrot verarbeitet. Das gilt vor allem für die als „Nordische Zitrone" bezeichnete Sorte 'Cido'.
Standort: Sonnig bis halbschattig. Boden mäßig trocken bis frisch, alle gepflegten Bodenarten, sauer bis neutral.
Pflege: Pflegeleicht, ✂ 2.
Vermehrung: Aussaat im Frühjahr.

Chaenomeles speciosa, Chinesische Zierquitte

(Tab. 14)

Aussehen: *C. speciosa* ist ein sommergrüner, aufrechter, oft ausladender, bis über 2 m hoher Strauch mit kahlen, glatten Trieben. Die wechselständigen, 3–8 cm langen, eiförmigen bis länglichen, scharf gesägten Blätter sind glänzend grün. Von großer Leuchtkraft sind die 3–4 cm breiten, schalenförmigen Blüten, die sich im März/April öffnen. Die Blüten der Art sind scharlachrot, die der Sorten können auch rosa oder weiß sein. Die apfelartigen, duftenden gelben oder gelblich grünen Früchte sind ebenso gut verwertbar wie die von *C. japonica*. Statt der Art werden in der Regel reichblühende Sorten gepflanzt.
Verwendung: Die Sorten von *C. speciosa* sind durch ihre zahlreichen, kräftig gefärbten Blüten prachtvolle Sträucher für Einzel- und Gruppenpflanzungen oder für Blütenhecken. Das gilt ebenso für die Sorten von *C. × superba*, die sich nur durch die zottig-rau behaarten Triebe von den Sorten von *C. speciosa* unterscheiden.
Standort: Sonnig, wärmeliebend. Bodenmäßig trocken bis frisch,

Tab. 14 Empfehlenswerte Sorten der Zierquitte

Sorte	Blüten	Besonderheit
Sorten von *Chaenomeles speciosa*		
'Exima'	reinrosa, weiß	Wuchs stark, aufrecht
'Friesdorfer Typ 205'	hellrot	Blütenzweige lassen sich besonders gut vortreiben, 1,5–2 m hoch
'Moerloosii'	weiß, rosa überhaucht	Wuchs stark, bis 2,5 m hoch
'Nivalis'	weiß	Wuchs breit aufrecht, bis 2 m hoch
'Simonii'	dunkel samtrot, halbgefüllt	Wuchs flach, etwa 1 m hoch
Sorten von *Chaenomeles* × *superba*		
'Andenken an Carl Ramcke'	leuchtend zinnoberrot	reichblühend, kaum 1 m hoch, Blätter im Austrieb bronzefarben
'Crimson and Gold'	dunkelrot, mit auffallend gelben Staubgefäßen	reichblühend, starker Fruchtansatz
'Elly Mossel'	feuerrot, groß	im Sommer gut nachblühend
'Etna'	scharlachrot	bis etwa 1,5 m hoch
'Fascination'	tief scharlachrot, groß	Wuchs breit ausladend
'Fire Dance'	signalrot, sehr groß	sehr reich blühend
'Fusion'	scharlachrot, sehr groß	Früchte sehr groß, duftend, sehr aromatisch, gut zu verarbeiten
'Jet Trail'	weiß	Wuchs breit ausladend, 0,5 m hoch
'Nicoline'	karminrot, weiß	Wuchs sehr breit, etwa 1 m hoch
'Pink Lady'	dunkelrosa	bis etwa 1,6 m hoch
'Youki Gotin'	cremeweiß, gefüllt	Wuchs kompakt

Chaenomeles speciosa 'Exima'

Chaenomeles speciosa 'Nivalis'

Chaenomeles speciosa 'Simonii'

Chaenomeles × *superba* 'Elly Mossel'

Chaenomeles × *superba* 'Fire Dance'

Chaenomeles × *superba* 'Youki Gotin'

durchlässig, alle gepflegten Bodenarten, schwach sauer bis alkalisch.
Pflege: Anspruchslos und pflegeleicht. ✂ 2.
Vermehrung: Wurzelschnittlinge oder krautige Stecklinge.

Chamaecytisus purpureus, Purpur-Ginster

Aussehen: Der sommergrüne Purpur-Ginster ist ein kaum mehr als 0,5 m hoher, buschiger, dicht verzweigter, sehr reich blühender Zwergstrauch mit ausgebreitet-niederliegenden, graugrünen Zweigen. Die dunkelgrünen Blättchen der dreizähligen Blätter sind 0,6–2,4 cm lang. Im Mai/Juni sind die Zweige mit zahlreichen purpurfarbenen Schmetterlingsblüten bedeckt, die zu 1–3 in achselständigen Büscheln zusammenstehen.
Verwendung: Reizender Zwergstauch für Stein- und Heidegärten, Trockenmauern, Hochbeete und Kübel.
Standort: Sonnig bis lichtschattig, hitzeverträglich. Boden trocken bis frisch, durchlässig, nährstoffarm, sandig-lehmig, neutral bis alkalisch.
Pflege: Abgestorbene Zweige entfernen. ✂ 2.
Vermehrung: Aussaat im Frühjahr nach einer Heißwasserbehandlung der Samen.

Chamaespartium sagittale, Flügelginster

Aussehen: Der immergrüne, bis 0,3 m hohe Zwergstrauch breitet sich mit seinen kriechenden Ästen und den aufsteigenden, auffällig breit geflügelten Zweigen mattenförmig aus. Die ganzrandigen, an den Knoten unterbrochenen Flügel nehmen die Funktion der Blätter wahr. Im Mai/Juni entwickeln sich an den Zweigenden die goldgelben, 1–1,2 cm langen Schmetterlingsblüten, sie stehen in dichten Trauben zusammen.
Verwendung: Der kleine, mattenbildende Zwergstrauch kann wie der Purpur-Ginster verwendet werden.
Standort: Sonnig, hitzeverträglich. Boden trocken bis frisch, nährstoffarm, durchlässig, sandig-humos, schwach sauer bis neutral.
Pflege: Pflegeleicht, ✂ 1.
Vermehrung: Teilung oder Stecklinge von krautigen Trieben.

Chamaespartium sagittale

Chamaecytisus purpureus

Chimonanthus praecox , Chinesische Winterblüte

Aussehen: *C. praecox* ist ein sommergrüner, aufrechter, sparsam verzeigter, bis etwa 2 m hoher, sommergrüner Strauch. Die elliptischen bis länglich-eiförmigen, 7–20 cm langen Blätter sind oberseits rau und beiderseits glänzend hellgrün.

Chimonanthus praecox

Gestaltungstipp
Mit der ungewöhnlich frühen Blütezeit und den stark duftenden Blüten ist die Chinesische Winterblüte ein sehr wertvoller Winterblüher für geschützte Plätze.

Die stark nach Vanille duftenden Blüten können sich von Dezember bis März entfalten, ihre äußeren, wachsartigen Kronblätter sind hellgelb, die inneren rötlich braun gefärbt. Die länglichen, braunen Fruchtkapseln können bis in den Winter hinein haften.
Verwendung: Der Winterblüher kann als kleiner Baum oder als Spalierstrauch an Mauern gezogen werden. Blühende Zweige sind ein hübscher, intensiv duftender Vasenschmuck.
Standort: Sonnig bis halbschattig, wärmebedürftig, geschützt. Boden mäßig trocken bis frisch, durchlässig, sandig-lehmig bis lehmig, schwach sauer bis alkalisch.
Pflege: Junge Pflanzen im Winter schützen. ✂ 2.
Vermehrung: Aussaat unmittelbar nach der Ernte im Frühherbst.

Chionanthus virginicus

Chionanthus virginicus, Virginischer Schneeflockenstrauch

Aussehen: *C. virginicus* ist ein langsam wachsender, sommergrüner, breit aufrechter, 3–4 (–6) m hoher Strauch. Die einfachen, gegenständig angeordneten, derben, 8–20 cm langen, verkehrt-eiförmigen Blätter sind oberseits glänzend dunkelgrün, die färben sich im Herbst hellgelb. Die weißen, duftenden Blüten sind zwar klein, stehen aber im Mai/Juni zu vielen in 10–20 cm langen, endständigen Blütenständen zusammen. Die 1–2 cm langen, einsamigen Früchte sind blauschwarz.
Verwendung: Mit den filigranen, duftigen, weißen Bütenständen ein prachtvoller Solitärstrauch, der vor einer dunklen Gehölzkulisse besonders gut zur Geltung kommt.
Standort: Sonnig bis halbschattig. Boden frisch bis feucht, durchlässig, sandig bis sandig-lehmig, schwach sauer bis neutral.
Pflege. Nur an zusagenden Standorten frohwüchsig. ✂ 1.
Vermehrung: Aussaat im Frühjahr.

Clematis alpina, Alpen-Waldrebe

Aussehen: Die in den Alpen verbreitete Waldrebe klettert nur schwach, gern überwächst sie mit ihren dünnen Sprossen große Steine oder klettert in Sträucher hinein. Die unpaarig gefiederten, dunkelgrünen Blätter werden bis 15 cm lang. Im April/Mai entfalten sich in den Blattachseln von Kurztrieben die 3–4 cm breiten, violetten bis hellblauen Blüten mit den glockig zusammengeneigten Tepalen. Ab September reifen die kleinen Nüsschen mit den bleibenden, bis 4 cm langen, seidig behaarten Griffeln.

Die nahe mit *C. alpina* verwandte Sibirische Waldrebe, *C. sibirica*, unterscheidet sich von der heimischen Alpen-Waldrebe durch weiße Blüten.

Clematis alpina

Neben *C. alpina* werden von Spezialbaumschulen auch Auslesen aus der Art oder Hybriden mit dem Erbgut von *C. alpina* angeboten. Deren Blüten können weiß, rosa, purpurfarben oder sogar hell- bis tiefblau gefärbt sein. Sie werden in der *Clematis* Atragena-Gruppe zusammengefasst. Als besonders robust gilt die Sorte 'Ruby' mit den burgunder- bis samtig tiefroten Blüten.
Verwendung: Zur Begrünung von Zäunen, Spalieren und Mauern oder die Alpen-Waldrebe so pflanzen, das sie in Sträucher oder kleine Bäume hineinwachsen kann.
Standort: Sonnig bis halbschattig. Boden gleichmäßig feucht, durchlässig, sandig- bis lehmig-humos, sauer bis neutral.
Pflege: Kein regelmäßiger Rückschnitt notwendig. ✂ 6.
Vermehrung: Aussaat im Frühjahr, Sorten durch Stecklinge von krautigen Trieben.

Clematis macropetala, Großblütige Alpen-Waldrebe

Aussehen: Die in Ostasien heimische Waldrebe wächst etwa gleich stark wie *C. alpina*. Die bis 15 cm langen Blätter sind meist doppelt dreizählig. Die blauen oder blauvioletten Blüten sind bis 10 cm breit, sie stehen einzeln in den Achseln von Kurztrieben und öffen sich im Mai/Juni. Die Blüten wirken wie gefüllt, weil sie neben den 4 großen Tepalen noch zahlreiche kronblattähnliche Staminodien besitzen. Auch bei *C. macropetala* sind die kleinen Nussfrüchte mit bis 4 cm langen, fedrig behaarten Griffeln ausgestattet.

Die am häufigsten kultivierten Sorten sind 'Markham's Pink' (Blüten kräftig purpurrosa) und 'Rosy O'Grady' (Blüten tief pinkfarben bis malvenrosa). In Spezialbaumschulen werden auch weitere Auslesen oder Hybriden mit dem Erbgut von *C. macropetala* angeboten.
Verwendung: Wie bei *C. alpina*.
Standort: Wie bei *C. alpina*.
Pflege: Wie bei *C. alpina*.
Vermehrung: Wie bei *C. alpina*.

Clematis macropetala

Clematis montana, Berg-Waldrebe (Tab. 15)

Aussehen: *C. montana* ist eine starkwüchsige, bis 12 m kletternde Waldrebe mit dreizähligen Blättern. Die weißen, gelegentlich rosa überlaufenen, 4–6 cm breiten, duftenden Blüten mit den 4 weit gespreizten Tepalen stehen im Mai/Juni zu 1–5 achselständig an den vorjährigen Zweigen. Die weiß fedrig behaarten Griffel der kleinen Nüsschen sind 2,5–4 cm lang.
Verwendung: *C. montana* und die Sorten der *C.* Montana-Gruppe zeichnen sich durch eine überaus reiche, früh im Jahr einsetzende Blüte und durch ein üppiges Wachstum aus. Sie gehören deshalb zu

Tab. 15 Empfehlenswerte Sorten von *Clematis* der Montana-Gruppe

Sorte	Blüten
'Broughton Star'	lachsrosa, einfach oder mit zahlreichen Staminodien gefüllt
'Elizabeth'	rosa, seidig schimmernd, nach Vanille duftend
'Marjorie'	hellrosa, mit zahlreichen Staminodien gefüllt
'Mayleen'	seidig schimmernd hellrosa, einfach, duftend
'Pink Perfection'	hell- bis tiefrosa, einfach, stark nach Vanille duftend
var. *rubens*	pinkfarben, einfach, nach Vanille duftend
'Superba'	weiß, besonders groß, einfach
'Tetrarosa'	tief pink- bis malvenfarben, einfach, würzig duftend
var. *wilsonii*	rein- bis cremeweiß, einfach, duftend

Clematis 'Broughton Star'

Clematis 'Pink Perfection'

Clematis 'Elizabeth'

Clematis 'Tetrarosa'

Clematis montana

den beliebtesten kleinblumigen Waldreben. Sie können rasch auch hohe Fassaden begrünen, wachsen aber auch gerne, wie an ihren natürlichen Standorten, in Baumkronen hinein.
Standort: Sonnig bis lichtschattig, sommerkühl, daher nicht für sommerwarme Lagen geeignet. Boden frisch bis feucht, durchlässig, sandig- bis lehmig-humos, sauer bis neutral, empfindlich gegen hohen Kalkgehalt.
Pflege: Kein regelmäßiger Rückschnitt, Korrekturschnitte nach der Blüte durchführen. ✄ 6.
Vermehrung: Aussaat im Frühjahr, Sorten durch Stecklinge von krautigen Trieben.

Clematis tangutica, Mongolische Waldrebe (Tab. 16)

Aussehen: Die starkwüchsige Mongolische Waldrebe klettert 4–6 m hoch. Sie hat unpaarig gefiederte Blätter mit je 5–7 lanzettlichen bis schmal-elliptischen glänzend grünen Blättchen. Über einen langen Zeitraum, von Juni bis zum Oktober, entfalten sich die breit-glockigen bis becherförmigen, zitronengelben, außen gelegentlich braun oder purpurn schattierten Blüten, die an den diesjährigen Trieben angelegt werden. Gleichzeitig mit den letzten Blüten reifen die kleinen Nussfrüchte mit den bis 5,5 cm langen, silbrig fedrigen Griffeln.

Neben der *C. tangutica* werden auch einige aus der Art selektierte Sorten oder Hybriden mit dem Erbgut von *C. tangutica* und der nahe verwandten *C. orientalis* angeboten, die in der *Clematis* Tangutica-Gruppe zusammengefasst werden. Zu *C. tibetana*, ebenfalls eine Art mit gelben, glockigen Blüten, gehört die Sorte 'Orange Peel' mit auffallend dicken, fleischigen Tepalen.
Verwendung: Die variable *C. tangutica* und die Sorten der *C.* Tangutica-Gruppe wirken im Sommer über viele Wochen hinweg durch ihre vielen gelben, glockigen Blüten und im Herbst durch den überaus zahlreichen, lange haftenden Fruchtschmuck.

Tab. 16 Empfehlenswerte Sorten von *Clematis* der Tangutica-Gruppe

Sorte	Blüten	Wuchshöhe
'Aureolin'	zitronengelb, breit glockig	2–5 m
'Bill MacKenzie'	leuchtend gelb, Tepalen fleischig, zuletzt abstehend	3–8 m
'Golden Harvest'	hell- bis zitronengelb, anfangs breit glockig, später offener	2–4 m
'Golden Tiara'	hell- bis orangegelb, duftend, anfangs breit glockig, später offener	2–3 m
'Helios'	zitronen- bis hellgelb, anfangs breit glockig, zuletzt weit geöffnet	1–2 m
'Orange Peel'	im Aufblühen tief orangegelb, später goldgelb, anfangs nahezu kugelig, die fleischigen Tepalen zuletzt abstehend	4–6 m

Clematis 'Golden Tiara'

Clematis 'Helios'

Clematis *'Orange Peel'*

Standort: Sonnig bis lichtschattig. Boden mäßig trocken bis frisch, alle durchlässigen, nicht zu schweren Bodenarten, schwach sauer bis alkalisch.
Pflege: Regelmäßige Rückschnitte sind nicht unbedingt notwendig, man kann aber auch alle Sprosse im zeitigen Früchjahr bis auf etwa 30 cm über dem Boden zurückschneiden. ✂6.
Vermehrung: Aussaat im Frühjahr, Sorten durch Stecklinge von krautigen Trieben.

Clematis vitalba, Gewöhnliche Waldrebe

Aussehen: Die heimische Waldrebe klettern an ihren natürlichen Standorten 10–15 (–30) m hoch in Baumkronen hinein oder überwuchert Sträucher. Die Stämme können im Alter bis 10 cm dick werden. Die unpaarig gefiederten Blätter sind meist aus 5 Blättchen zusammengesetzt. Nur etwa 2 cm breit sind die zahlreichen, grünlich weißen bis weißen, schwach duftenden Blüten, die end- und achselständig an diesjährigen Trieben angelegt werden und sich im Juli bis September öffnen. Den kleinen Nussfrüchten haftet ein 2,5 cm langer, silbrig behaarter Griffel an. Die fedrigen Fruchtstände bleiben bis weit in den Winter haften, an sonnigen Wintertagen scheinen sie regelrecht zu leuchten.

C. vitalba ist ein Elternteil von *Clematis* 'Paul Farges' (Syn. *C.* ×*fargesoides* 'Summer Snow'). Diese starkwüchsige Hybride kann bis 8 m hoch klettern. Sie hat bis 25 cm lange Fiederblätter und 4–5 cm breite, weiße, schwach duftende Blüten mit weit abstehenden Tepalen.

Gestaltungstipp
Clematis 'Paul Farges' ist weitaus dekorativer als *Clematis vitalba* und für kleine bis mittelgroße Gärten besser geeignet.

Clematis vitalba

Verwendung: Die starkwüchsigen Waldreben eignen sich gut zur raschen Begrünung von Wänden, Fassaden und Einzäunungen oder zum Verwildern in naturnahen Gärten.
Standort: Sonnig bis halbschattig. Boden mäßig trocken bis frisch, durchlässig, mäßig nährstoffreich, sandig bis lehmig, schwach sauer bis stark alkalisch.
Pflege: *C. vitalba* wird in der Regel nicht beschnitten, *C.* 'Paul Farges' wird am besten jährlich stark zurückgeschnitten. ✂6.
Vermehrung: Aussaat im Frühjahr, *C.* 'Paul Farges' durch Stecklinge von krautigen Trieben.

Clematis viticella, Italienische Waldrebe (Tab. 17)

Aussehen: Die Italienische Waldrebe kann an Klettergerüsten bis 4 m hoch klettern. Die doppelt gefiederten, unterseits dicht flaumig behaarten Blätter werden bis 12,5 cm lang. Die Art und die von ihr abstammenden Sorten warten mit zahlreichen breit-glockigen bis schalenförmigen, 3–6 cm großen Blüten auf, die bläulich, purpurrosa, purpurn, rot oder weiß sein können. Die Blüten werden achselständig an diesjährigen Trieben angelegt. Von der Hauptblütezeit im Juni zieht sich die Nachblüte bis zum September hin. Bei *C. viticella* sind die kleinen Nussfrüchte nicht mit einem langen fedrig behaarten Griffel ausgestattet.
Verwendung: Die Blüten von *C. viticella* und die der *C.* Viticella-Gruppe sind zwar kleiner als die der großblumigen Hybriden, dafür gelten die Pflanzen als besonders winterhart und als weitgehend resistent gegenüber dem gefürchteten Clematissterben.
Standort: Sonnig bis lichtschattig. Boden mäßig trocken bis frisch, durchlässig, sandig-lehmig bis lehmig, schwach sauer bis alkalisch.
Pflege: Alle Sprosse jährlich im zeitigen Frühjahr bis auf etwa 0,5 m über dem Boden abschneiden. ✂6.
Vermehrung: Aussaat im Frühjahr, die Sorten durch Stecklinge von krautigen Trieben.

Großblumige Clematis-Hybriden (Tab. 18)

Aussehen: Zu den großblumigen Hybriden gehören Sorten sehr verschiedener Herkunft mit Wuchshöhen von 2–4 m. Gemeinsam sind ihnen große, 10–22 (–25) cm breite Blüten, die einfach mehr oder weniger stark gefüllt sind. Die (4–) 6–8 (gelegentlich auch bis 9) Tepalen sind meist tellerförmig flach ausgebreitet. Die Blüten können weiß oder in verschiedenen Schattierungen pinkfarben, purpurn, rot, purpurrot, violettblau oder blau sein. Die großblumigen Hybriden werden

Tab. 17 Empfehlenswerte Sorten der *Clematis* Viticella-Gruppe

Sorte	Blüten	Wuchshöhe
'Abundance'	purpur bis weinrot, flach schalenförmig, 5–7,5 cm breit	3–3,5 (–6) m
'Alba Luxurians'	opalweiß, Tepalen an der Spitze oft grün gefleckt, 5–9 cm breit	2–5 m
'Emilia Platter'	hell violettblau, außen mit einem dunklen Mittelstreifen, 4–7 cm breit	2,5–4 m
'Étoile Rose'	silbrig rosa bis tiefrosa, purpur- bis scharlachrot gestreift, 4–6 cm breit	2,5–4 m
'Étoile Violette'	tief samtig blauviolett bis rötlich purpurn, karminrot gestreift	2,5–4 (–7) m
'Kermesina'	tief weinrot, dunkler gestreift, 4–7 (–10) cm breit	2,5–4 m
'Madame Julia Correvon'	tief weinrot bis purpurrot, außen weißlich gestreift, 5–10 (–13) cm breit	3–4 m
'Minuet'	Tepalen in der Mitte cremeweiß, der breite Randstreifen purpurn, 3–8 cm breit	3–4 m
'Purpurea Plena Elegans'	tief purpurn bis matt magentarot oder purpurrot, rosettenartig gefüllt, 5–7 cm breit	2,5–4 m
'Royal Velours'	samtig dunkelpurpurn, außen heller, 4–8 (–12) cm breit	2,5–4 m
'Venosa Violacea'	Tepalen in der Mitte weißlich violett, der breite Saum purpurn, 9–14 cm breit	2–4 m

Clematis 'Abundance'

Clematis 'Emilia Platter'

Clematis 'Étoile Violette'

Clematis 'Minuet'

in zwei Gruppen eingeteilt. Bei den früh blühenden Sorten werden die Blüten an den vorjährigen Zweigen angelegt, sie blühen im Frühjahr oder Frühsommer (Mai bis Juli) auf. In der Regel erscheinen Folgeblüten im Sommer oder Frühherbst an diesjährigen Trieben.

Bei den spät blühenden Sorten werden die Blüten an diesjährigen Trieben angelegt. Bei ihnen beginnt die Hauptblütezeit im Juli, sie blühen dann ununterbrochen bis zum Spätsommer oder Herbst (September/Oktober).

Verwendung: Die besonders beliebten großblumigen *Clematis* werden häufig zur Begrünung von Pergolen, Klettergerüsten oder Mauern eingesetzt, nicht selten in Verbindung mit Rosen.

Standort: Sonnig bis halbschattig, im Wurzelbereich kühl und feucht. Boden frisch bis feucht, durchlässig, gepflegt, sandig- oder lehmig-humos, schwach sauer bis alkalisch.

Pflege: Bei früh blühenden Sorten beschränken sich Schnittmaßnahmen auf das Auslichten und Entfernen abgestorbener Zweige, stärkere Eingriffe sollten nach der Blüte durchgeführt werden. Alle spät blühenden Sorten können im zeitigen Frühjahr bis auf eine Höhe von etwa 0,5 m zurückgeschnitten werden.

Vermehrung: Handveredlungen unter Glas oder Stecklinge von krautigen Trieben.

Tab. 18 Empfehlenswerte großblumige Hybriden von *Clematis*

Sorte	Blüten	Blütezeit früh	Blütezeit spät
'Andromeda'	cremeweiß, mit einem himbeerfarbenen Mittelband, einfach und halbgefüllt, 15–20 cm breit	x	
'Blue Gem'	himmelblau bis malvenfarben, dunkler gestreift, 10–20 cm breit	x	
'Doctor Ruppel'	weißlich rosa, mit breitem purpurrotem Mittelband, 14–22 cm breit	x	
'Fujimusume'	himmelblau bis hell purpurblau, 10–22 cm breit	x	
'Gipsy Queen'	samtig dunkelpurpurn, 8–17 cm breit		x
'Hagley Hybrid'	tief- bis muschelrosa, 10–18 cm breit		x
'Huldine'	perlmuttweiß, fast transparent, 7–10 cm breit		x
'Jackmanii'	dunkel purpurviolett, 10–5 cm breit		x
'Kardinal Wyszynski'	lebhaft karminrot, 14–18 cm breit	x	
'Lady Betty Balfour'	anfangs tiefpurpurn, später blau, 1–16 cm breit		x
'Lasurstern'	tief lavendelblau, 14–20 cm breit	x	
'Mevrouw Le Coultre'	weiß bis cremeweiß, 14–8 cm breit		x
'Mrs Cholmondely'	lavendelblau, Nervatur dunkler, 12–23 cm breit	x	
'Mrs N. Thompson'	tief violett bis bläulich purpurn, Mittelstreifen scharlach- oder petunienrot, 12–17 cm breit	x	
'Multi Blue'	tief violettblau, stark gefüllt, fast ballförmig, 8–13 cm breit	x	
'Nelly Moser'	hell rosapurpurn, Mittelband karminrot oder tief purpurrosa, 14–18 cm breit	x	
'Niobee'	tief samtig rubinrot, 10–15 cm breit	x	
'Piilu'	hell purpurrosa, Mittelstreifen purpurrot, erste Blüten gefüllt, Folgeblüten einfach, 6–12 cm breit	x	
'Rhapsodie'	malvenblau bis violettpurpurn, 10–14 cm breit		x
'Rouge Cardinal'	samtig karmin- bis burgunderrot, 10–16 cm breit		x
'The President'	tief purpurblau bis violett, 13–20 cm breit	x	
'Ville de Lyon'	lebhaft karminrot bis purpurrot, pinkfarben gestreift		x
'Vyvyan Pennell'	silbrig lila- oder lavendelblau bis tief lavendelrosa, einfach, halbgefüllt oder gefüllt, 15–20 cm breit	x	
'Warszawska Nike'	samtig rötlich violett bis dunkel purpurviolett, 10–15 cm breit		x
'Westerplatte'	samtig dunkelrot, außen weiß gestreift, 10–16 cm breit	x	

Clematis 'Blue Gem'

Clematis 'Doctor Ruppel'

Clematis 'Huldine'

Clematis 'Jackmanii'

Clematis 'Warszawska Nike'

Clematis 'Kardinal Wyszynski'

Clematis 'Multi Blue'

Clematis 'The President'

Clematissterben

Wenn *Clematis* unter optimalen Standortbedingungen wachsen können, sind sie wenig anfällig für Krankheiten und Schädlinge. Empfindliche Sorten können aber vom Clematissterben befallen werden. Dabei welken ganze Pflanzen oder Pflanzenteile plötzlich und sterben bis zum Boden hin ab. Es handelt sich dabei um eine nichtparasitäre Krankheit, von der Pflanzen bevorzugt befallen werden, die auf schweren, undurchlässigen und zu trockenen Böden wachsen oder die durch Frost geschädigt worden sind. An geschwächten Pflanzen treten sekundär verschiedene Pilzarten auf. Die Krankheit kann nur vorbeugend bekämpft werden, vor allem durch die Schaffung optimaler Kulturbedingungen (Wurzelbereich und Stammgrund beschatten, den Boden ausreichend feucht halten, empfindliche Arten vor Frost schützen) und durch die Wahl widerstandsfähiger Arten und Sorten. Wenig anfällig sind die hier beschriebenen Arten und die *Hydride C.* 'Paul Farges'. Vergleichsweise anfällig dagegen die großblumigen Hybriden. Als weitgehend resistent gelten auch die Sorten der *C.* Viticella-Gruppe, obwohl auch sie befallen werden können. Nach einem kräftigen Rückschnitt regenerieren sie sich aber wieder besser.

Clerodendrum trichotomum var. *fargesii*, Japanischer Losbaum

Aussehen: Der breit aufrecht wachsende, sommergrüne Strauch wird bei uns kaum mehr als 2–3 m hoch. An den flaumig behaarten Trieben sind die 10–20 cm langen, eiförmig-elliptischen Blätter gegenständig angeordnet. Sie sind oberseits dunkelgrün, unterseits weich behaart und riechen beim Zerreiben unangenehm. Erst im August/September entfalten sich die bis 3 cm breiten, duftenden Blüten, die in etwa 20 cm breiten Ständen angeordnet sind. Sie wirken durch die weit herausragenden Staubblätter etwas spinnenartig. Nach dem Verblühen werden die roten, sternförmig ausgebreiteten Kelchblätter fleischig, ihnen sitzt dann eine kugelige, glänzend blaue, 6–8 mm dicke Frucht auf, die im Oktober/November reift.
Verwendung: Ein ungewöhnlicher Solitärstrauch für geschützte Plätze im Garten, bei dem Blüten und Früchte gleichermaßen attraktiv sind.
Standort: Sonnig bis halbschattig, geschützt, wärmebedürftig. Boden mäßig trocken bis feucht. Gedeiht auf allen gepflegten, durchlässigen Gartenböden. Neutral bis schwach alkalisch.

Clerodendrum trichotomum var. *fargesii*

Pflege: Bei Jungpflanzen ist Winterschutz ratsam. ✂ 1.
Vermehrung: Samen nach der Ernte stratifizieren, im Frühjahr unter Glas aussäen.

Clethra alnifolia, Erlenblättrige Zimterle

Aussehen: Langsam wächst der sommergrüne, zunächst straff aufrechte, später locker überhängende Strauch bis zu einer Höhe von etwa 3 m heran. Erst spät entfalten sich die 4–10 cm langen, verkehrt-eiförmigen, mittelgrünen Blätter, die sich im Herbst nur blass- bis braungelb verfärben. Von Juli bis September entwickeln sich die kleinen, 8 mm breiten, weißen, stark duftenden Blüten, die durch die herausragenden Staubblätter eine besondere Note erhalten. Sie stehen in 5–8 cm langen, dichten, schmalen, vielblumigen Trauben an den Zweigenden. Die kleinen, unscheinbaren Fruchtkapseln enthalten zahlreiche feine Samen. Neben der Art werden auch reichblühende Sorten wie 'Paniculata' oder die dunkelrosa blühende 'Ruby Spice' angeboten.
Verwendung: Durch die späte, lang anhaltende Blüte und die duftenden Blüten ein wertvoller Sommerblüher, der als Solitär- oder Gruppenstrauch auch in kleineren Gärten Platz findet.
Standort: Sonnig bis halbschattig. Boden frisch bis feucht, sandig-humos, sauer.
Pflege: Nur an zusagenden Standorten frohwüchsig. ✂ 1.
Vermehrung: Aussaat im Frühjahr.

Colutea arborescens

Colutea arborescens, Gewöhnlicher Blasenstrauch

Aussehen: *C. arborescens* ist ein sommergrüner, straff aufrecht wachsender, 3–5 m hoher Strauch. Bis 15 cm lang sind die unpaarig gefiederten Blätter mit den 9–13 dünnen, frischgrünen, breit-elliptischen Blättchen. Die 1,5–2 cm langen Schmetterlingsblüten stehen zu 6–8 in bis 12 cm langen, lockeren Trauben zusammen. Die Blütezeit reicht von Mai bis August. Schon zum Ende der Blütezeit haben sich aus den ersten Blüten die 3,5–8 cm langen, blasig aufgetriebenen, ballonartigen Fruchthüllen mit den pergamentartig dünnen, zur Reife silbrigen oder rötlichen Hüllwänden entwickelt. Die Fruchthüllen bleiben oft bis weit in den Winter hinein haften.
Verwendung: *C. arborescens* ist ein stets gesunder, anpassungsfähiger, robuster Solitär- und Gruppenstrauch, der auch zum Aufbau freiwachsender Hecken eingesetzt wird.
Standort: Sonnig, wind- und trockenresistent, für Stadtklima geeignet. Boden trocken bis frisch, alle nährstoffarmen, durchlässigen, schwach sauren bis alkalischen Bodenarten.
Pflege: Anspruchslos. ✂ 2.
Vermehrung: Aussaat im Frühjahr.

Clethra alnifolia 'Paniculata'

Colutea arborescens

Cornus alba, Tatarischer Hartriegel

(Tab. 19)

Aussehen: *C. alba* wird 3 (–5) m hoch und breitet sich mit aufrechten bis bogig niederliegenden, wurzelnden Zweigen dickichtartig aus. Die Zweigrinde ist anfangs blut- oder korallenrot, später braunrot. Eiförmig-elliptisch sind die 4–8 cm langen, oberseits grünen, unterseits bläulich grünen, gegenständig angeordneten Blätter. Die kleinen, gelblich weißen Blüten stehen im Mai/Juni in 3,5–5 m breiten Trugdolden. Aus ihnen entwickeln sich weiße bis bläuliche, erbsengroße Früchte.
Verwendung: Robuster Strauch, der einzeln, in Gruppen oder in freiwachsenden Hecken verwendet wird.
Standort: Sonnig bis halbschattig. Boden frisch bis feucht, toleriert alle durchlässigen Bodenarten, sauer bis alkalisch.
Pflege: Pflegeleicht, ✂ 2.
Vermehrung: Aussaat unmittelbar nach der Ernte im Herbst oder nach einer Stratifikation im Frühjahr, die Sorten durch krautige Stecklinge.

Tab. 19 Empfehlenswerte Sorten von *Cornus alba*

Sorte	Blätter	Zweigrinde
'Elegantissima'	graugrün, mit einem breiten, rahmweißen Rand	purpurrot
'Kesselringii'	bläulich grün	schwarzbraun
'Sibirica'	lebhaft grün	korallenrot
'Sibirica Variegata'	breit silberweiß gerandet	korallenrot
'Späthii'	goldgelb gefleckt und gerandet	blutrot

Cornus alba 'Elegantissima'

Cornus alba 'Sibirica'

Cornus alba

Cornus alba 'Sibirica Variegata'

Weitere strauchförmig wachsende *Cornus*-Arten

Cornus sanguinea, Blutroter Hartriegel
Heimischer, robuster, 3–4 (–6) m hoher, Ausläufer bildender Gruppenstrauch mit dunkelroten Zweigen, dunkelgrünen, 4–6 cm langen, eiförmig-elliptischen, im Herbst gelborange bis weinroten Blättern und weißen, vielblumigen Trugdolden im Mai/Juni und schwarzblauen, weiß punktierten 5–6 mm dicken Früchten.

Als Gartengehölz werden die beiden Sorten 'Midwinter Fire' (Zweige gelb, auf der Sonnenseite leuchtend korallenrot) und 'Winter Beauty' (Zweige gelborange, auf der Sonnenseite orangerot) mit den intensiv gefärbten Winterzweigen der Art vorgezogen, sie wachsen etwas schwächer als die Art und bringen Farbe in den winterlichen Garten. Gelegentliche starke Rückschnitte fördern die Farbwirkung der Zweige.

Cornus sericea 'Flaviramea', Gelbrindiger Hartriegel
1,5–3 m hoher, zunächst straff aufrechter Wuchs, später mit schleppenartigen Zweigen, 2–3 m breit.

Cornus sericea 'Flaviramea'

Cornus sanguinea

Zweige im Winter auffallend hell gelbgrün. Blätter 8–12 cm lang, eiförmig bis länglich-lanzettlich , oberseits dunkelgrün, unterseits blaugrün. Gelblich weiße Blüten im Mai, in 3–5 cm breiten Trugdolden. Früchte 7–9 mm dick, weiß. Wird als Gruppen- und Heckenstrauch nicht selten als Pendant zu den rotrindigen Sorten von *C. sanguinea* gestellt. Die kompakt wachsende, sehr dicht verzweigte, 0,7–1 m hohe Sorte 'Kelseyi' kann großflächig als Bodendecker eingesetzt werden.

Cornus controversa 'Variegata'

Cornus controversa, Pagoden-Hartriegel

Aussehen: *C. controversa* entwickelt sich zu einem kleinen, 8–10 (–20) m hohen, eleganten Baum. Durch die waagerecht abstehenden Äste, die in regelmäßigen Etagen übereinander stehen, hat der Baum einen ganz eigenwilligen Aufbau. Im Gegensatz zu anderen *Cornus*-Arten sind die 7–12 cm langen, elliptischen, oberseits glänzend dunkelgrünen, unterseits bäulich grünen Blätter wechselständig angeordnet. Im Herbst färben sich die Blätter gelb bis weinrot.

Bei der deutlich schwächer wachsenden Sorte 'Variegata' sind die lanzettlichen Blätter unregelmäßig gelblich weiß gerandet. Sehr schön sind im Mai/Juni die 10–18 cm breiten, flachen Trugdolden mit den zahlreichen kleinen weißen Blüten. Etwa 6 mm dick sind die blauschwarzen Früchte.
Verwendung: Mit dem pagodenartigen Aufbau ein sehr eleganter, reichblühender Solitärbaum.

Standort: Sonnig bis lichtschattig. Boden frisch bis feucht, gut gepflegte, sandig- bis lehmig-humose Gartenböden, sauer bis neutral.
Pflege: Pfegeleicht. ✂ 1.
Vermehrung: Aussaat im Frühjahr.

Cornus kousa, Japanischer Blumen-Hartriegel (Tab. 20)

Aussehen: *C. kousa* wächst langsam zu einem bis 7 m hohen, baumartigen Strauch heran, der zuletzt eine breite Krone ausbildet. Die eiförmig-elliptischen, 6–9 cm langen Blätter sind oberseits dunkelgrün, unterseits blaugrün und im Herbst leuchtend scharlachrot bis orangepurpurn gefärbt. Die Blüten sind zu kleinen, sehr unscheinbaren Köpfchen zusammengedrängt, diese werden aber von 4 auffallenden, weißen, 3–5 cm langen, vorne lang zugespitzten Hochblättern (Brakteen) umgeben. Die Blütezeit liegt im Juni, sie kann wochenlang andauern. Die kleinen Steinfrüchte sind zu sehr dekorativen, rosaroten, erdbeerartigen Scheinfrüchten verwachsen. Sie sind zwar essbar, schmecken aber sehr fade.
Verwendung: Alle Blumen-Hartriegel sind wunderbare Blütengehölze mit einer langen Blütezeit. Sie können ihre Blütenpracht im Garten und in Innenhöfen, vor allem vor einer dunkleren Gehölzkulisse, nur als Solitärgehölze voll zur Geltung bringen.
Standort: Sonnig bis halbschattig. Boden frisch, gut gepflegte, sandig- bis lehmig-humose, saure bis neutrale Gartenböden.
Pflege: Bei zusagendem Standort pflegeleicht. ✂ 1.
Vermehrung: Wie bei *C. alba*.

Tab. 20 Empfehlenswerte Sorten von *Cornus kousa*

Sorte	Blüten	Bemerkungen
var. *chinensis*	reinweiß, Hochblätter länger als bei der Art	Wuchs kräftig, baumförmig, Herbstfärbung scharlachrot
'China Girl'	hellgelb bis cremefarben	Blüten sehr groß, zahlreich
'Milky Way'	rein- bis rahmweiß, groß	Herbstfärbung orangegelb
'Satomi'	rosarot, zahlreich	Herbstfärbung tief purpurrot
'Schmetterling'	weiß, im Verblühen cremegelb	Wuchs stark, Blüten sehr groß, sehr zahlreich
'Teutonia'	reinweiß, Blüten größer als bei den anderen Sorten	Blühbeginn sehr früh
'Weiße Fontäne'	weiß, sehr groß, Blütezeit dauert 5 Wochen	mit den bogig anstehenden Zweigen sehr elegant
'Wieting's Select'	weiß, mittelgroß, im Verblühen rötlich gestreift	sehr reich blühend, reich fruchtend, Herbstfärbung ötlich purpurn

Cornus kousa 'Satomi'

Cornus kousa 'Teutonia'

Cornus kousa 'Weiße Fontäne'

Weitere empfehlenswerte Blumen-Hartriegel

***Cornus* 'Eddie's White Wonder'**
Locker aufgebauter, 3–5 m hoher Strauch. Blätter eiförmig-elliptisch, im Herbst intensiv orange bis scharlachrot. Die kleinen Blütenköpfchen sind von 4 (gelegentlich auch 5–6) großen, rundlichen bis verkehrt-eiförmigen Hochblättern umgeben.

Cornus florida fo. rubra

Cornus florida fo. rubra, Roter Blumen-Hartriegel

Hoher Strauch oder bis 10 m hoher, mehrstämmiger Baum. Blätter eiförmig-elliptisch, 5–15 cm lang, damit größer als bei *C. kousa*, auch sie sind im Herbst prächtig scharlachrot bis violett. Die 4 weißen Hochblätter sind, im Gegensatz zu denen von *C. kousa*, verkehrt-eiförmig und vorne ausgerandet. Die Blüten entfalten sich Wochen früher als die von *C. kousa*. *C. florida* stellt deutlich höhere Standortansprüche als *C. kousa* und leidet gelegentlich unter einer Pilzerkrankung (Dodwood Anthracnose), die auf den Laub- und Hochblättern bräunliche, nekrotische Flecken hinterlässt. Unter zusagenden Standortbedingungen sind die rosarot blühende fo. *rubra* und daraus selektierte, weinrot blühende Sorten wie zum Beispiel 'Cherokee Chief' allerdings von unübertroffener Wirkung.

Cornus 'Venus'

Cornus 'Venus'

Aus einer Kreuzung zwischen einer F_1-Hybride aus *C. kousa* var. *chinensis* × *C. nuttallii* 'Goldspot' mit *C. kousa* 'Rosea' ist 1983 in Amerika ein Blumen-Hartriegel entstanden, der mit riesigen, bis 15 cm breiten Blüten aus 4 reinweißen, verkehrt-eiförmigen Hochblättern aufwartet. 'Venus' wächst anfangs sehr schmal aufrecht, erreicht in 20 Jahren eine Höhe von etwa 5,5 m bei einer Kronenbreite von etwa 6,5 m. Bisher ist 'Venus' nicht von der Dogwood Anthracnose befallen worden.

Blumen-Hartriegel täuschen Großblütigkeit vor

Blumen-Hartriegel tragen ihren Namen eigentlich zu Unrecht, denn ihre kleinen, köpfchenartigen Blütenstände sind eher unscheinbar. Sie sind aber, abweichend von den anderen Hartriegelarten, von 4–6 großen, weißen Hochblättern umgeben, den sogenannten Brakteen. Dies sind keine Blütenorgane, wie wir sie von den oft farbenprächtigen Blütenblättern zahlreicher Pflanzen kennen, sondern zu Schauapparaten umgewandelte Laubblätter. Sie übernehmen die Funktion der Blütenblätter, nämlich die Anlockung von Insekten, die für die Bestäubung notwendig sind. Die Ausbildung von Hochblättern bei einigen Arten der Gattung *Cornus* ist übrigens in vier weit voneinander entfernt liegenden Gebieten vollzogen worden: *C. capitata* im Himalaja, *C. kousa* in Japan, China und Korea, *C. florida* im östlichen und *C. nuttallii* im westlichen Nordamerika.

Cornus mas

Cornus mas, Kornelkirsche

Aussehen: *C. mas* wächst langsam zu einem 4–6 m hohen Strauch oder kleinen Baum mit einer breit ausladenden, rundlichen Krone heran. Eiförmig bis elliptisch sind die 8–10 cm langen, derben, dunkelgrünen Blätter, die sich im Herbst fahlgelb bis orange verfärben. Schon ab Februar öffnen sich die kleinen gelben Blüten. Sie stehen in 1,5–2 cm breiten Köpfchen zusammen und fallen zu dieser Jahreszeit deutlich auf. Im Oktober reifen die 2 cm langen, elliptischen, glänzend roten einsamigen Früchte. Der Steinkern ist von einem saftreichen, süß-säuerlichen, essbaren Fruchtfleisch umgeben.

Zur Fruchtgewinnung sind zahlreiche großfrüchtige Sorten ausgelesen worden, zum Beispiel die reichtragende 'Jolico'.

Verwendung: Wertvoller heimischer Vorfrühlingsblüher, der im Garten meist als Solitärstrauch eingesetzt wird, aber auch für den Aufbau hoher Hecken oder als Formgehölz geeignet ist. Die früh erscheinenden Blüten bieten Bienen eine wertvolle Nektar- und Pollentracht. Die Früchte dienen nicht nur den Vögeln als Nahrung, sie gelten

Cornus mas 'Jolico'

seit alten Zeiten als wertvolles Wildobst, das in vielfältiger Weise verarbeitet wird.
Standort: Sonnig bis halbschattig, windfest, hitzetolerant, für Stadtklima geeignet. Boden mäßig trocken bis frisch, alle durchlässigen, schwach sauren bis alkalischen Bodenarten.
Pflege: Robust und anpassungsfähig. ✂ 2, 5.
Vermehrung: Aussaat im Herbst oder Frühjahr, Fruchtsorten durch Okulation oder Handveredlungen.

Corylopsis pauciflora, Armblütige Scheinhasel

Aussehen: *C. pauciflora* ist ein 1–1,5 m hoher, reich verzweigter, feintriebiger, zierlicher Stauch. Die eiförmigen, an der Basis herzförmigen, 3–8 cm langen Blätter sind oberseits hellgrün, unterseits blaugrün und im Herbst gelb gefärbt. Lange vor der Blattentfaltung im März/April erscheinen die zahlreichen, primelgelben, leicht duftenden Blüten. Sie sitzen zu 2–3 in kurzen, nickenden, achselständigen Ähren zusammen. Die 6–9 mm dicken, holzigen Fruchtkapseln sind unscheinbar.
Verwendung: Scheinhaseln sind mit ihren zartgelben, leicht duftenden Blüten, den fein geschnittenen Blättern und der meist gelben Herbstfärbung sehr attraktive Vorfrühlingsblüher, die, einzeln oder in kleinen Guppen, mit niedrigen Stauden und Blumenzwiebeln kombiniert werden können. Das gilt auch für *C. spicata*, deren hellgelbe Blüten zu 2–4 in 7–10 cm langen Ähren zusammenstehen.

Corylopsis pauciflora

Corylus avellana 'Contorta'

Standort: Sonnig bis halbschattig, geschützt. Boden mäßig trocken bis feucht, durchlässig, sandig- oder lehmig-humos, sauer bis neutral.
Pflege: Bei Sommertrockenheit wässern. ✂ 1.
Vermehrung: Aussaat im Frühjahr unter Glas.

Corylus avellana, Gewöhnliche Hasel (Tab. 21)

Aussehen: Die Gewöhnliche Hasel baut sich mit vielen Stämmen zu einem breit aufrechten, bis 6 m hohen Strauch auf, der im Alter eine trichter- bis schirmförmige Krone ausbildet. Die 5–10 cm langen, rundlichen bis verkehrt-eiförmigen, doppelt gesägten, mittelgrünen Blätter färben sich im Herbst meist intensiv gelb. Die schon im Herbst weit vorgebildeten männlichen Blütenkätzchen erscheinen oft schon im Februar, sind dann 8–10 cm lang, hängen schlaff herab und sind gelb gefärbt. Die weiblichen Blüten sind bis auf die fadenartigen roten Narben in den Knospen verborgen. Die einsamigen Nüsse sind von einer am

Tab. 21 Empfehlenswerte Ziersorten von *Corylus*

Sorte	Wuchs, Belaubung
'Contorta'	breitbuschig aufrecht, Zweige auffallend korkenzieherartig gedreht
'Pendula'	hochstämmig veredelt, Äste in Bögen abwärts geneigt
'Rotblättrige Zellernuss'	Blätter groß, bronzerot, Fruchthüllen rötlich
C. maxima 'Purpurea'	im Wuchs wie *C. avellana*, Blätter gleichmäßig bleibend tief schwarzrot, auch die männlichen Kätzchen und Fruchthüllen rot gefärbt

Corylus avellana 'Rotblättrige Zellernuss'

Corylus colurna 'Granat'

Rand gelappten Hülle umgeben.
Verwendung: Der robuste, einheimische Strauch wird vor allem als Gruppengehölz, in freiwachsenden Hecken und zum Windschutz eingesetzt.

Verschiedene großfrüchtige Sorten werden zur Fruchtgewinnung im Hausgarten oder in Plantagen angebaut.
Standort: Sonnig bis lichtschattig. Boden mäßig trocken bis frisch, alle durchlässigen Bodenarten, schwach sauer bis alkalisch.
Pflege: Pflegeleicht. ✂ 2.
Vermehrung: Aussaat im Herbst oder Frühjahr, großfrüchtige Sorten durch Ableger.

Corylus colurna, Baum-Hasel

Aussehen: *C. colurna* ist ein 12–15 (–20) m hoher Baum mit durchgehendem Stamm, einer hellgrauen, korkigen Borke und einer regelmäßigen kegelförmigen, 8–12 m breiten Krone. Die derben, 5–12 cm langen, breit eiförmigen, an der Basis herzförmigen, dunkelgrünen Blätter färben sich im Herbst goldgelb. Die bis 12 cm langen, männlichen Kätzchen erscheinen im März/April. Die dickschaligen, von einer tief geteilten Hülle umgebenen Nüsse sitzen in großen, dichten Büscheln zusammen.

Als Gartenbaum ist auch die Sorte 'Granat' von Interesse, ein mittelgroßer, lockerkroniger Baum mit anfangs intensiv dunkel braunroten, unterseits weinroten Blättern.
Verwendung: *C. colurna* ist ein robuster, stets gesunder Solitärbaum für Parks und große Gärten, gerne wird er auch als Straßen- und Alleebaum eingesetzt.
Standort: Sonnig bis halbschattig, resistent gegen Hitze, Trockenheit und Wind. Boden trocken bis frisch, alle durchlässigen Bodenarten, schwach sauer bis alkalisch.
Pflege: Robust und anspruchslos. ✂ 1.
Vermehrung: Aussaat im Herbst oder Frühjahr.

Corylus colurna

Cotinus coggygria, Perückenstrauch (Tab. 22)

Aussehen: *C. coggygria* ist ein aufrechter bis breit ausladender, etwas sparrig aufgebauter, 3–5 m hoher Strauch mit gelbem Holz und hell- bis rotbraunen Trieben, die mit zahlreichen kleinen Korkwarzen bedeckt sind. Sehr variabel sind die eiförmigen bis verkehrt-eiförmigen, die 3–5 cm langen, dünnen, mittelgrünen, mitunter bläulich bereiften Blätter. Sie färben sich im Herbst in leuchtende, orangelbe bis scharlachrote Farben. Die weißlichen, zweihäusigen Blüten stehen im Juni/Juli in fedrigen Rispen zusammen. Zur Fruchtzeit entfal-

Cotinus coggygria

ten die silbrig behaarten, perückenartigen Blütenstände ihren ganzen Reiz.

Verwendung: Mit den lichtgrünen, bei einigen Sorten auch roten Blättern, der prachtvollen Herbstfärbung und den lange haltenden Fruchtständen sind die Perückensträucher reizvolle Solitärgehölze.

Standort: Sonnig, Luft- und Bodentrockenheit ertragend. Boden trocken bis frisch, alle durchlässigen Bodenarten, neutral bis alkalisch.

Pflege: Wenn bei rotlaubigen Sorten vor allem auf Blattschmuck Wert gelegt wird, sind jähliche starke Rückschnitte möglich, sonst ✂ 1.

Vermehrung: Aussaat im Frühjahr, Sorten durch krautige Stecklinge.

Tab. 22 Empfehlenswerte Sorten von *Cotinus coggygria*

Sorte	Besonderheit
'Golden Spirit'	junge Triebe auf der Sonnenseite braunrot, Blätter gold- bis grüngelb
'Royal Purple'	Blätter beständig intensiv rot, im Gegenlicht durchscheinend
'Young Lady'	Blätter frischgrün, Fruchtstände zahlreich, besonders groß, purpurrot bis -braun behaart

Cotoneaster bullatus, Runzelige Zwergmispel

Aussehen: *C. bullatus* ist ein sommergrüner, robuster, 3–4 m hoher, locker und breit ausladender Strauch. Die 4–8 cm langen, breit elliptisch-eiförmigen Blätter sind oberseits dunkelgrün und runzelig, unterseits graugrün und beharrt, sie färben sich im Herbst orangegelb bis scharlachrot. Die kleinen, herb duftenden, weißen Blüten stehen im

Cotinus coggygria 'Royal Purple'

Cotinus coggygria 'Golden Spirit'

Cotoneaster bullatus

Mai/Juni zu 10–30 in 5 cm breiten Ständen zusammen. Die kugeligen, hellroten, 7–8 mm dicken Früchte reifen im September, sie werden gerne und rasch von Vögeln gefressen.
Verwendung: Malerischer, robuster Blüten- und Fruchtstrauch, der einzeln, in Gruppen oder in freiwachsenden Hecken gepflanzt wird.
Standort: Sonnig bis lichtschattig. Boden mäßig trocken bis frisch, alle durchlässigen Bodenarten, schwach sauer bis alkalisch.
Pflege: Pflegeleicht. ✂2.
Vermehrung: Aussaat im Herbst oder Frühjahr.

Cotoneaster dammeri 'Major', Teppich-Zwergmispel

Aussehen: Von *C. dammeri* wird überwiegend die Sorte 'Major' (Syn. *C. dammeri* var. *radicans*) gepflanzt, ein immergrüner Spalierstrauch, dessen Zweige auf dem Boden aufliegen und ein dichtes Polster bilden. Die ledrigen, zweizeilig stehenden und 2,5–3,5 cm langen Blätter sind glänzend dunkelgrün. Im Mai/Juni stehen die kleinen, weißen Blüten meist einzeln auf nickenden Stielen. Die kugeligen, etwa 7 mm dicken Früchte sind hellrot gefärbt.
Verwendung: Alle Teppich-Zwergmispeln sind immergrüne Spaliersträucher, die meist flächig als Bodendecker eingesetzt werden. Sie finden aber auch einen angemessenen Platz in Steingärten, auf Mauerkronen, in Kübeln oder auf Gräbern.
Standort: Sonnig bis lichtschattig. Boden mäßig trocken bis frisch, alle gepflegten, durchlässigen Gartenböden, schwach sauer bis alkalisch.
Pflege: Pflegeleicht. ✂1.
Vermehrung: Halbreife Stecklinge.

Weitere empfehlenswerte, teppichförmig wachsende Zwergmispeln

Cotoneaster procumbens 'Streib's Findling', Niederliegende Zwergmispel
Immergrüner, schwachwüchsiger, bis 0,15 m hoher, dicht verzweigter Strauch mit niederliegenden, wurzelnden Zweigen, kleinen, dunkelgrünen Blättern sowie kleinen, weißen oder rötlichen Blüten und roten, rundlichen Früchten.

Cotoneaster radicans 'Eichholz', Kriechende Zwergmispel
Immergrüner, sehr dicht verzweigter, bis 0,5 m hoher, robuster Strauch. Zweige niederliegend bis kriechend. Blätter 1,5–3 cm lang, breit-elliptisch, matt bläulich dunkelgrün. Früchte bis 1 cm dick, blutrot, wenig zahlreich.

Cotoneaster horizontalis, Fächer-Zwergmispel

Aussehen: *C. horizontalis* ist ein bis maximal 1 m hoher, sommergrüner Strauch mit horizontal ausgebreiteten Ästen und fischgrätenartig angeordneten Zweigen. Dicht gedrängt stehen die 0,5–1,2 cm langen, rundlichen bis breit-elliptischen, glänzend dunkelgrünen Blätter zweizeilig an den Trieben. Sie färben sich im Herbst scharlach oder braunrot. Eher unscheinbar sind die kleinen, rötlichen oder weißen Blüten. Die 5–6 mm dicken, kugeligen bis elliptischen, leuchtend roten Früchte sind dagegen ein lange haftender Schmuck.
Verwendung: Fächer-Zwergmispel und die anderen Arten dieser Gruppe werden nur selten flächig, sondern meist einzeln in Stein- und Heidegärten, an Treppenwangen, auf Mauerkronen oder in Kübeln gepflanzt. Unmittelbar an eine Mauer gesetzt, breiten sich die Zweige fächerartig an ihr aus.

Cotoneaster procumbens 'Streib's Findling'

Cotoneaster radicans 'Eichholz'

Cotoneaster horizontalis

Standort: Sonnig bis lichtschattig. Boden mäßig trocken bis frisch, alle durchlässigen Gartenböden, schwach sauer bis stark alkalisch.
Pflege: Pflegeleicht. ✂ 1.
Vermehrung: Aussaat oder halbreife Stecklinge.

Weitere empfehlenswerte Zwergmispeln mit fächerförmig ausgebreiteten Zweigen

***Cotoneaster adpressus*, Spalier-Zwergmispel**
Sommergrüner, mehr oder weniger niederliegender, kaum mehr als 0,25 m hoher Strauch mit fächrig ausgebreiteten Zweigen. Blätter klein, stumpfgrün, im Herbst dunkel weinrot. Blüten klein, rötlich. Früchte nahezu kugelig, 6–7 mm dick.

Cotoneaster adpressus

Cotoneaster nanshan

***Cotoneaster nanshan* (Syn. *C. praecox*), Nanshan-Zwergmispel**
Sommergrüner, bis etwa 0,8 m hoher Strauch mit einem auffallenden Fruchtschmuck. Zweige in weiten Bögen abstehend. Die kleinen, glänzend dunkelgrünen Blätter im Herbst braunrot. Blüten groß, rosa. Früchte kugelig, bis 1,2 cm dick, schon im August/September reifend.

Cotoneaster floccosus, Flockige Zwergmispel

Aussehen: Der immergrüne, 3 (–5) m hohe, vom Boden an mehrstämmige Strauch wird in Kultur meist aufgebunden, wächst dann schmal aufrecht und lässt die Zweige elegant und weit überhängen. Die weidenartig schmalen, lanzettlichen Blätter sind meist nicht über 5 cm lang, sie sind oberseits glänzend grün und unterseits nur anfangs flockig-filzig, später fast kahl und hell bläulich grün. Im Juni sind zahlreiche kleine Blüten zu vielblumigen Ständen vereint. Sehr zahlreich werden auch die 5 mm dicken, kugeligen, orangeroten Früchte angesetzt.
Verwendung: Eleganter, reich fruchtender Solitärstrauch für Gehölzrabatten und Staudenbeete. Wird häufig auch unter dem Namen *C. salicifolius* var. *floccosus* angeboten.
Standort: Sonnig bis halbschattig. Boden mäßig trocken bis frisch, sandig-lehmig bis sandig, schwach sauer bis alkalisch.
Pflege: Kann unter Feuerbrand leiden. ✂ 1.
Vermehrung: Halbreife Stecklinge oder Veredlungen unter Glas.

Weitere immergrüne, weidenblättrige Zwergmispeln

***Cotoneaster salicifolius* 'Herbstfeuer'**
Immergrüner, starkwüchsiger, bis 0,4 m hoher Bodendecker. Zweige auf dem Boden liegend. Blätter 4–6 cm lang, elliptisch, etwas runzelig, glänzend dunkelgrün. Früchte klein, hellrot, zu 6–10 in dichten Ständen. Ähnlich sind Sorten wie 'Parkteppich' und 'Repens'.

***Cotoneaster × watereri* 'Cornubia'**
Immergrüner, 5–6 m hoher, eleganter Strauch mit schräg aufstrebenden Ästen und bogig übergeneigten Zweigen. Blätter 8–13 cm lang, lanzettlich, stumpfgrün. Früchte fast kugelig, 7–9 mm dick, leuchtend rot, zahlreich, sehr lange haftend.

Cotoneaster floccosus

Cotoneaster × watereri 'Cornubia'

Cotoneaster × watereri 'Pendulus'

Cotoneaster × suecicus 'Coral Beauty'

***Cotoneaster* × *watereri* 'Pendulus'**
Immergrüner Strauch mit niederliegenden bis stark hängenden Ästen, in Kultur meist aufgebunden, dann bis 3 m hoch mit bogig überhängenden Zweigen. Blätter 4,5–6 cm lang, lanzettlich, leicht glänzend dunkelgrün. Früchte kugelig, 6–8 mm dick, leuchtend rot, sehr zahlreich.

Cotoneaster × *suecicus*, Schwedische Zwergmispel

(Tab. 23)

Aussehen: Die Schwedische Zwergmispel ist ein starkwüchsiger, immergrüner, bis 0,5 m hoher Strauch, dessen Zweige sich in flachen Böden weit ausbreiten und an den Spitzen wurzeln. Die 1–2,3 cm langen, elliptischen Blätter sind oberseits glänzend dunkelgrün, unterseits graugrün und anfangs dicht behaart. Bei der Sorte 'Skogholm' werden Blüten und Früchte nur spärlich angesetzt.
Verwendung: Die Sorten der Hybride (sie werden gelegentlich auch zu *C. dammeri* gestellt) werden meist großflächig als robuste, wüchsige Bodendecker eingesetzt.
Standort: Sonnig bis lichtschattig. Boden mäßig trocken bis frisch, alle Bodenarten, schwach sauer bis alkalisch.
Pflege: Kann notfalls stark zurückgeschnitten werden. ✂ 1.
Vermehrung: Krautige Stecklinge.

Tab. 23 Empfehlenwerte Sorten von *Cotoneaster* × *suecicus*

Sorte	Besonderheit
'Coral Beauty'	Wuchs breit und dicht verzweigt, bis 0,6 m hoch. Früchte leuchtend rot, kugelig, sehr zahlreich
'Erlinda'	wird oft hochstämmig veredelt, Zweige hängen dann in Bögen über. Blätter weiß gerandet
'Jürgl'	Wuchs ausgebreitet, bis 0,5 m hoch. Früchte leuchtend rot, ziemlich zahlreich
'Skogholm'	Typ der Hybride, Wuchs wie oben beschrieben

Crataegus laevigata, Zweigriffliger Weißdorn

Aussehen: Die in Mitteleuropa weit verbreitete Art entwickelt sich zu einem bis etwa 10 m hohen, stark bewehrten Strauch oder kleinen Baum mit einer glatten, olivgrünen Rinde. Kurztriebe enden oft in Dornen. Die derben, glänzend dunkelgrünen, 3 bis 5 cm langen Laubblätter sind im Umriss verkehrt-eiförmig und im oberen Teil unregelmäßig drei- bis fünflappig oder nur tief gekerbt. Im Mai/Juni schmücken sich die Kleinbäume mit einer Fülle von weißen, etwa 1,5 cm breiten, zweigriffligen Blüten, die zu 5–10 in endständigen Dolden zusammenstehen.

Crataegus laevigata

Die unangenehm nach Trimethylamin riechenden Blüten produzieren reichlich Nektar, der vowiegend von Fliegen, Käfern und Hautflüglern aufgenommen wird. Die scharlachroten, bis 12 mm dicken Früchte mit den 2 Steinkernen werden besonders gerne von Amseln, Drosseln und Krähen verzehrt. So tragen die Vögel zur Verbreitung der Art bei.
Verwendung: Ökologisch wertvolles, einheimisches Gehölz, das als Bienenweide, sowie als Vogelnähr- und -schutzgehölz dient. Dank der hohen Schnittverträglichkeit werden die heimischen Weißdornarten häufig als Heckenpflanze eingesetzt. Sie sind aber auch attraktive Kleinbäume für Solitär- und Gruppenpflanzungen.
Standort: Sonnig bis halbschattig. Boden frisch bis feucht, schwach sauer bis alkalisch.
Pflege: Pflegeleicht, ✂ 1, 5.
Vermehrung: Aussaat im Herbst oder Frühjahr.

Crataegus × lavallei 'Carrierei', Lederblättriger Weißdorn

Aussehen: Der Lederblättrige Weißdorn wächst langsam zu einem bis 7 m hohen Baum mit einer anfangs schmal eiförmigen, später breiten bis schirmförmigen, unregelmäßigen Krone heran. Bis 5 cm lang sind die starken, braunroten Dornen. Die ledrigen, 5–12 cm langen, länglich-elliptischen, dunkelgrünen Blätter färben sich im Herbst orangegelb und bleiben bis in den Winter hinein haften. Im Mai stehen die weißen, etwa 2 cm breiten Blüten in vielblumigen, graufilzigen Trugdolden zusammen. Die 1,5–2 cm dicken, apfelförmigen, ziegel- oder orangeroten Früchte bleiben bis weit in den Winter hinein haften.
Verwendung: Von allen Weißdornarten eignet sich der Lederblättrige

Crataegus × lavallei 'Carrierei'

Weißdorn am besten für den Garten. Der attraktive Kleinbaum hat eine stets gesunde, wie immergrün aussehende Belaubung, vergleichsweise große Blüten und auffallend lange haftende Früchte.
Standort: Sonnig bis halbschattig, unempfindlich gegen Hitze und Trockenheit. Boden trocken bis frisch, durchlässig, alle Bodenarten, schwach sauer bis alkalisch.
Pflege: Robust und anspruchslos. ✂ 1.
Vermehrung: Okulation im Sommer, Handveredlung im Winter.

Weitere empfehlenswerte *Crataegus*-Arten und -Hybriden

Crataegus crus-galli, Hahnensporn-Weißdorn

Bis 12 m hoher Baum. Krone zuletzt abgeflacht rundlich bis schirmförmig. Zweige mit kräftigen, bis 8 cm langen Dornen. Blätter ledrig, 2–8 cm lang, ungelappt, aber fein gesägt, glänzend dunkelgrün, im Herbst gelb bis orange und weinrot. Blüten bis 1,5 cm breit, im Mai in vielblumigen Trugdolden. Früchte kugelig, etwa 1 cm groß, rot.

Crataegus crus-galli

Crataegus × media 'Paul's Scarlet', Rotdorn

Sehr häufig kultivierter, 4–6 (–8) m hoher Haus-, Park- und Straßenbaum. Krone breit kegelförmig bis rundlich, sie wird nicht selten auf Kosten des Blühreichtums zu regelmäßigen Kugeln oder Kasten geformt. Blätter frischgrün, drei- bis fünflappig. Blüten im Mai, dicht gefüllt, sehr zahlreich, leuchtend karminrot. 'Paul's Scarlet' wird manchmal auch als Sorte von *C. laevigata* beschrieben.

Crataegus × media 'Paul's Scarlet'

Crataegus pedicellata

Crataegus pedicellata, Scharlach-Weißdorn

Attraktiver, 5–7 m hoher, rundkroniger Garten- und Parkbaum. Zweige mit 3–5 cm langen, geraden oder leicht gebogenen Dornen. Blätter ledrig, 5–10 cm lang, auf beiden Seiten mit 4–5 kurzen Lappen, matt dunkelgrün und im Herbst gelb- bis rotorange. Blüten im Mai in großen, lockeren Ständen. Früchte sehr hübsch, birnenförmig bis elliptisch, 1 cm lang, glänzend scharlachrot.

Crataegus × persimilis, Pflaumenblättriger Weißdorn

Großer Strauch oder 5–7 m hoher, etwas sparrig wachsender Baum. Krone ausladend, reich verzweigt. Dornen bis 4 cm lang, leicht gebogen. Blätter bis 8 cm lang, verkehrt-eiförmig bis fast rundlich, scharf gesägt, glänzend dunkelgrün, im Herbst intensiv gelborange bis rot. Blüten im Mai/Juni in vielblumigen Trugdolden. Früchte kugelig, 1,5 cm dick, scharlachrot, früh abfallend. Wird auch unter dem ungültigen Namen *C. prunifolia* angeboten.

Crataegus monogyna

Crataegus monogyna, Eingriffliger Weißdorn

Aussehen: Der heimische Weißdorn ist ein großer Strauch oder ein bis 10 m hoher, früh austreibender Baum mit einer unregelmäßigen, im Alter rundlichen bis flach gewölbten Krone. Die Zweige tragen 2–2,5 cm lange Dornen. Breit eiförmig bis rautenförmig und tief drei- bis siebenlappig sind die glänzend frischgrünen Blätter, die sich im Herbst meist gelborange bis weinrot verfärben. Im Mai/Juni entfalten sich die sehr zahlreichen, 0,8–1,5 cm breiten, eingriffligen Blüten. Die kugeligen oder elliptischen, 8–9 mm dicken, dunkelroten Füchte besitzen nur einen Samen.

Der Zweigrifflige Weißdorn, *C. laevigata* (siehe Seite 99), unterscheidet sich von *C. monogyna* u.a. durch die nur im oberen Teil drei- bis fünflappigen Blätter, die zweigriffligen Blüten und zweisamige Früchte.

Crataegus monogyna

Verwendung: Wie bei *C. laevigata.*
Standort: Sonnig bis halbschattig, für Stadtklima geeignet. Boden trocken bis frisch, alle tiefgründigen, nährstoffreichen, schwach sauren bis alkalischen Bodenarten.
Pflege: Pflegeleicht, ✂ 1, 5.
Vermehrung: Aussaat im Herbst oder Frühjahr.

Cydonia oblonga, Quitte

Aussehen: Von der Gattung *Cydonia* kennen wir nur diese Art. Sie wächst langsam zu einem bis 6 m hohen, breitkronigen Strauch oder Kleinbaum mit filzig behaarten Trieben heran. Die eiförmigen bis länglichen, stumpfgrünen Blätter sind 5–10 cm lang und besitzen zumeist große, laubartige Nebenblätter. Im Herbst färben sich die Blätter gelb. Weit geöffnet sind die 4–5 cm breiten, weißen oder zartrosa Blüten, sie stehen im Mai meist einzeln an beblätterten Kurztrieben. Die aromatisch duftenden, lange haltbaren, apfel- oder birnenförmigen, 4–12 cm langen Früchte zeichnen sich durch hartes Fruchtfleisch und ein starkes Aroma aus. Sie reifen im September/Oktober.

Cydonia oblonga

Cytisus decumbens

Cytisus × kewensis

Häufig in Kultur sind alte Sorten wie die 'Bereczki' (Früchte birnenförmig) oder 'Von Leskovac' (Früchte apfelförmig).
Verwendung: Die Quitte ist eine sehr alte Kulturpflanze, die vor allem in verschiedenen großfrüchtigen Sorten der wohlschmeckenden Früchte wegen angebaut wird. Die Früchte sind allerdings nicht roh, sondern nur nach einer Verarbeitung essbar.
Standort: Sonnig. Boden frisch bis feucht, nährstoffreich, durchlässig, lehmig, schwach sauer bis neutral.
Pflege: ✂ 1.
Vermehrung: Aussaat im Herbst oder Frühjahr, großfrüchtige Sorten durch Okulation im Freiland.

Cydonia oblonga

Cytisus decumbens, Niederliegender Geißklee

Aussehen: *C. decumbens* ist ein bis 0,2 m hoher Zwergstrauch mit niederliegenden oder aufsteigenden, oft wurzelnden Zweigen. Er besitzt einfache, 0,8–2 cm lange, länglich-eiförmige, weich behaarte Blätter. Im Mai/Juni öffnen sich die zahlreichen kleinen, lebhaft gelben Schmetterlingsblüten. Die rau behaarten Fruchthülsen sind 2–2,5 cm lang.
Verwendung: *C. decumbens* ist wohl die schönste zwergwüchsige Art der Gattung, ein reizender Strauch für sonnige Plätze in Heide- und Steingärten, auf Mauerkronen oder in Kübeln. In gleicher Weise werden auch andere zwergwüchsige Arten oder Hybriden verwendet. Trotz des flachen, ausgebreiteten Wuchses eignet sich die konkurrenzschwache Art nicht als Bodendecker.
Standort: Sonnig, hitzeverträglich. Boden trocken bis frisch, durchlässig, nährstoffarm, sandig oder sandig-kiesig, neutral bis alkalisch.
Pflege: Geeignete Standorte auswählen. ✂ 1.
Vermehrung: Aussaat im Frühjahr, Stecklinge von halbreifen Trieben.

Weitere empfehlenswerte zwergwüchsige Ginster

***Cytisus × beanii*, Beans' Geißklee**
Reizender, reichblühender, bis 0,4 m hoher Zwergstrauch mit stielrunden, niederliegend-aufsteigenden Zweigen, einfachen, linealischen Blättern und tief goldgelben Schmetterlingsblüten im Mai, die einzeln, paarweise oder zu dritt in den Blattachseln stehen.

***Cytisus × kewensis*, Zwerg-Elfenbein-Ginster**
Den Elfenbein-Ginstern ähnliche Hybride, aber mit den ausgebreitet-aufsteigenden Zweigen nur etwa 0,3 m hoch. Blätter meist dreizählig. Blüten im Mai, überaus zahlreich, rahmweiß bis hell schwefelgelb.

Cytisus nigricans 'Cyni', Schwarzwerdender Geißklee

Aussehen: Von der heimischen Art ist diese Sorte als Gartenpflanze besonders gut geeignet. Sie wird nicht mehr als 0,8–1,5 m hoch, wächst mit zahleichen, rau behaarten Zweigen

breit aufrecht und fällt, im Gegensatz zur Art, nicht so rasch auseinander. Die dreizähligen Blätter sind oberseits dunkelgrün, unterseits dünn behaart. Die etwa 1 cm langen, dunkelgelben Schmetterlingsblüten stehen im Juni/Juli an den Zweigenden in 8–30 cm langen, vielblumigen, seidig behaarten Trauben zusammen.
Verwendung: Sehr reich blühender Kleinstrauch, der seinen besten Platz in Heide- oder Steppengärten findet.
Standort: Sonnig, hitzeverträglich. Boden trocken bis frisch, durchlässig, nährstoffarm, sandig oder sandig-lehmig, schwach sauer bis stark alkalisch.
Pflege: Zweige im Frühjahr stark zurückschneiden. ✂ 3.
Vermehrung: Stecklinge von halbreifen Trieben

Tab. 24 Empfehlenswerte Sorten von *Cytisus × praecox*

Sorte	Blüten
'Albus'	Fahne und Flügel elfenbeinweiß
'Allgold'	Fahne hellgelb, Flügel gelb, zahlreich, häufig in Kultur
'Goldspeer'	Fahne und Flügel tiefgelb
'Hollandia'	Fahne außen purpurrot, Flügel karminrosa, Kiel lilarosa

Cytisus × praecox, Elfenbein-Ginster (Tab. 24)

Aussehen: Mit den zahlreichen langen, dünnen, graugrünen, in Bögen überhängenden Zweigen sind die 0,7–1,5 (–2) m hoch werdenden Sorten des Elfenbein-Ginsters die elegantesten Sträucher der Gattung. Die einfachen, 0,8–2 cm langen, lanzettlich bis spatelförmigen Blätter fallen rasch ab. Die streng riechenden etwa 1 cm langen Schmetterlingsblüten erscheinen sehr zahlreich in verschiedenen Gelbtönungen, können aber auch in Lilarosa blühen. Die Blütezeit liegt im April/Mai.
Verwendung: Überaus reich blühende Sorten für Stein-, Steppen- und Heidegärten.
Standort: Sonnig, hitzeverträglich. Boden trocken bis frisch, durchlässig, nährstoffarm, sandig oder sandig-kiesig, sauer.
Pflege: Nur Zweige mit Winterschäden entfernen. ✂ 1.
Vermehrung: Stecklinge von halbreifen Trieben

Cytisus scoparius, Besenginster (Tab. 25)

Aussehen: Der heimische Besenginster baut sich mit zahlreichen grünen, fünfkantigen Zweigen zu einem mehr oder weniger aufrechten, 1–2 m hohen Strauch auf. Die dreizähligen, unterseits meist sei-

Cytisus × nigricans 'Cyni'

Cytisus scoparius

Edelginster
Statt der Wildart werden im Garten in der Regel Sorten des sogenannten Edelginsters gepflanzt. Sie blühen überaus reich, haben meist mehrfarbige Blüten und gehören zu den wichtigsten Frühjahrsblühern.

denhaarigen Blätter fallen früh ab. Zur Blütezeit im Mai/Juni können die Sträucher mit ihren zahlreichen, etwa 2,5 cm langen, goldgelben, strend duftenden Schmetterlingsblüten ganze Landschaften prägen.
Verwendung: Der giftige Besenginster ist eine wichtige Pionierpflanze mit tiefreichenden Wurzeln. Die Wurzeln leben in Symbiose mit Bakterien, die in der Lage sind, Luftstickstoff zu binden. Der Besenginster ist dank seines sehr hohen Pollenertrages eine hoch bewertete Bienentrachtpflanze. Nektar wird von den Blüten nicht erzeugt. Die Pflanzen werden, einzeln oder in Gruppen, vorwiegend in Heide- und großen Steingärten gepflanzt.
Standort: Sonnig, hitzeverträglich. Boden mäßig trocken bis frisch, durchlässig, nährstoffarm, sandig oder sandig-humos, sauer.
Pflege: Nur Zweige mit Winterschäden entfernen oder zurückschneiden. ✂ 1.
Vermehrung: Aussaat im Frühjahr, die Sorten durch Stecklinge von halbreifen Trieben.

Tab. 25 Empfehlenswerte Edelginster-Sorten

Sorte	Blüten
‘Andreanus Splendens’	Fahne goldgelb, Flügel samtrot
‘Boskoop Ruby’	Fahne rubinrot, Flügel karminrot
‘Burkwoodii’	Fahne karminrot, Flügel rotbraun, goldgelb gerandet
‘Dukaat’	Fahne hellgelb, Flügel dunkelgelb, Wuchs zwergig, ausgebreitet, nur etwa 0,5 m hoch
‘Golden Sunlight’	Fahne goldgelb, Flügel orangegelb
‘Killiney Red’	Fahne gelb und karminrot, Flügel samtrot und orange
‘Lena’	Fahne dunkelrot, Flügel heller rot
‘Luna’	Fahne hellgelb, Flügel dunkelgelb
‘Palette’	Fahne gelb und weiß, Flügel samtrot
‘Roter Favorit’	Fahne hell karminrot, Flügel tief samtrot

Cytisus scoparius ‘Andreanus Splendens’

Cytisus scoparius ‘Luna’

Cytisus scoparius ‘Boskoop Ruby’

Cytisus scoparius ‘Palette’

Daboecia cantabrica, Irische Heide (Tab. 26)

Aussehen: Die Irische Heide ist ein immergrüner, heidekrautähnlicher, bis 0,5 m hoher, locker aufgebauter Zwergstrauch mit niederliegend-aufsteigenden Zweigen. Die 0,6–1,2 cm langen, nadelförmigen Blätter sind oberseits glänzend dunkelgrün, unterseits silbrig filzig behaart. Von Juli bis September schmücken sich die Sträucher mit nickenden, glockigen, purpurrosa Blüten, die an den Zweigenden in 10 cm langen, lockeren Trauben stehen.

Tab. 26 Empfehlenswerte Sorten von *Daboecia*

Sorte	Blüten
D. cantabrica 'Alba'	reinweiß
D. cantabrica 'Arielle'	magentarot
D. cantabrica 'Bicolor'	mehrfarbig, violett, rosa und weiß
D. cantabrica 'Cinderella'	weiß, zartrosa überhaucht
D. cantabrica 'Praegerae'	rein rosarot
D. × *scotica* 'Jack Drake'	tief magentarot
D. × *scotica* 'Silberwells'	weiß
D. × *scotica* 'William Buchanan'	violettrot

Daboecia cantabrica 'Cinderella'

Sehr wertvoll sind auch die etwas kompakter wachsenden und sehr reich blühenden Sorten von *D.* × *scotica*.
Verwendung: Reizende Zwergsträucher mit einer langen Blütezeit für Heide- und Steingärten und in Kombination mit kleinstrauchigen Rhododendren.
Standort: Sonnig bis absonnig, windgeschützt, wärmeliebend. Boden frisch, sandig-humos, nährstoffarm, sauer.
Pflege: Braucht in kalten Wintern Schutz vor Wind und Wintersonne. Im Frühjahr Rückschnitt der Zweige wie bei *Calluna*. ✂3.
Vermehrung: Stecklinge von halbreifen Trieben.

Daphne × *burkwoodii* 'Somerset', Burkwoods Seidelbast, Maien-Seidelbast

Aussehen: Bis etwa 1,5 m hoch wird der vieltriebige, aufrechte, kompakte Kleinstrauch. Er trägt an seinen flexiblen Trieben derbe, 4 cm lange, längliche bis verkehrteilanzettliche, oberseits matt glänzend dunkelgrüne, unterseits blaugrüne Blätter, die gelegentlich über Winter haften. Im Mai/Juni öffnen sich die stark vanilleartig duftenden, etwa 1,3 cm breiten Blüten, die in end- und achselständigen Köpfchen zusammenstehen. Früchte werden nicht ausgebildet.

Daboecia × *scotia* 'William Buchanan'

Daphne × *burkwoodii* 'Somerset'

Verwendung: Schöner Vorfrühlingsblüher mit einem intensiven, weithin wahrnehmbaren Duft für Rabatten, Stein- und Heidegärten und in Kombination mit niedrigen Stauden und Blumenzwiebeln. Alle *Daphne*-Arten sind in allen Teilen sehr giftig.
Standort: Sonnig bis lichtschattig. Boden frisch bis feucht, druchlässig, sandig-humus, schwach sauer bis alkalisch.
Pflege: Auf alle Schnittmaßnahmen verzichten. ✂ 1.
Vermehrung: Stecklinge von krautigen Trieben.

Daphne cneorum, Rosmarin-Seidelbast

Aussehen: Der in mittel- und südeuropäischen Gebirgen heimische, immergrüne, teppichbildender Zwergstrauch wird mit seinen niederliegend-aufsteigenden Zweigen nur etwa 0,3 m hoch. Die kleinen, ledrigen Blätter sind oberseits glänzend dunkelgrün, unterseits blaugrün. Im April/Mai öffnen sich die kleinen, hell- bis karminrosa, stark nelkenartig duftenden Blüten, sie stehen zu 5–10 in endständigen Köpfchen zusammen.
Verwendung: Der reizende Zwergstrauch findet seinen besten Platz in Stein- und Troggärten auf gut dränierten Böden. In allen Teilen giftig.
Standort: Sonnig bis lichtschattig. Boden mäßig trocken bis frisch, sehr durchlässig, sandig-lehmig, sauer bis alkalisch.
Pflege: Wie bei *D.* × *burkwoodii*. ✂ 1.
Vermehrung: Ableger, Stecklinge im August/September.

Daphne mezereum, Gewöhnlicher Seidelbast

Aussehen: Die heimische Art ist ein sommergrüner, etwa 1 m hoher Strauch mit wenigen, dicken, biegsamen Zweigen. Die oft an den Zweigenden gehäuften, dünnen Blätter sind 3–8 cm lang, länglich-lanzettlich, oberseits lebhaft grün und unterseits bläulich grün. Von Februar bis April, lange vor der Laubentfaltung, öffnen sich die stark duftenden, purpurrosa bis pupurlila Blüten, die zu je 2–3 Einzelblüten an den vorjährigen Zweigen stehen. Schon ab Juni färben sich die 8 mm dicken, fleischig-saftigen Früchte auffallend scharlachrot. Sie sind, wie alle Teile der Pflanze, sehr giftig, werden aber gerne von Vögeln verzehrt.
Verwendung: *D. mezereum* gehört zu ersten blühenden Pflanzen der heimischen Flora. Im Garten ist der Seidelbast ein wichtiger Vorfrühlingsblüher, der auch im Unterwuchs hoher Bäume und Sträucher gedeihen kann.
Standort: Lichtschattig bis schattig. Boden frisch bis feucht, durchlässig, sandig-lehmig oder lehmig-humos, schwach sauer bis alkalisch.
Pflege: Wie bei *D.* × *burkwoodii*. ✂ 1.
Vermehrung: Aussaat nach der Ernte oder nach einem Jahr Stratifikation.

Davidia involucrata, Taubenbaum, Taschentuchbaum

Aussehen: Der sommergrüne Taubenbaum wächst langsam zu einem 8–15 (–20) m hohen Baum heran. Seine Krone ist zunächst regelmäßig breit kegelförmig, zuletzt rundlich und locker. Die breit herz-eiförmigen, 8–15 cm langen, grannenartig gezähnten Blätter sind oberseits frischgrün, unterseits dicht seidig behaart. Ganz ungewöhnlich sind

Daphne cneorum

Daphne mezereum

Davidia involucrata

die Blüten dieses Baumes. In den etwa 2 cm breiten, unscheinbaren Blütenköpfchen wird eine einzige weibliche Blüten von zahlreichen pinselartigen Staubblättern umgeben. Diese Blütenköpfchen werden von 2 weißen ungleich großen, bis 16 cm langen, hängenden Hochblättern flankiert. Voll blühende Bäume bieten zur Blütezeit im Mai/Juni einen spektakulären Anblick. Die Früchte sind zu etwa 3,5 cm breiten, nahezu kugeligen, lang gestielten Steinfrüchten ausgebildet.
Verwendung: Ein prachtvoller Blütenbaum, der in Garten und Park eine solitäre Stellung verdient, leider muss man auf die ersten Blüten recht lange warten.
Standort: Sonnig bis lichtschattig, wärmebeliebend. Boden frisch bis feucht, gepflegte, tiefgründige Gartenböden. Schwach sauer bis neutral.
Pflege: In der Jugend frostempfindlich. ✂ 1.
Vermehrung: Aussaat im Frühjahr unter Glas.

Deutzia gracilis

Deutzia gracilis, Zierliche Deutzie

Aussehen: *D. gracilis* ist ein zierlicher, breit aufrechter, feinzweigiger, bis 0,8 m hoher, reichblühender, sommergrüner Strauch. Die 3–7 cm langen, eiförmigen bis elliptischen Blätter sind oberseits hellgrün, unterseits spärlich sternhaarig. Die kleinen, weißen Blüten stehen im Mai/Juni in 4–9 cm langen Trauben zusammen, die zu schmalen, 40–80 cm langen, rispenartigen Ständen geordnet sind, ein reizender Zwergstrauch für Steingärten, Mauerkronen und Kübel. Die kleinen, unscheinbaren Fruchtkapseln der Deutzien enthalten zahlreiche staubfeine Samen.
Verwendung: Deutzien zeichnen sich nicht nur durch eine reiche Blüte im Frühsommer aus, sondern auch durch ihre Robustheit und Anpassungsfähigkeit. Sie werden als Solitärstäucher in Stauden- und Gehölzrabatten, als Gruppensträucher für eine Randbepflanzung oder als Heckengehölze verwendet. Niedrig bleibende Arten lassen sich gut zu Japanischen Zier-Kirschen, die höher wachsenden zu Zierquitten, Pfeifensträuchern und Weigelien stellen.
Standort: Sonnig bis lichtschattig. Boden mäßig trocken bis frisch, durchlässig, nährstoffreich, alle gepflegten Bodenarten, sauer bis neutral.
Pflege: Bei Trockenheit zusätzlich gießen. ✂ 2.
Vermehrung: Starkwüchsige Arten und Sorten durch Steckholz, schwächer wachsende durch krautige Stecklinge.

Weitere empfehlenswerte *Deutzia*-Sorten

***Deutzia × elegantissima* 'Rosalind'**
Aufrecht wachsender, bis etwa 1,5 m hoher Strauch mit 4–8 cm langen, eiförmigen, matt dunkelgrünen, runzeligen Blättern. Blüten im Mai, sehr zahlreich, 2 cm breit, innen rosa, außen dunkel karminrosa. Die Blüten stehen entlang der Zweige in aufrechten, lockeren, reichblütigen Ständen zusammen.

***Deutzia × hybrida* 'Mont Rose'**
Aufrechter, locker und gefällig verzweigter, 1,5–2 m hoher Strauch. Blüten im Juni, sehr zahlreich, 2,5 cm breit, in der Knospe lilarosa, aufgeblüht hellrosa. Die Kronblätter an den Rändern hübsch gekräuselt. Die zahlreichen Blüten bei 'Straw-

Deutzia × elegantissima 'Rosalind'

Deutzia × *magnifica*

Deutzia purpurascens 'Kalmiiflora'

berry Fields' außen dunkel purpurrot, innen rosa überlaufen.

Bei der neuen Sorte 'Tourbillon Rouge' sind die Blüten bläulich rosarot.

Deutzia × _magnifica_, Großartige Deutzie, Hohe Deutzie
Straff aufrecht wachsender, dicht verzweigter, dicktriebiger, 1,5–2 (–3) m hoher Strauch. Blätter 4–8 cm lang, länglich-eiförmig, oberseits dunkelgrün und rau, unterseits weiß behaart. Blüten im Juni, reinweiß, rosettenartig gefüllt, in 4–8 cm langen, dichten, rundlichen Rispen.

Deutzia purpurascens 'Kalmiiflora'
Zierlicher, locker aufrecht wachsender, reich verzweigter, etwa 1,5 m hoher Strauch mit überhängenden Zweigen. Blätter länglich- bis lanzettlich eiförmig. Blüten in der Knospe dunkelrosa, aufgeblüht innen weiß und rosa überhaucht, außen hellrosa, 2 cm groß, in vielblumigen, lockeren, aufrechten Rispen.

Deutzia × _rosea_ 'Carminea'
Buschig aufrecht wachsender, etwa 1,5 m hoher Strauch mit überhängenden Zweigen. Blätter bis 10 cm lang, länglich bis lanzettlich eiförmig. Blüten innen weiß und rosa überhaucht, außen lebhaft purpurrosa, 2 cm breit, anfangs glockig, später weit geöffnet. Sie stehen im Juni in kurzen, breiten Rispen zusammen.

Deutzia scabra, Raue Deutzie
Stark und straff aufrecht wachsender, dicht verzweigter, bis 3 m hoher Strauch. Blätter durch zahlreiche Sternhaare rau. Blüten weiß oder außen rosa getönt, 1,5–2 cm breit, nach Honig duftend, sie stehen im Mai/Juni in dichten, breit kegelförmigen, aufrechten, sternhaarigen Rispen zusammen. Blüten bei 'Candidissima' dicht rosettenartig gefüllt, 2,5 cm breit, reinweiß, nur in der Knospe zart rötlich überlaufen. Blüten bei 'Codsall Pink' anfangs malvenrosa, später fast weiß, gefüllt, 2,5–3 cm breit. Blüten bei 'Plena' dicht gefüllt, hellrosa, außen purpurrosa gestreift, bis 3 cm groß.

Deutzia scabra 'Codsall Pink'

Elaeagnus angustifolia, Schmalblättrige Ölweide

Aussehen: Der sommergrüne Strauch kann bis 7 m hoch werden. Er baut sich mit steil oder schräg aufrecht wachsenden Ästen und dornig bewehrten Zweigen auf. Seine äußere Erscheinung wird durch die dicht mit silbrigen Schuppen besetzten Knospen, jungen Zweige und Blätter bestimmt. 4–8 cm lang sind die schmal lanzettlichen, oberseits mattgrünen, unterseits silbrigen mit Schuppen versehenen Blätter. Ziemlich unscheinbar sind die kleinen, innen gelben, außen silbrig beschuppten, intensiv duftenden Blüten. Sie stehen im Juni in achselständigen Dolden zusammen. Die elliptischen, hellgelben, bis 1,4 cm langen Früchte haben ein mehlig-fleischiges, essbares Fruchtfleisch.
Verwendung: Mit den silbergrauen Blättern ein robustes Gehölz für einen ausreichend großen Steppengarten.
Standort: Sonnig, hitze- und trockenresistent. Boden sehr trocken bis frisch. Alle durchlässigen, locke-

Elaeagnus angustifolia

Gestaltungstipp
Die Schmalblättrige Ölweide bringt Struktur und wirkt sehr elegant in einem grauen Garten – zusammen mit anderen graulaubigen, wärmeliebenden Gehölzen wie Sanddorn, Bartblumen, Perovskien und Lavendel.

ren, auch nährstoffarmen Bodenarten, sauer bis stark alkalisch.
Pflege: ✂ 1.
Vermehrung: Aussaat im Herbst oder Frühjahr.

Elaeagnus pungens 'Maculata'

Aussehen: Von der immergrünen Art wird bei uns vor allem die Sorte 'Maculata' kultiviert. Der buschig aufrechte, dicht verzweigte, 1–2 (–3) m hohe, bedornte Strauch ist mit 5–10 cm langen, derb ledrigen, elliptisch-länglichen, glänzend grünen Blättern belaubt, die in der Mitte einen dunkelgelben Fleck tragen. Die silbrig weißen, vanilleartig duftenden Blüten entfalten sich erst im September/Oktober. Früchte werden nur selten angesetzt.

In Wuchs und Belaubung ähnlich sind die Sorten von *E. × ebbingei*. Bei 'Limelight' sind die grünen Blätter in der Mitte tiefgelb und fahlgrün gefleckt. Bei 'Gilt Ege' sind die großen, glänzend grünen Blätter schmal gelb gerandet.
Verwendung: Alle sind attraktive Blattschmuckpflanzen für geschützte Plätze. Sorten von *E. × ebbingei* werden gelegentlich auch als geschnittene Hecke gezogen.
Standort: Sonnig bis absonnig, vor Wind und Wintersonne geschützt. Boden mäßig trocken bis feucht, durchlässige, gepflegte Gartenböden, schwach sauer bis schwach alkalisch.
Pflege: In der Jugend frostempfindlich. ✂ 1, 5.
Vermehrung: Stecklinge von halbreifen Trieben.

Elaeagnus pungens 'Maculata'

Eleagnus × ebbingei 'Limelight'

Empetrum nigrum

Empetrum nigrum, Schwarze Krähenbeere

Aussehen: Mit seinen kriechenden Grundachsen und den gewöhnlich aufrechten, 20–30 cm langen Zweigen kann der immergrüne, heidekrautähnliche Zwergstrauch ausgedehnte Teppiche bilden. Seine nadelförmigen, glänzend tiefgrünen, dicht stehenden Blätter sind nur 4–5 mm lang. Zweihäusig verteilt oder zwittrig sind die kleinen, unscheinbaren Blüten, die einzeln in den Achseln der Laubblätter stehen. Aus ihnen entwickeln sich schwarze, erbsengroße, saftige, essbare, aber fade schmeckende Früchte.

Bei der Sorte 'Bernstein' sind die Blätter im Sommer gelb, im Herbst und Winter bronzegelb. 'Irland' hat frischgrüne und 'Zitronella' im Sommer grünlich bis zitronengelbe, im Winter orange bis bronzefarbene Blätter.
Verwendung: Hübscher, in Kleingruppen oder flächig gepflanzter Zwergstrauch für Heide- und Steingärten oder in Verbindung mit kleinstrauchigen Rhododendren.
Standort: Sonnig bis halbschattig. Boden frisch bis feucht, durchlässig, sandig-humos, sauer bis schwach alkalisch.
Pflege: Nur an zusagenden Standorten frohwüchsig. ✂ 1.
Vermehrung: Stecklinge von halbreifen Trieben.

Enkianthus campanulatus, Prachtglocke

Aussehen: Die sommergrüne Prachtglocke wächst anfangs schlank aufrecht, ist zuletzt aber ein breit trichterförmiger, 4–5 m hoher Strauch mit einem etagenförmigen Aufbau und waagerecht abstehenden Ästen. Die 3–7 cm langen, eiförmig-elliptischen, mattgrünen Blätter färben

Enkianthus campanulatus

sich im Herbst leuchtend rot bis scharlachrot. Zierliche, glockige, etwa 5 mm breite Blüten stehen im Mai in nickenden Ständen an den Zweigenden. Die Blüten können hellgelb oder hellrosa gefärbt und mit lachs- oder pfirsichfarbenen Adern versehen sein. Die unscheinbaren Fruchtkapseln reifen im Oktober.
Verwendung: Mit den zahlreichen glockigen Blüten und der prachtvollen Herbstfärbung ist die Prachtglocke ein attraktiver Blütenstrauch, dessen Standortansprüche am besten in Verbindung mit Rhododendren erfüllt werden können.
Standort: Licht- bis halbschattig. Boden gleichmäßig frisch, empfindlich gegen Bodentrockenheit, gepflegte, durchlässige, humose, saure Gartenböden.
Pflege: Nur auf zusagenden Standorten frohwüchsig. ✂ 1.
Vermehrung: Aussaat im Frühjahr unter Glas.

Erica carnea, Schnee-Heide
(Tab. 27)

Aussehen: Die heimische Schnee-Heide ist ein immergrüner, reich verzweigter, bis 0,3 m hoher Zwergstrauch, der mit niederliegend-aufsteigenden Zweigen teppich- oder polsterartige Bestände bildet. Die

Tab. 27 Empfehlenswerte Sorten von *Erica carnea* und *Erica × darleyensis*

Sorte	Blüten	Belaubung
Sorten von *Erica carnea*		
'Ann Sparkes'	rosarot	gelborange bis gelbbraun
'Challencer'	tief purpurrot	bronzegrün
'Eva'	hellrot	dunkelgrün
'Golden Starlet'	weiß	ganzjährig goldgelb
'Isabell'	weiß	hellgrün
'Lohse's Rubin'	rubinrosa	dunkelgrün
'Nathalie'	karminrot	dunkelgrün
'Rosantha'	rosa bis rubinrot	dunkelgrün
'Rubinfeuer'	hell- bis rubinrosa	dunkelgrün
'Snowqueen'	weiß	frischgrün
'Whisky'	rubinrot	gelbbraun
'Winterfreude'	karmin- bis purpurrot	dunkelgrün
'Wintersonne'	dunkelrosa bis rubinrot	bronzerot
Sorten von *E. × darleyensis*		
'Darley Dale'	rosa	dunkelgrün
'Kramer's Rote'	rubinrot	dunkelgrün
'White Perfection'	weiß	frischgrün

Erica carnea 'Rubinfeuer'

Erica carnea 'Lohse's Rubin'

Erica carnea 'Golden Starlet'

schmal linealischen, 4–8 mm langen Rollblätter stehen zu 3–4 in dichten Wirteln zusammen. Bei der wilden Art sind die kleinen, glockigen Blüten rosa bis fleischfarben, bei den zahlreichen Sorten auch weiß, purpurn oder rot. Blütenknospen können schon im November/Dezember deutlich Farbe zeigen, die Hauptblütezeit beginnt dann im Februar/März und hält bis in den April hinein an.

Sorten der Englischen Heide, *E. × darleyensis*, wachsen kräftiger als die von *E. carnea*, sind aber nicht ganz so frosthart wie diese, ihre Blütezeit dauert von November bis Mai. Sie benötigen in schneelosen Wintern Schutz durch eine Reisigdecke.
Verwendung: Unentbehrlicher Winterblüher für Heide- und Steingärten, für Grab- und Kübelbepflanzung oder in Kombination mit Zwerggehölzen. Kann in kleinen Tuffs oder großflächig gepflanzt werden.
Standort: Sonnig. Boden mäßig trocken bis frisch, durchlässig, sandiglehmig bis sandig-humos, empfindlich gegen Staunässe und Bodenverdichtung, schwach sauer bis alkalisch.
Pflege: Zweige regelmäßig oder in Abständen von 2–3 Jahren bis knapp unterhalb der Blütenstände einkürzen. ✂ 4.
Vermehrung: Stecklinge von ausgereiften Trieben.

Erica cinerea 'Alba Major'

Erica cinerea, Grau-Heide

(Tab. 28)

Aussehen: *E. cinerea* ist ein immergrüner, 0,2–0,6 m hoher Zwergstrauch mit niederliegend-aufrechten Zweigen und graufilzigen Trieben. Er hat 4–7 mm lange nadelförmige, zu dritt in Wirteln stehende Blätter und fleisch- bis violettrote, 7 mm lange, urnenförmige Blüten, die zu 4–8 an den Zweigenden in dichten Trauben stehen. Die Blütezeit dauert von Juli bis August, verschiedene Sorten blühen auch bis in den Oktober hinein.

Verwendung: Reichblühende Zwergsträucher mit einer sommerlichen Blütezeit, die wie *E. carnea* verwendet werden.
Standort: Sonnig, Schutz vor Wintersonne. Boden mäßig trocken bis frisch, durchlässig, sandig-humos, sauer.
Pflege: Regelmäßig im Frühjahr die vorjährigen Blütenstände entfernen. In kalten, schneelosen Wintern ist ein leichter Winterschutz notwendig. ✂ 3.
Vermehrung: Wie bei *E. carnea*.

Tab. 28 Empfehlenswerte Sorten von *Erica cinerea*

Sorte	Blüten	Belaubung
'Alba Major'	weiß, Juni/Oktober	lebhaft grün
'C. D. Eason'	karminrot, Juni/September	dunkelgrün
'Golden Sport'	violettrosa, Juli/Oktober	gelblich grün
'Jos Golden'	purpurn, Juli/September	gelb, im Winter braunrot
'Katinka'	dunkelpurpurn, Juni/Oktober	bläulich grün
'Pallas'	reinpurpurn, Juni/September	dunkelgrün
'Pink Ice'	reinrosa, Juni/Oktober	silbrig dunkelgrün
'Violetta'	purpurviolett, Juni/August	dunkelgrün

Erica vagans, Cornwall-Heide

(Tab. 29)

Aussehen: Mit niederliegend-aufrechten Zweigen und kahlen Trieben wächst die immergrüne Cornwall-Heide zu einem bis 0,5 m hohen Strauch heran. Ihre 0,4–1 cm langen, linealischen, tiefgrünen, unbehaarten Blätter stehen zu 4–5 in Wirteln. Von Juli bis September stehen in den Blattachseln die zahlreichen, 8 mm langen, breit-glockigen, purpurrosa Blüten, die bei den Sorten auch weiß oder hellrot gefärbt sein können. Sie bilden eine 8–16 cm lange, zylindrische, vielblumige Traube.

Tab. 29 Empfehlenswerte Sorten von *Erica vagans*

Sorte	Blüten	Belaubung
'Birch Glow'	tief rosarot	dunkelgrün
'Diana Hornibrook'	tief rosarot	tiefgrün
'Lyonesse'	weiß	lebhaft grün
'Mrs. D. F. Maxwell'	tief rosarot	dunkelgrün
'St. Kerverne'	rosarot	dunkelgrün
'Valerie Proudley'	weiß	gelb bis goldgelb

Erica vagans 'Birch Glow'

Erica vagans 'Lyonesse'

Erica vagans 'St. Kerverne'

Erica vagans 'Valerie Proudley'

Verwendung: Die attraktiven, sommerblühenden Zwergsträucher werden wie *E. carnea* verwendet.
Standort: Sonnig. Boden frisch bis feucht, durchlässig, sandig-humos, sauer bis neutral.
Pflege: Wie bei *E. cinerea*. Schutz vor Wintersonne notwendig. ✂ 4.
Vermehrung: Wie bei *E. carnea*.

Euonymus alatus, Flügel-Spindelstrauch

Aussehen: Der sommergrüne, reich verzweigte, zuletzt breit ausladende Strauch wird bis 3 m hoch. Charakteristisch sind seine kahlen, grünen Zweige, die mit 4 schmalen, flügelartigen Korkleisten versehen sind. Elliptisch bis eiförmig sind die 3–5 cm langen, dunkelgrünen Blätter, sie färben sich im Herbst intensiv leuchtend dunkelrot. Unscheinbar sind die grünlich gelben, 5–6 mm breiten, vierzähligen Blüten, sie stehen im Mai/Juni zu wenigen in kurzen Ständen zusammen. Die vierlappigen, purpurnen Fruchtkapseln, die nach dem Öffnen die braunen Samen mit dem orangefarbenen Samenmantel freigeben, sind bei *E. alatus* oft nicht so dekorativ wie bei anderen Arten.
Verwendung: Mit den charakteristischen Zweigen und der prachtvollen Herbstfärbung ein etwas bizarr wachsendes Garten- und Parkgehölze für Einzel- und Gruppenpflanzungen. Andere sommergrüne Arten sind vor allem durch ihren Fruchtschmuck und die prachtvolle Herbstfärbung attraktiv. Die fleischigen Samenmäntel werden gerne von Vögeln verzehrt.
Standort: Sonnig bis halbschattig.

Euonymus alatus

Boden mäßig trocken bis frisch, alle lockeren, durchlässigen Gartenböden, schwach sauer bis alkalisch.
Pflege: Keine besonderen Ansprüche. ✂ 1.
Vermehrung: Aussaat im Herbst oder im Frühjahr.

Weitere empfehlenswerte, sommergrüne *Euonymus*-Arten

Euonymus europaeus, Gewöhnlicher Spindelstrauch

Sommergrüner, aufrechter, 2–6 m hoher, heimischer Strauch. Zweige grün, stielrund oder vierkantig, oft mit kleinen Korkleisten. Blätter tief dunkelgrün, Herbstfärbung gelborange bis scharlach. Früchte vierlappig, rosarot. Die Pflanzen werden nicht selten nach dem Laubaustrieb von den Raupen der Gespinstmotte kahl gefressen, der zweite Austrieb bleibt dann aber verschont.

'Red Cascade' ist eine besonders reich fruchtende Auslese, ein locker aufgebauter Strauch mit einer aufrecht-überhängenden Verzweigung, einer intensiven, scharlachroten Herbstfärbung und opalrosa gefärbten Früchten.

Euonymus europaeus

Euonymus planipes

Euonymus planipes, Flachstieliger Spindelstrauch

Sommergrüner, locker breit aufrechter, 3–5 m hohe Strauch. Winterknospen vergleichsweise groß, spitz, auffallend purpurrot. Blätter 5–12 cm lang, eiförmig-elliptisch, dunkelgrün, im Herbst früh prachtvoll gelb bis orange- und karminrot. Früchte groß, fünfkantig, leuchtend karminrot, Samen weiß, Samenmantel orangefarben. Prachtvoller, stets gesunder und reich fruchtender Solitärstrauch.

Euonymus europaeus 'Red Cascade'

Euonymus fortunei, Kletternder Spindelstrauch

(Tab. 30)

Aussehen: Im Gegensatz zu anderen Arten der Gattung ist *E. fortunei* ein immergrüner Kletterstrauch. Er kann mithilfe von Haftwurzeln bis 5 m hoch klettern, wird aber häufig als Bodendecker verwendet. Die grünen Triebe sind mit feinen Warzen bedeckt. Sehr variabel sind die 2–6 cm langen, derb ledrigen, dunkelgrünen Blätter, bei vielen Sorten sind sie farbenfroh panaschiert. Aus unscheinbaren grünlich weißen, 5 mm breiten Blüten im Juni/Juli entwickeln sich die etwa 8 mm breiten, rundlichen Früchte. Die weißen Samen sind von einem orangen Samenmantel umgeben.
Verwendung: Mit den zahlreichen Sorten attraktive Blattschmuckpflanzen, die als Kletterpflanze für Pergolen und Zäune, aber auch als robuste, schattenverträgliche Bodendecker eingesetzt werden.
Standort: Sonnig bis schattig. Boden mäßig trocken bis feucht, alle durchlässigen, nährstoffreichen Bodenarten, schwach sauer bis alkalisch.

Tab. 30 Empfehlenswerte Sorten von *Euonymus fortunei*

Sorte	Wuchs	Blätter
'Blondy'	ausgebreitet, bis 0,5 m hoch	dunkelgrün, in der Mitte hellgelb bis weißlich gefleckt
'Dart's Blanket'	niederliegend-aufsteigend	ziemlich groß, eiförmig-elliptisch dunkelgrün, im Herbst bronzefarben
'Emerald Gaiety'	mattenförmig bis breit aufrecht, bis 1,25 m hoch, nicht selten kletternd	rundlich, graugrün, weiß gerandet
'Emerald'n Gold'	breitbuschig aufrecht, reich verzweigt, bis 0,5 m hoch	klein, graugrün, breit goldgelb gerandet
'Minimus'	niederliegend, dicht mattenförmig, bis 0,15 m	sehr klein, rundlich glänzend dunkelgrün
var. *radicans*	niederliegend oder kletternd	mittelgroß, derb, stumpfgrün, mit weißer Nervatur
'Silver Queen'	ausgebreitet bis aufrecht, bis 0,8 m hoch, auch kletternd	groß, breit eiförmig, grün, schmal weiß bis cremefarben gerandet
'Sunspot'	niederliegend-aufsteigend	klein, matt dunkelgrün, in der Mitte mit einem auffallend gelben Fleck
'Vegetus'	breit niederliegend bis aufrecht, bis 1,5 m hoch, nicht selten kletternd	dick, breit eiförmig, glänzend dunkelgrün

Pflege: Regelmäßige Schnittmaßnahmen sind nicht erforderlich, notfalls sind aber auch starke Rückschnitte möglich. ✂ 1.
Vermehrung: Stecklinge von ausgereiften Trieben.

Exochorda 'The Bride', Prunkspiere

Aussehen: Im Gegensatz zu den anderen großstrauchigen, sommergrünen Arten der Gattung wird 'The Bride' nur 1–1,5 m hoch. Sie wächst locker aufrecht und wird mit den übergeneigten Zweigen ebenso breit wie hoch. Verkehrt-eiförmig und 3–7 cm lang sind die hellgrünen, im Herbst gelben Blätter. Im Mai ist der Strauch überreich mit 3–4,5 cm breiten, reinweißen Blüten geschmückt, die in dichten, vielblumigen Trauben zusammenstehen. Die fünflappigen, braunen Fruchtkapseln werden nur selten ausgebildet.
Verwendung: 'The Bride' ist mit der moderaten Wuchshöhe und der üppigen Blüte als Gartengehölz besser

Euonymus fortunei 'Emerald Gaiety'

Euonymus fortunei 'Emerald'n Gold'

Exochorda 'The Bride'

Euonymus fortunei 'Sunspot'

Euonymus fortunei 'Vegetus'

geeignet als andere Arten der Gattung.
Standort: Sonnig bis lichtschattig. Boden frisch bis feucht, gepflegte, tiefgründige Gartenböden, sauer bis schwach alkalisch.
Pflege: Keine besonderen Pflegemaßnahmen. ✂ 1.
Vermehrung: Stecklinge von krautigen Trieben.

Fagus sylvatica, Rot-Buche
(Tab. 31)

Aussehen: Die heimische Rot-Buche, ein imposanter, 25–30 (–40) m hoher Waldbaum mit einem glatten, silbergrauen Stamm und einer breit gewölbten Krone, wächst nicht selten über den Rahmen heutiger Gartengrößen hinaus. Einige Sorten wachsen aber deutlich schwächer als die Art und warten mit abweichenden Wuchsformen und anders gefärbten Blättern auf. Bei der Art färben sich die 5–10 cm langen, eiförmigen bis elliptischen, frischgrünen Blätter im Herbst gelb-

Fagus sylvatica

Tab. 31 Für Hausgärten empfehlenswerte Sorten von *Fagus sylvatica*

Sorte	Wuchs	Blätter
'Asplenifolia', Farnblättrige Buche	15–20 m hoher Baum, Krone dicht verzweigt, breit kegelförmig oder hoch gewölbt, 10–15 m breit	grün, schmal linealisch, farnartig eingeschnitten
'Dawyck', Säulen-Buche	15–25 m hoher Baum, Krone säulenförmig, 3–6 m breit	grün
'Dawyck Gold', Säulen-Gold-Buche	8–10 m hoher Baum, Krone schmal säulenförmig, etwa 3 m breit	im Austrieb goldgelb, im Sommer hellgrün
'Dawyck Purple', Säulen-Blut-Buche	8–10 m hoher Baum, Krone schmal säulenförmig, etwa 3 m breit	dunkel purpurbraun
'Purple Fountain', Hänge-Blut-Buche	7–10 m hoher Baum, Krone schmal säulenförmig, 4–5 m breit, die locker gestellten Äste und Zweige senkrecht herabhängend	dunkel rotbraun
'Purpurea Pendula', Trauer-Blut-Buche	meist hochstämmig veredelte schwachwüchsige Hängeform, die starren Äste und Zweige von der Veredlungsstelle ab in kurzen Bögen abwärts wachsend	glänzend schwarzrot bis schwarzviolett

Fagus sylvatica 'Asplenifolia'

Fagus sylvatica 'Dawyck Gold'

Fagus sylvatica 'Dawyck Purple'

Fagus sylvatica 'Purpurea Pendula'

Fagus sylvatica

Fallopia baldschuanica

orange bis lederbraun. Aus den unscheinbaren Blüten entwickeln sich die bekannten dreikantigen Bucheckern.
Verwendung: Die Art und ihre Sorten sind ausgesprochene Solitärbäume für Parks und größere Gärten. Die Art selbst lässt sich gut zu hohen Schnitthecken erziehen.
Standort: Sonnig bis schattig. Boden frisch bis feucht, tiefgründig, nährstoffreich, sandig-lehmig, sauer bis alkalisch.
Pflege: Am besten im Spätherbst oder im Frühjahr pflanzen. ✂ 1, 5.
Vermehrung: Aussaat im Herbst oder Frühjahr, die Sorten durch Veredlungen im Spätsommer oder Winter unter Glas.

Fallopia baldschuanica, Schling-Knöterich

Aussehen: *F. baldschuanica* (Syn. *F. aubertii*, *Polygonum aubertii*) ist eine starkwüchsige, bis 10 m hoch windende, sommergrüne Liane mit 4–10 cm langen, breit eiförmigen, an der Basis herz- oder spießförmigen, glänzend dunkelgrünen Blättern. Von Juli bis zum Oktober erscheinen in überreicher Fülle die kleinen weißen Blüten, die zu großen end- oder achselständigen Rispen geordnet sind.
Verwendung: Der Schling-Knöterich zeichnet sich durch ein überaus starkes Wachstum und eine sehr lange Blütezeit aus, er kann schnell auch große Flächen begrünen, zum Beispiel Lärmschutzwände an Autobahnen. Er benötigt stabile Klettergerüste.
Standort: Sonnig bis halbschattig. Boden feucht, alle durchlässigen, nährstoffreichen Bodenarten, schwach sauer bis alkalisch.
Pflege: Schnittmaßnahmen sind nicht notwendig, verträgt keine radikalen Rückschnitte. ✂ 6.
Vermehrung: Steckholz.

Fargesia murieliae, Schirm-Bambus

Aussehen: *F. murieliae* gehört zur Gruppe der horstbildenden Arten. Die Halme der eleganten, bis 4 m hohen Art sind zunächst grün, verblassen dann zu gelbgrün. Sie tragen zahlreiche, bis 15 cm lange,

Fargesia murieliae 'Jumbo'

Fargesia murieliae

Gefürchtete Blüte
In den 70er-Jahren des vergangenen Jahrhunderts begann die Art *Fargesia murieliae* bei uns zu blühen und starb danach ab. Aus Sämlingspopulation sind inzwischen zahlreiche Sorten auf dem Markt, die sich nur in wenigen Details, u.a. in ihrer Wuchshöhe, unterscheiden. Es ist nicht damit zu rechnen, dass die Sorten der neuen Generation in den nächsten Jahren zu blühen beginnen.

erbsengrüne Blätter. Unter dem Gewicht der Blattmassen biegen sich die zunächst aufrechten Halme nach außen über.
Verwendung: *F. murieliae* ist die beliebteste und für den Hausgarten wichtigste Bambusart. Sie ist eine prachtvolle Solitärpflanze, kann aber ebenso gut als Heckenpflanze verwendet werden. Auch für eine Kübelbepflanzung geeignet.
Standort: Sonnig bis halbschattig. Boden frisch bis feucht, durchlässig, nährstoffreich, lehmig-humos, schwach sauer bis alkalisch.
Pflege: Bei Trockenheit zusätzlich wässern. Werden die Horste zu breit, die äußeren Halme abschneiden oder abstechen.
Vermehrung: Teilung der Horste.

Weitere empfehlenswerte *Fargesia*-Arten

Fargesia nitida, Fontänen-Bambus
In unseren Breiten bis etwa 3 m hohe, horstbildende Art. Halme rotviolett oder dunkelbraun, blauweiß bereift, zunächst straff aufrecht, später im oberen Bereich fontänenartig überhängend. Leider beginnt *F. nitida* gegenwärtig überall zu blühen, was dann zum Absterben der oberirdischen Pflanzenteile und mindestens zu einer starken Schwächung oder zum Absterben der ganzen Pflanze führt. Deshalb ist es wichtig, Sorten der neuen Generation zu pflanzen, wie zum Beispiel 'Great Wall'.

Fargesia 'Rufa'
Prachtvoller horstbildender Bambus, dessen Status bisher nicht eindeutig geklärt ist. Wird mit seinen zierlichen Halmen nicht mehr als 2–3 m hoch, aber vergleichsweise breit. Während sich bei anderen *Fargesia*-Arten die Blätter bei Kälte einrollen und teilweise abfallen, tun sie dies bei *F.* 'Rufa' nicht.

Fargesia 'Rufa'

Forsythia × *intermedia*, Hybrid-Forsythie (Tab. 32)

Aussehen: Zu *F.* × *intermedia* gehört eine Gruppe aufrechter bis breit ausladender, sommergrüner Sträucher, die gewöhnlich 2–3 m hoch werden und meist vierkantige Zweige besitzen. Alle sind Folgesorten einer Kreuzung, die schon vor 1880 aus den beiden ostasiatischen Arten *F. supensa* × *F. viridissima* entstanden ist. Die derben, bis 12 cm langen, eiförmig lanzettlichen, glänzend grünen Blätter sind meist einfach, an Langtrieben gelegentlich auch dreilappig. Hell- bis goldgelb sind die 3,5–6 cm breiten Blüten gefärbt. Sie sitzen zu mehreren in dichten Büscheln zusammen und öffnen sich im März/April. Die zweifächrigen, holzigen Fruchtkapseln sind unscheinbar.
Verwendung: Einzeln, in kleinen Gruppen, in Mischpflanzungen oder gelegentlich als Hecken oder Wandspaliere verwendet. Schwächer wachsende Sorten lassen sich auch als Formgehölze ziehen.
Standort: Sonnig bis lichtschattig. Boden mäßig trocken bis frisch, durchlässig, nährstoffreich, sandiglehmig, schwach sauer bis alkalisch.

Fargesia nitida

Tab. 32 Empfehlenswerte Sorten von *Forsythia × intermedia*

Sorte	Wuchs	Blüte
'Goldrausch'	straff aufrecht, bis 3 m hoch	leuchtend goldgelb, sehr groß
'Lynwood'	dicht verzweigt, bis 3 m hoch	hellgelb, mittelgroß
'Minigold'	kompakt, bis etwa 1,7 m hoch	dunkelgelb, mittelgroß, zahlreich
'Spectabilis'	aufrecht bis überhängend, 3–4 m hoch	hellgelb, groß, dicht gedrängt
'Week-End'	buschig, kompakt, 2 m hoch	goldgelb, sehr groß, sehr zahlreich, schon an jungen Pflanzen

Forsythia × intermedia 'Goldrausch'

Forsythia × intermedia 'Lynwood'

Forsythia × intermedia 'Minigold'

Pflege: Pflegeleicht. ✂ 2.
Vermehrung: Starkwüchsige Sorten durch Steckholz im Freiland, schwachwüchsige durch krautige Stecklinge unter Glas.

Weitere empfehlenswerte *Forsythia*-Hybriden und Sorten

***Forsythia* 'Marée d'Or'**
Wuchs ausgebreitet bis aufsteigend, reich verzweigt, bis 0,6 m hoch, 1,5 m breit. Blätter lanzettlich, hellgrün. Blüten groß, sehr zahlreich, zitronengelb, im Februar/März. Wird gelegentlich auf Stämmchen veredelt.

***Forsythia* 'Mêlée d'Or'**
Wuchs buschig aufrecht, kompakt, bis 1 m hoch. Blätter lanzettlich, mittelgrün. Blüten sehr zahlreich, hellgelb, im März/April.

Forsythia 'Mêlée d'Or'

Forsythia 'Marée d'Or'

Forsythia ovata 'Dresdener Vorfrühling'

Fothergilla gardenii

Forsythia ovata **'Dresdener Vorfrühling'**
Wuchs breit aufrecht, dicht verzweigt, 1–2 m hoch. Blätter eiförmig, frischgrün. Blüten sehr zahlreich, bis zu 7 in dichten Büscheln, auch an vorjährigen Langtrieben. Oft 2–3 Wochen früher aufblühend als andere Sorten.

Forsythien – unverzichtbare Frühjahrsbüher
Forsythien gehören zu den nahezu unverzichtbaren Blütengehölzen. Im zeitigen Frühjahr entfalten sie ihre überreiche, 4–5 Wochen andauernde Blütenfülle und prägen mit ihrem kräftigen Gelb ganze Gartenlandschaften. Gepflanzt werden überwiegend Sorten, die zu *Forsythia* × *intermedia* gehören. Hinzu kommen seit einigen Jahren moderne Kreuzungen, die oft deutlich schwächer wachsen als die Sorten von *F.* × *intermedia*. Sie sind für kleine Gartenräume oder für die Bepflanzung von Kübeln besonders gut geeignet. Stärker wachsende Sorten eignen sich hervorragend zum Schnitt von blühenden Zweigen und zum Vortreiben.

Fothergilla major, Großer Federbuschstrauch

Aussehen: *F. major* wächst mit aufstrebenden Grundästen langsam zu einem 1,5–3 m hohen, geschlossenen Strauch heran. Breit- oder rundlich eiförmig sind die 5–10 cm langen, an der Basis herzförmigen, derben, glänzend dunkelgrünen Blätter. Sie färben sich im Herbst anhaltend in leuchtend gelben, orangefarbenen und roten Tönen. Die weißen, nach Honig duftenden Blüten besitzen keine Kronblätter, aber zahlreiche lange, weiße Staubblätter. Sie verleihen den 3–5 cm langen Blütenähren ein federbuschartiges Aussehen. Voll blühende Sträucher bieten im Mai ein prachtvolles Bild.

F. gardenii, der Erlenblättrige Federbuschstrauch, unterscheidet sich von *F. major* vor allem durch den deutlich niedrigeren, kompakteren Wuchs und die kürzeren Blütenstände.

Verwendung: Mit den eigenartigen Blüten und der prachtvollen Herbstfärbung sehr attraktive Solitärsträucher, die auch in kleinen Gärten ausreichend Platz finden.

Fothergilla major

Standort: Sonnig bis halbschattig. Boden frisch bis feucht, durchlässig, locker, sandig-humos, sauer bis neutral, kalkmeidend.
Pflege: Nur an zusagenden Standorten frohwüchsig. ✂ 1.
Vermehrung: Aussaat nach einer Warm-Kalt-Stratifikation im Frühjahr.

Fraxinus ornus, Blumen-Esche, Manna-Esche

Aussehen: Im Gegensatz zu vielen starkwüchsigen Eschen-Arten entwickelt sich *F. ornus* langsam zu einem etwa 6–8 (–15) m hohen, gartentauglichen Kleinbaum mit einer rundlichen oder breit kegelförmigen Krone und 10–25 cm langen Fiederblättern. Auch die Blüten unterscheiden sich von den unscheinbaren, durch Wind bestäubten Blüten vieler anderer Eschen. Sie sind auffallend cremeweiß, duften, stehen in großen, vielblumigen Rispen zusammen und werden von Insekten bestäubt. Die Blüten öffnen sich im Mai/Juni während oder nach der Laubentfaltung.
Verwendung: Attraktiver Blütenbaum für Gärten, Parkanlagen, Innenhöfe oder große Pflanzkübel. Wurde früher in Südeuropa zur Gewinnung von Manna in Plantagen angebaut.
Standort: Sonnig bis lichtschattig, wärmebedürftig, sehr tolerant gegen Hitze und Trockenheit. Boden trocken bis frisch, alle durchlässigen, schwach sauren bis alkalischen Bodenarten.
Pflege: Gedeiht am besten an sonnig-warmen Plätzen. ✂ 1.
Vermehrung: Aussaat im Herbst oder Frühjahr.

Gaultheria procumbens, Niederliegende Scheinbeere

Aussehen: Der zierliche, bis 0,2 m hohe, immergrüne Zwergstrauch breitet sich mit unterirdischen Ausläufern teppichartig aus und bildet so eine dichte Bodendecke. Die ledrigen, 2–5 cm langen, elliptisch eiförmigen, glänzend dunkelgrünen Blätter stehen an den Triebenden gehäuft, über Winter nehmen sie oft eine rötliche Färbung an. Im Juni bis August stehen 4–7 mm lange, weiße, glockige, nickende Blüten einzeln oder in kleinen Trauben an den Zweigenden. Die kugeligen, lebhaft roten, bis 1 cm großen, beerenartigen Früchte bleiben oft bis zum Frühjahr haften.
Verwendung: Der ganzjährig attraktive Zwergstrauch wird im Garten oder auf Gräbern gerne kleinflächig als Bodendecker eingesetzt.
Standort: Halbschattig. Boden frisch und durchlässig, locker, sandig-humos und sauer. Das gilt auch für die anderen Arten der Gattung *Gaultheria*.
Pflege: Gedeiht nur auf zusagenden Standorten zufriedenstellend. ✂ 1.
Vermehrung: Aussaat nach einer Stratifikation im Frühjahr. G. *mucronata* und G. × *wisleyensis* durch Stecklinge von ausgereiften Trieben.

Weitere empfehlenswerte *Gaultheria*-Arten

***Gaultheria mucronata*, Torfmyrte**
Immergrüner, 0,5–1,5 m hoher, etwas steifer, aufrechter Strauch mit dünnen Zweigen, kleinen, eiförmig-elliptischen Blättern und kleinen, weißen oder rosa Blüten, die einzeln in den Blattachseln stehen. Im Herbst färben sich die zahlreichen kugeligen, bis 1,2 cm dicken Früchte weiß, rosa, lila, karminrot bis purpurschwarz. Ein sehr dekorativer

Fraxinus ornus

Gaultheria procumbens

Gaultheria mucronata

Gaultheria shallon

Gaultheria × wisleyensis 'Wisley Pearl'

Genista pilosa 'Goldilocks'

Fruchtstrauch, der gerne in Verbindung mit Rhododendron gepflanzt oder im Herbst mit den farbigen Früchten als Topf- und Kübelpflanze angeboten wird. Wird häufig noch unter dem alten Namen *Pernettya mucronata* angeboten.

Gaultheria shallon, Shallon-Scheinbeere

Bis 0,5 m hoher, aufrechter, stark Ausläufer treibender Strauch mit großen, 5–10 cm langen, breit eiförmigen Blättern, weißen oder rosa überhauchten Blüten in 5–10 cm langen Trauben und bis 1 cm dicken, roten, zuletzt blauschwarzen Früchten. Wird häufig großflächig als Bodendecker eingesetzt, gedeiht auch unter hochkronigen Bäumen noch gut.

Gaultheria × wisleyensis, Wisley-Scheinbeere

Bis 1 m hoher, dicht verweigter Strauch mit borstig behaarten Trieben, ledrigen, am Saum bewimperten, matt dunkelgrünen Blättern und attraktiven, weißen Blüten in 6–15 cm langen Trauben sowie 6–8 mm dicken, kugeligen, blutroten, sehr lange haftenden Früchten. Hübscher Kleinstrauch, der am besten in Verbindung mit Rhododendren gepflanzt wird.

Genista lydia, Lydischer Ginster

Aussehen: *G. lydia* wird mit seinen zahlreichen ausgebreiteten und bogig abwärts gekrümmten, unbewehrten Zweigen und vierkantigen, graugrünen Trieben etwa 0,5 m hoch.

Die sommergrünen, linealisch-elliptischen Blätter sind 0,5–1 cm lang. Im Mai/Juni stehen die zahlreichen goldgelben Schmetterlingsblüten in kurzen, dichtblütigen Trauben zusammen. *G. lydia* gehört mit der überreichen Blütenfülle zu den attraktivsten Arten der Gattung.

Genista lydia

Verwendung: Hübscher Zwergstrauch, der seinen Platz in Heide-, Stein- und Troggärten, auf Mauerkronen und Trockenmauern findet.
Standort: Sonnig, wärmebedürftig. Boden mäßig trocken bis frisch, durchlässig, nährstoffarm, sandig bis sandig-kiesig, schwach sauer bis stark alkalisch.
Pflege: Braucht in kalten, schneelosen Wintern Sonnen- und Windschutz. Möglichst wenig schneiden. ✂ 1.
Vermehrung: Aussaat im Frühjahr.

Weitere empfehlenswerte *Genista*-Arten

Genista pilosa 'Goldilocks'

Überreich blühende Sorte des heimischen Sand-Ginsters – ein bis 0,3 m hoher, kuppelförmiger Zwergstrauch mit aufrechten bis ausgebreiteten Zweigen, kleinen, dunkelgrünen Blättern und zahlreichen goldgelben Schmetterlingsblüten, die sich im Mai/Juni über einen Zeitraum von 5–6 Wochen öffnen. Wird wie G. *lydia* verwendet.

Genista tinctoria 'Plena'

Gefüllt blühende Form des heimischen Färber-Ginsters – ein bis 0,5 m hoher, niederliegend-aufrechter, vieltriebiger, kompakter Zwergstrauch mit glänzend dunkelgrünen,

Genista tinctoria 'Plena'

lanzettlichen Blättern und zahlreichen großen, gefüllten, tief goldgelben Blüten im Juni bis August. Wird ebenfalls wie *G. lydia* verwendet.

Gleditsia triacanthos, Gleditschie (Tab. 33)

Aussehen: *G. triacanthos* ist ein 10–25 m hoher, rasch wachsender, sommergrüner Baum mit einer lockeren, unregelmäßigen, breit ausladenden Krone. An Stamm und Ästen können zahlreiche starke, einfache oder verzweigte Dornen ausgebildet sein. Bis 20 cm lang sind die einfach oder doppelt gefiederten Blätter mit den länglich-lanzettlichen, frischgrünen Blättchen. Sie färben sich im Herbst goldgelb. Aus unscheinbaren, weißen oder grünlichen Blüten entwickeln sich auffällige, bis 40 cm lange, flache, sichelförmig gekrümmte, dunkelbraune Hülsenfrüchte.
Verwendung: Schöner Solitärbaum für Parks und größere Gärten, dessen Krone lichte Schatten wirft. Als Straßen- oder Stadtbaum sollen dornenlose Sorten wie 'Shademaster' oder 'Skyline' verwendet werden.
Standort: Sonnig, hitzeverträglich. Boden mäßig trocken bis frisch, alle durchlässigen Bodenarten, sauer bis stark alkalisch.
Pflege: Sehr anpassungsfähig. ✂ 1.
Vermehrung: Aussaat im Frühjahr, Sorten durch Winterhandveredlungen.

Tab. 33 Empfehlenswerte, dornenlose Sorten von *Gleditsia triacanthos*

Sorte	Wuchshöhe	Blätter
'Ruby Lace'	8–10 m	im Austrieb bräunlich rot, später dunkelgrün
'Shademaster'	15–20 m	tiefgrün, im Herbst lange haftend
'Skyline'	10–15 m	dunkelgrün, im Herbst goldgelb
'Sunburst'	10–12 m	anfangs leuchtend goldgelb, später vergrünend

Gleditsia triacanthos 'Ruby Lace'

Gleditsia triacanthos 'Sunburst'

Halesia carolina, Carolina-Schneeglöckchenbaum

Aussehen: *H. carolina* wächst langsam zu einem 5–6 m hohen, sommergrünen Strauch oder Kleinbaum mit einer halbrunden oder trichterförmigen Krone heran. Die eiförmigen oder elliptischen Blätter sind 5–12 cm lang, einfach, dunkelgrün und unterseits behaart. Im April/Mai entfalten sich die auffälligen, weißen, breit-glockigen, 1,5–2 cm langen Blüten, sie stehen in Büscheln zusammen und hängen an langen Stielen herab. Die vierflügeligen Steinfrüchte reifen ab September.

H. monticola unterscheidet sich von *H. carolina* durch den höheren, 10–12 m hohen Wuchs, die größeren, 2–2,5 cm langen Blüten und die längeren, ebenfalls vierflügeligen Früchte.
Verwendung: Sehr schöne, gartentaugliche Blütengehölze, die eine Solitärstellung verdienen.
Standort: Sonnig bis halbschattig. Boden frisch bis feucht, tiefgründig, sandig- oder lehmig-humos, sauer, zu hoher Kalkgehalt führt zu chlorotischen Blättern.
Pflege: Nur an zusagenden Standorten frohwüchsig. ✂ 1.
Vermehrung: Aussaat nach einer Stratifikation im Frühjahr.

Halesia carolina

Hamamelis × intermedia, Hybrid-Zaubernuss (Tab. 34)

Aussehen: Die zahlreichen Sorten von *H.* × *intermedia* können im Alter 3–4 m hoch und gleich breit werden. Sie bauen sich mit schräg aufsteigenden Ästen fächerartig oder breit trichterförmig auf. Die einfachen, 10–15 cm langen Blätter sind verkehrt-eiförmig, an der Basis schief-herzförmig, oberseits mittelgrün, kahl und rau und unterseits leicht behaart. Sie färben sich im Herbst intensiv gelb bis orangefarben und rot. Lange vor der Laubentfaltung, oft schon ab Januar, öffnen sich die eigenartigen, leicht duftenden Blüten in dichten, achselständigen Köpfchen. Ihr besonderes Merkmal sind die 4 schmal linealischen, bandförmigen Kronblätter, die gelb, orange oder rot gefärbt sein können. Die verholzenden Fruchtkapseln bleiben oft lange haften, sie öffnen sich zur Reife explosionsartig und schleudern die Samen weit fort.
Verwendung: Die kultivierten *Hamamelis*-Arten und -Sorten gehören zu den wichtigsten Winterblühern unserer Gärten. Sie stehen am besten in Hausnähe, damit man ihrer Blüten gebührend bewundern kann.
Standort: Sonnig bis halbschattig. Boden frisch bis feucht, nährstoffreich, durchlässig, sandig- oder lehmig-humos, schwach sauer bis neutral.
Pflege: Auch junge Pflanzen möglichst nicht schneiden. ✂ 1.
Vermehrung: Arten durch Aussaat, Sorten durch Veredlungen unter Glas.

Tab. 34 Empfehlenwerte Sorten von *Hamamelis × intermedia*

Sorte	Blütenfarbe	Bemerkung
'Arnold Promise'	hellgelb	spät, aber sehr lange blühend
'Barmstedt's Gold'	goldgelb	Blüten besonders groß, sehr zahlreich
'Diane'	bronzerot	Herbstfärbung besonders intensiv gelb und scharlachrot
'Feuerzauber'	intensiv rot	schönste rot blühende Sorte
'Jelena'	kupferfarben orange	Herbstfärbung intensiv orange, bronzefarben und scharlachrot
'Orange Beauty'	tief gold- bis orangegelb	starkwüchsig, schöne Herbstfärbung
'Pallida'	hellgelb, groß	sehr reich und früh blühend
'Ruby Glow'	braunrot, gelb gerandet	Blüten mittelgroß, schöne Herbstfärbung
'Westerstede'	hellgelb	schon als junge Pflanze reich blühend

Hamamelis × intermedia 'Barmstedt's Gold'

'*Hamamelis × intermedia* 'Jelena' in Herbstfärbung

'*Hamamelis × intermedia* 'Feuerzauber'

Hamamelis × intermedia 'Pallida'

Weitere empfehlenswerte *Hamamelis*-Arten

***Hamamelis japonica*, Japanische Zaubernuss**
Trichterförmiger, 3–4 m hoher Strauch. Triebe nur anfangs sternhaarig. Blätter 5–10 cm lang, verkehrt-eiförmig, unterseits hellgrün und bis auf die Nerven kahl. Herbstfärbung prachtvoll scharlachrot, bronzefarben, rot und orange. Blüten mittelgroß, lebhaft gelb oder orange überhaucht, wohlriechend, im Januar bis März.

***Hamamelis mollis*, Chinesische Zaubernuss**
Breit ausladender bis breit trichterförmiger, bis 5 m hoher Strauch. Junge Triebe dicht weich behaart. Blätter 8–12 cm lang, rundlich bis breit verkehrt-eiförmig, unterseits dicht graufilzig behaart. Herbstfärbung prächtig gelborange bis rot. Blüten mittelgroß, wohlriechend, goldgelb, an der Basis rötlich, Januar bis März.

Zaubernüsse – die Winterblüher schlechthin
Mit der Bezeichnung Zaubernuss werden zwei Eigenschaften der Gattung Hamamelis treffend beschrieben. Ihre Blätter sind denen der Haselnuss sehr ähnlich, und zaubern scheinen sie wirklich zu können. Bei günstigem Wetter öffnen sie ihre Blüten bald nach Weihnachten. Werden sie dann von Schnee und Kälte überrascht, erfrieren sie keineswegs. Ihre fädigen, kleinen, an Papierschlangen erinnernde Blütenblätter rollen sich vielmehr ein. Sie öffnen sich wieder, sobald die Witterung dies zulässt. Dieser Vorgang kann sich mehrfach wiederholen. Auf diese Weise werden Blütezeiten von 4–5 Wochen erreicht. Bis −10 °C können die offenen Blüten ertragen – kein anderes Blütengehölz besitzt ähnliche Fähigkeiten.

Hamamelis japonica

Hamamelis mollis

***Hamamelis virginiana*, Virginische Zaubernuss**
Breit trichterförmiger, bis 5 m hoher Strauch. Blätter 8–15 cm lang, verkehrt-eiförmig bis elliptisch. Herbstfärbung gelb, wenig spektakulär. Blüten klein, hellgelb, streng riechend, Oktober/November. Blätter und Rinde haben eine adstringierende Wirkung, sie werden offizinell und zur Herstellung von kosmetischen Präparaten verwendet.

Hedera colchica, Kolchischer Efeu (Tab. 35)

Aussehen: Der immergrüne Kolchische Efeu wächst kriechend oder klettert mithilfe von Haftwurzeln 6–8 m hoch. Er hat besonders große, 10–15 cm lange, dick ledrige, glänzend dunkelgrüne Blätter, die gerieben schwach nach Sellerie duften. Die Blätter sind an jungen Trieben ganzrandig und dreilappig, an alten einfach und eiförmig bis rundlich. Die kleinen, gelbgrünen, herb duftenden, zu Dolden geordneten Blüten öffnen sich im September/Oktober. Die blauschwarzen, giftigen Früchte reifen im Frühjahr, werden bei uns allerdings nur selten ausgebildet.
Verwendung: Die vergleichsweise schwachwüchsige Art kann als Bodendecker oder zur Begünung von Mauern eingesetzt werden.
Standort: Sonnig bis halbschattig, wintermild. Boden frisch, alle durchlässigen, humosen Bodenarten, sauer bis neutral.
Pflege: Kein regelmäßiger Schnitt notwendig. ✂ 6.
Vermehrung: Aussaat im Frühjahr, Stecklinge von ausgereiften Trieben.

Hedera colchica

Tab. 35 Empfehlenswerte Sorten von *Hedera colchica*

Sorte	Wuchs	Blätter
'Arborescens'	buschig, mehr oder weniger kugelig, dicht belaubt, bis 2 m hoch	länglich-eiförmig, einfach, glänzend dunkelgrün
'Dentata Variegata'	kriechend oder bis 8 m hoch kletternd	in der Mitte hell- bis graugrün, am Rand gelblich weiß panaschiert, einfach, eiförmig
'Sulphur Heart'	stark, kletternd	hellgrün, in der Mitte groß gelb oder gelbgrün panaschiert, einfach, eiförmig

Hedera helix

Hedera colchica 'Dentata Variegata'

Hedera colchica 'Sulphur Heart'

Hedera helix, Gewöhnlicher Efeu (Tab. 36)

Aussehen: Der heimische Efeu ist der einzige Wurzelkletterer der heimischen Flora. Er kann weit kriechen oder mithilfe von Haftwurzeln 10–20 (–30) m hoch klettern. Die ledrigen, dunkelgrünen Blätter sind in Form und Größe sehr variabel: An jungen Trieben sind sie deutlich drei- bis fünflappig, an alten, blühenden Trieben ungelappt und rauten- bis fast herzförmig, am Rand nach unten umgebogen und teilweise deutlich gezähnt. Auch *H. helix* blüht erst im September/Oktober. Die kleinen, gelbgrünen Blüten sind reich an Nektar, der von Wespen, Fliegen und zahlreichen anderen Insekten angenommen wird. Die blauschwarzen, giftigen Früchte reifen im Frühjahr.

Der starkwüchsige Irische Efeu, *H. hibernica*, unterscheidet sich von *H. helix* vor allem durch etwas größere, am Rand nicht nach unten umgebogene Blätter und durch deutlich größere Blütenstände.

Verwendung: *H. helix* und *H. hibernica* sind als Bodendecker genauso

Tab. 36 Empfehlenswerte Sorten von *Hedera helix*

Sorte	Wuchs	Blätter
'Arborescens'	rundlich buschig, dicht verzweigt, oft reich blühend und fruchtend	ungelappt, rauten- bis herzförmig, glänzend dunkelgrün
'Conglomerata'	buschig, bis 1 m hoch, Zweige aufrecht bis niederliegend	ungelappt, dreieckig bis eiförmig, 1–3 cm lang, dunkelgrün
'Goldheart'	mittelstark, kletternd, locker belaubt	dreilappig, 4–6 cm lang, in der Mitte sattgelb, am Rand dunkelgrün
'Plattensee'	stark, kriechend oder kletternd	schwach drei- bis fünflappig, 5–12 cm lang, frischgrün, im Winter dunkelgrün
'Woerner'	sehr stark, kriechend oder kletternd	dreilappig, 3–5 cm lang, dunkelgrün mit heller Nervatur, im Winter rotbraun

wertvoll wie als Kletterpflanze zur Begrünung von Mauern, Fassaden und Baumstämmen. Schwierig ist die Begrünung von Wasser abweisend beschichteten, stark besandeten und sich stark erhitzenden Fassaden, denn hier finden die Haftwurzeln kaum Halt.
Standort: Halbschattig bis schattig. Boden mäßig trocken bis frisch, alle nährstoffreichen, durchlässigen Bodenarten, sauer bis alkalisch.
Pflege: Kein regelmäßiger Schnitt notwendig. ✂ 6.
Vermehrung: Aussaat im Frühjahr, Stecklinge von ausgereiften Trieben.

Heptacodium jasminoides, Heptacodium

Aussehen: Die monotypische Gattung wird auch mit dem poetischen Namen „Sieben-Söhne-des-Himmelsstrauches" belegt. Der sommergrüne, nur anfangs unregelmäßig verzweigte, breitkronige Strauch wird 3–5 (–7) m hoch. Seine gegenständigen, 9–17 cm langen, länglich-eiförmigen, matt dunkelgrünen, auffallend dreinervigen Blätter färben sich im Herbst leicht purpurbraun. Erst im September/Oktober öffnen sich die kleinen, stark duftenden, weißen, fünfzähligen Blüten, sie sitzen zu 6 in Büscheln an den Enden der diesjährigen Langtriebe. Nur selten werden bei uns die rosa bis purpurfarbenen, von hell purpurfarbenen Kelchblättern umgebenen Früchte ausgebildet.
Verwendung: Mit der ungewöhnlichen, spätsommerlichen Blüte ein sehr zu empfehlender, erst vor wenigen Jahren aus China eingeführter Großstrauch.
Standort: Sonnig bis lichtschattig. Boden mäßig trocken bis feucht, alle durchlässigen Bodenarten, schwach sauer bis alkalisch.
Pflege: Sehr anpassungsfähig. ✂ 1.
Vermehrung: Stecklinge von krautigen Trieben.

Heptacodium jasminoides

Hibiscus syriacus, Rosen-Eibisch, Strauch-Eibisch
(Tab. 37)

Aussehen: Mit einer anfangs straff aufrechten, später breit trichterförmigen Verzweigung wird der sommergrüne, langsam wachsende Strauch bis 3 m hoch. Rhombisch eiförmig und 5–10 cm lang sind die dreilappigen, grob gezähnten, durchscheinend punktierten, mittelgrünen Blätter. Im August/September entwickeln sich an den Zweigenden die auffallenden, 5–10 cm breiten, weit geöffneten, breit-glockigen Blüten. Sie sind bei der Art einfach und violett, bei den zahlreichen Sorten einfach oder gefüllt und weiß, blau oder rot. Nicht selten sind die Blütenblätter innen mit einem auffallenden, dunklen, an den Rändern strahlenförmig aufgelösten Basalfleck versehen. Die hellbraunen, im Oktober reifenden Fruchtkapseln bleiben über Winter haften.
Verwendung: Die Sorten des Rosen-Eibisch gehören mit den großen, auffallend gefärbten, tropisch anmutenden Blüten zu den attraktivsten Blütengehölzen des Spätsommers. Sie wachsen gerne an son-

Hibicus syriacus 'Lavender Chiffon'

Hibicus syriacus 'Duc de Brabant'

Hibicus syriacus 'Monstrosus'

Hibicus syriacus 'Oiseau Bleu'

Tab. 37 Empfehlenswerte Sorten von *Hibicus syriacus*

Sorte	Blütenfarbe	Blütenfüllung	Blüten-größe	Blütezeit
'Ardens'	hell purpurblau	gefüllt	10 cm	früh
'China Chiffon'	weiß	halbgefüllt	10 cm	mittel
'Coelestis'	blauviolett	einfach	9 cm	früh
'Duc de Brabant'	purpurviolett	halbgefüllt	7 cm	früh
'Hamabo'	hellrosa, Basalfleck dunkelrot	einfach	5 cm	mittel
'Helena'	weiß, Basalfleck purpurrot	einfach bis halbgefüllt	8 cm	mittel
'Lavender Chiffon'	violettrosa	halbgefüllt	10 cm	mittel
'Marina'	violettblau	einfach	9 cm	mittel
'Monstrosus'	weiß, Basalfleck dunkelrot	einfach	7 cm	früh
'Oiseau Bleu'	blauviolett, Basalfleck purpurrot	einfach	10 cm	früh
'Pink Flirt'	violett, Basalfleck rot	einfach	9 cm	mittel
'Pink Giant'	karminrosa, Basalfleck tief dunkelrot	einfach	9 cm	sehr spät
'Purple Ruffles'	purpurrot	halbgefüllt	8 cm	mittel
'Red Heart'	weiß	einfach	9 cm	mittel
'Russian Violet'	violett, Basalfleck rot	einfach	8 cm	früh
'Speciosus'	weiß, Basalfleck dunkelrot	halbgefüllt bis gefüllt	6 cm	mittel
'Totus Albus'	weiß	einfach	6 cm	sehr spät
'White Chiffon'	weiß	halbgefüllt	10 cm	mittel
'William S. Smith'	reinweiß	einfach	8 cm	früh
'Woodbridge'	purpurviolett	einfach	9 cm	früh

Hibicus syriacus 'Russian Violet'

Hibicus syriacus 'Woodbridge'

nig-warmen Plätzen, zum Beispiel in Terrassennähe oder in Innenhöfen. Stark gefüllt blühende Sorten leiden unter andauernden Regenfällen, sie werden deshalb kaum mehr angeboten.
Standort: Sonnig, geschützt, hitzeverträglich, wärmeliebend. Boden mäßig trocken bis frisch, locker, gut dräniert, sandig-lehmig bis lehmig, schwach sauer bis alkalisch.
Pflege: In der Jugend frostempfindlich. ✂ 1.
Vermehrung: Veredlungen unter Glas.

Hipphophae rhamnoides, Sanddorn (Tab. 38)

Aussehen: Der heimische Sanddorn ist ein sommergrüner, aufrechter, sparrig verzweigter, 4–6 (–10) m hoher, dorniger Strauch oder kleiner Baum, der zahlreiche Ausläufer entwickeln kann. 5–7 cm lang sind die schmal lanzettlichen, beiderseits silbrig oder bronzefarben beschuppten Blättern. Die sehr unscheinbaren Blüten sind zweihäusig. Ein reicher Fruchtansatz ist deshalb nur zu erwarten, wenn zu weiblichen Pflanzen auch eine männliche Sorte gepflanzt wird. Sehr auffallend sind die eiförmigen bis kugeligen, 7–8 mm dicken, saftig-fleischigen, orangefarbenen Früchte. Sie reifen im September/Oktober und bleiben dann sehr lange haften. Neben der Art werden zahlreiche, reich fruchtende Sorten angeboten.
Verwendung: Der Sanddorn ist dank seiner zahlreichen, lange haftenden, intensiv gefärbten Früchte und der feinen, silbrigen Belaubung ein geschätzter Zierstrauch für Garten und Park und gleichzeitig ein wertvolles Vogelnähr- und -schutzgehölz.
Standort: Sonnig, lichthungrig, hitzeverträglich. Boden trocken bis feucht, durchlässig, nährstoffarm, sandig-kiesig, neutral bis alkalisch.

Hippophae rhamnoides 'Dorana'

Hippophae rhamnoides 'Leicora'

Hippophae rhamnoides 'Orange Energie'

Tab. 38 Empfehlenswerte Sorten von *Hippophae rhamnoides*

Sorte	Früchte	Bemerkung
'Askola'	tieforange, mittelgroß	Fruchtbehang sehr reich und dicht
'Dorana'	tieforange, klein- bis mittelgroß	besonders für den Anbau in Hausgärten geeignet
'Frugana'	glänzend orange, mittelgroß	reich fruchtend, hoher Vitamin-C-Gehalt
'Hergeo'	hellorange, mittelgroß	sehr ertragreich, wichtige Sorte für den Erwerbsanbau
'Leicora'	tief orangerot, sehr groß	Früchte lange haftend und sehr farbstabil
'Orange Energie'	leuchtend gelborange, groß	Fruchtbesatz sehr dicht, Früchte sehr farbstabil
'Pollmix'	keine	männliche Befruchtersorte

Pflege: Möglichst die Wurzeln nicht verletzen, da sonst eine starke Ausläuferbildung angerregt wird. Die Zweige können notfalls stark zurückgeschnitten werden, sonst ✂ 1.
Vermehrung: Aussaat im Frühjahr, die Sorten durch krautige Stecklinge.

Der Sanddorn – Wildobst mit sehr wertvollen Inhaltsstoffen

Der Vitamin-C-Gehalt der saftreichen, stark färbenden Sanddornfrüchte schwankt zwischen 130 und 360 mg je 100 g Frischsubstanz. Er übertrifft damit den Vitamin-C-Gehalt der Zitronen um etwa das Siebenfache. Wertvolle Inhaltsstoffe sind außerdem Provitamin A, zahlreiche Mineralstoffe, Fruchtsäuren, Karotin, Vitamin E und hohe Gehalte an fettem Öl im Fruchtfleisch und in den Samen. Sanddornfrüchte werden im Haushalt und industriell, allein oder zusammen mit anderen Früchten, vorwiegend zu Fruchtsäften verarbeitet, aber auch zu Marmeladen, Mus und Likör. Das fette Öl der Früchte und Samen wird für die Herstellung kosmetischer Präparate, die Farbstoffe in der Lebensmittelindustrie verwendet.

Hydrangea anomala subsp. *petiolaris*

Hydrangea anomala subsp. *petiolaris*, Kletter-Hortensie

Aussehen: Die Kletterhortensie gehört mit ihrem markanten Holzgerüst und den großen, weißen Blütenständen zu den attraktivsten Wurzelkletterern. Sie wächst langsam bis in Höhen von 10–15 m heran und kann sich mit ihren kräftigen Haftwurzeln auch an relativ glatten Wänden festklammern. Die eiförmig rundlichen, bis 11 cm langen, glänzend grünen Blätter färben sich im Herbst auffallend goldgelb.

Hydrangea anomala subsp. *petiolaris* in Herbstfärbung

In den 15–25 cm breiten, flachen Blütenständen sind die zahlreichen kleinen, fertilen, süßlich duftenden Blüten von einem Kranz aus großen, weißen, sterilen Schaublüten umgeben. Die Kletterhortensie blüht im Juni/Juli.
Verwendung: Hervorragend geeignet zur Begrünung von Mauern, Fassaden und alten Baumstämmen. Kommt auch an schattigen Plätzen und mit der Wurzelkonkurrenz von Bäumen zurecht.

Standort: Licht- bis halbschattig, kühl und luftfeucht. Boden frisch bis feucht, durchlässig, sandig bis lehmig, sauer bis neutral.
Pflege: Kein regelmäßiger Schnitt erforderlich. ✂6.
Vermehrung: Stecklinge von krautigen Trieben.

Hydrangea arborescens 'Annabelle', Wald-Hortensie

Aussehen: 'Annabelle' ist eine häufig kultivierte Sorte der Wald-Hortensie, ein sommergrüner, breitbuschiger, etwa 1,5 m hoher Strauch mit zahlreichen aufrechten Grundtrieben. Die breit eiförmigen bis elliptischen, mittelgrünen Blätter sind 6–20 cm lang, sie haben keine ausgeprägte Herbstfärbung. Von Juni bis zum September stehen an den Zweigenden 15–25 cm breite, flachkugelige, weiße Blütenstände, in denen alle Blüten steril sind. Bei der älteren Sorte 'Grandiflora' sind die kugeligen Blütenstände nur 12–18 cm breit.
Verwendung: Mit den riesigen Blütenständen ein sehr attraktiver Sommerblüher für Gehölz- und Staudenrabatten.
Standort: Sonnig bis halbschattig. Boden frisch bis feucht, nährstoffreich, durchlässig, sandig- oder lehmig-humos, sauer bis alkalisch.
Pflege: Bei längerer Sommertrockenheit gießen. Jährlicher starker Rückschnitt fördert die Blühwilligkeit und die Größe der Blütenstände. ✂3.
Vermehrung: Stecklinge von krautigen Trieben.

Hydrangea arborescens 'Annabelle'

Hydrangea aspera 'Macrophylla', Raue Hortensie

Aussehen: 'Macrophylla' wächst mit wenigen Grundästen langsam zu einem 2–3 m hohen, sparsam verzweigten, etwas steif wirkenden Strauch heran. Sie gehört mit den dunkelgrünen, oberseits spärlich rauen, unterseits dicht weich behaarten, bis 25 cm langen, schmal eiförmigen Blättern zur Gruppe der Samt-Hortensien. In den bis 25 cm breiten, flachkugeligen Blütenständen sind die wenigen äußeren, sterilen Blüten weiß bis blassrosa, die zahlreichen, viel kleineren, fertilen Innenblüten lilarosa bis hellviolett. Blütezeit sind die Monate Juli/August.

Ähnliche Blütenstände bildet sie Samt-Hortensie, *H. aspera* subsp. *macrophylla*, aus. Ihre Blätter sind oberseits dicht samtig behaart und unterseits dicht mit dicklichen, rosaroten, durchsichtigen Zottenhaaren besetzt.
Verwendung: Beide Hortensien sind mit den tropisch anmutenden Blättern und den großen Blütenständen attraktive Solitärsträucher.
Standort: Halbschattig. Boden frisch bis feucht, tiefgründig, humos, sauer bis neutral.
Pflege: Bei sommerlicher Trockenheit wässern. ✂1.
Vermehrung: Stecklinge von krautigen Trieben.

Hydrangea aspera 'Macrophylla'

Tab. 39 Empfehlenswerte Sorten von *Hydrangea macrophylla* und *Hydrangea serrata*

Sorte	Blüten	Blütenstände	Bemerkung
Sorten von *Hydrangea macrophylla*			
'Ayesha'	weiß, rosa oder hellblau, fliederförmig	kugelig	braucht sonnig-warmen, wintermilden Standort
'Bouquet Rose'	rosarot bis malvenfarben	kugelig	sehr bewährte, winterharte Sorte
'Général Vicomte de Vibray'	rosa oder hellblau	kugelig	gilt als besonders frosthart und blühwillig
'Hamburg'	tiefblau bis malvenfarben	kugelig	robust, früh blühend
'Hörnli'	leuchtend karminrot	kugelig	niedriger, zierlicher Wuchs
'Lanarth White'	weiß und blau	flach	eine der frosthärtesten Tellerhortensien
'Lemon Wave'	malvenfarben bis blau	flach	Blätter cremegelb gerandet, braucht schattigen Platz
'Mariesii Perfecta'	rosa, lilarosa oder blau	schirmförmig	gut frosthart
'Schneeball'	reinweiß	kugelig	Blütenstände bis 25 cm breit
'Tovelit'	rosa bis malvenfarben	kugelig	Wuchs niedrig, kompakt
Sorten von *Hydrangea serrata*			
'Bluebird'	fertile Blüten blau, sterile weiß oder hellblau	schirmförmig	Wuchs niedrig, kompakt
'Imperatrice Eugenie'	fertile Blüten rosa oder blau, sterile weiß	schirmförmig	Wuchs gedrungen, sehr winterhart
'Koreana'	rosa bis blau	flach	nur bis 0,5 m hoch, frosthart und robust
'Preziosa'	weiß und rosa, im Verblühen violett bis magentarot	kugelig	attraktiv und sehr frosthart

Hydrangea macrophylla, Garten-Hortensie (Tab. 39)

Aussehen: Die zahlreichen Sorten der Garten-Hortensien werden kaum mehr als 1,5 m hoch, sie entwickeln sich zu breitbuschigen bis halbkugeligen, üppig belaubten Sträuchern. Wie die Triebe, sind auch die 15–20 cm langen, breit eiförmigen, oberseits glänzend grünen, kahlen Blätter dicklich-fleischig. Bei der Art und den Sorten der Teller-Hortensien stehen die Blüten in flachen, reich verzweigten, 10–20 cm breiten Trugdolden zusammen. Die zahlreichen kleinen, fertilen, blauen oder rosa Innenblüten sind von einem lockeren Kranz aus 2–3 cm breiten, sterilen, weißen, rosa oder blauen Blüten umgeben. Bei den Sorten mit mehr oder weniger kugeligen Blütenständen sind alle oder nahezu alle Blüten eines Blütenstandes groß und steril. Die Blütezeit dauert von Juli bis Oktober.

H. serrata unterscheidet sich von *H. macrophylla* vor allem durch die weniger fleischigen Triebe und Blätter, den gedrungenen Wuchs

Hydrangea serrata 'Bluebird'

Hydrangea macrophylla 'Ayesha'

Hydrangea macrophylla 'Bouquet Rose'

Hydrangea macrophylla 'Hörnli'

Hydrangea macrophylla 'Lanarth White'

Hydrangea macrophylla 'Schneeball'

Hydrangea macrophylla 'Tovelit'

Hydrangea serrata 'Koreana'

und die größere Anpassungsfähigkeit an den Standort. In den schirmförmigen Blütenständen finden sich fertile und sterile Blüten.
Verwendung: Mit den kräftigen Blütenfarben überaus prächtige Blütensträucher für Gehölzrabatten und Staudenbeete. Zahlreiche Sorten sind klassische Topfpflanzen. Die Färbung der Blüten wird stark vom pH-Wert des Bodens beeinflusst. Nur auf gleichmäßig sauren Böden (pH-Wert unter 5,0) ist eine ausgeprägte Blaufärbung der Blüten zu erwarten. Gerade im Verblühen begriffene Blütenstände geben dauerhafte, farbstabile Trockensträuße ab.
Standort: Licht- bis halbschattig, luftfeucht. Boden frisch bis feucht, durchlässig, locker, nährstoffreich, sauer bis neutral.
Pflege: Die Blüten entwickeln sich an den Enden der vorjährigen Zweige, deshalb nur die verblühten Blütenstände abschneiden. ✂ 1.
Vermehrung: Stecklinge von krautigen Trieben.

Tab. 40 Empfehlenswerte Sorten von *Hydrangea paniculata*

Sorte	Blüten	Bemerkung
'Grandiflora'	cremeweiß, im Verblühen rosa bis rot	alte, bewährte Sorte
'Kyushu'	rahmweiß	Rispen schlank kegelförmig, locker
'Limelight'	hell zitronengelb	robust, starktriebig, Rispen voll und dick
'Phantom'	cremegelb, im Verblühen rosa	Rispen sehr groß, bis über 30 cm lang
'Pinky Winkie'	anfangs weiß, im Verblühen dunkelrosa bis rot	neue Sorte mit ungewöhncher Blütenfärbung
'Tardiva'	reinweiß	bis zum Frosteintritt blühend
'Unique'	rahmweiß, im Verblühen purpurrosa	robust, starktriebig, mit langer Blütezeit
'Vanille-Fraise'	cremeweiß, im Verblühen dunkelrot	neue Sorte mit interessanter Blütenfärbung

Hydrangea paniculata 'Limelight'

Hydrangea paniculata 'Phantom'

Hydrangea paniculata 'Pinky Winkie'

Hydrangea paniculata 'Tardiva'

Hydrangea paniculata, Rispen-Hortensie (Tab. 40)

Aussehen: Mit straff aufrecht wachsenden Grundtrieben werden die Sorten der Rispen-Hortensie 2–3 m hoch und gleich breit, durch den regelmäßigen starken Rückschnitt sind sie reich verzweigt und vasen- oder trichterförmig aufgebaut. Elliptisch-eiförmig sind die 5–15 cm langen, mittel- bis dunkelgrünen, unterseits borstig behaarten Blätter. Im August/September werden an den Enden der diesjährigen Langtriebe bis 40 cm lange, weiße, kegelförmige Blütenrispen angelegt, in denen die meisten Blüten zu großen, sterilen Schaublüten ausgebildet sind.
Verwendung: Traditioneller, sommerblühender Strauch der Bauerngärten, schön auch in Staudenrabatten und in Blütenhecken.
Standort: Sonnig bis halbschattig. Boden frisch bis feucht, nährstoffreich, durchlässig, sandig- oder lehmig-humos, sauer bis neutral.
Pflege: Ein regelmäßiger starker Rückschnitt fördert Blütenansatz- und -größe. ✂ 3.
Vermehrung: Stecklinge von krautigen Trieben.

Hydrangea quercifolia, Eichenblättrige Hortensie

Aussehen: Langsam wächst die ungewöhnlich belaubte Hortensie mit aufrechten oder ausgebreiteten Zweigen zu einem 1–2,5 m hohen, lockeren Strauch heran. Fiedrig gelappt sind die 8–20 cm langen, runzeligen, oberseits matt dunkelgrünen, unterseits dicht weißfilzigen Blätter, die sich im Herbst auffallend rot oder braunrot verfärben. In den weißen, 15–20 cm langen, stumpf kegelförmigen bis fast rundlichen Blütenständen sind die meisten Blüten steril. Die Blütezeit dauert von Juli bis zum September.

Hydrangea quercifolia

Neben der Art sind auch reichblühende Sorten mit großen Blütenstände in Kultur, wie zum Beispiel 'Snow Flake' oder 'Snow Queen'.
Verwendung: Hortensie mit einem für die Gattung ungewöhnlichen Blattschnitt und einer auffallenden Herbstfärbung, fühlt sich im Halbschatten eines Gehölzrandes wohl.
Standort: Sonnig bis halbschattig, wärmeliebend. Boden frisch bis feucht, durchlässig, locker, humos, sauer bis neutral.
Pflege: Braucht als junge Pflanze in kalten Wintern Schutz. ✂ 1.
Vermehrung: Stecklinge von krautigen Trieben.

Hypericum calycinum, Großblütiges Johanniskraut

Aussehen: Der kleine, wintergrüne, 0,2–0,6 m hohe Zwergstrauch breitet sich durch zahlreiche unterirdische Ausläufer rasch teppichartig aus. An vierkantigen Trieben sind die ledrigen, 4–10 cm langen, länglichen bis schmal eiförmigen, hell- bis dunkelgrünen Blätter gegenständig angeordnet. Über einen langen Zeitraum, von Juli bis zum September, öffnen sich an den Triebenden

Hypericum calycinum

die glänzend goldgelben, 4–8 cm breiten, schalenförmigen Blüten mit den langen Staubblättern und den roten Staubbeuteln.
Verwendung: Wichtiger, reichblühender Bodendecker und Böschungsbegrüner, der auch in kleinen Hausgärten eingesetzt werden kann. Auch andere Arten und Hybriden der Gattung werden oft in größeren Gruppen oder flächig gepflanzt. Alle beleben mit ihrer reichen Blüte den sommerlichen Garten und sind durch ihre späte Blüte wertvolle Bienenfutterpflanzen.

Standort: Sonnig bis schattig. Boden mäßig trocken bis frisch, locker, durchlässig, sandig- oder lehmig-humos, kalktolerant.
Pflege: Entwickelt sich bei einem jährlichen starken Rückschnitt am besten. ✂ 3.
Vermehrung: Stecklinge von krautigen Trieben.

Weitere empfehlenswerte *Hypericum*-Hybriden und -Sorten

***Hypericum densiflorum* 'Goldball'**
Immergrüner, breit aufrechter, gedrungener, feinzweigiger, bis 0,6 m hoher Strauch. Blätter 4–5 cm lang, schmal linealisch, graugrün. Blüten von Juli bis Oktober, sehr zahlreich, gelb, 2–3 cm breit, mit sehr langen, goldgelben bis orangefarbenen Staubblättern.

***Hypericum* 'Hidecote'**
Wintergrüner, buschig aufrechter, vieltriebiger, 0,7–1,5 m hoher Strauch. Blätter 3–6 cm lang, dreieckig lanzettlich, dunkel- bis bläulich grün. Blüten von Juni bis September (-Oktober), rein goldgelb, 3,5–6,5 cm breit, weit schalenförmig geöffnet, Staubbeutel orangefarben.

Hypericum densiflorum 'Goldball'

Hypericum 'Hidecote'

Hypericum × inodorum 'Exzellent Flair'

Hypericum × inodorum 'Loke'

Hypericum × moserianum 'Tricolor'

***Hypericum × inodorum*, Duftloses Johanniskraut**
Sommergrüner, buschig aufrechter, 0,6–2 m hoher Strauch. Blätter 3,5–11 cm lang, vergleichsweise dünn, mittelgrün. Blüten von Juli bis Oktober, rein goldgelb, 1,5–3 cm breit, stern- oder becherförmig. Früchte fleischig, 1–1,2 cm groß, kugelig bis eiförmig, lange haftend. Bei den zahlreichen Sorten, die nicht selten zu *H. androsaemum* gestellt werden, sind die Früchte sehr auffallend gefärbt, anfangs weiß, gelb, rot oder orangefarben, zuletzt dunkelbraun bis schwarz. Zahlreiche Sorten wie zum Beispiel 'Autumn Blaze', 'Exzellent Flair', 'Magical Red' oder 'Orange Flair' werden der farbigen Früchte wegen sehr gerne auch in der Floristik verwendet. Nicht selten tragen die Sträucher gleichzeitig Blüten und gut ausgefärbte Früchte. 'Loke' ist eine sehr robuste, winterharte, bis 1 m hohe Sorte mit zahlreichen gelben, 2,5–3 cm breiten, wohlriechenden Blüten im Juli/August.

***Hypericum kalmianum* 'Gemo'**
Immergrüner, ziemlich steif aufrechter, vieltriebiger, bis etwa 1 m hoher, sehr robuster Strauch. Blätter 4–6 cm lang, lanzettlich bis schmal-elliptisch, graugrün. Blüten sehr zahlreich, von Juni bis August(-Oktober), goldgelb, 2–3,5 cm breit.

***Hypericum × moserianum* 'Tricolor'**
Immergrüner, bis 0,5 m hoher Zwergstrauch. Zweige weit abstehend, auffallend dunkelrot gefärbt. Blätter 2–4 cm lang, matt dunkelgrün, unregelmäßig cremegelb bis pinkfarben gerandet. Blüten sonnengelb, Juli bis Oktober.

Ilex aquifolium, Stechpalme, Hülse (Tab. 41)

Aussehen: Die heimische Stechpalme ist ein immergrüner, meist mehrstämmiger Großstrauch oder 8–10 m hoher Baum mit einer spitz kegelförmigen bis eiförmigen Krone und auffallend grünen Zweigen. Die derb ledri-

Hypericum × inodorum 'Magical Red'

Hypericum kalmianum 'Gemo'

Ilex aquifolium

gen, glänzend dunkelgrünen, 5–9 cm langen, elliptischen bis lanzettlichen Blätter sind am Rand mehr oder weniger stark gewellt und stachelig gezähnt. Altersblätter können auch ganzrandig sein. In den Blattachseln der vorjährigen Triebe öffnen sich im Mai/Juni kleine, weiße, duftende Blüten, die in kleinen Büscheln zusammenstehen. Ab September reifen an den weiblichen Pflanzen die glänzend roten, kugeligen, bis 1 cm dicken, giftigen, saftig-fleischigen Steinfrüchte, sie bleiben bis weit in den Winter hinein haften, wenn sie nicht vorher von Vögeln gefressen werden.
Verwendung: Immergrünes Ziergehölz, das sich u.a. gut für eine Unterpflanzung hochkroniger Bäume und für freiwachsende oder geschnittene Hecken eignet. Neben der Art sind zahlreiche Sorten in Kultur.

Ilex aquifolium 'Rubicaulis Aurea'

Ilex aquifolium 'Madame Briot'

Standort: Lichtschattig bis schattig. Boden mäßig trocken bis feucht, durchlässig, nährstoffreich, sandig- bis lehmig-humos, sauer bis neutral.
Pflege: Nur in der Jugend in offenen Lagen etwas frostempfindlich. ✂ 1, 5.
Vermehrung: Aussaat im Herbst oder Frühjahr, Sorten durch Stecklinge von ausgereiften Trieben.

Tab. 41 Empfehlenswerte Sorten von *Ilex aquifolium*

Sorte	Blätter	Früchte	Wuchs
'Alaska'	glänzend grün, gewellt, mit Randdornen	zahlreich, rot	schlank aufrecht, 4–5 m hoch
'Argentea Marginata'	dunkel olivgrün, rahmweiß gerandet, mit Randdornen	zahlreich, rot	breit kegelförmig, 2–4 (–6) m hoch
'Ferox'	klein, stark gedreht, stark bestachelt	keine	breit aufrecht, 8–10 m hoch
'Ferox Argentea'	breit rahmweiß gerandet	keine	deutlich schwächer als 'Ferox'
'Golden van Tol'	dunkelgrün, breit gelb gerandet, kaum bestachelt	rot bis orangerot	breit kegelförmig, 6–8 (–10) m hoch
'Harpune'	schmal lanzettlich, spitz, fast ganzrandig	rot, nur wenig fruchtend	breit aufrecht, 5–7 m hoch
'I. C. van Tol'	olivgrün, nur wenig bestachelt	sehr zahlreich, orangerot	breit kegelförmig, 6–8 m hoch, Zweige z. T. überhängend
'Madame Briot'	dunkelgrün, breit goldgelb gerandet	zahlreich, rot	breit aufrecht, 6–7 m hoch
'Myrtifolia'	klein, lanzettlich, fein gezähnt	keine	schmal und straff aufrecht, 3–4 m hoch
'Pyramidalis'	dunkelgrün, ganzrandig	zahlreich, rot	anfangs regelmäßig kegelförmig, später breit eiförmig, 8–10 m hoch
'Pyramidalis Aureomarginata'	unregelmäßig schmal goldgelb gerandet	zahlreich, rot	kegelförmig, 3–5 m hoch
'Rubicaulis Aurea'	rundlich, klein bestachelt, dunkelgrün, mit schmalem gelblichem Rand	zahlreich, rot	breit kegelförmig, 3–5 m hoch

Ilex crenata

Ilex × *meserveae*, Blaue Stechplame (Tab. 43)

Aussehen: Zu *I.* × *meserveae* gehören einige immergrüne, sehr winterharte Sorten, sie wachsen buschig aufrecht, sind reich verzweigt, werden 2–3 m hoch und etwa 2 m breit. Typisch für die Sorten der Hybride sind die gewöhnlich dunkel violettbraunen Zweige und die sehr dunkelgrünen bis dunkel blaugrünen, glänzenden Blätter. Sie sind 2–6 cm lang, eiförmig oder elliptisch, am Saum kaum gewellt, aber an beiden Seiten mit 4–8 Dornen versehen. Recht hübsch sind im Mai/Juni die weißen bis rosaweißen Blütenbüschel an den vorjährigen Zweigen. An weiblichen Pflanzen reifen ab Oktober die kugeligen, 0,8–1 cm großen, glänzend roten, giftigen Früchte. Männliche Sorten sind gute Pollenspender, auch für Sorten von *I. aquifolium*.
Verwendung: Robuste, schattenverträgliche Solitär- und Gruppensträucher, sehr gut auch für Schnitthecken geeignet.
Standort: Sonnig bis schattig. Boden frisch bis feucht, durchlässig, locker, nährstoffreich, humos, sauer bis schwach alkalisch.
Pflege: Sehr schnittverträglich. ✂ 1, 5.
Vermehrung: Stecklinge von ausgereiften Trieben.

Ilex crenata, Japanische Stechpalme (Tab. 42)

Aussehen: *I. crenata* ist ein immergrüner, dicht und sparrig verzweigter, 2–3(–5) m hoher, dicht beblätterter Strauch. Die derb ledrigen, elliptischen bis länglich-lanzettlichen, fein kerbig gesägten, glänzend dunkelgrünen Blätter sind 1,5–3 cm lang. Im Mai/Juni stehen kleine, weiße, unscheinbare Blüten zu 1–7 in achselständigen Büscheln. Im September reifen die 6–8 mm dicken, kugeligen, glänzend schwarzen, giftigen Steinfrüchte.
Verwendung: Langsam wachsender, immergrüner Strauch für Einzel- oder Gruppenpflanzungen, zusammen mit kleinlaubigen Rhododendren oder als Gehölzunterpflanzung, sehr gut auch für Schnitthecken oder Formgehölze geeignet.Oft werden verschiedene Sorten kultiviert.
Standort: Sonnig bis schattig. Boden mäßig trocken bis feucht, locker, durchlässig, sandig-lehmig, sauer bis schwach alkalisch.
Pflege: Sehr schnittverträglich. ✂ 1, 5.
Vermehrung: Stecklinge von ausgereiften Trieben.

Tab. 42 Empfehlenswerte Sorten von *Ilex crenata*

Sorte	Wuchs	Blätter
'Convexa'	breitbuschig, dicht verzweigt, dicht belaubt, 1,5 (–2,5) m hoch	glänzend mittelgrün
'Fastigiata'	schmal säulenförmig, 1–2 (–3) m	dunkelgrün
'Golden Gem'	breitbuschig bis ausgebreitet, kompakt, etwa 0,6 m hoch, bis 1,3 m breit	im Austrieb leuchtend gelb, später zitronengelb
'Mariesii'	zwergig, Zweige kurz, steif aufrecht, dicht belaubt, bis 1,2 m hoch	sehr klein, dunkelgrün
'Stokes'	zwergig, breit aufrecht, kompakt, bis 0,8 m hoch	sehr klein, matt mittelgrün

Ilex × *meserveae* 'Blue Princess'

Tab. 43 Empfehlenswerte Sorten von *Ilex* × *meserveae*

Sorte	Wuchs	Blätter	Früchte
'Blue Angel'	breit aufrecht, dicht verzweigt, bis 1,5 m hoch	glänzend dunkelgrün, violett schimmernd	lebhaft rot, erst spät färbend, lange haftend
'Blue Prince'	breit kegelförmig, kompakt, 2–4 m hoch	glänzend dunkel olivgrün	keine
'Blue Princess'	breitbuschig, dicht verzweigt, kompakt, 3–4 m hoch	glänzend dunkelgrün, violett schimmernd	leuchtend hellrot, sehr zahlreich
'Heckenfee'	gleichmäßig straff aufrecht, 1,5–2 m hoch	glänzend dunkelgrün	leuchtend rot, lange haftend
'Heckenpracht'	straff aufrecht, breit säulenförmig, 1,5–2 m hoch	frischgrün	keine
'Heckenstar'	breit kegel- bis säulenförmig, dicht belaubt, 1,5–2 m hoch	stark glänzend	keine

Ilex verticillata, Rote Winterbeere

Aussehen: Im Gegensatz zu vielen anderen immergrünen *Ilex*-Arten ist *I. verticillata* ein sommergrüner, 2–4(–15) m hoher, reich verzweigter Strauch oder kleiner Baum. Die 4–10 cm langen, sehr variablen, matt dunkelgrünen Blätter färben sich im Herbst leuchtend gelb. Unscheinbar sind die grünlich weißen, zweihäusigen Blüten, die im Juni/Juli entlang der Zweige in den Blattachseln stehen. Umso auffälliger sind die zahlreichen kugeligen, etwa 6 mm großen, hochroten, giftigen Steinfrüchte. Sie reifen im Oktober/November und bleiben bis weit in den Winter hinein haften. Ein reicher Fruchtschmuck ist nur zu erwarten, wenn zu weiblichen auch eine männliche Sorte gepflanzt wird. In Kultur ist vorwiegend die weibliche Sorte 'Oosterwijk'.
Verwendung: Raschwüchsiger Strauch, der mit seinem überreichen Fruchtschmuck Farbe in den winterlichen Garten bringt. Fruchtende Zweige sind in der Floristik sehr beliebt.
Standort: Sonnig bis lichtschattig. Boden mäßig trocken bis frisch, durchlässig, gepflegt, nährstoffreich, sandig-humos, sauer bis schwach sauer.

Ilex verticillata

Pflege: Keine besonderen Ansprüche. ✂ 1.
Vermehrung: Stecklinge von krautigen Trieben.

Indocalamus tesselatus, Indus-Bambus

Aussehen: *I. tesselatus* wird mit ziemlich dünnen Halmen maximal 3 m hoch. Die Art bildet mit ihren Ausläufern anfangs horstartige, später lockere Bestände. An der Spitze der Halme werden bis zu 3 Zweige je Knoten gebildet, bei den ähnlichen *Sasa*-Arten nur jeweils ein Zweig. Die Art hat bis 30 cm lange, tiefgrüne, leicht hängende Blätter, die am Rand seltener absterben als bei den *Sasa*-Arten.
Verwendung: Als Solitär- und Gruppenpflanze.
Standort: Sonnig bis lichtschattig, wärmeliebend. Boden frisch bis feucht, durchlässig, sandig- oder lehmig-humos, sauer bis neutral.
Pflege: Um eine starke Ausbreitung zu verhindern, Rhizomsperren anbringen.
Vermehrung: Teilung der Mutterpflanze oder Abteilen von Rhizomstücken.

Indocalamus tesselatus

Jasminum nudiflorum, Winter-Jasmin

Aussehen: *J. nudiflorum* ist der einzige Winterblüher unter unseren Kletterpflanzen. Die gelben, 2–2,5 cm breiten Blüten öffnen sich von Januar bis April. Sie stehen achselständig an dunkelgrünen, vierkantigen, rutenförmigen Zweigen, mit denen der Spreizklimmer Klettergerüste durchschlingt und dabei Wuchshöhen von 3 m erreichen kann. Die oberseits glänzend tiefgrünen Blätter sind dreizählig.
Verwendung: Wertvoller wärmeliebender Winterblüher für die Begrünung von Pergolen, Mauern, Treppenwangen und Hauswänden. Wo keine Kletterhilfen zur Verfügung stehen, hängen die Zweige schleppenartig über.
Standort: Sonnig, geschützt. Boden mäßig trocken bis frisch, alle durchlässigen, nährstoffreichen Bodenarten, schwach sauer bis alkalisch.
Pflege: Kein regelmäßiger Schnitt erforderlich. ✂ 6.
Vermehrung: Stecklinge von leicht verholzten Trieben.

Juglans regia, Walnuss

Aussehen: Der stattliche Baum kann 20–30 m hoch werden. Er hat eine unregelmäßige breit-rundliche bis ausladende Krone. Die lange glatt bleibende Rinde ist silbrig weiß gefärbt. Unpaarig gefiedert sind die 30–60 cm langen Blätter mit den 13–23 dunkelgrünen Blättchen, die gerieben aromatisch duften. Die männlichen Kätzchen sind 5–12 cm lang, weniger auffallend sind die weiblichen Blüten, die endständig an diesjährigen Trieben stehen. Allgemein bekannt sind die 4–5 cm dicken, kugeligen Nüsse mit der äußeren grünen Schale, dem dickschaligen Steinkern und dem essbaren, gefurchten Samen.
Verwendung: In wärmebegünstigten Lagen seit altersher ein beliebter Hofbaum, Solitärbaum für größere Parks und Gärten. Das Holz des Baumes gilt als besonders wertvoll, es wird zu Möbeln und zahlreichen Gebrauchsgegenständen verarbeitet. Die schmackhaften Nüsse enthalten u.a. etwa 60 % Fett, 20 % Eiweiß, viel Vitamin B 1 und C. 2008 wurde die Walnuss zum „Baum des Jahres“ gewählt.
Standort: Sonnig bis lichtschattig, wärmeliebend, hitzeverträglich. Boden trocken bis feucht, tiefgründig, nährstoffreich, schwach sauer bis alkalisch.
Pflege: In der Jugend frostempfindlich. Schnittmaßnahmen sollten nur im Spätsommer und Herbst durchgeführt werden.
Vermehrung: Aussaat im Frühjahr.

Kalmia angustifolia, Schmalblättrige Lorbeerrose

Aussehen: Der immergrüne, vieltriebige, reich verzweigte Zwergstrauch wächst langsam und wird 0,6–1 m hoch. Die frischgrünen, länglichen bis elliptischen Blätter sind 3–6 cm lang. Im Juni und Juli stehen an den Zweigenden 0,7–1,2 cm lange, breit-glockige Blüten in achselständigen Trauben, sie sind tiefrosa bis rot gefärbt.

Besonders intensiv fällt die Blütenfarbe bei der häufig kultivierten Sorte ‘Rubra’ aus.

Jasminum nudiflorum

Juglans regia

Kalmia angustifolia 'Rubra'

Verwendung: Hübscher Zwergstrauch, der am besten in Verbindung mit kleinlaubigen Rhododendren und Azaleen, Lavendel-, Winter- oder Besenheide gepflanzt wird. **Standort:** Licht- bis halbschattig. Boden frisch bis feucht, sandig-humos, durchlässig, sauer bis neutral. **Pflege:** Gedeiht nur an zusagenden Standorten zufrieden stellend. ✂ 1. **Vermehrung:** Stecklinge von ausgereiften Trieben.

Kalmia latifolia, Breitblättrige Lorbeerrose

(Tab. 44)

Aussehen: Der immergrüne, breit aufrechte, sparrig verzweigte Strauch wird in Kultur kaum mehr als 1,5–2 m hoch. Seine derb ledrigen, 5–10 cm langen, elliptisch-lanzettlichen Blätter sind oberseits glänzend dunkelgrün, unterseits gelblich grün. Im Mai/Juni trägt der Strauch an den Zweigenden sehr dekorative, 2–2,5 cm breite Blüten in großen, endständigen Trugdolden. Bei der Art sind die Blüten weiß bis tiefrosa gefärbt und auffallend purpurn punktiert. Bei den zahlreichen Sorten auch kräftigere rosa, rote oder purpurne Blütenfarben mit auffallenden punkt- oder bandförmigen Zeichnungen.

Tab. 44 Empfehlenswerte Sorten von *Kalmia latifolia*

Sorte	Blütenknospen	offene Blüten
'Elf'	hellrosa	weißlich rosa, rosa gebändert
'Galaxy'	burgunderrot	burgunderrot, im Zentrum und am Saum auffallend weiß
'Heart of Fire'	tiefrot	zartrosa, schmal rot gebändert und gefleckt
'Kaleidoscope'	tief purpurot	zimtrot, mit einem weißen Randstreifen
'Minuet'	hellrosa	weiß, kastanienbraun gebändert
'Olympic Fire'	leuchtend rot	weißlich rosa, weinrot gefleckt und purpurrot gebändert
'Olympic Wedding'	rosa	hellrosa bis weißlich rosa, am Saum kastanienbraun
'Ostbo Red'	weinrot, lange geschlossen bleibend	weiß bis hellrosa
'Peppermint'	rosig weiß	weiß, weinrot gefleckt und gestreift
'Pink Charm'	tiefrosa bis rot	rosa, schmal rot gebändert
'Raspberry Glow'	tief burgunderrot	anfangs erdbeerrot, langsam verblassend

Kalmia latifolia 'Kaleidoscope'

Kalmia latifolia 'Olympic Fire'

Kalmia latifolia 'Ostbo Red'

Kalmia latifolia 'Raspberry Glow'

Kalmia latifolia

Verwendung: Wunderschöner Blütenstrauch, am besten in Verbindung mit Rhododendren.
Standort: Sonnig bis halbschattig, empfindlich gegenüber Luft- und Bodentrockenheit. Boden frisch bis feucht, durchlässig, sandig-humos, sauer bis neutral.
Pflege: Nur an zusagenden Standorten frohwüchsig. ✂ 1.
Vermehrung: Ableger, Stecklinge von ausgereiften Trieben bewurzeln sich nur zögernd.

Blütenbiologie der Kalmia-Arten
Kalmia-Arten haben breit-glockige bis schüsselförmige Blüten mit zehn nach außen gekrümmten, taschenartigen Aussackungen, in denen die zehn Staubbeutel zunächst festgehalten werden. Zur Reife reagieren die unter Spannung stehenden Staubfäden auf Berührungsreize, strecken sich und reißen die Staubbeutel aus ihren Halterungen. Die Staubbeutel öffnen sich und entlassen die Pollen, die dann von den Insekten auf andere Blüten übertragen werden. Die Blüten von *K. latifolia* sind Staatsblumen von Connecticut und Pennsylvania.

Kerria japonica, Kerrie, Ranunkelstrauch

Aussehen: Der sommergrüne, 1,5–2 m hohe, buschige Strauch fällt durch seine lebhaft grünen, rutenartigen Zweige auf, die mit einem dicken, weißen Mark gefüllt sind. Sehr früh treiben die 3–6 cm langen, eiförmigen bis elliptischen, doppelt gesägten, glänzend grünen Blätter aus. Im April/Mai stehen leuchtend gelbe, schalenförmige, etwa 3 cm breite Blüten einzeln oder zu wenigen an den Enden beblätterter Kurztriebe. Sie sind bei der Art einfach, bei der häufig kultivierten Sorte 'Pleniflora' dicht rosettenartig gefüllt.
Verwendung: Robuster, durch Ausläufer zuletzt dickichtartiger Strauch, der auch mit einem Platz unter großkronigen Bäumen oder im Schlagschatten von Gebäuden zurechtkommt.
Standort: Sonnig bis schattig. Boden frisch bis feucht, alle durchlässigen Bodenarten, sauer bis neutral.
Pflege: Sehr anpassungsfähig. ✂ 2.
Vermehrung: Stecklinge von krautigen Trieben.

Kerria japonica

Kerria japonica 'Pleniflora'

Koelreuteria paniculata, Blasenbaum

Aussehen: *K. paniculata* ist ein sommergrüner, meist kurzstämmiger, 6–10 (–15) m hoher Kleinbaum mit einer malerischen, breit-rundlichen bis schirmförmigen Krone. Bis 35 cm lang sind die unpaarig gefiederten Blätter mit den 7–15 länglich-eiförmigen Blättchen. Sie sind im Austrieb rosa, später mittelgrün und im Herbst auffallend gelb bis orangebraun gefärbt. Die gelben Blüten

Koelreuteria paniculata

sind zwar nur 1 cm breit, sie stehen aber in bis 35 cm langen, vielblütigen, aufrechten Rispen an den Triebenden über dem Laub und sind deshalb von beachtlicher Wirkung. Die Blüten entfalten sich erst im Juli/August. Gegen Ende der Blütezeit sind schon die ersten, blasenartig aufgetriebenen, 4–5 cm langen, zuletzt gelblich braunen bis rötlichen Fruchtkapseln mit den papierartig dünnen Wänden ausgebildet.
Verwendung: Mit den großen Fiederblättern, der spätsommerlichen Blüte und den auffälligen Fruchtkapseln ein attraktiver Solitärbaum für sonnig-warme Plätze.
Standort: Sonnig, hitze- und trockenresistent. Boden rocken bis frisch, alle durchlässigen, schwach sauren bis stark alkalischen Bodenarten.
Pflege: Bei jungen Pflanzen ist ein Frostschutz ratsam. ✂ 1.
Vermehrung: Aussaat im Frühjahr.

Kolkwitzia amabilis, Kolkwitzie

Aussehen: *K. amabilis* ist ein überreich blühender, sommergrüner, 2–3 (–4) m hoher und gleich breiter Strauch mit aufstrebenden Ästen und malerisch überhängender Verzweigung. Die 3–9 cm langen, breit eiförmigen, lang zugespitzten, dunkelgrünen Blätter sind gegenständig angeordnet. Im Mai/Juni trägt der Strauch seine zahlreichen, rosafarbenen, duftenden, schief-glockigen, 1,5 cm langen Blüten, die paarweise zu 5–7 cm breiten Trugdolden angeordnet sind. Im Oktober reifen die kleinen, dicht borstig behaarten Früchte.
Verwendung: Eine reichblühende Zierde, auch für kleinere Gärten geeignet.
Standort: Sonnig bis lichtschattig. Boden mäßig trocken bis frisch, duchlässig, nährstoffreich, alle gepflegte Gartenböden, sauer bis neutral.
Pflege: Bei sommerlicher Bodentrockenheit wässern. ✂ 2.
Vermehrung: Stecklinge von krautigen Trieben.

Kolkwitzia amabilis

Empfehlung für den Garten
Die Kolkwitzie gehört mit ihrem eleganten Habitus, der zierlichen Belaubung und der überreichen Blütenfülle zu den reizvollsten Blütengehölzen unserer Gärten.

Laburnum × watereri 'Vossii', Hybrid-Goldregen

Aussehen: Der in allen Teilen sehr giftige Goldregen wächst mit wenigen Grundästen straff aufrecht, wird 5–7 m hoch und bildet eine schmal trichterförmige Krone.
Die 2,5–7 cm langen, elliptischen Blättchen der dreizähligen Blätter sind oberseits glänzend grün.
Die großen, duftenden Schmetterlingsblüten sind glänzend goldgelb. Sie stehen im Mai/Juni dicht gedrängt in zahlreichen, bis 50 cm langen, hängenden Trauben.
Im September reifen die 4–6 cm langen, seidig behaarten, bohnenähnlichen Früchte.

Neben dem Hybrid-Goldregen wird häufig auch der heimische Goldregen, *L. anagyroides*, gepflanzt, ein 5–7 m hoher Kleinbaum mit ausladenden bis bogig übergeneigten Ästen und bis 30 cm langen, goldgelben Blütentrauben im Mai/Juni.
Verwendung: Mit der reichen Blütenfülle sind beide prachtvolle Kleinbäume, die eine Solitärstellung verdienen. Gelegentlich werden die schlanken Äste auch an Spaliere gebunden oder zu Laubengängen geformt, die dann zur Blütezeit einen überwältigenden Eindruck hinterlassen.
Standort: Sonnig bis lichtschattig. Boden trocken bis frisch, tiefgründig, sandig-lehmig bis lehmig, schwach sauer bis alkalisch.
Pflege: Alle Schnittmaßnahmen vermeiden. ✂ 1.
Vermehrung: Veredlungen im Winter unter Glas, *L. anagyroides* durch Aussaat im Frühjahr.

Laburnum × watereri 'Vossii'

Lavandula angustifolia, Echter Lavendel

Aussehen: Obwohl im Mitelmeergebiet heimisch, hat sich der in allen Teilen aromatisch duftende Lavendel auch in Mitteleuropa als völlig frosthart erwiesen. Der immergrüne, reich verzweigte, aufrechte Kleinstrauch wird kaum mehr als 0,6 m hoch. Die 2–6 cm langen, linealisch-lanzettlichen, oberseits graugrünen und vereinzelt bis dicht behaarten Blätter sind unterseits weiß- bis graufilzig behaart. Von Juni bis August tragen die Zwergsträucher an den Enden der diesjährigen Triebe die kleinen, blauen bis violettblauen Blüten, die in 10–15 cm langen, ährenartigen Ständen geordnet sind.

Statt der Art sind in der Regel vegetativ vermehrte, reichblühende und kompakt wachsende Sorten mit intensiv gefärbten Blüten wie 'Dwarf Blue' und 'Hidecote' in Kultur. Bei der Sorte 'Rosea' sind die Blüten blass lilarosa.

Verwendung: Die duftenden Zwergsträucher können vielseitig eingesetzt werden: in Stein-, Steppen-, Heide- und Troggärten, in Verbindung mit Rosen und Gräsern oder als niedrige Einfassungshecke. Aus den an ätherischen Ölen reichen Blüten wird ein Duftstoff zur Herstellung kosmetischer Präparate gewonnen.

Lavandula angustifolia 'Dwarf Blue'

Lavandula angustifolia 'Hidecote'

Ledum palustre

Standort: Sonnig, hitzeverträglich, wärmeliebend. Boden trocken bis frisch, durchlässig, lehmig, neutral bis alkalisch.

Pflege: Regelmäßiger Rückschnitt im Frühjahr hält die Sträucher kompakt und blühwillig. ✂ 3.

Vermehrung: Stecklinge von halbreifen Trieben.

Ledum palustre, Sumpf-Porst

Aussehen: Der heimische Sumpf-Porst ist ein aromatisch duftender, immergrüner, 1–1,5 m hoher, mehr oder weniger aufrechter Strauch mit braunfilzigen Trieben und 2–3,5 cm langen, linealischen bis lanzettlichen, am Rand eingerollten, oberseits matt glänzend olivgrünen, unterseits rostrot-filzigen Blättern. Die weißen, 1–1,5 cm breiten Blüten stehen im Mai/Juni in dichten, endständigen, vielblumigen Büscheln zusammen.

Neben der heimischen, unter Naturschutz stehenden Art wird häufig auch *L. groenlandicum* 'Compactum' angeboten, eine nur etwa 0,5 m hohe, kompakt wachsende und sehr reich blühende Sorte des Labrador-Porstes.

Verwendung: Reizende Kleinsträucher für den Teichrand sowie für Sumpf- und Heidegärten oder in Verbindung mit kleinlaubigen Rhododendren.

Standort: Licht- bis halbschattig. Boden feucht bis nass, humos, torfig, sauer.

Pflege: Wenig anpassungsfähig, gedeiht nur an zusagenden Standorten gut. ✂ 1.

Vermehrung: Aussaat im Frühjahr unter Glas.

Lespedeza thunbergii, Thunbergs Buschklee

Aussehen: Der sommergrüne, bis 2 m hohe und gleich breite, elegante Strauch ist u.a. seiner spätsommerlichen Blüten wegen von Interesse. Die knapp 2 cm langen, purpurrosa Schmetterlingsblüten entfalten sich erst im September/Oktober. Sie stehen an den diesjährigen Langtrieben in 8–20 cm langen, achselständigen Trauben zusammen, die zu 60–80 cm langen Rispen vereint sind. An seinen rutenförmigen, weit überhängenden Zweigen trägt der Strauch zierliche, dreizählige, hellgrüne Blätter.

Lespedeza thunbergii

Verwendung: Mit den langen, weit überhängenden Zweigen und der überreichen Blütenfülle einer der schönsten Blütensträucher des Spätsommers. Er kommt am besten zur Wirkung, wenn sich die Zweige ungehindert ausbreiten können.
Standort: Sonnig-warm, geschützt. Boden trocken bis frisch, durchlässig, sandig, sandig-lehmig, sauer bis neutral.
Pflege: Junge Pflanzen in kalten Wintern schützen. Vorjährige Zweige im Frühjahr stark zurückschneiden. ✂ 3.
Vermehrung: Aussaat im Frühjahr.

Leucothoe fontanesiana, Traubenheide

Aussehen: Die immergrüne Traubenheide wächst mit abstehend aufrechten bis elegant übergeneigten Zweigen zu einem etwa 1 m hohen, reich verzweigten, buschigen Strauch heran. 6–16 cm lang sind die länglich-lanzettlichen, glänzend dunkelgrünen Blätter, die sich im Herbst und Winter oft auffallend wein- bis bronzerot verfärben. Die weißen, zylindrischen Blüten sind etwa 8 mm lang, sie stehen im April/Mai in 4–8 cm langen, zahlreichen, achelständigen Trauben. Statt der Art sind in der Regel kompakt wachsende, kaum mehr als 0,5 m hoch werdende Sorten oder Hybriden mit dieser Art in Kultur, deren Blätter sich im Herbst und Winter sehr intensiv wein- bis purpurrot verfärben. Das gilt besonders für Sorten wie 'Lovita', 'Red Lips' und 'Scarletta'. Bei 'Rainbow' sind die Blätter im Austrieb kupfrig und gelb, später rosa marmoriert und gefleckt.
Verwendung: Immergrüne, reichblühende Sträucher mit einer ausgeprägten Winterfärbung der ledrigen, glänzenden Blätter. Sie werden einzeln oder in Gruppen gepflanzt, oft in Verbindung mit Rhododendren, sie kommen auch im Schatten hochkroniger Bäume zurecht.
Standort: Halbschattig bis schattig. Boden frisch bis feucht, durchlässig, sandig-humos, sauer.
Pflege: Auf zusagenden Standorten pflegeleicht. ✂ 1.
Vermehrung: Stecklinge von ausgereiften Trieben.

Leucothoe fontanesiana

Leucothoe fontanensiana 'Rainbow'

Ligustrum obtusifolium var. *regelianum*

Ligustrum obtusifolium var. *regelianum*, Stumpfblättriger Liguster

Aussehen: Die sommergrüne Varietät wird mit den waagerecht ausgebreiteten bis bogig abstehenden Ästen kaum mehr als 1,5(–2) m hoch. Die 1–3,5 cm langen, elliptischen bis eiförmigen, tiefgrünen Blätter sind zweizeilig angeordnet, sie bleiben im Herbst lange haften und färben sich braunviolett bis weinrot. Im Juni stehen kleine, weiße Blüten zu je 25–50 Stück in zahlreichen 2–3 cm langen Rispen endständig an Kurztrieben. Die schwarzen, leicht bereiften Früchte sind kugelig und 6 mm dick.
Verwendung: Robuster Strauch für Sichtschutzpflanzungen, kommt gut auch im Schatten großkroniger Bäume zurecht.
Standort: Sonnig bis schattig. Boden mäßig trocken bis feucht, alle durchlässigen Bodenarten, schwach sauer bis alkalisch.
Pflege: Robust und sehr anpassungsfähig. ✂ 2, 5.
Vermehrung: Steckholz.

Ligustrum ovalifolium, Wintergrüner Liguster

Aussehen: Mit seinem straff aufrechten, aufgelockerten Wuchs kann der dicht belaubte Liguster 3–5 m hoch werden. Die 2–8 cm langen, eiförmig-elliptischen, glänzend dunkelgrünen Blätter sind immer- oder wintergrün. Die weißen Blüten sind zwar sehr klein, stehen aber im Juli zu 100–200 Stück in 5–11 cm langen, gedrungenen, kegelförmigen Rispen an den Enden kurzer Triebe. Im September reifen die etwa 8 mm großen, kugeligen, saftig-fleischigen, giftigen Beeren, sie werden im Spätwinter gerne von Vögeln, vor allem Amseln und Drosseln, verzehrt.

Neben der Art wird häufig auch die Sorte 'Aureum' angeboten. Deren Blätter sind am Saum, gelegentlich auch vollständig gelb gefärbt. Braucht für eine gute Ausfärbung der Blätter einen sonnigen Platz.
Verwendung: Robuster Strauch für Schnitthecken und Sichtschutzpflanzungen, die Sorte 'Aureum' auch als Blattschmuckpflanze.
Standort: Sonnig bis schattig. Boden mäßig trocken bis frisch, alle durchlässigen Bodenarten, schwach sauer bis alkalisch.
Pflege: Für 'Aureum' einen geschützten Standort wählen. ✂ 2, 5.
Vermehrung: Steckholz.

Ligustrum ovalifolium 'Aureum'

Ligustrum vulgare

Ligustrum vulgare, Gewöhnlicher Liguster

Aussehen: Der heimische Liguster ist ein sommergrüner, 5–7 m hoher, reich verzweigter, locker aufrechter Strauch. Die dunkelgrünen, 3–6 cm langen, derben, länglich-eiförmigen bis lanzettlichen Blätter bleiben im Herbst lange haften, das gilt vor allem für die straff aufrecht wachsenden, 3–4 m hoch werdenden, häufig kultivierten Sorten 'Atrovirens' und 'Atrovirens Select'. Im Juni/Juli stehen die kleinen, weißen, etwas streng riechenden Blüten zu je 50–300 Einzelblütchen in 5–8 cm langen, endständigen Rispen zusammen. Wie die Blätter, bleiben auch die glänzend schwarzen, kugeligen, 5–6 mm dicken Früchte lange haften.

Nicht selten wird auch die Sorte 'Lodense' angeboten, ein kompakter, dicht verzweigter, bis etwa 0,7 m hoher Strauch mit tiefgrünen, lange haftenden Blättern.
Verwendung: Robuster, anpassungsfähiger Strauch, der vorwiegend in Schnitthecken sowie in Sicht- und Windschutzpflanzungen verwendet wird. Wertvoll als Vogelschutz- und Nährgehölz sowie als Insektenweide.
Standort: Sonnig bis schattig. Boden mäßig trocken bis feucht, alle durchlässigen Bodenarten, schwach sauer bis alkalisch.
Pflege: Anspruchslos. ✂ 2, 5.
Vermehrung: Steckholz.

Liquidambar styraciflua, Amberbaum

Aussehen: Der sommergrüne Amberbaum kann Höhen von 10–20 (–45) m erreichen, er wächst aber recht langsam und findet auch in mittelgroßen Gärten ausreichend Platz. Seine Krone ist anfangs schmal kegelförmig, im Alter rundlich bis ausgebreitet und dann 6–10 m breit. Die Zweige sind oft mit unregelmäßigen Korkleisten versehen. Die meist fünflappigen, ahornähnlichen, 10–18 cm langen, glänzend dunkelgrünen Blätter färben sich früh im Herbst in bunten, leuchtenden Farben, die von violettbraun über tiefrot zu orange und gelb reichen. Aus unscheinbaren, grünlich gelben, einhäusigen Blüten entwickeln sich 3–4 cm dicke, kugelige, an langen Stielen hängende Fruchtstände, die oft den Winter über hängen bleiben.
Verwendung: Mit der spektakulären Herbstfärbung ein prachtvoller Solitärbaum.
Standort: Sonnig. Boden frisch bis feucht, tiefgründig, nährstoffreich,

Liquidambar styraciflua

lehmig-humos, schwach sauer bis neutral.
Pflege: In der Jugend etwas frostempfindlich und spätfrostgefährdet. ✂ 1.
Vermehrung: Aussaat im Frühjahr unter Glas.

Liriodendron tulipifera, Tulpenbaum

Aussehen: *L. tulipifera* ist ein mit den Magnolien verwandter, sommergrüner, mittelstark wachsender Baum, der Höhen von 25–40 m erreichen kann. Er hat eine breit eiförmige bis kegelförmige Krone, in der die äußeren Äste im Alter oft malerisch durchhängen. Ganz eigenartig sind die im Umriss fast viereckigen, 8–15 cm langen Blätter geschnitten. Der Mittellappen ist quer gestutzt und beiderseits sattelförmig gebuchtet, die beiden großen Seitenlappen sind kurz zugespitzt. Die Blätter sind oberseits frischgrün, unterseits bläulich grün und im Herbst prachtvoll goldgelb. Im Mai/Juni entfalten sich die 4–5 cm breiten, tulpenförmigen Blüten mit den hellgrünen Kelchblättern und den gelben, an der Basis orangefarbenen Kronblättern. Sie sind in dem hochkronigen Baum und zwischen dem jungen Laub leider meist nur schlecht zu sehen. Die Früchte sind als 6–8 cm lange, zapfenartige Sammelfrüchte ausgebildet.
Verwendung: Mit dem eigenartigen Blattschnitt und der prachtvollen Herbstfärbung ein ausgesprochener Solitärbaum für größere Gärten und Parkanlagen.
Standort: Sonnig. Boden frisch bis feucht, tiefgründig, nährstoffreich, sandig-lehmig, empfindlich gegenüber Bodenverdichtungen und Staunässe, sauer bis neutral.
Pflege: Der fleischigen Wurzeln wegen nur im Frühjahr pflanzen. ✂ 1.
Vermehrung: Aussaat im Frühjahr unter Glas.

Liriodendron tulipifera

Liriodendron tulipifera

Lonicera caprifolium, Jelängerjelieber

Aussehen: Die heimische, früh austreibende Liane kann bis 5 m hoch werden, sie umklammert mit ihren rechtswindenden, hohlen Sprossen alle erreichbaren Kletterhilfen. Die 4–10 cm langen, elliptischen, gegenständigen Blätter sind oberseits dunkelgrün, unterseits bläulich, die oberen Blattpaare sind zu elliptischen Scheiben verwachsen. Die gelblich weißen, außen oft etwas geröteten, am Abend stark duftenden, 4–5 cm langen Blüten stehen in vier- bis zehnblütigen Quirlen zusammen, die der obersten Blattscheibe unmittelbar aufsitzen. Blütezeit im Mai/Juni. Im September/November reifen die korallenroten, 8 mm langen, giftigen Früchte.

Lonicera caprifolium

Verwendung: *L. caprifolium* ist, wie die anderen sommergrünen Geißblatt-Arten, ein beliebter Kletterstrauch mit auffallenden Blüten zur Begrünung von Pergolen, Zäunen, Mauern und Baumstämmen. Kletterhilfen sind dazu notwendig.
Standort: Licht- bis halbschattig. Boden gleichmäßig frisch bis feucht, durchlässig, nährstoffreich, sandig- bis lehmig-humos, sauer bis neutral.
Pflege: Kein regelmäßiger Schnitt erforderlich. ✂ 6.
Vermehrung: Aussaat im Herbst oder Frühjahr, Hybriden und Sorten durch Stecklinge von krautigen Trieben.

Weitere empfehlenswerte, sommergrüne Geißblatt-Arten

***Lonicera* × *brownii* 'Dropmore Scarlet', Trompeten-Geißblatt**
Bis 3 m hoch windender Strauch. Blätter 6–10 cm lang, breit-elliptisch, oberseits blaugrün, unterseits auffallend blauweiß bereift, die oberen Blattpaare zu kreisrunden Scheiben verwachsen. Blüten tief schar-

Lonicera × brownii 'Dropmore Scarlet'

Lonicera periclymenum

Lonicera × tellmanniana

lachrot, lang trompetenförmig, bis 4 cm lang. Nach der Hauptblüte im Juni/Juli bis zum Oktober nachblühend. Die prachtvoll blühende Liane veträgt, im Gegensatz zu *L. caprifolium*, auch trockenwarme Standorte.

***Lonicera × heckrottii*, Feuer-Geißblatt**
Buschig wachsend oder schwach windend, 2–4 m hoch. Blätter 5–8 cm lang, länglich oder elliptisch, oberseits grün, unterseits bläulich, die oberen Blattpaare an der Basis verwachsen. Blüten zahlreich, außen purpurn und etwas drüsig, innen gelb, angenehm duftend. 15–30 Einzelblüten stehen in mehreren Quirlen übereinander und bilden einen ährenartigen Blütenstand. Blüte im Juni/Juli, bis zum September nachblühend. 'Goldflame' ist eine starkwüchsige Sorte mit zahlreichen, tief karminroten, innen hellgelben bis orangefarbenen Blüten.

***Lonicera periclymenum*, Wald-Geißblatt**
Heimische, 3–6 m hoch windende, früh austreibende Liane. Blätter 4–6 cm lang, eiförmig bis schmalelliptisch, oberseits dunkelgrün, unterseits blaugrün, die oberen Blattpaare nicht miteinander verwachsen. Herbstfärbung fahlgelb. Blüten stark duftend, gelblich weiß, oft purpurn getönt, 4–6 cm lang, stehen am Ende von Kurztrieben zu mehreren in Köpfchen. Früchte rot, kugelig, 7–8 mm dick.

Neben der Art sind auch einige Sorten in Kultur: 'Belgica Select' (Blüten zahlreich, rahmweiß, außen hell karminrosa) und 'Serotina' (starkwüchsig, Blüten groß, zahlreich, rahmweiß bis hellgelb, außen lilarosa).

***Lonicera × tellmanniana*, Gold-Geißblatt**
Starkwüchsig, 4–6 m hoch kletternd. Blätter 5–10 cm lang, elliptisch bis eiförmig, oberseits tiefgrün, unterseits weißlich bereift, das obere Blattpaar zu einer elliptischen Scheibe verwachsen. Blüten zahlreich, 4–5 cm lang, lebhaft orangegelb, in endständigen Quirlen, Blütezeit Juni/Juli, bis zum Oktober nachblühend.

Die prachtvoll blühende, wärmeliebende Hybride, verträgt auch sonnig-warme Standorte.

Lonicera henryi

Lonicera henryi, Henrys Geißblatt

Aussehen: Im Gegensatz zu den anderen, sommergrünen Geißblatt-Arten ist *L. henryi* eine immergrüne Art. Die starkwüchsige Liane klettert 4–6 m hoch. Sie hat dicht behaarte Triebe und 4–9 cm lange, längliche bis lanzettliche, mattgrüne, am Rand bewimperte Blätter. Die 1,5–2 cm langen, gelben bis purpurroten Blüten sind weniger auffallend als die der sommergrünen Arten. Sie entfalten sich im Juni/August. Die schwarzen, blau bereiften, leicht giftigen Früchte reifen ab September.
Verwendung: Die reich verzweigte und dicht belaubte Liane eignet sich sehr gut für Sichtschutzpflanzungen an Pergolen und stabilen Zäunen oder zur Begrünung von Mauern, Fassaden und Baumstämmen.

Blütenbiologie der Geißblatt-Arten
Im Gegensatz zu den strauchig wachsenden *Lonicera*-Arten warten die sommergrünen, kletternden Arten mit großen, auffallenden, meist duftenden Blüten auf, sie haben einen meist zweilippigen Saum und eine lange, schmal trichterförmige Kronröhre. Bei den Blüten handelt es sich um so genannte Nachtfalterblumen, sie öffnen sich erst in den Abendstunden, verströmen dann ihren stärksten Duft und sondern beträchtliche Mengen an Nektar ab. Sie werden dann von Nachtfaltern, Schwärmern und Eulen bestäubt. Nicht selten ist die Hälfte der Kronröhre von Nektar gefüllt, deshalb können auch kurzrüsselige Insekten wie Bienen und Hummeln den Nektar erreichen. Im Verblühen verfärben sich die Blüten und zeigen so den Insekten an, das sich ein Besuch nicht mehr lohnt.

Standort: Licht- bis halbschattig und wärmeliebend. Boden frisch bis feucht und durchlässig, nährstoffreich, sandig- oder lehmig-humos, schwach sauer bis schwach alkalisch.
Pflege: Schnittmaßnahmen nur nach Bedarf. ✂6.
Vermehrung: Aussaat oder Stecklinge von halbreifen Trieben.

Lonicera maackii, Maacks Heckenkirsche

Aussehen: *L. maackii* ist ein sommergrüner, breit aufrechter, 4–6 m hoher, im Alter schirmartig aufgebauter Strauch oder kleiner, kurzstämmiger Baum. Eiförmig-elliptisch bis eiförmig lanzettlich sind die 5–8 cm langen, mittel- bis dunkelgrünen Blätter. Sehr schön sind die zahlreichen weißen, im Verblühen

Lonicera maackii

gelben, duftenden, zweilippigen Blüten. Sie stehen im Juni in achselständigen Paaren entlang der vorjährigen Zweige. Von beachtlicher Wirkung sind auch die zahlreichen, lebhaft dunkelroten, 4 mm dicken, kugeligen Beeren, die im August reifen.
Verwendung: Ein fast kleinbaumartig wachsender Solitär- und Gruppenstrauch. Andere sommergrüne Heckenkirschen sind robuste Sträucher für Gruppen- und Heckenpflanzungen.
Standort: Sonnig bis halbschattig, Boden mäßig trocken bis feucht, alle durchlässigen Bodenarten, schwach sauer bis alkalisch.
Pflege: Anspruchslos, ✂2.
Vermehrung: Aussaat im Herbst oder im Frühjahr.

Empfehlung für den Garten
Mit der überreichen Blüte und dem reichen Fruchtschmuck ist Maacks Heckenkirsche wohl das attraktivste Schmuckgehölz unter den zahlreichen Heckenkirschen.

Weitere empfehlenswerte, sommergrüne Heckenkirschen

***Lonicera caerulea*, Blaue Heckenkirsche**
Aufrechter, dicht verzweigter, 1–2 m hoher Strauch mit auffallenden Winterknospen und rotbraunen Zweigen. Blätter rundlich eiförmig, 2–8 cm lang, glänzend dunkelgrün. Blüten gelblich weiß im April/Mai. Früchte bis 1,2 cm dick, schwarz, hellblau bereift, essbar, aber nicht immer wohlschmeckend.

***Lonicera kamtschatica*, Kamtschatka-Heckenkirsche**
Aufrechter, 1–2 m hoher, früh austreibender Strauch. Blätter länglich-elliptisch, 4–10 cm lang, mittelgrün, anfangs samtig behaart. Blüten im April, gelblich weiß, mit auffallend

Lonicera caerulea

Lonicera kamtschatica 'Maiglow'

Lonicera × *purpusii*

Lonicera xylosteum

langen Staubblättern. Früchte bis 3 cm dick, schwarzblau, hellblau bereift, wohlschmeckend, reich an Vitamin C und D, schon im Mai/Juni reifend und deshalb auch als Mai-Beere bezeichnet.

Lonicera × _purpusii_, Duft-Heckenkirsche
Aufrechter, dicht verzweigter, gelegentlich wintergrüner, 2–3 m hoher Strauch. Blätter eiförmig-elliptisch bis lanzettlich, 5–9 cm lang, oberseits dunkelgrün, unterseits blaugrün. Blüten schon im Februar/März, gelegentlich bereits ab Dezember, rahmweiß, stark duftend. Gehört zu den wenigen winterblühenden Sträuchern unserer Gärten.

Lonicera tatarica, Tataren-Heckenkirsche
Sehr robuster, straff aufrechter, 2–4 m hoher, zuletzt ausladender, früh austreibender Strauch. Blätter eiförmig bis lanzettlich, oberseits dunkelgrün, unterseits hell- bis bläulich grün. Zahlreiche Blüten im Mai/Juni, weiß, rosa oder karminrot, bei 'Arnold Red' dunkelrot und bei 'Hacks Red' purpurrosa. Früchte giftig, kugelig, scharlachrot bis gelborange. Wertvoll als Vogelnähr- und -schutzgehölz.

Lonicera xylosteum, Rote Heckenkirsche
Robuster, breit aufrechter, dicht verzweigter, früh austreibender, 1–3 m hoher, heimischer Strauch. Blätter breit-elliptisch, 3–6 cm lang, stumpfgrün und beiderseits leicht anliegend behaart. Blüten im Mai/Juni, gelblich weiß, außen oft etwas gerötet. Früchte giftig, abgeflacht kugelig, 5–7 mm dick, hochrot. Gilt als ökologisch wertvolles Vogelnähr- und -schutzgehölz.

Lonicera nitida 'Maigrün'

Lonicera nitida, Immergrüne Strauch-Heckenkirsche

Aussehen: Der immergrüne, reich verzweigte und dicht belaubte Strauch wird mit seinen aufrechten Grundästen, den waagerecht oder bogig abstehenden Zweigen und den anfangs purpurnen, dicht behaarten Trieben 1–1,5 m hoch und gleich breit. Die ledrigen, breit eiförmigen, 0,6–1,2 cm langen Blätter sind glänzend dunkelgrün. Zwischen dem dichten Laub fallen die kleinen, rahmweißen, leicht duftenden, 0,6–1,2 cm langen Blüten kaum auf. Auch die kugeligen, 6 mm großen, purpurvioletten Beerenfrüchte sind eher unscheinbar. Statt der Art sind kompakt wachsende Sorten wie 'Elegant' und 'Maigrün' in Kultur.
Verwendung: Die immergrünen Sträucher werden vorwiegend für flächige Begrünungen unter größeren Gehölzen oder für niedrige Schnitthecken eingesetzt.
Standort: Sonnig bis halbschattig. Boden mäßig trocken bis feucht, alle durchlässigen Bodenarten, schwach sauer bis schwach alkalisch.
Pflege: Verträgt auch starken Rückschnitt. ✂ 1, 5.
Vermehrung: Stecklinge von halbreifen Trieben

Weitere empfehlenswerte, immergrüne Heckenkirsche

L. pileata, Immergrüne Kriech-Heckenkirsche
Wuchs ausgebreitet, bis 0,8 m hoch, 1–1,3 m breit. Blätter ledrig, 1,5–3 cm lang, länglich-lanzettlich , glänzend dunkelgrün. Blüten im Mai, blassgelb, 7–8 mm lang, leicht duftend. Früchte kugelig, 5 mm dick, amethystfarben. Wird in gleicher Weise verwendet wie *L. nitida*.

Magnolia kobus, Kobushi-Magnolie

Aussehen: Die japanische Kobushi-Magnolie wächst ziemlich langsam zu einem 8–10 (–20) m hohen, meist kurzstämmigen Baum mit einer anfangs kegelförmigen, später breit-rundlichen, bis 5 m breiten Krone heran. Die derben, verkehrt-eiförmigen Blätter sind 6–12 cm lang, dunkelgrün, im Herbst gelb. Noch vor der Laubentfaltung, im April/Mai, zeigen sich strahlend weiße, duftende, bis 10 cm breite Blüten mit 6–9 fleischigen, als Tepalen bezeichnete Blütenblätter. Im Oktober reifen die zylindrischen, bis 10 cm langen, hellroten Sammelfrüchte.
Verwendung: Die im Alter sehr reichblühende Kobushi-Magnolie gehört zu den besonders robusten Vertretern der Gattung. Sie ist, wie alle Magnolien, ein exzellenter Blütenbaum, der im Garten eine Sonderstellung verdient. Leider muss man auf die ersten Blüten mindestens 10 Jahre lang warten.
Standort: Sonnig bis lichtschattig. Boden frisch bis feucht, tiefgründig, nährstoffreich, gut gepflegt, sandig- oder lehmig-humos, sauer bis neutral. Die oberflächennahen Wurzeln sind empfindlich gegenüber Verletzungen.
Pflege: Möglichst nicht schneiden. Der fleischigen Wurzeln wegen am besten im Frühjahr pflanzen oder in Containern gezogene Pflanzen verwenden. ✂ 1.
Vermehrung: Aussaat im Frühjahr.

Magnolia kobus

Magnolia liliiflora 'Nigra', Purpur-Magnolie (Tab. 45)

Aussehen: Die chinesische Purpur-Magnolie wächst locker breit aufrecht und wird im Alter 3–5 m hoch und gleich breit. 10–18 cm lang sind die verkehrt-eiförmigen, dunkelgrünen Blätter. Im Mai-Juni, gleichzeitig mit der Laubentfaltung, öffnen sich auch die 10–12 cm langen, trichterförmigen Blüten. Ihre 6 Tepalen sind außen dunkel purpurrot, innen rosaweiß. Die braunen Sammelfrüchte sind etwa 5 cm lang.

Magnolia liliiflora 'Nigra'

Magnolia 'Betty'

Tab. 45 Schöne Magnolien-Hybriden mit dem Erbgut von *Magnolia liliiflora*

Sorte	Blüten
'Betty'	rötlich purpurn, bis 20 cm breit, 12–19 Tepalen, zur Vollblüte ausgebreitet
'Galaxy'	außen rötlich purpurn, innen hell purpurrosa, schwach duftend, 20–25 cm breit, 11–12 Tepalen, zuletzt abstehend bis zurückgeschlagen
'Heaven Scent'	gleichmäßig tief purpurrot, duftend, trichterförmig, bis 12 cm breit, 9–12 Tepalen, auch zur Vollblüte aufrecht stehend
'Ricki'	purpurrot bis purpurn, innen hellpurpurn bis weiß, 10–15 cm breit, 10–12 Tepalen, zur Vollblüte noch annähernd aufrecht
'Royal Crown'	dunkelrot bis violett, innen weiß, bis 30 cm breit, 12 Tepalen, zur Vollreife zurückgeschlagen
'Star Wars'	in der Knospe lebhaft scharlachrot, aufgeblüht heller, innen rahmweiß bis zartrosa, bis 30 cm breit, 12 sehr dicke Tepalen, zur Vollblüte ausgebreitet. Gilt als eine der schönsten Sorten für sommerwarme, wintermilde Regionen
'Susan'	rötlich purpurn, 10–15 cm breit, 6 Tepalen, zur Vollblüte sternförmig ausgebreitet

Magnolia 'Galaxy'

Verwendung: Die alte Sorte 'Nigra' wird wegen ihrer eleganten, dunklen Blüten häufig kultiviert und hat ihr Erbgut an zahlreiche prachtvolle Hybriden weitergegeben. Bis auf die kleinbaumartig wachsenden Sorten 'Galaxy' und 'Star Wars' entwickeln sich alle zu breit aufrechten, 3–6 m hohen, locker aufgebauten Großsträuchern, die mit imposanten, aristokratisch anmutenden Blüten aufwarten.
Standort und Pflege: Wie bei *Magnolia kobus*.
Vermehrung: Stecklinge von krautigen Trieben.

Magnolia × loebneri 'Merill', Loebners Magnolie

Aussehen: 'Merill' entwickelt sich zu einem Großstrauch oder kleinen, 4–6 (–9) m hohen Baum mit einer anfangs kegelförmigen, später unregelmäßig rundlichen, locker verzweigten Krone. Verkehrt-eiförmig, lanzettlich bis breit-elliptisch sind die derben, dunkelgrünen, im Herbst gelben Blätter. Noch vor der Laubentfaltung, im April/Mai, öffnen sich die zahlreichen schimmernd weißen, duftenden Blüten. Ihre 14–16 spatelförmigen Tepalen stehen zunächst aufrecht, später aber weit ab. Bei der Sorte 'Leonard Messel' sind die Blüten in der Knospe purpurn, später außen rosa und innen weiß. Ihre 12 linealischen Tepalen sind zuletzt flach ausgebreitet.
Verwendung: Die prachtvolle Hybride vereinigt in sich die wertvollen Eigenschaften der beiden Eltern, die Blühfreudigkeit von *M. stellata* mit der Robustheit und Wuchsfreudigkeit von *M. kobus*.
Standort und Pflege: Wie bei *M. kobus*.
Vermehrung: Wie bei *M. liliiflora* 'Nigra'.

Magnolia × loebneri 'Merill'

Magnolia sieboldii, Siebolds Magnolie

Aussehen: Im Gegensatz zu allen anderen hier beschriebenen Magnolien öffnen sich die Blüten von *M. sieboldii* erst nach der Laubentfaltung im Juni/Juli. Der breit kegel- bis trichterförmige Großstrauch wird 3–4 (–6) m hoch. Seine oberseits dunkelgrünen, unterseits bläulich grünen Blätter sind 5–15 cm lang und breit-elliptisch bis verkehrt-eiförmig . 7–10 cm breit sind die weißen bis rahmweißen, intensiv duftenden, schalenförmigen Blüten mit den 9 Tepalen und auffallenden, scharlachroten Staubblättern. Im September reifen die

Magnolia 'Star Wars'

Magnolia × loebneri 'Leonard Messel'

Magnolia sieboldii

karminroten, walzen- oder gurkenförmigen Sammelfrüchte.
Verwendung: Besonders attraktiver, sommerblühender Solitärstrauch mit vergleichsweise zierlichen, nickenden Blüten.
Standort und Pflege: Wie bei *M. kobus*.
Vermehrung: Aussaat im Frühjahr.

Magnolia × soulangiana, Tulpen-Magnolie

Aussehen: Tulpen-Magnolien entwickeln sich zu breit ausladenden, 3–6 m hohen Sträuchern oder kurzstämmigen Kleinbäumen. Die verkehrt-eiförmigen, frischgrünen Blätter sind 10–15 cm lang. Vor der Laubentfaltung, im April/Mai, erscheinen an den Zweigenden die imposanten, tulpenförmigen Blüten mit den 8–10 dicken, fleischigen Tepalen. Bei 'Lennei', der am häufigsten kultivierten Sorte, sind die Blüten außen dunkel purpurrot, innen weiß. 'Brozzoni' hat besonders große, bis 25 cm breite, reinweiße, nur außen an der Basis zartrosa getönte Blüten. Auch bei 'Lennei Alba' sind die Blüten reinweiß. Mit besonders prächtigen, außen sehr dunkel purpurroten, innen weißen, offen-becherförmigen Blüten wartet die Sorte 'Rustica Rubra' auf.
Verwendung: Alle genannten Sorten sind alte, bewährte, häufig als Solitärgehölze gepflanzte Magnolien mit prachtvollen Blüten.
Standort und Pflege: Wie bei *M. kobus*.
Vermehrung: Wie bei *M. liliiflora* 'Nigra'.

Magnolia × soulangiana 'Lennei'

Magnolia stellata, Stern-Magnolie

Aussehen: Mit einer Wuchshöhe von etwa 3 m ist die langsam wachsende Stern-Magnolie die zierlichste Art der Gattung. 4–10 cm lang sind die schmal verkehrt-eiförmigen bis lanzettlichen dunkelgrünen Blätter. Besonders früh, schon im März/April, schmückt sich der Strauch mit zahlreichen weißen, duftenden, etwa 8 cm breiten Blüten. Sie besitzen 10–12 schmal längliche Tepalen, die bald nach dem Aufblühen sternförmig ausgebreitet sind. Bei der häufig kultivierten Sorte 'Waterlily' sind die Blüten in der Knospe rosa, später weiß, sie sind größer als bei der Art und mit 14–18 Tepalen ausgestattet. Noch größer ist die Anzahl der Tepalen, nämlich 25–30 Stück, bei den großen, reinweißen Blüten von 'Royal Star', sie blüht 10–14 Tage später als die Art *M. stellata*.
Verwendung: Mit den zahlreichen, vergleichsweise zierlichen Blüten und dem moderaten Wuchs findet die Stern-Magnolie auch in kleinsten Gärten Platz.

Die sich früh öffnenden Blüten werden leider gelegentlich von Spätfrösten zerstört. Das gilt aber auch für andere Magnolien, die vor der Laubentfaltung blühen.
Standort und Pflege: Wie bei *M. kobus*.
Vermehrung: Aussaat im Frühjahr oder Stecklinge von krautigen Trieben.

Magnolia stellata 'Waterlily'

Magnolien – die Stars unter den Blütenbäumen
Magnolien gehören ohne Zweifel zu den attraktivsten Blütengehölzen, die aus dem ostasiatischen Florenreich in unsere Gärten gekommen sind. In der Zeit von April bis Juli, je nach Art, überraschen sie immer wieder durch ihre Blütenfülle und die großen, eleganten Blüten. Sie übertreffen in ihrer Größe die Blüten aller anderen Baumarten der gemäßigten und subtropischen Zonen. Die rahmweißen, schalenförmigen Blüten der in Nordamerika heimischen *M. macrophylla*, der Großblättrigen Magnolie, können zum Beispiel Durchmesser von bis zu 40 cm erreichen, die Blätter werden bis zu 80 cm lang. *M. macrophylla* wird hierzulande leider nur von sehr wenigen Baumschulen angeboten. Riesig sind auch die Blüten von baumförmig wachsenden Arten wie *M. campbelii* und *M. sargentiana*, die bei uns leider nur in sehr wintermilden Gegenden wachsen und auch hier nur bedingt winterhart sind.

Mahonia aquifolium, Gewöhnliche Mahonie

(Tab. 46)

Aussehen: *M. aquifolium* ist ein immergrüner, kaum über 1 m hoher, breitbuschiger Kleinstrauch mit derb ledrigen, bis 20 cm langen Fiederblättern. Die 5–13 schief-eiförmigen, sehr variablen, 4–8 cm langen, glänzend dunkelgrünen Blättchen sind am mehr oder weniger stark gewellten Rand an beiden Seiten mit 5–19 stacheligen Zähnen ausgestattet. Im Winter färben sich die Blätter nicht selten intensiv bronzerot. Im April/Mai öffnen sich an den Triebenden die 5–8 cm langen Blütentrauben mit den zahlreichen kleinen, leuchtend goldgelben, herb duftenden Blüten. Ab August reifen die etwa 8 mm langen, elliptischen, purpurschwarzen, bereiften Beerenfrüchte. Neben der variablen Art werden auch einige vegetativ vermehrte Sorten angeboten.
Verwendung: Ganzjährig attraktive Kleinsträucher, die in kleinen Gruppen oder großflächig zur Flächenbegrünung gepflanzt werden. Die Blüten sind mit ihrem reichen Nektar- und einem guten Pollenertrag wertvolle Bienentrachtpflanzen.

Mahonia aquifolium

Standort: Halbschattig bis schattig. Boden mäßig trocken bis feucht, alle durchlässigen, humosen Bodenarten, schwach sauer bis alkalisch.
Pflege: Starke Rückschnitte werden gut vertragen, müssen aber nicht regelmäßig durchgeführt werden. Wird direkt nach der Blüte geschnitten, kann im folgenden Jahr wieder mit Blüten gerechnet werden. ✂ 1.
Vermehrung: Aussaat im Herbst oder Frühjahr, Sorten durch Stecklinge.

Tab. 46 Empfehlenswerte Sorten von *Mahonia aquifolium*

Sorte	Blüten	Wuchs und Belaubung
'Apollo'	goldgelb, zahlreich	ausgebreitet, vieltriebig, bis 0,6 m hoch, Blätter glänzend dunkelgrün, Winterfärbung purpurn bis dunkel rotbraun
'Atropurpurea'	gelb, in zahlreichen kleinen Trauben	ausgebreitet, vieltriebig, bis 0,6 m hoch, Blätter mattglänzend tiefgrün, Winterfärbung schön dunkel bronzebraun
'Maqu'	dunkelgelb	kräftig aufrecht, bis 1 m hoch, Blätter glänzend dunkelgrün, im Austrieb rötlich, Winterfärbung bronzefarben
'Pamia'	kanariengelb, in kugelförmigen Ständen	breit aufrecht, bis 0,8 m hoch, Blätter glänzend dunkelgrün, Winterfärbung dunkel violettbraun

Weitere attraktive *Mahonia*-Sorten

***Mahonia japonica* 'Hivernant'**
Großblättriger, breit aufrechter, bis etwa 1,5 m hoher, dickastiger, immergrüner Strauch. Blätter gefiedert, mit jeweils 11–15 Blättchen, 25–50 cm lang, länglich-eiförmig, dornig gezähnt, mittelgrün. Blüten sehr zahlreich, schwefelgelb, stark duftend, in bis 35 cm langen, abstehenden Trauben, im Februar/März bzw. bis April. Früchte dunkelpurpurn, bereift. Vitaler, ziemlich gut winterharter Strauch, gilt als bester Winterblüher unter den Mahonien. Schnittmaßnahmen möglichst vermeiden.

***Mahonia* × *media* 'Wintersun'**
Großblättriger, bis 2 m hoher, sehr sparsam verzweigter, sehr dickastiger, immergrüner Strauch. Blätter gefiedert, bis 40 cm lang, Blätter aus 17–23 Blättchen zusammengesetzt, mit scharfen Randzähnen, matt graugrün, leicht bereift, unterseits gelblich grün. Blüten hellgelb, duftend, in bis 30 cm langen, aufrecht abstehenden Trauben. Dezember bis Februar/März. Sehr attraktiver Winterblüher für geschützte, wintermilde Plätze, wertvollste Sorte dieser Hybridgruppe. Schnittmaßnahmen möglichst vermeiden.

Mahonia × *media* 'Wintersun'

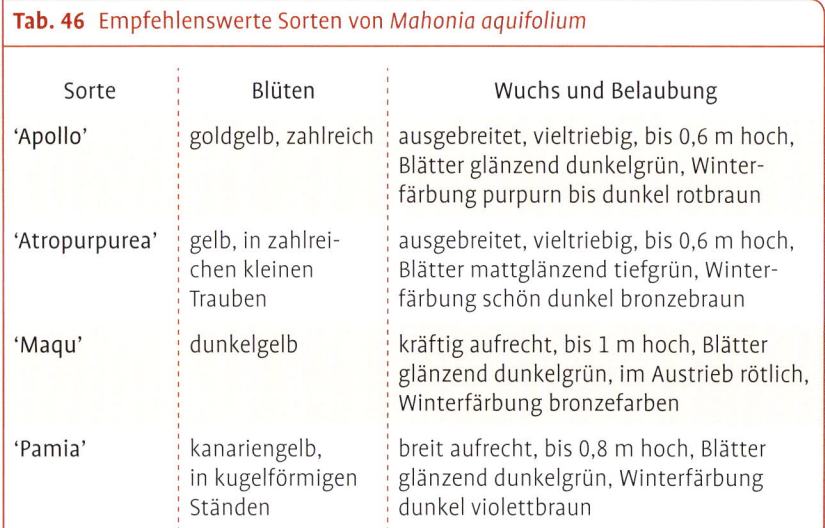

Malus floribunda, Vielblütiger Apfel

Aussehen: Die japanische Art *M. floribunda* entwickelt sich zu einem 4–10 m hohen, sommergrünen Baum mit einer zuletzt breit gewölbten, dicht verzweigten Krone. Elliptisch bis eiförmig sind die 4–8 cm langen, dunkelgrünen Blätter. Im Mai schmückt sich der Baum mit unzähligen, 2–3 cm großen Blüten, sie sind in der Knospe tief karminrot gefärbt, aufgeblüht rosa. Die größte Zierde sind die Blüten, die kugeligen, 6–8 mm dicken, gelblich grünen bis roten Früchte sind weniger auffällig.
Verwendung: Zieräpfel gehören zu den attraktivsten Blütenbäumen unserer Gärten. Zahlreiche Arten und Sorten erfreuen uns nicht nur mit einer überschäumenden Blütenfülle im Frühjahr, sie machen im Herbst noch einmal mit einem reichen Fruchtschmuck auf sich aufmerksam, bei einigen Sorten bleiben die kleinen Äpfel bis weit in den Winter hinein haften, bevor sie mürbe werden und von Vögeln verzehrt werden.
Standort: Sonnig. Boden frisch bis feucht, tiefgründig, nährstoffreich, sandig-lehmig bis lehmig, schwach sauer bis alkalisch.
Pflege: Nur mäßig schorfanfällig. ✂ 1.
Vermehrung: Sommerokulation im Freiland, Handveredlungen im Winter.

Malus sargentii

Weitere attraktive *Malus*-Wildarten

***Malus sargentii*, Sargents-Apfel**
Malerischer, sehr breitkroniger, bis 4–5 (–8) m hoher Strauch oder kleiner Baum mit waagerecht abstehenden Ästen. Die Wuchshöhe ist abhängig von der in der Baumschule gezogenen Stammhöhe. Blätter eiförmig, 5–8 cm lang, an Langtrieben oft dreilappig, dunkelgrün, im Herbst orangegelb. Blüten im Mai, sehr zahlreich, reinweiß, duftend, 2,5 cm breit. Früchte kugelig, 1 cm dick, dunkelrot, oft bis zum Frühjahr haftend. 'Tina' ist eine schwachwüchsige, kaum mehr als mannshohe Sorte mit einer überreichen Blütenfülle.

Malus sargentii

***Malus toringo*, Japan-Apfel**
Mäßig stark wachsender, 5–6 (–10) m hoher, breit aufrechter Baum mit weit abstehenden Ästen. Blätter 3–6 cm lang, eiförmig bis elliptisch, dunkelgrün, beiderseits behaart, im Herbst schön rot und gelb. Blüten in Mai, sehr zahlreich, 2 cm breit, in der Knospe dunkelrosa, bald hellrosa bis weiß. Früchte kugelig, 6–8 mm groß, rot oder bräunlich gelb, bis zum Dezember haftend. Attraktive, schorfresistente Art.

Malus floribunda

Malus toringo

Malus-Hybriden
(Tab. 47)

Aussehen: Mittelstark wachsende, 4–6 m hohe Kleinbäume, meist mit ausladenden, breit-rundlichen, selten nahezu säulenförmigen Kronen und überwiegend grünen, teilweise roten Blättern. Bei den meisten Sorten sind die Blüten einfach, bei wenigen Sorten auch halbgefüllt. Sie sind in der Knospe mehr oder weniger intensiv rosa bis rot, aufgeblüht dann meist weiß. Viel variabler als die Blüten sind die roten, orangeroten oder gelben Früchte, die oft bis weit in den Winter hinein haften.
Verwendung: Prachtvolle, kleinkronige Blüten- und Fruchtbäume, die im Garten meist als Solitärbäume gepflanzt werden. Alle hier genannten Sorten blühen und fruchten sehr reich, sie sind weitgehend restistent gegen Schorf und Mehltau.
Standort, Pflege und Vermehrung: Wie bei *M. floribunda*.

Malus 'Liset'

Malus 'Pomzai'

Tab. 47 Empfehlenswerte Sorten des Zier-Apfels

Sorte	Blüten	Früchte	Blätter, abweichender Wuchs
'Airondack'	reinweiß, sehr groß	rot, fast kugelig	ledrig, matt dunkelgrün
'Butterball'	anfangs rosa, später weiß mit rosa Schimmer, groß	glänzend gelb, kugelig, 2–2,5 cm dick	hellgrün
'Evereste'	dunkel purpurrosa, später heller, zuletzt weiß	orangegelb, im Allgemeinen kugelig	grün, lange haftend, im Herbst goldgelb
'Golden Hornet'	rosa, später rosaweiß, groß	tiefgelb, rundlich	mattgrün
'John Downie'	rosa bis weiß, sehr groß	gelb bis hell orangerot, sehr groß	glänzend tiefgrün
'Liset'	beständig purpurrot	dunkel purpurn, klein	anfangs dunkelpurpurn, später glänzend dunkelgrün
'Makamik'	dunkel lilarosa	hellrot, klein	anfangs purpurrot, später grün
'Pomzai'	hellrosa, zuletzt weiß	gelb bis orange, klein, lange haftend	Blätter im Herbst gelbbraun, lange haftend
'Professor Sprenger'	rosa, zuletzt weiß	gelborange, eiförmig	mattgrün
'Red Jade'	lachsrosa, zuletzt rosaweiß	rot, eiförmig, klein	Hängeform, Zweige dünn, überhängend
'Red Sentinel'	hellrosa, zuletzt weiß	glänzend hellrot, kugelig	anfangs bronzefarben, später hellgrün
'Rudolph'	karminrot, zuletzt rosarot, groß	orangegelb, lange haftend	tief bronzerot, später bronzegrün, lange haftend
'Street Parade'	reinweiß, groß	blaurot, klein	Wuchs schmal eiförmig
'Van Eseltine'	außen intensiv rosa, innen hellrosa, halbgefüllt	gelb bis orangerot, klein	Wuchs anfangs schmal säulenförmig, später trichterförmig

Malus 'Rudolph'

Malus 'Red Sentinel'

Malus 'Van Eseltine'

Malus 'Butterball'

Malus 'John Downie'

Malus 'Evereste'

Mespilus germanica, Mispel

Aussehen: *M. germanica* ist ein sommergrüner, 3–6 m hoher Strauch oder kurzstämmiger Baum mit einer ausladenden Krone und gelegentlich dornigen Zweigen. Länglich bis länglich-lanzettlich sind die derben, 6–12 cm langen, oberseits glänzend dunkelgrünen, unterseits feinfilzigen Blätter. Sie färben sich im Herbst leuchtend gelbbraun. Im Mai/Juni stehen an den Kurztriebenden sehr hübsche, weiße, 4–5 cm breite, weit geöffnete Blüten. Ab September reifen die 3–4 cm breiten, braunen, breit kreiselförmigen Apfelfrüchte.
Verwendung: Seit dem Mittelalter in Bauerngärten gehaltenes Wildobst. Die anfangs sehr harten Früchte werden erst durch Frosteinwirkung oder nach langem Liegen teigig und sind dann essbar. Die Blüten produzieren reichlich Nektar und sind deshalb eine gute Bienenweide.
Standort: Sonnig bis lichtschattig. Boden mäßig trocken, alle tiefgründigen, nährstoffreichen Bodenarten, schwach sauer bis alkalisch.
Pflege: Langlebig und pflegeleicht. ✂ 1.
Vermehrung: Sommerokulation im Freiland.

Mespilus germanica

Nothofagus antarctica, Scheinbuche, Südbuche

Aussehen: *N. antarctica* ist ein sommergrüner Baum der südlichen Halbkugel, der bei uns kaum mehr als 6 m hoch wird. Der anfangs straff aufrechte, später unregelmäßig wachsende Kleinbaum besticht durch seinen eigenwilligen, filigranen Aufbau, die schwärzliche Rinde mit den zahlreichen hellen Lentizellen, die fischgrätenartige Verzweigung und die kleinen, glänzend dunkelgrünen, 1,5–4 cm langen, eiförmigen bis breit eiförmigen Blätter, die am Rand fein gewellt und gekerbt sind. Im Herbst färben sich die Blätter goldgelb. Aus unscheinbaren, einhäusigen Blüten entwickeln sich kleine, ebenfalls unscheinbare Nussfrüchte.
Verwendung: Mit dem eigenwilligen, etwas bizarren Aufbau und den zierlichen Blättern ein beliebter Kleinbaum für eine solitäre Stellung, wird häufig in Gebäudenähe oder in Innenhöfen gepflanzt.
Standort: Sonnig bis halbschattig, wärmeliebend. Boden frisch bis feucht, durchlässig, sandig-lehmig oder lehmig, sauer bis neutral.
Pflege: Junge Pflanzen im Winter schützen. ✂ 1.
Vermehrung: Stecklinge von krautigen oder halbreifen Trieben.

Nothofagus antarctica

Nyssa sylvatica, Wald-Tupelobaum

Aussehen: Langsam wächst der sommergrüne, im Alter sehr stattliche Baum bis zu einer Höhe von 15–25 (–30) m heran. Er bildet mit aufstrebenden Ästen eine anfangs breit kegelförmige, später mehr rundliche Krone aus. Verkehrt-eiförmig oder elliptisch sind die 5–10 cm langen, oberseits glänzend grünen, unterseits bläulichen Blätter. Sie färben sich im Herbst ganz prachtvoll orange- bis scharlachrot und gelb. Die polygamen oder zweihäusig verteilten Blüten sind sehr unscheinbar. Nur selten werden die etwa 1 cm dicken, blauschwarzen Steinfrüchte ausgebildet.
Verwendung: Mit der einmaligen, spektakulären Herbstfärbung ein kostbarer Solitärbaum, schön zusammen mit zur Zeit der Herbstfärbung blühenden, blauen Herbstastern.
Standort: Sonnig bis lichtschattig. Boden frisch bis feucht, tiefgründig, nährstoffreich, sandig-lehmig, sauer bis schwach sauer, kalkfliehend.
Pflege: Möglichst im Frühjahr pflanzen. Wurzeln nicht verletzen, da sich sonst zahlreiche Wurzelschösslinge entwickeln können. ✂ 1.
Vermehrung: Aussaat im Frühjahr.

Nyssa sylvatica

Osmanthus heterophyllus, Duftblüte

Aussehen: Der immergrüne, dicht verzweigte, buschig aufrechte, ilexartig belaubte, herbstblühende Strauch wird 2–4,5 m hoch. Die 2–6 cm langen, sehr derb ledrigen, elliptisch-länglichen Blätter sind mit einer dornigen Spitze und jederseits mit 1–4 dornigen Zähnen versehen. Sie sind oberseits glänzend dunkelgrün, unterseits gelblich grün. Im Gegensatz zu den ähnlichen Blättern der Stechpalmen sind sie gegenständig angeordnet. Zu einer ungewöhnlichen Jahreszeit, im September/Oktober, stehen zwischen den Blättern weiße, süß duftende, 4–5 mm breite Blüten in Büscheln zusammen. Früchte werden bei uns nur sehr selten ausgebildet. Bei 'Tricolor' sind

Osmanthus heterophyllus 'Variegatus'

Pachysandra terminalis

die tiefgrünen Blätter hellgelb gesprenkelt, bei 'Variegatus' cremeweiß gerandet.
Verwendung: Mit der ungewöhnlichen Blütezeit und den intensiv duftenden Blüten ein interessanter, wärmeliebender Strauch für Gehölz- und Staudenrabatten, Sichtschutzpflanzungen oder Schnitthecken.
Standort: Halbschattig, geschützt. Boden mäßig trocken bis feucht, durchlässig, locker, sandig-humos, sauer bis schwach alkalisch.
Pflege: Bei jungen Pflanzen ist Winterschutz ratsam. ✂ 1, 5.
Vermehrung: Stecklinge von ausgreiften Trieben.

Pachysandra terminalis, Dickmännchen, Ysander

Aussehen: Mit fleischigen, niederliegend-aufsteigenden, nur am Ende beblätterten Stängeln und unterirdischen, weithin kriechenden Ausläufern breitet sich der kaum mehr als 0,3 m hohe, immergrüne Strauch dicht flächendeckend aus. Die ledrigen, 5–8 cm langen, rhombisch-länglichen, glänzend frischgrünen Blätter stehen an den Sprossenden dicht gedrängt. Unscheinbar sind die kleinen weißen Blüten, sie sind zu 3–5 cm langen, ährenartigen Ständen angeordnet. Nur sehr selten entwickeln sich daraus die weißen, glasartigen Früchte. Neben der Art werden als Bodendecker auch kompakt wachsende, niedrig bleibende, bis etwa 20 cm hohe, kleinblättrige Sorten wie 'Compacta' oder 'Green Carpet' angeboten. Bei der schwachwüchsigen 'Variegata' sind die Blätter weiß gerandet.
Verwendung: Einer der wichtigsten und dankbarsten Bodendecker für schattige bis halbschattige Lagen, sofern die Böden ausreichend frisch sind. Die Art bildet auch unter hochkronigen Bäumen dichte, langlebige Bodendecken.
Standort: Halbschattig bis schattig. Boden frisch bis feucht, locker, gepflegt, durchlässig, sandig-humos, sauer bis schwach alkalisch.
Pflege: Kommt viele Jahre ohne Schnittmaßnahmen aus, kann aber auch flächig zurückgeschnitten werden. ✂ 1.
Vermehrung: Stecklinge, Abtrennen der Ausläufer.

Paeonia rockii, Rocks Strauch-Päonie

Aussehen: Langsam baut sich diese Strauch-Päonie mit ansteigenden, sparsam verzweigten Ästen zu einem mannshohen und gleich breiten, halbkugeligen Strauch auf. Die zwei- bis dreifach gefiederten, dunkelgrünen Blätter werden bis 40 cm lang. Im Mai prunkt der exquisite Strauch mit riesigen, spektakulären, weit geöffneten, schalenförmigen Blüten. Die weißen, am Saum unregelmäßig eingeschnittenen Kronblätter sind am Grunde mit einem auffallend großen, schwarzroten Basalfleck (Saftmal) gezeichnet. Zur imposanten Wirkung der Blüten tragen auch die zahlreichen, goldgelben Staubblätter bei. Inzwischen sind auch Sorten mit andersfarbigen Blüten in Kultur. In den großen Fruchtbälgen werden bei uns nur selten keimfähige Samen ausgebildet.
Verwendung: Exquisites Blütengehölz mit spektakulären Blüten. Problemlos zu kultivieren und viel robuster als Sorten von *Päonia × suffruticosa*. Blüten und junge Triebe ertragen leichte Spätfröste erstaunlich gut.

Paeonia rockii

Standort: Sonnig bis lichtschattig, windgeschützt. Boden frisch bis feucht, tiefgründig, gepflegt, nährstoffreich, sandig- bis lehmig-humos, sauer bis alkalisch.
Pflege: Robust und pflegeleicht. Der fleischigen Wurzeln wegen werden die Pflanzen gegenwärtig ausschließlich in Containern kultiviert und können dann auch im Herbst gepflanzt werden. ✂ 1.
Vermehrung: Aussaat im Frühjahr.

Paeonia × suffruticosa, Strauch-Päonie (Tab. 48)

Aussehen: Zur dieser Hybride gehören zahlreiche Sorten mit großen, einfachen oder gefüllten Blüten. Die 1–1,5 m hohen Sträucher sind überwiegend mit wenigen, dicken, sparsam verweigten Ästen und mit meist doppelt dreizähligen, oberseits grünen, unterseits blaugrünen Blättern ausgestattet. Auch bei den Sorten von *P.* × *suffruticosa* stehen im Mai/Juni die großen, weit geöffneten, weißen, rosa oder roten Blüten einzeln an den Enden der vorjährigen Zweige über dem Laub. Bei den robusten Sorten der *P. lutea*-Gruppe sind die einfachen oder auch gefüllten Blüten überwiegend gelb oder goldgelb.
Verwendung: Wie bei *P. rockii*. Die meisten Sorten sind aber nicht so wüchsig und robust wie *P. rockii*, das gilt vor allem für Sorten mit großen, gefüllten Blüten.
Standort: Wie bei *P. rockii*.
Pflege: Sorten von *P.* × *suffruticosa* sind in der Regel auf Wurzelstücke von *P. lactiflora* veredelt, sie sollten deshalb etwa eine Handbreit tiefer als die Veredlungsstelle gepflanzt werden, damit sich auch oberhalb der Veredlungsstelle Wurzeln entwickeln können.
Vermehrung: Handveredlungen im Winter.

Tab. 48 Empfehlenswerte Sorten von *Paeonia × suffruticosa* und *Paeonia lutea*

Sorte	Blüten
'Age of Gold'	gelb, zur Mitte hin dunkler, halbgefüllt
'Beauté de Twickel'	karminrot, sehr groß, halbgefüllt
'High Noon'	leuchtend zitronengelb, im Schlund rot, halbgefüllt
'Higurashi'	dunkel purpurrosa, einfach bis halbgefüllt
'Jeanne d'Arc'	leuchtend rosa, in der Mitte dunkler, halbgefüllt
'Jules Pirlot'	dunkelrosa, gefüllt, klein
'La Ville de St. Denis'	zartrosa, in der Mitte karminrot, halbgefüllt, sehr groß
'Madame Stuart Low'	leuchtend rosa, halbgefüllt, sehr groß
'Negricans'	dunkel karminrot, einfach bis halbgefüllt, groß
'Reine Elisabeth'	dunkelrosa, in der Mitte lachsrosa, halbgefüllt, sehr groß
'Renkaku'	reinweiß, einfach bis halbgefüllt, groß

Paeonia × suffruticosa 'High Noon'

Paeonia × suffruticosa 'Higurashi'

Paeonia × suffruticosa 'La Ville de St. Denis'

Paeonia × suffruticosa 'Negricans'

Parrotia persica, Persisches Eisenholz

Aussehen: *P. persica* ist ein mit den Zaubernüssen verwandter, sommergrüner, meist vom Boden an mehrstämmiger, 6–10 m hoher und gleich breiter, langsam wachsender Baum. Im Winter fällt der Baum durch sein buntes, platanenähnliches Stammbild auf. Im Sommer besticht er durch die stets gesunden, 6–10 cm langen, verkehrt-eiförmigen Blätter. Sie sind im Austrieb gelegentlich rötlich getönt, später glänzend tiefgrün und im Herbst früh und lange anhaltend lebhaft gelb, orange und scharlachrot. Im Vorfrühling (Februar/März) sind auch die kleinen Blüten mit den samtbraunen Hochblättern und deren zahlreichen roten Staubblättern bei näherer Betrachtung reizvoll. Die gehörnten, hellbraunen Fruchtkapseln reifen ab September.
Verwendung: Wundervoller, malerischer und durch oft miteinander verwachsene Stämme auch etwas bizarr wirkender Solitärbaum.
Standort: Sonnig bis lichtschattig. Boden mäßig trocken bis feucht, tiefgründig, nährstoffreich, sandiglehmig, sauer bis neutral.

Parrotia persica

Parrotia persica

Pflege: Problemlos zu kultivieren. ✂ 1.
Vermehrung: Aussaat im Frühjahr.

Parthenocissus quinquefolia, Gewöhnliche Jungfernrebe

Aussehen: Die starkwüchsige Jungfernrebe kann bis 15 m hoch klettern. Als Kletterorgane fungieren Ranken, deren Enden zu Haftscheiben ausgebildet sind. Diese sind aber nicht so gut entwickelt wie bei *P. tricuspidata*, deshalb empfiehlt es sich, an glatten Flächen gitterartige Kletterhilfen anzubringen. Bei den meist fünfzähligen Blättern sind die oberseits mattgrünen, unterseits bläulich grünen Blättchen 4–10 cm lang. Sie färben sich im Herbst früh ganz prachtvoll leuchtend karminrot. Die kleinen, grünlichen, meist zwittrigen Blüten sind sehr unscheinbar. Aus ihnen entwickeln sich im Herbst blauschwarze, 5–7 mm dicke Beerenfrüchte. Sie bleiben lange haften und sind eine beliebte Winternahrung für Vögel. Die häufig gepflanzte var. *engelmanii* unterscheidet sich von der Art durch kleinere Blätter und durch besser ausgebildete Haftscheiben.

Parthenocissus quinquefolia

Verwendung: Allgemein bekannte Kletterpflanze für eine rasche Begrünung auch hoher Mauern und Fassaden. An Pergolen können die schleppenartig herabhängenden Zweige dichte Vorhänge bilden.
Standort: Sonnig bis lichtschattig, für Stadtklima geeignet. Boden mäßig trocken bis frisch, tiefgründig, nährstoffreich, lehmig, neutral bis alkalisch.
Pflege: Kein Schnitt notwendig, radikale Rückschnitte sind aber möglich. ✂ 6.
Vermehrung: Aussaat im Frühjahr oder Steckholz.

Parthenocissus tricuspidata, Dreispitzige Jungfernrebe, Wilder Wein

Aussehen: *P. tricuspidata* wächst noch stärker als *P. quinquefolia*, sie kann 20 (–25) m hoch klettern. Die Zweige breiten sich auf Fassaden fächerförmig senkrecht und waagerecht aus. Die kurzen Ranken enden in sehr gut haftenden Scheiben. Die äußerst variablen Blätter sind ungelappt und dann breit eiförmig und 10–20 cm lang oder dreilappig oder dreizählig mit kurz gestielten Blättchen. Sie sind im Austrieb bronzefarben, später glän-

Parthenocissus tricuspidata

Paulownia tomentosa

zend grün und im Herbst leuchtend orange- bis scharlachrot gefärbt. Auch hier entwickeln sich aus unscheinbaren Blüten blauschwarze, leicht bereifte, 6–8 mm dicke, lange haftende Früchte. Neben der Art wird oft auch die Sorte 'Veitchii' gepflanzt. Sie unterscheidet sich von der Art durch kleinere Blätter.
Verwendung, Standort und Pflege: Wie bei *P. quinquefolia*. ✂ 6.
Vermehrung: Aussaat im Herbst oder Frühjahr. Die Sorte 'Veitchii' durch Veredlung.

Paulownia tomentosa, Paulownie

Aussehen: Mit seiner üppigen Belaubung mutet der sommergrüne, 10–15 m hohe, in China heimische Baum fast tropisch an. Er baut mit dicken, wenig verzweigten Ästen eine malerische, breit ausladende bis schirmförmige Krone auf. An jungen Bäumen können die breit eiförmigen, an der Basis herzförmigen, beiderseits behaarten, gelegentlich schwach dreilappigen Blätter bis 50 cm lang werden. Die duftenden, violetten, trichterförmigen, schwach zweilippigen, 5–6 cm langen Blüten sind schon im Herbst weit vorgebildet. Sie stehen in großen Rispen an den Enden der vorjährigen Zweige und öffnen sich im April kurz vor der Laubentfaltung. Die 3–4 cm langen, geschnäbelten Fruchtkapseln bleiben meist lange haften.
Verwendung: Ganz ungewöhnlicher Blütenbaum, der aber nur in wintermilden Regionen regelmäßig zur Blüte kommt. Außerhalb wintermilder Gebiete gedeiht der Baum zwar gut, die schon im Herbst angelegten Blütenknospen erfrieren aber leider häufig.
Standort: Sonnig, geschützt, wärmebedürftig. Boden mäßig trocken bis frisch, tiefgründig, lehmig, schwach sauer bis alkalisch.
Pflege: Jungpflanzen im Winter schützen. ✂ 1.
Vermehrung: Aussaat im Frühjahr unter Glas.

Perovskia abrotanoides, Fiederschnittige Perovskie

Aussehen: Ein aromatischer Duft, graugrüne, einfach oder doppelt fiederschnittige, 4–6 cm lange Blätter, grauweiß bereifte Zweige und lilablaue Blüten sind die besonderen Merkmale des 1 m hohen Strauches mit seinen niederliegend-aufsteigenden Zweigen. Im August/September stehen die zweilippigen, röhrig-glockigen Blüten an den Zweigenden in bis zu 40 cm langen Rispen zusammen. Bei der nahe verwandten *P. atriplicifolia* sind die beiderseits graufilzigen Blätter nicht gefiedert, sondern gesägt, die blauen Blüten bilden ebenfalls einen 30–50 cm langen Blütenstand. Besonders reizvoll ist die Sorte 'Blue Spire' mit den zahlreichen lavendelblauen Blüten und sehr langen Blütenrispen.
Verwendung: Mit den feinen Laubtextur und der lang andauernden, sommerlichen Blüte sind Perovskien reizvolle Halbsträucher für den Stein-und Steppengarten, für Rosenbeete, Trockenmauern und Böschungen.
Standort: Sonnig, wärmeliebend. Boden trocken bis frisch, durchlässig, nährstoffarm, sandig oder sandig-lehmig, schwach sauer bis stark alkalisch.
Pflege: Den Wurzelbereich im Winter mit einer Mulchdecke schützen. Im Frühjahr alle Zweige stark zurückschneiden. ✂ 3.
Vermehrung: Stecklinge von krautigen Trieben.

Perovskia abrotanoides

Philadelphus coronarius, Europäischer Pfeifenstrauch

(Tab. 49)

Aussehen: Der robuste, raschwüchsige, sommergrüne Strauch wird mit aufrechten Ästen und nach außen übergeneigten Zweigen 3–4 m hoch. Die eiförmigen, mattgrünen Blätter sind 4–8 cm lang. In reicher Fülle erscheinen im Mai/Juni die cremeweißen, stark duftenden, 2,5–3,5 cm breiten, weit geöffneten Blüten, die zu 5–7 in Trauben zusammenstehen. Die Blüten werden gerne von Faltern und Hummeln besucht. Die kompakt wachsende Sorte 'Aureus' unterscheidet sind von der Art durch ihre gelbgrünen Blätter.

Verwendung: Lange bewährter, anspruchsloser Blütenstrauch für gemischte Gehölzrabatten und Blütenhecken. Neben *P. coronarius* werden zahlreiche Sorten kultiviert, deren Blüten mit einem starken, weithin wahrnehmbaren Duft ausgestattet sind. Sie stellen die gleichen Standortansprüche und werden in gleicher Weise verwendet wie *P. coronarius*.

Standort: Sonnig bis halbschattig. Boden mäßig trocken bis feucht, alle gepflegten, durchlässigen, gleichbleibend frischen Bodenarten, schwach sauer bis alkalisch.

Pflege: Pflegeleicht. ✂2.

Philadelphus coronarius

Vermehrung: Steckholz oder Stecklinge von krautigen Trieben.

Tab. 49 Empfehlenswerte *Philadelphus*-Sorten

Sorte	Blüten	Wuchs
'Belle Etoile'	weiß, mit purpurnem Basalfleck, 6 cm breit, einfach	kompakt, 1–1,5 m hoch
'Erectus'	weiß, 3 cm breit, einfach	kompakt, dicht verzweigt, 1–1,5 m hoch
'Dame Blanche'	weiß, 3 cm breit, einfach bis halbgefüllt	zierlich, breit aufrecht, 1–1,5 m hoch
'Manteau d'Hermine'	cremeweiß, 3 cm breit, locker bis dicht gefüllt, nur schwach duftend	zierlich, dünnzweigig, etwa 1,2 m hoch
'Minnesota Snowflake'	weiß, 4,5 cm breit, dicht gefüllt	aufrecht, kräftig, 1,5–2,5 m hoch
'Schneesturm'	weiß, 4 cm breit, gut gefüllt	aufrecht, kräftig, 1–2 m hoch
'Silberregen'	reinweiß, 4 cm breit, einfach	zierlich, reich verzweigt, bis 0,8 m hoch
'Snowgoose'	weiß, 4 cm breit, gefüllt	langsam wachsend, dünnzweigig, bis 1,5 m hoch
'Virginal'	reinweiß, 4–5 cm breit, gefüllt oder halbgefüllt	steif aufrecht, bis 2,5 m hoch

Philadelphus 'Manteau d'Hermine'

Philadelphus 'Snowgoose'

Philadelphus 'Virginal'

Photinia × fraseri 'Red Robin', Purpur-Glanzmispel

Aussehen: Der immergrüne Strauch fällt vor allem durch die im Austrieb leuchtend roten Blätter auf. Er wächst locker breitbuschig aufrecht, wird 1,5–3 m hoch und gleich breit. Die 8–15 cm langen, ledrigen, verkehrteiförmigen, scharf gesägten Blätter sind den Sommer über glänzend dunkelgrün, die jungen Blätter des Johannistriebes färben sich wie die Frühjahrsblätter. Im Mai/Juni stehen kleine, weiße Blüten in 10–12 cm breiten, vielblumigen Trugdolden endständig an Kurztrieben – ein schöner Kontrast zu den rot austreibenden Blättern. Die Blätter den neuen Sorte 'Camilvy' färben sich noch intensiver rot als die von 'Red Robin'. 'Robusta' gilt als besonders frosthart und reichblühend.
Verwendung: Attraktiv belaubter, immergrüner Solitär- und Gruppenstrauch, auch für Schnitthecken und Kübelbepflanzung geeignet.
Standort: Sonnig bis halbschattig. Boden trocken bis frisch, durchlässig, nährstoffarm, sandig- bis lehmig-humos, schwach sauer bis alkalisch.
Pflege: Bei Jungpflanzen ist Winterschutz ratsam. Ein Rückschnitt der vorjährigen Zweige führt zu einem verstärkten Neutrieb und damit zu einer intensiven Laubfärbung. ✂ 1.
Vermehrung: Stecklinge von halbreifen Trieben.

Photinia × fraseri 'Red Robin'

Photinia villosa, Warzige Glanzmispel

Aussehen: Im Gegensatz zu *P. × fraseri* ist *P. villosa* ein sommergrüner, bis 5 m hoher, breitbuschiger Strauch. Die ledrigen, 3–8 cm langen, eiförmigen bis lanzettlichen, glänzend dunkelgrünen Blätter färben sich im Herbst lang anhaltend orange- bis scharlachrot. Weiße, 1–1,2 cm breite, weißdornähnlich herb duftende Blüten stehen im Mai/Juni zu 5–20 in 3–5 cm breiten Trugdolden zusammen. So dekorativ wie die Blüten sind auch die etwa 8 mm dicken, leuchtend roten, sehr lange haftenden Apfelfrüchte.
Verwendung: Mit der intensiven Herbstfärbung, dem reichen Blütenflor und den hochroten Früchten ein prachtvoller Solitärstrauch.
Standort: Sonnig bis halbschattig. Boden frisch bis feucht, Bodentrockenheit nur schlecht vertragend, durchlässig, gepflegt, sandig- oder lehmig-humos, sauer bis neutral.
Pflege: Nur an zusagenden Standorten frohwüchsig. ✂ 1.
Vermehrung: Aussaat im Frühjahr oder Herbst.

Photinia villosa

Phyllostachys aurea

Phyllostachys aurea, Knoten-Bambus

Aussehen: *P. aurea* gehört zur Gruppe der Ausläufer bildenden Arten, sie können sich durch unterirdische Rhizome stark ausbreiten. Typisch für alle *Phyllostachys*-Arten sind die oberhalb der Knoten an einer Seite abgeflachten oder rinnig vertieften Halme, diese Abflachung oder Vertiefung wird als Sulcus bezeichnet. *P. aurea* wächst straff aufrecht und wird in unseren Breiten etwa 4–5 m hoch. Charakteristisch für die Art sind die im unteren Teil gestauchten und verdickten Internodien der oft leuchtend gelben Halme, die dann kropfartig anschwellen.
Verwendung: In größeren Gärten für Solitär- und besonders gut für Sichtschutzpflanzungen geeignet.
Standort: Sonnig bis halbschattig, Schutz vor Wind und Wintersonne. Boden mäßig trocken bis frisch, durchlässig, sandig bis lehmig, schwach sauer bis alkalisch.
Pflege: Die Ausbreitung der Pflanzen durch Rhizomsperren verhindern – dies gilt für alle Arten der Gattung.
Vermehrung: Teilung der Mutterpflanze oder Abteilen von Rhizomstücken.

Weitere empfehlenswerte *Phyllostachys*-Arten

***Phyllostachys aureosulcata*, Gelbhalm-Bambus**
Wuchs straff aufrecht, 5–7 m hoch, ziemlich stark wuchernd. Halme dunkelgrün, im Sulcus dagegen gelb, Halme im unteren Bereich oft stark zickzackförmig gebogen. Blätter relativ klein, mittelgrün. Bei der Sorte ‘Spectabilis’ sind die Halme gelb, die Sulci dagegen grün.

***Phyllostachys bissetii*, Grüner Bambus**
Wuchs aufrecht, 3–7 m hoch. Halme olivgrün, durch kurze Ausläufer dicht stehend, bei fehlenden Rhizomsperren rasch ausgedehnte Haine bildend. Knoten auch im unteren Bereich der Halme mit glänzend dunkelgrünen Blättern, deshalb erscheint die ganze Pflanze dicht belaubt.

***Phyllostachys nigra*, Schwarzhalm-Bambus**
Wuchs aufrecht, 3–10 m hoch, Ausläuferbildung vergleichsweise schwach, trotzdem wird eine Rhizomsperre empfohlen. Halme schon im zweiten Jahr glänzend tiefschwarz. Blätter nur 3–4 cm lang, papierartig dünn, dunkelgrün. Bei der stark wachsenden var. *henonis* sind die Halme grün, bei var. *boryana* dunkelgrün bis bläulich und braun gefleckt.

Phyllostachys nigra

Phyllostachys aureosulcata

***Phyllostachys viridiglaucescens*, Smaragdgrüner Bambus**
Wuchs aufrecht bis weit überhängend, 6–12 m hoch, durch lange Ausläufer einen lockeren Bestand bildend. Halme anfangs glänzend gras- bis dunkelgrün, später stumpf gelbgrün. Blätter 4–20 cm lang, glänzend hell- bis frischgrün, unterseits bläulich.

Physocarpus opulifolius, Virginia-Blasenspire

Aussehen: *P. opulifolius* ist ein starkwüchsiger, 3–4 m hoher und gleich breiter, buschig aufrechter Strauch mit überhängenden Zweigen. Rundlich eiförmig sind die 2–7 cm langen, meist fünflappigen dunkelgrünen Blätter. Im Mai stehen kleine weiße bis blassrosa Blüten in 3–5 cm breiten, vielblumigen Ständen zusammen. Die kleinen, braunen Balgfrüchte sind unscheinbar.

Neben der robusten, industriefesten Art haben die Baumschulen auch einige Sorten in ihrem Programm. ‘Dart’s Gold’ wächst deutlich kompakter als die Art und hat leuchtend hellgelbe, lange die Farbe haltende Blätter. Bei ‘Diabolo’ sind die Blätter vom Austrieb bis zum Sommer auffallend metallisch dunkelrot, im Herbst braunrot. Die cremeweißen Blüten stehen im Juni/Juli in einem schönen Kontrast zu dem roten Laub. Die ebenfalls rotlaubige Sorte ‘Summer Wine’ hat rosaweiße bis weiße Blüten und wächst deutlich schwächer und kompakter als ‘Diabolo’.

Physocarpus opulifolius ‘Dart’s Gold’

Physocarpus opulifolius ‘Diabolo’

Verwendung: Alle sind robuste, anpassungsfähige Solitär- und Gruppensträucher, sehr gut auch für freiwachsende Hecken geeignet. Die rotlaubigen Sorten können attraktive Partner zu gelblaubigen Gehölzen sein.
Standort: Sonnig bis lichtschattig. Boden mäßig trocken bis frisch, alle durchlässigen, nährstoffreichen Bodenarten, sauer bis alkalisch.
Pflege: Sehr anspruchslos. ✂ 2.
Vermehrung: Stecklinge von krautigen Trieben.

Pieris floribunda, Vielblütige Lavendelheide

Aussehen: *P. floribunda* ist ein immergrüner, breitbuschig aufrechter, bis etwa 2 m hoher, langsam wachsender Strauch mit ledrigen, glänzend dunkelgrünen, 3–8 cm langen, elliptischen bis länglich-lanzettlichen Blättern. Aus den im Herbst schon weit vorgebildeten Blütenkospen entfalten sich im Mai/Juni kleine, weiße, krugförmige, nickende Blüten, die oberhalb der Blätter in aufrechten, vielblumigen, 5–10 (–20) cm langen Rispen zusammenstehen.
Verwendung: Reizvoller, immergrüner Solitär- und Gruppenstrauch, der am besten in Verbindung mit Rhododendren oder in Heidegärten gepflanzt wird.
Standort: Halbschattig bis schattig. Boden frisch bis feucht, durchlässig, nährstoffreich, sandig-humos, sauer.
Pflege: Nur an zusagenden Standorten frohwüchsig. ✂ 1.
Vermehrung: Stecklinge von ausgereiften Trieben.

Pieris floribunda

Pieris japonica, Japanische Lavendelheide

(Tab. 50)

Aussehen: Mit einer Wuchshöhe von 2–3 m wird die immergrüne, breitbuschig aufrechte, japanische Art etwas höher als ihre amerikanische Schwester. An den Zweigenden gehäuft stehen die länglich-lanzettlichen, 3–8 cm langen, glänzend dunkelgrünen Blätter. Sie sind im Austrieb mehr oder weniger intensiv bräunlich rot bis rot. Bei *P. japonica* stehen die kleinen, weißen, krugförmigen Blüten in ziemlich lockeren, ausgebreitet überhängenden, 12–15 cm langen Rispen zusammen. Sie blühen von März bis Mai auf, deutlich früher also als die Blüten von *P. floribunda*.

Pieris japonica

Tab. 50 Empfehlenswerte Sorten von *Pieris japonica*

Sorte	Blüten	Blätter
'Carneval'	weiß	im Austrieb bronzerot, dann leuchtend rot, später dunkelgrün, creme- bis silberweiß gerandet
'Debutante'	reinweiß, schon früh reich blühend	mattglänzend dunkelgrün
'Little Heath'	weiß	im Austrieb bräunlich rot, später hellgrün, rahmweiß gerandet
'Mountain Fire'	weiß, Blütenknospen im Winter purpurrot	im Austrieb glänzend kastanienbraun bis braunrot, später dunkelgrün
'Purity'	reinweiß, schon früh reich blühend	glänzend grün
'Red Mill'	rahmweiß	im Austrieb braunrot, später glänzend
'Valley Rose'	rosa, Blütenknospen im Winter rotbraun	im Austrieb braunrot, später hellgrün
'Valley Valentine'	tiefrosa bis weinrot	im Austrieb blutrot bis kupferfarben, später tiefgrün
'Variegata'	rahmweiß	hellgrün, rahmweiß gerandet
'White Pearl'	weiß, Blütenstandsachsen braunrot	schwach glänzend, dunkelgrün

Verwendung: Mit den großen, lockeren Blütenständen zierlicher und gefälliger als *P. floribunda*, deshalb auch häufiger gepflanzt als diese. Neben der Art sind zahlreiche Sorten mit z.T. abweichenden Blütenfarben in Kultur. Auch bei *P. japonica* sind die Blütenknospen schon im Herbst weit vorgebildet und oft gut ausgefärbt, sie stehen dann wochenlang in einem schönen Kontrast zu den dunkelgrünen Blättern.
Standort, Pflege und Vermehrung: Wie bei *P. floribunda*.

Pieris japonica 'Carneval'

Pieris japonica 'Red Mill'

Pieris japonica 'Variegata'

Pleioblastus auricomus, Kamuro-Bambus

Aussehen: *P. auricomus* (Syn. *P. viridistriatus*) wird mit dünnen, anfangs orangefarbenen, später violettgrünen Halmen 1–3 m hoch und bildet mit kurzen Ausläufern dichte Bestände. Die 12–22 cm langen Blätter sind beiderseits anfangs weich behaart. Sie sind im Frühjahr gelb mit einigen unterschiedlich breiten Streifen in verschiedenen Grüntönen, im Laufe des Jahres vergrünen die Blätter.
Verwendung: Kann großflächig als Bodendecker gepflanzt werden, auch unter sommergrünen Bäumen.
Standort: Licht- bis halbschattig. Boden mäßig trocken bis frisch, tiefgründig, lehmig, neutral bis alkalisch.
Pflege: Kann jährlich bis zum Boden zurückgeschnitten werden.
Vermehrung: Teilung der Mutterpflanze oder Abteilen von Rhizomstücken.

Pleioblastus auricomus

Pleioblastus variegatus

Weitere empfehlenswerte Pleioblastus-Arten

Pleioblastus pygmaeus* var. *distichus
Wuchs aufrecht, bis 1 m hoch, sehr stark wuchernd. Blätter 3–7 cm lang, grün, in 2 Reihen angeordnet, deshalb farnartig wirkend. Braucht als Bodendecker ausreichend Platz und kann jährlich bis zum Boden zurückgeschnitten werden, auch mit einem Rasenmäher.

Pleioblastus variegatus
Er wird kaum mehr als 0,7 m hoch, breitet sich durch Ausläufer stark aus, kann ebenfalls als Bodendecker gepflanzt und jährlich kräftig zurückgeschnitten werden. Die 10–20 cm langen, dunkelgrünen Blätter sind auffallend weiß bis cremefarben gestreift. Die Färbung bleibt auch an sonnigen Standorten erhalten.

Potentilla fruticosa, Fingerstrauch (Tab. 51)

Aussehen: Die zahlreichen Sorten des sommergrünen, dicht verzweigten Strauches werden zwischen 0,5 und 1,2 m hoch. Die gefiederten Blätter haben meist 5, selten 3 oder 7 länglich-elliptische bis linealische, seidig behaarte, grüne oder blau-

Tab. 51 Empfehlenswerte Sorten von *Potentilla fruticosa*

Sorte	Blüten	Wuchs	Belaubung
'Abbotswood'	reinweiß	dichtbuschig, bis 1,2 m hoch	blaugrün
'Elisabeth'	hellgelb, groß	ausgebreitet, bis 0,9 m hoch	blaugrün
'Goldfinger'	tiefgelb, sehr groß	breit aufrecht, bis 1,3 m hoch	frischgrün, groß
'Goldkissen'	zitronengelb, klein	rundlich, buschig, 0,4 m hoch	dunkelgrün
'Goldstar'	tiefgelb, sehr groß	breitbuschig, bis 1,2 m hoch	blaugrün, mittelgroß
'Goldteppich'	tiefgelb, groß	ausgebreitet, bis 0,7 m hoch	graugrün, groß
'Hachmanns Gigant'	tiefgelb, sehr groß	breitbuschig, bis 0,7 m hoch	dunkelgrün, mittelgroß
'Leuchtfeuer'	kräftig gelb, groß, sternförmig	straff breit aufrecht, bis 0,8 m	dunkelgrün, mittelgroß
'Manchu'	reinweiß, klein	ausgebreitet, bis 0,5 m hoch	blaugrün bis grau, mittelgroß
'Pink Beauty'	rosa, halbgefüllt	breitbuschig bis niederliegend, bis 0,6 m hoch	hellgrün
'Pretty Polly'	hellrosa, mittelgroß	breitbuschig, fein verzweigt, bis 0,6 m	dunkelgrün
'Red Ace'	rotorange bis orangegelb	breitbuschig, feinzweigig, bis 0,6 m hoch	frischgrün, klein
'Snowbird'	weiß, groß, gefüllt	breit aufrecht, bis 0,9 m hoch	dunkelgrün
'Sommerflor'	tiefgelb, groß	gedrungen, bis 0,8 hoch	blaugrün, mittelgroß

Potentilla fruticosa 'Abbotswood'

Potentilla fruticosa 'Goldfinger'

Potentilla fruticosa 'Pretty Polly'

Potentilla fruticosa 'Sommerflor'

grüne Blättchen. Bei der Art sind die 2–3(–4) cm breiten Blüten gelb, bei den Sorten auch weiß, rosa, kupfrig oder rot. Die Blütezeit dauert vom Juni bis zum Oktober. Die unscheinbaren braunen Fruchtkapseln reifen im September.

Verwendung: Die überaus reich und lange blühenden Kleinsträucher werden einzeln oder in größeren Gruppen in Gehölz- und Staudenrabatten oder in Kombination mit Gräsern, Rosen, Sommerblumen, Kiefer- oder Wacholderarten gepflanzt, sie eignen sich auch hervorragend für niedrige Blütenhecken.

Standort: Sonnig bis lichtschattig. Boden frisch bis mäßig feucht, alle durchlässigen Bodenarten, sauer bis schwach alkalisch. Sind empfind-

lich gegen Hitze, Luft- und Bodentrockenheit.
Pflege: Ein kräftiger Rückschnitt im Frühjahr fördert Blühfreudigkeit und Blütengröße. ✂ 3, 5.
Vermehrung: Stecklinge von krautigen Trieben.

***Prunus cerasifera* 'Nigra', Blut-Pflaume**
Aussehen: Die Blut-Pflaume ist ein raschwüchsiger, 5–7 m hoher, meist vom Boden an verzweigter, sommergrüner Baum mit einer breit kegelförmigen, im Alter eher rundlichen Krone. Die elliptischen bis eiförmigen, 4–6 cm langen Blätter sind den ganzen Sommer über dunkel purpurrot. Die zahlreichen, anfangs rosa, später weißen, 2–2,5 cm breiten Blüten öffnen sich im März/April, oft zusammen mit den Forsythien. Die dunkelroten Pflaumen reifen im September.
Verwendung: Sehr robuster, häufig gepflanzter Kleinbaum mit einer auffallenden Laubfärbung.
Standort: Sonnig bis lichtschattig, hitzeverträglich. Boden mäßig trocken bis frisch, alle durchlässigen Bodenarten, neutral bis stark alkalisch.
Pflege: Auf durchtreibende Unterlagen achten. ✂ 1.
Vermehrung: Okulation im Sommer im Freiland.

Prunus cerasifera 'Nigra'

Weitere empfehlenswerte Blut-Pflaumen

***Prunus × blireana*, Gefüllt blühende Kirschpflaume**
Bis 4 m hoher, breit aufrechter Strauch. Blätter im Austrieb kupfer- bis bronzefarben, den Sommer über gut die Farbe haltend. Blüten hellrosa, halbgefüllt, 2,5 cm breit, vor der Laubentfaltung im April.

***Prunus × cistena*, Zwerg-Blut-Pflaume**
2–3 m hoher, breitbuschig aufrechter Strauch. Zweige glänzend dunkelrot. Blätter lanzettlich bis verkehrt-eiförmig, 2–6 cm lang, im Austrieb dunkelrot gefärbt, später glänzend dunkelpurpurn. Blüten weiß, 2,5 cm breit, sehr zahlreich, Blütezeit im Mai.

***Prunus* 'Trailblazer' (Syn. *P. cerasifera* 'Hollywood')**
Bis 7 m hoher, breitkroniger Strauch oder kleiner Baum. Blätter bis 9 cm lang, braunrot. Blüten in der Knospe rosa, später rahmweiß, 2 cm breit, April/Mai. Früchte sind groß und schmackhaft.

Prunus laurocerasus, Lorbeerkirsche (Tab. 52)

Aussehen: Die Lorbeerkirsche, oft fälschlich als Kirschlorbeer bezeichnet, ist ein immergrüner, 2–6 m hoher und gleich breiter Strauch oder kleiner Baum mit aufstrebenden oder ausgebreiteten Ästen. Die sehr variablen, derb ledrigen, länglichen bis verkehrt-eiförmigen, glänzend dunkelgrünen Blätter werden 5–15 (–25) cm lang. Im Mai stehen kleine, weiße, herb riechende Blüten in 8–12 cm langen, vielblumigen Trauben über den Blättern. Im Oktober/November reifen die etwa 8 mm dicken, kugeligen, schwarzen Steinfrüchte.

Prunus × cistena

Prunus 'Trailblazer'

Verwendung: Mit der derben, immergrünen Belaubung häufig gepflanzte, schattenverträgliche Einzel- und Gruppensträucher, bestens geeignet für Sichtschutzpflanzungen, freiwachsende und geschnittene Hecken oder Unterpflanzungen.
Standort: Sonnig bis schattig. Boden mäßig trocken bis feucht, alle durchlässigen, nährstoffreichen, humosen Bodenarten, schwach sauer bis alkalisch.
Pflege: Im Winter Schutz vor Sonne und scharfen Winden. ✂ 1, 5.
Vermehrung: Aussaat im Frühjahr, Sorten durch Stecklinge von ausgereiften Trieben.

Tab. 52 Empfehlenswerte Sorten von *Prunus laurocerasus*

Sorte	Wuchs	Blätter
'Caucasica'	schmal aufrecht, 2–3 m hoch, frosthart und schnittverträglich	länglich bis schmal-elliptisch, 13–20 cm lang, glänzend hellgrün
'Cherry Brandy'	ausgebreitet, bis 0,6 m hoch, bis 3 m breit, frosthart	elliptisch, 9–11 cm lang, mattglänzend dunkelgrün
'Etna'	breit aufrecht, gedrungen, sehr dicht verzweigt und belaubt, 2–3 m hoch	verkehrt-eiförmig, 9–13 cm lang, im Austrieb bronzefarben, später glänzend dunkelgrün
'Herbergii'	breit aufrecht bis kegelförmig, dicht verzweigt, 2–3 m hoch	schmal-elliptisch, 9–14 cm lang, dunkelgrün
'Mari'	breit aufrecht, dicht verzweigt, 1–2 m hoch, sehr frosthart	länglich-elliptisch, 8–10 cm lang, glänzend dunkelgrün
'Mount Vernon'	gedrungen, breitbuschig, bis 0,3 m hoch, sehr gut für flächige Pflanzungen geeignet	länglich bis elliptisch, 9–11 cm lang
'Otto Luyken'	breit und gedrungen, etwa 1 m hoch, sehr reich blühend, Nachblüte im August/September	länglich bis lanzettlich, 9–12 cm lang, glänzend dunkelgrün
'Piri'	ausgebreitet, kompakt, dicht verzweigt, etwa 1 m hoch, sehr reiche Nachblüte, besonders frosthart	elliptisch, 7–8 cm lang, mattgrün
'Reynvaanii'	ziemlich schmal aufrecht, kompakt, bis 2 m hoch, sehr reiche Nachblüte, besonders frosthart	schmal-elliptisch, 9–14 cm lang, leicht glänzend dunkelgrün
'Rotundifolia'	stark, breit aufrecht, 3–4 m hoch	verkehrt-eiförmig, vorn abgerundet, 12–16 cm lang, schwach glänzend dunkelgrün
'Schipkaensis Macrophylla'	locker breit aufrecht, bis 2,5 m hoch, reichblühend	elliptisch, 10–12 cm lang, glänzend dunkelgrün
'Zabeliana'	ausgebreitet, bis 1,5 m hoch, bis 3 m breit, besonders frosthart	länglich-lanzettlich, 7–15 cm lang, glänzend dunkelgrün

Prunus laurocerasus 'Etna'

Prunus laurocerasus 'Mount Vernon'

Prunus laurocerasus 'Otto Luyken'

Prunus mume 'Beni-shidori', Japanische Aprikose

Aussehen: In seiner japanischen Heimat wird der kleine, 5–10 cm hohe, rundkronige Baum als Ume bezeichnet. Er hat schlanke, glänzend grüne Zweige und breit eiförmige, 4–10 cm lange, fein und scharf gesägte, frischgrüne Blätter. Sehr früh, im März/April, öffnen sich die besonders am Abend stark duftenden, etwa 3 cm breiten Blüten. Sie sind über die ganze Länge der vorjährigen Zweige verteilt. Die Blüten sind bei 'Beni-shidori' einfach und dunkelrosa gefärbt. Bei anderen Sorten sind sie auch gefüllt und weiß oder mehr oder weniger intensiv rosa. Nur selten reifen bei uns die 2–3 cm dicken, kugeligen, essbaren Früchte, sie werden in Japan und China in vielfältiger Form zubereitet.
Verwendung: In Japan und China ein mythenbehafteter Baum, der mit seiner sehr frühen Blüte den lang ersehnten, nahenden Frühling ankündigt. Auch bei uns ein zauberhafter, völlig frostharter Blütenbaum.
Standort: Sonnig. Boden frisch bis feucht, durchlässig, gepflegt, sandig- oder lehmig-humos, sauer bis neutral.
Pflege: Siehe Kasten. ✂ 4.
Vermehrung: Sommerokulation im Freiland.

Prunus laurocerasus 'Piri'

Prunus laurocerasus 'Schipkaensis Macrophylla'

Prunus mume 'Beni-shidori'

Zweigsterben bei Prunus-Arten
Verschiedene *Prunus*-Arten werden häufig regelmäßig von dem Pilz *Monilia laxa* befallen. Der Pilz dringt durch Wunden (auch durch verwelkte Blüten) in die Leitungsbahnen der Zweige ein und verstopft diese. Die Neuaustriebe welken, ganze Zweigsysteme können absterben. Befall und Ausbreitung des Pilzes können zuverlässig verhindert werden, wenn die Blütenzweige unmittelbar nach der Beendigung der Blüte stark zurückgeschnitten werden. Die betreffenden Arten werden noch im gleichen Jahr lange Neutriebe bilden, an denen sich im kommenden Frühjahr wieder zahlreiche Blüten entfalten werden. In dieser Weise sollten unbedingt folgende Arten behandelt werden: *P. mume, P. nipponica* var. *kurilensis, P. tenella* und *P. triloba*.

Prunus serrulata, Japanische Zier-Kirsche
(Tab. 53)

Aussehen: Zu *P. serrulata* gehört eine Gruppe von Zier-Kirschen, die häufig japanischen Ursprungs sind. Sie entwickeln sich in der Regel zu breit aufrechten Kleinbäumen mit eiförmigen bis rundlichen Kronen. Einige Sorten wachsen schmal säulenförmig, bei anderen hängen die Äste in weiten Bögen über. Die dunkelgrünen, im Austrieb oft bronzefarbenen Blätter färben sich im Herbst oft gelb bis orangerot. Zier-Kirschen blühen im April/Mai überreich mit einfachen bis gefüllten, weißen oder rosafarbenen Blüten.
Verwendung: Nahezu unentbehrliche Blütenbäume für Gärten und Parkanlagen, die gelegentlich auch als Straßenbäume verwendet werden.
Standort: Sonnig. Boden frisch, alle tiefgründigen, nährstoffreichen Bodenarten, schwach sauer bis alkalisch.
Pflege: Keine besonderen Ansprüche. ✂ 1.
Vermehrung: Okulation im Sommer.

Tab. 53 Empfehlenswerte Japanische Zier-Kirschen

Sorte	Wuchs/Belaubung	Blüten
'Amanogawa'	anfangs schmal säulenförmig, später breiter, 6–8 m hoch, Krone 1–3 m breit, Herbstfärbung gelb und orangerot	in der Knospe rosa, aufgeblüht hellrosa, schalenförmig, 4,5 cm breit, halbgefüllt, duftend
'Fugenzo'	bis 10 m hoch, Krone abgeflacht trichterförmig, bis 8 m breit	in der Knospe rosarot, aufgeblüht reinrosa, 4,5 cm breit, stark gefüllt
'Kanzan'	breit trichterförmig, bis 12 m hoch, Krone 5–8 m breit, Herbstfärbung gelborange, sehr reich blühend	in der Knospe rosarot, aufgeblüht rosa, 4,5–5 cm breit, gefüllt
'Kiki-shidare-zakura'	Hängeform, 4–7 m hoch, Krone 4–5 m breit, Äste in kurzen Bögen überhängend, Herbstfärbung gelborange	in der Knospe tiefrosa, aufgeblüht hellrosa, 3–3,5 cm breit, kugelig, stark gefüllt
'Pink Perfection'	breit aufrecht, bis 5 m hoch, Krone locker verzweigt, Zweige dünn, oft hängend	in der Knospe rot, aufgeblüht rosa, 5–6 cm breit, gefüllt, sehr zahlreich
'Royal Burgundy'	breit trichterförmig, 5–7 m hoch, Krone 3–5 m breit, Blätter tief violettpurpurn	dunkelrosa, halbgefüllt
'Shirotae'	breit schirmförmig, bis 5 m hoch, Krone 10–12 m breit	in der Knospe leicht rosa getönt, aufgeblüht reinweiß, 5–6 cm breit, einfach bis leicht gefüllt
'Shogetsu'	schirmförmig, bis 5 m hoch, Krone abgeflacht halbkugelig, Äste überhängend	in der Knospe hellrosa, aufgeblüht reinweiß, 4–4,5 cm breit, gefüllt

Prunus serrulata 'Fugenzo'

Prunus serrulata 'Kanzan'

Prunus serrulata 'Shogetsu'

Weitere empfehlenswerte Zier-Kirschen

Prunus 'Accolade'
5–10 m hoher Baum, Krone breit trichterförmig bis nahezu schirmförmig, 4–6 m breit. Blätter elliptisch, 8–10 cm lang, im Herbst gelb und rot. Blüten sehr zahlreich, hellrosa, halbgefüllt, 4 cm breit, April/Mai. Sehr wertvolle Sorte, auch für kleinere Gärten gut geeignet.

Prunus × _eminens_ 'Umbraculifera' (Syn. _P. fruticosa_ 'Globosa')
3–5 m hoher Baum. Krone anfangs regelmäßig kugelig, später abgeflacht kugelig, sehr dicht verzweigt, 2–4 m breit. Blätter schmal verkehrt-eiförmig, 3–5 cm lang, im Herbst gelborange bis bronzerot. Blüten rahmweiß, aber kaum auffallend, 1,5 cm breit, einfach, April/Mai. Hitze- und trockenresistente Sorte, sehr gut für regelmäßige Anlagen und für Straßenbepflanzung geeignet.

Prunus incisa 'Kojou-no-mai'
Sehr filigrane, schwachwüchsige, kaum mehr als mannshohe, breit aufrecht wachsende Sorte. Zweige auffallend zickzackförmig gebogen und gedreht. Blätter 2–4 cm lang, lang zugespitzt, im Herbst auffallend leuchtend rot. Blüten in der Knospe hellrot, geöffnet rosa, einfach, nickend, März/April. 'Kojouna-mai' ist die zierlichste Sorte unter den Zier-Kirschen.

Prunus nipponica var. _kurilensis_ 'Brillant', Kurilen-Kirsche
Überaus reich blühender, 1,5–3 m hoher Strauch oder kleiner Baum. Blätter schmal eiförmig, 7–9 cm lang, im Herbst leuchtend orangerot. Blüten weiß bis weißlich rosa, einfach, weit geöffnet, 2,5–3 cm breit, April. Zum notwendigen regelmäßigen Rückschnitt siehe Kasten auf Seite 169.

Prunus 'Accolade'

Prunus × _eminens_ 'Umbraculifera'

Prunus incisa 'Kojou-no-mai'

Prunus nipponica var. _kurilensis_ 'Brillant'

Prunus sargentii, Berg-Kirsche
10–15(–20) m hoher Baum. Krone anfangs kegelförmig, später breit ausladend und locker. Die glatte Spiegelrinde kastanienbraun. Blätter elliptisch bis eiförmig, 7–12 cm lang, im Austrieb bronzefarben, später dunkelgrün, im Herbst leuchtend orange bis scharlachrot – keine andere Art der Gattung färbt ihr Laub so zuverlässig und strahlend wie diese. Blüten rosarot, einfach, 3–4 cm breit, sehr zahlreich, April/Mai.

Prunus sargentii

Die Kirsche – Sinnbild japanischer Geisteshaltung
Japan ist die Heimat zahlreicher Kirscharten. Dort ist die Sakura, die Kirsche, nationales Symbol und seit dem 19. Jh. Nationalblume des Landes. Schon viel länger gilt die Kirsche als Sinnbild japanischer Geisteshaltung. Ihre Blüten prunken nicht mit starken Farben, sondern sind vielmehr hell und schlicht. Weil sie ohne zu zögern rein und lautlos fallen, noch bevor sie verwelken, gelten sie als Symbol japanischer Mannestugend und des Samuraigeistes. Der Kirschbaum versinnbildlicht eine über den weltlichen Ruhm erhabene Seele, denn er blüht nur kurze Zeit und überlässt dann willig seine Blüten dem Wind.

Prunus subhirtella 'Autumnalis'

Prunus subhirtella 'Fukubana'

***Prunus serrula*, Mahagoni-Kirsche, Tibetanische Kirsche**
Bis 10 m hoher, meist vom Boden an mehrstämmiger, breitkroniger Baum. Die lange glatt bleibende, mit quer verlaufenden Lentizellenbändern gezeichnete Spiegelrinde auffallend glänzend mahagonibraun. Blätter lanzettlich bis schmal-elliptisch, 4–10 cm lang, mattgrün. Blüten weiß, etwa 2 cm breit, wenig auffallend, April/Mai. Gefällt vor allem durch die einzigartige Rindenfärbung.

Prunus serrula

***Prunus subhirtella* 'Autumnalis'**
Bis 7 m hoher, breit aufrechter, fein verzweigter Baum. Blätter eiförmig bis länglich-eiförmig , 3–8 cm lang, im Austrieb hell bronzefarben bis bronzegrün, später dunkelgrün und am Rand grob gesägt. Blüten in der Knospe rosa, aufgeblüht fast weiß, 2–2,5 cm breit, halbgefüllt, weit geöffnet, März/April, gelegentlich schon im November/Dezember. Attraktiver Winter- und Vorfrühlingsblüher.

***Prunus subhirtella* 'Fukubana'**
Bis 5 m hoher, breit aufrechter, reich verzweigter, überaus reich blühender Kleinbaum. Blätter im Austrieb leicht bronzegrün, später dunkelgrün. Blüten in der Knospe purpurrot, aufgeblüht dunkelrosa, nur wenig verblassend, 1,8 cm breit, halbgefüllt, April. Blüht überaus reich und wächst graziler als Sorten von *P. serrulata*, ist deshalb für kleinere Gärten besser geeignet als diese.

***Prunus × yedoensis*, Yoshino-Kirsche**
10 (–15) m hoher Baum, Krone locker, bis 12 m breit. Blätter elliptisch bis eiförmig, 6–12 cm lang, am Rand mit grannig zugespitzen Zähnen, frischgrün, im Herbst goldgelb bis ziegelrot. Blüten sehr zahlreich, in der Knospe zartrosa, aufgeblüht weiß, schwach duftend, meist einfach, 3–3,5 cm breit, April/Mai. Gehört wegen der weißen Blütenfülle in Japan zu den am häufigsten verwendeten Zier-Kirschen.

Prunus × yedoensis

Prunus tenella 'Firehill'

Prunus tenella 'Firehill', Russische Zwerg-Mandel

Aussehen: Der nur 1–1,5 m hohe Strauch breitet sich durch unterirdische Ausläufer aus und bildet mit seinen aufrechten Zweigen anfangs dichte, später aufgelockerte Bestände. Lanzettlich bis schmal verkehrt-eiförmig sind die hellgrünen, 3–7 cm langen Blätter. Lange vor der Laubentfaltung, im April/Mai, öffnen sich entlang der vorjährigen Zweige die zahlreichen dunkelrosa, 2,5 cm breiten, einfachen, duftenden Blüten. Nur selten werden die 2 cm langen, gelbgrün filzigen Früchte angesetzt.
Verwendung: Wunderschöner kleiner Blütenstrauch für große Stein- und Steppengärten, für Hochbeete und Kübel und am Saum von Gehölzrabatten.
Standort: Sonnig bis lichtschattig, hitzeverträglich. Boden trocken bis frisch, durchlässig, sandig-lehmig, neutral bis alkalisch. Bodentrockenheit gut ertragend.
Pflege: Siehe Kasten Seite 169. ✂4.
Vermehrung: Aufnehmen der bewurzelten Ausläufer.

Prunus triloba, Mandelbäumchen

Aussehen: *P. triloba* ist ein allgemein bekannter, 2–3 m hoher, reich verzweigter Strauch oder kleiner Baum mit dunkelbraunen Zweigen und verkehrt-eiförmigen, 3–6 cm langen Blättern. Im März/April öffnen sich die 2,4–3 cm breiten, rosettenartig dicht gefüllten, rosa Blüten, die dicht gedrängt an den vorjährigen Zweigen stehen. Bei der Sorte 'Rosenmund' sind die Blüten dunkelrosa.
Verwendung: Attraktiver Frühjahrsblüher, der als Solitärgehölz oder in kleinen Gruppen gepflanzt wird.
Standort: Sonnig. Boden frisch bis mäßig feucht, durchlässig, nährstoffreich, sandig-lehmig, schwach sauer bis alkalisch.
Pflege: Zum Schnitt siehe Kasten auf Seite 169. Möglichst wurzelechte Pflanzen verwenden, da sonst stets mit austreibenden Unterlagen zu rechnen ist. ✂4.
Vermehrung: Stecklinge von krautigen Trieben.

Pseudosasa japonica, Fächer-Bambus

Aussehen: *P. japonica* wächst straff aufrecht, wird 3–6 m hoch und breitet sich durch die unterirdischen Rhizome im Vergleich zu den *Phyllostachys*-Arten zwar langsam, aber stetig aus. An den starken, einzeln stehenden Seitenzweigen sind die 10–35 cm langen, schmal lanzettlichen, ziemlich derben Blätter fächerförmig ausgebreitet.
Verwendung: Sehr robust und winterhart, sehr gut für blickdichte Sichtschutzpflanzungen geeignet.
Standort: Lichtschattig. Boden frisch bis feucht, durchlässig, sandig- bis lehmig-humos, schwach sauer bis neutral.
Pflege: Rhizomsperren sind angebracht.
Vermehrung: Teilung der Mutterpflanze oder Abteilen von Rhizomstücken.

Pyracantha coccinea, Feuerdorn (Tab. 54)

Aussehen: Statt der immergrünen, im Mittelmeergebiet heimischen, dornig bewehrten Art werden bei uns einige Sorten von *P. coccinea* oder verschiedene Hybriden kultiviert. Sie wachsen straff aufrecht bis breitbuschig und werden 2–3 m hoch und gleich breit. Die derb ledrigen, glänzend dunkelgrünen Blätter sind 2–4 cm lang und elliptisch bis lanzettlich. Im Mai/Juni stehen die weißen, etwa 8 mm breiten, streng weißdornartig riechenden Blüten in vielblumigen, 2,5–4 cm breiten Trugdolden zusammen. Im September/Oktober reifen die zahlreichen, lange haftenden 5–6 mm dicken, kugeligen, roten, scharlachroten oder gelben Früchte.
Verwendung: Durch immergrüne Blätter, reichen Blütenflor und lange haftende Früchte ganzjährig attrak-

Pseudosasa japonica

Tab. 54 Empfehlenswerte, weitgehend schorfresistente Sorten von *Pyracantha*

Sorte	Wuchs	Früchte
Sorten von *Pyracantha coccinea*		
'Red Column'	straff aufrecht, breit kegelförmig, reich verzweigt, 2–3 m hoch	hellrot, groß, zahlreich
'Red Cushion'	breitbuschig, bis 0,9 m hoch, bis 1,5 m breit	orangerot, mittelgroß
Pyracantha-Hybriden		
'Mohave'	stark, reich verzweigt, bis 4 m hoch	orangerot, groß, zahlreich
'Orange Charmer'	breitbuschig aufrecht, bis 2,5 m hoch	tieforange, klein bis mittelgroß
'Orange Glow'	schlank aufrecht, locker, bis 3,5 m hoch	orangerot, mittelgroß
'Soleil d'Or'	breitbuschig aufrecht, bis 2 m hoch, sehr dornig	goldgelb, sehr zahlreich
'Teton'	straff aufrecht, Zweige waagerecht abstehend, bis 4 m hoch, mäßig frosthart	gelborange, klein, sehr zahlreich

Pyracantha coccinea 'Red Column'

Pyracantha 'Mohave'

Pyracantha 'Soleil d'Or'

tive Sträucher für Einzel- und Gruppenpflanzung, freiwachsende und geschnittene Hecken, sie können auch als Spaliersträucher zur Begrünung von Wänden gezogen werden. Ökologisch wertvoll, weil Bienenweide sowie Vogelnähr- und -schutzgehölze.
Standort: Sonnig bis lichtschattig, hitzeverträglich. Boden trocken bis frisch, alle durchlässigen, schwach sauren bis alkalischen Bodenarten.
Pflege: Schorfresistente Sorten bevorzugen. ✂ 1, 5.
Vermehrung: Stecklinge von krautigen Trieben.

Pyrus calleryana 'Chanticleer', Chinesische Birne

Aussehen: 'Chanticleer' ist ein 8–15 m hoher, früh austreibender Baum mit durchgehendem Stamm und einer regelmäßigen, schmal kegelförmigen, 4–5 m breiten Krone. Eiförmig oder rundlich sind die bis 12 cm langen, glänzend dunkelgrünen, ledrigen, lange haftenden Blätter. Sie färben sich im Herbst

Pyrus calleryana 'Chanticleer'

prachtvoll orange, scharlach und purpurn. Vor oder mit dem Laubaustrieb entfalten sich die zahlreichen weißen, etwa 2 cm breiten Blüten. Erst im November reifen die rundlichen, 1 cm dicken, grünlich braunen Früchte.
Verwendung: Mit der prachtvollen Herbstfärbung ein attraktiver, hitze- und trockenresistenter, stadttauglicher Solitär-, Straßen- und Alleebaum.
Standort: Sonnig. Boden sehr trocken bis frisch, tiefgründig, sandiglehmig, schwach sauer bis stark alkalisch.
Pflege: Junge Pflanzen in kalten Wintern schützen. ✂ 1.
Vermehrung: Sommerokulation im Freiland.

Pyrus salicifolia 'Pendula', Weidenblättrige Birne

Aussehen: Die Weidenblättrige Birne fällt vor allem durch ihre schmal lanzettlichen, 3–9 cm langen, beiderseits silbergrau behaarten, lange haftenden Blätter auf. Die langsam wachsende Birne entwickelt sich zu einem 5–9 m hohen, meist kurzstämmigen Baum mit waagerecht abstehenden bis knieförmig abwärts gebogenen Ästen, dornigen Zweigen und grauweiß filzigen Trieben. Im April trägt der Baum zahlreiche weiße, 2 cm breite Blüten in kleinen Trugdolden. Die 2–3 cm langen, harten, birnenförmigen Früchte sind ungenießbar.
Verwendung: Malerisch gewachsene, graulaubige, hitze- und trockenresistente Hängeform für eine Solitärstellung im Garten und in Parkanlagen, besonders schön in weiträumigen Steppengärten.
Standort: Sonnig. Boden trocken bis frisch, tiefgründig, sandig-lehmig, neutral bis stark alkalisch.
Pflege: Keine besonderen Ansprüche. ✂ 1.
Vermehrung: Sommerokulation im Freiland.

Pyrus salicifolia 'Pendula'

Quercus pontica, Armenische Eiche

Aussehen: Im Gegensatz zu vielen anderen großkronigen Eichen erreicht *Q. pontica* nur eine Wuchshöhe von maximal 6 m. Der oft vom Boden an mehrstämmige, sparsam verzweigte Baum oder Strauch hat anfangs eine kegelförmige, später mehr rundliche Krone.

Mit einer Länge von 15–25 cm sind die verkehrt-eiförmigen, lebhaft grünen, glänzenden Blätter auffallend groß. Sie sind nicht, wie die Blätter der meisten Eichen, gebuchtet, sondern nur scharf gezähnt. Im Herbst färben sie sich lederbraun bis goldgelb. Die 2 cm langen, eiförmigen Eicheln sind zur Hälfte von einem stark beschuppten Becher umgeben.
Verwendung: Die ungewöhnlich belaubte Eiche ist mit ihrer geringen Wuchshöhe auch für kleinere Gärten geeignet.

Quercus pontica

Standort: Sonnig, wärmeliebend. Boden trocken bis frisch, tiefgründig, sandig-lehmig, alkalisch.
Pflege: Junge Pflanzen in kalten Wintern schützen. ✂ 1.
Vermehrung: Aussaat im Herbst oder im Frühjahr.

Weitere empfehlenswerte Eichen

***Quercus cerris*, Zerr-Eiche**
20–30 m hoher Baum. Krone anfangs locker kegelförmig, später meist hoch gewölbt. Borke dunkelgrau, dick und tief gefurcht.

Quercus cerris

Blätter sehr variabel, 6–12 cm lang, tief buchtig gelappt, auf beiden Seiten mit 4–9 stachelspitzigen Lappen. Herbstfärbung meist gelbbraun. Eicheln zur Hälfte von langschuppigem Becher umgeben. Wärmeliebende, hitzeverträgliche Eiche für bodentrockene Standorte.

Quercus coccinea

Quercus palustris

***Quercus coccinea*, Scharlach-Eiche**
15–20 (–25) m hoher Baum. Krone locker kegelförmig bis rundlich. Borke dunkelgrau, feinrissig. Blätter 8–15 cm lang, tief gebuchtet, jederseits mit 3–4 abstehenden Lappen, glänzend dunkelgrün, im Herbst leuchtend scharlachrot. Eicheln etwa bis zur Hälfte von einem napfförmigen Becker umgeben. Mit der prachtvollen Herbstfärbung ein attraktiver, stadtklimaverträglicher Baum für saure bis schwach alkalische Böden.

***Quercus palustris*, Sumpf-Eiche**
15–20 (–25) m hoher Baum mit durchgehendem Stamm. Krone eiförmig kegelförmig, oft mit abgestorbenen Ästen. Borke lange glatt bleibend, zuletzt rau und flach gefurcht. Blätter 8–15 cm lang, tief gebuchtet, jederseits mit 2–4 waagerecht abstehenden, länglichen oder dreieckigen Lappen, beidereits lebhaft grün, unterseits mit grünweißen Achselbärten. Herbstfärbung prachtvoll karmin- bis dunkelrot. Eicheln sitzend oder kurz gestielt, zu einem Drittel von einem schüsselförmigen Becher umgeben. Prachtvoller Solitär- und Straßenbaum. Verträgt auch vernässte Böden. Mit ‘Green Dwarf’ und ‘Swamp Pygmy’ werden gelegentlich ausgesprochen schwachwüchsige, schön belaubte Sorten angeboten. Sie werden in 15 Jahren kaum mehr als 2,5 m hoch.

***Quercus robur* ‘Concordia’, Gold-Eiche**
Schwachwüchsiger, 10–15 m hoher Baum. Blätter in Form und Größe wie bei der bekannten Stiel-Eiche, aber im Austrieb goldgelb und über den Sommer nur wenig vergrünend.

***Quercus robur* ‘Fastigiata’, Säulen-Eiche**
15–20 m hoher Baum. Krone geschlossen säulenförmig bis schmal kegelförmig, bei guten Auslesen nur 3–4 m breit. Blätter in Form und Größe wie bei der bekannten Stiel-Eiche, oft bis weit in den Winter haftend.

Quercus robur ‘Concordia’

Quercus × *turneri* ‘Pseudoturneri’

***Quercus × turneri* 'Pseudoturneri', Wintergrüne Eiche**
10–15 (–25) m hoher, oft kurzstämmiger Baum. Krone breit eiförmig. Borke dünn, graubraun, klein gefeldert. Blätter 7–10 cm lang, jederseits mit 4–6 breiten, stumpfen Lappen, glänzend dunkelgrün, meist den ganzen Winter über grün bleibend. Früchte werden nur selten angesetzt. Braucht einen wintermilden, geschützten Standort.

Rhododendron calophytum, Schöner Rhododendron

Aussehen: Der immergrüne, locker aufgebaute *Rhododendron* wird in Kultur etwa 2 m, an seinen natürlichen Standorten auch 5–12 m hoch. Er hat dicke, anfangs weißfilzige Triebe und große, 14–30 cm lange, längliche oder eilanzettliche, frischgrüne Blätter. Fünf- bis siebenlappig sind die weißen oder weißlich rosa, offen glockigen, 5–6 cm breiten Blüten. Sie sind mit einem deutlichen karminroten Basalfleck gezeichnet und blühen schon im März/April auf.
Verwendung: Mit den großen Blättern und den zarten, sich früh öffnenden Blüten eine reizende Wildart für Einzel- und Gruppenpflanzungen.
Standort: Halbschattig. Boden frisch bis feucht, durchlässig, sandig- oder lehmig-humos, sauer bis schwach sauer.
Pflege: Gedeiht, wie alle Rhododendren, nur auf zusagenden Standorten zufriedenstellend. ✂ 1.
Vermehrung: Aussaat im Frühjahr unter Glas. Sorten meist durch Handveredlungen im Spätsommer unter Glas.

Weitere empfehlenswerte immergrüne, großblättrige Wildarten

***Rhododendron fortunei*, Fortunes Rhododendron**
Breit aufrechter, 2–4 m hoher und fast ebenso breiter Strauch. Blätter 8–18 cm lang, verkehrt-eiförmig, oberseits matt dunkelgrün, unterseits hell blaugrün. Blüten weiß bis zart hellrosa, duftend, trichterförmig-glockig, bis 9 cm breit, zu 6–12 in lockeren Ständen, Mai/Juni. Das Erbgut der prachtvollen Wildart findet sich in vielen großblumigen Sorten wieder.

***Rhododendron insigne*, Ausgezeichneter Rhododendron**
Halbkugeliger, kompakter, dicht belaubter, 1,5–4 m hoher Strauch. Blätter derb ledrig, schmal-elliptisch, 6–13 cm lang, oberseits dunkelgrün mit leicht eingesenkter Nervatur. Unterseits mit einem silbrigen Indumentum, einem filzigen Haarkleid, das wie ein dichter, glänzender Film wirkt, bedeckt. Blüten innen zartrosa, außen kräftig rosa getönt, breit-glockig, 3–4 cm breit, zu 8–17 in dichten Ständen, Mai/Juni. *R. insigne* ist durch die auffallende Textur der Blätter ein wichtiger Kreuzungspartner für die Züchtung großblumiger Sorten.

***Rhododendron wardii*, Wards Rhododendron**
Breit aufrechter, 1–3 (–8) m hoher Strauch. Blätter schmal verkehrt-eiförmig bis breit eifömig, 6–11 cm lang, oberseits dunkelgrün, unterseits leicht blaugrün. Blüten weiß bis hellgelb, mit oder ohne purpurnem Basalfleck, breit trichterförmig, 3–4 cm breit, 5–15 Einzelblüten in lockeren bis dichten Ständen im Mai. *R. wardii* ist die frosthärteste der großblättrigen, gelb blühenden *Rhododendron*-Arten. Sie hat die gelbe Blütenfarbe an viele Sorten mit gelben oder orangefarbenen Blüten weitergegeben.

Rhododendron calophytum

Rhododendron fortunei

Rhododendron wardii

Standortbedingungen für Rhododendren
Obwohl der Begriff immer wieder gebraucht wird – Rhododendren sind keine Moorbeetpflanzen! Nur wenige Arten gedeihen an ihren natürlichen Standorten in Mooren, die meisten Arten wachsen an Berg- und Schluchthängen, auf alpinen Matten oder in lichten Berg- und Regenwäldern in Rohhumusauflagen über wasserdurchlässigem Gestein. Die wenigen in Mooren vorkommenden Arten haben sehr spezifische Standortansprüche und werden nur von wenigen Spezialisten kultiviert. Die angebotenen Arten und Sorten benötigen für ein befriedigendes Wachstum keine reinen Torfböden. Sie kommen sehr gut mit durchlässigen, gut durchlüfteten, sandig- oder lehmig-humosen, ausreichend nährstoffreichen, gleichmäßig frischen, sauren Böden zurecht. Die Bodenreaktion darf aber auch nicht zu sauer sein, der optimale pH-Wert liegt zwischen 4,5 und 5,0. Auf INKARHO®-Unterlagen veredelte Sorten tolerieren auch einen pH-Wert zwischen 5,5 und 7,0. Rhododendren gedeihen nicht auf schweren, verdichteten, trockenen Böden.
Neben den physikalischen und chemischen Bodeneigenschaften sind auch andere Standortbedingungen für das Wohlbefinden der Rhododendren wichtig: Sie gedeihen am besten in kühlen, luftfeuchten, windgeschützen Lagen und an nur zeitweise besonnten Plätzen. Diese Bedingungen finden sie zum Beispiel im lichten, wandernden Schatten höherer Bäume und Sträucher, sofern diese ein tief reichendes Wurzelwerk besitzen, das nicht in Konkurrenz zu den Rhododendrenwurzeln tritt.

Rhododendron luteum, Pontische Azalee

Aussehen: Der sommergrüne breit aufrechte, dicht verzweigte Strauch wird 1–2 (–4) m hoch. Er hat drüsig-zottig behaarte Jungtriebe und klebrige Winterknospen. Eiförmig oder elliptisch sind die 2–6 cm langen, beiderseits drüsig behaarten, dunkelgrünen Blätter, die sich im Herbst leuchtend gelb, orange oder rot verfärben. Die sattgelben, bis 5 cm breiten, stark süß duftenden, röhrig-trichterförmigen Blüten sitzen zu jeweils 9–17 Stück in kurzen Trauben zusammen. Sie blühen vor der Laubentfaltung im Mai/Juni auf.
Verwendung. Mit ihren zahlreichen, stark duftenden Blüten ist *R. luteum* eine der wichtigsten sommergrünen Arten. Das Erbgut der robusten Art findet sich in zahlreichen sommergrünen Sorten wieder.
Standort und Pflege: Wie bei *R. calophytum*.
Vermehrung: Aussaat im Frühjahr unter Glas.

Rhododendron luteum

Weitere empfehlenswerte sommergrüne Wildarten

Rhododendron albrechtii, Albrechts Azalee
Buschig aufrechter, 1,5–3 m hoher, locker aufgebauter Strauch. Blätter 2–12 cm lang, verkehrt-eiförmig bis elliptisch, meist zu 5 an den Enden von Kurztrieben gehäuft, am Rand fein gesägt und bewimpert, unterseits grau behaart. Herbstfärbung leuchtend gelb. Blüten rötlich purpurn, leuchtend violett- oder tiefrosa, radförmig-glockig, 4–5 cm breit, vor der Laubentfaltung im April/Mai.

Rhododendron albrechtii

Rhododendron camtschaticum

Rhododendron camtschaticum, Kamtschatka-Azalee
Zierlicher, bis 0,2 m hoher, Ausläufer treibender Strauch. Triebe mit langen, borstigen Haaren bedeckt. Blätter 1,5–5 cm lang, verkehrt-eiförmig bis spatelig, am Rand bewimpert. Herbstfärbung gelb bis rot. Blüten purpurrot, 3–4 cm breit, weit geöffnet, zu 1–3 an diesjährigen, beblätterten Trieben. Blüte im Mai, im September oft nachblühend. Reizender Zwergstrauch, der seinen besten Platz im Alpinum in Verbindung mit großen Steinen findet. Braucht einen feuchtkühlen Wurzelbereich.

Rhododendron occidentale, Westliche Azalee
Breit aufrechter, 1–2 m hoher Strauch mit weich behaarten Trieben. Blätter 4–10 cm lang, elliptisch bis lanzettlich, glänzend grün, unterseits hell graugrün. Herbstfärbung scharlachrot. Blüten weiß bis hellrosa, im Schlund gelb gefleckt, stark duftend, etwa 6 cm beit, röhrig-trichterförmig, außen drüsig zottig behaart, Mai/Juni, vor oder mit der Laubentfaltung. 'Irene Koster' und 'Jack Brydon' sind prachtvolle, besonders reich blühende Auslesen.

Rhododendron schlippenbachii, Schlippenbachs Azalee
Breit aufrechter, locker aufgebauter, 2–3 m hoher Strauch. Blätter verkehrt-eiförmig bis breit eiförmig und 4–10 cm lang. Meist erscheinen 5 Blätter an den Zweigenden gehäuft. Sie sind frischgrün, im Herbst gelb bis karminrot. Blüten rosa, die oberen Kronblätter rotbraun gefleckt, weit geöffnet, 5–8 cm breit. Mit der zarten Blüte und dem gefälligen Wuchs eine der schönsten sommergrünen *Rhododendron*-Arten.

Rhododendron Forrestii-Gruppe (Tab. 55)

Aussehen: Zu dieser Gruppe, die nicht selten auch als *R.* Repens-Gruppe bezeichnet wird, gehören einige Sorten mit einem zwergigen, kompakten, ausgebreiteten bis abgeflacht halbkugeligen Wuchs. Sie werden in 10 Jahren 0,4 bis 0,9 m hoch, aber etwa doppelt so breit. Ihre derb ledrigen Blätter sind meist dunkelgrün. Die überwiegend trichterförmigen, fleischigen Blüten sind leuchtend rot oder scharlachrot, sie

Tab. 55 Empfehlenswerte Sorten von *Rhododendron* der Forrestii-Gruppe

Sorte	Wuchs (Wuchshöhe/-breite in 10 Jahren)	Blüten
'Bad Elisen'	ausgebreitet, 07/1,2 m	leuchtend scharlachrot, 3,5–5,5 cm breit
'Baden-Baden'	abgeflacht halbkugelig, 0,9/1,4 m	leuchtend scharlachrot, bis 6 cm breit
'Hachmann's Corinna'	flach, kompakt, 0,35/0,9 m	leuchtend rot, 6,5–7,5 cm breit
'Pumuckl'	dicht, kompakt, 0,6/0,9 m	leuchtend lackrot, 5,5–6 cm breit
'Scarlet Wonder'	gleichmäßig halbkugelig, 0,7/1,1 m	scharlachrot, 4,5–5,5 cm breit

Rhododendron schlippenbachii

Rhododendron 'Pumuckl'

Rhododendron 'Scarlet Wonder'

sind zu lockeren Ständen geordnet und entfalten sich im Mai.
Verwendung: Die zwergig wachsenden Sorten eignen sich besonders gut für kleine Gärten, passende Plätze finden sie auch in Heidegärten oder größeren Steingärten. Sie sind, eine ausreichende Luft- und Bodenfeuchtigkeit vorausgesetzt, auch für sonnige Standorte geeignet.
Standort: Sonnig bis halbschattig. Bodenansprüche wie *R. calophytum*.
Pflege: Wie bei *R. calophytum*. ✂ 1.
Vermehrung: Stecklinge von gerade ausgereiften Trieben.

Rhododendron hirsutum, Behaarte Alpenrose

Aussehen: Die in den mittleren und Ostalpen heimische Alpenrose ist ein immergrüner, bis 1 m hoher, kurzastiger, dicht beblätterter Strauch. Die 1–3 cm langen, eiförmigen bis rundlichen, am Rand lang bewimperten, oberseits frischgrünen Blätter sind unterseits mit zerstreuten, goldfarbenen Drüsenschuppen besetzt. Im Mai bis Juli entfalten sich die purpurrosa, trichterförmig-glockigen, etwa 1,5 cm breiten Blüten, die zu 3–15 in kurzen Trauben stehen.

Bei der ebenfalls in den Alpen und Pyrenäen heimischen Rostblättrigen Alpenrose, *R. ferrugineum*, sind die Blätter unterseits dicht rostbraun beschuppt und am Rand nicht bewimpert. Die schmal röhrenförmigen, etwa 1,5 cm breiten Blüten sind ebenfalls purpurrosa.
Verwendung: Die beiden zwergwüchsigen, in Kultur etwas heiklen Alpenrosen eignen sich gut für Stein- und Heidegärten, für Rhododendronbeete und Gräber.
Standort: Sonnig bis lichtschattig, kühl, luftfeucht. Boden frisch bis feucht, sehr durchlässig, humos, sauer bis schwach sauer.

Rhododendron hirsutum

Pflege: Gedeiht nur an zusagenden Standorten zufriedenstellend. ✂ 1.
Vermehrung: Aussaat im Frühjahr unter Glas.

Rhododendron impeditum, Veilchenblauer Rhododendron

Aussehen: *R. impeditum* ist ein immergrüner, bis 0,6 m hoher, aufrechter oder ausgebreiteter, dicht und fein verzweigter Zwergstrauch. Länglich-eiförmig sind die 0,8–1,5 cm langen, oberseits dunkelgrünen, unterseits braun beschuppten, würzig duftenden Blätter. Rotviolett bis lavendelrosa sind die trichterförmigen, etwa 2,5 cm breiten Blüten mit den weit herausragenden Staubblättern. Im April/Mai stehen die Blüten in reicher Fülle über dem Laub. In Kultur sind häufig Sorten wie 'Blue Tit Magor' und 'Moerheim'.
Verwendung: *R. impeditum* gehört, wie *R. russatum*, zur Gruppe der kleinblättrigen, immergrünen Arten. Hervorragend für Hochbeete, Stein- und Heidegärten geeignet.
Standort: Sonnig bis lichtschattig. Bodenansprüche wie *R. hirsutum*.
Pflege: Wie bei *R. hirsutum*. ✂ 1.
Vermehrung: Aussaat im Frühjahr unter Glas, Sorten durch Stecklinge von gerade ausgereiften Trieben.

Rhododendron russatum, Rötlicher Rhododendron

(Tab. 56)

Aussehen: *R. russatum* ist ein immergrüner, 0,3–1,5 m hoher, buschig aufrechter Strauch mit dunkelbraun beschuppten Trieben und 2–4 cm langen, elliptischen bis länglichen, oberseits graugrünen, unterseits dicht braun oder rotbraun beschuppten Blättern. Die trichterförmigen, etwa 2,5 cm breiten, außen dicht beschuppten Blüten sind tief purpurblau bis hellpurpurn oder dunkelviolett. Sie blühen im April/Mai auf und stehen meist zu 4–6 Blüten zusammen.
Verwendung: *R. russatum* wurde häufig für Kreuzungen benutzt, und die entstandenen Sorten sind reichblühende Zwergsträucher für Stein- und Heidegärten oder schmale Rabatten. Das gilt auch für kleinblättrige Sorten anderer Herkunft.
Standort: Lichtschattig. Bodenansprüche wie bei *R. hirsutum*.
Pflege: Wie bei *R. hirsutum*. ✂ 1.
Vermehrung: Stecklinge von gerade ausgereiften Trieben.

Gestaltungstipp
Rhododendron russatum gehört mit der Fülle an relativ großen, annähernd blauen Blüten zu den attraktivsten unter den immergrünen, kleinblättrigen Arten.

Tab. 56 Empfehlenswerte, immergrüne, kleinblättrige *Rhododendron*-Sorten

Sorte	Wuchs (Wuchshöhe/-breite in 10 Jahren)	Blüten
'Azurwolke'	locker aufrecht, 0,8/1,1 m	leuchtend lilablau, Mai
'Blaufeder'	abgeflacht halbkugelig, 0,7/0,9 m	im Aufblühen violettblau, später leuchtend blauviolett, Mai
'Dora Amateis'	abgeflacht halbkugelig, 0,6/1,0 m	creme- bis reinweiß, groß, Mai
'Gletschernacht'	straff aufrecht, kompakt, 1,1/1,0 m	im Aufblühen blauviolett, später dunkelblau, Mai
'Lavendula'	breit aufrecht, kompakt, 0,8/1,0 m	lavendelfarben, violett getönt, Mai/Juni
'Moerheim'	flach, kompakt, dicht verzweigt, 0,4/0,8 m	hellviolett, Anfang Mai
'Peter John Mezitt'	berit aufrecht, kompakt, 1,0/1,2 m	dunkel purpurrosa, April/Mai
'PJM Elite'	breit aufrecht, sehr robust, 1,6/1,2 m	tief purpurrosa bis rötlich, purpurn, April/Mai
'Praecox'	locker aufrecht, 1,0/1,2 m	leuchtend lilarosa, März/April
'Princess Anne'	kompakt, dicht verzweigt, 0,25/0,6 m	hellgelb, innen klein gelbgrün gezeichnet, klein, April/Mai
'Ramapo'	gedrungen, kompakt, 0,7/1,3 m	pastelllila, klein, Mai

Rhododendron 'Dora Amateis'

Rhododendron 'Gletschernacht'

Rhododendron 'Peter John Mezitt'

Rhododendron 'PJM Elite'

Rhododendron 'Praecox'

Rhododendron 'Ramapo'

Rhododendron Williamsianum-Gruppe

(Tab. 57)

Aussehen: Zu dieser Gruppe gehören immergrüne Sorten mit einem kompakten, abgeflacht kugeligen, 1,5–5 m hohen Wuchs. Typisch sind die breit eiförmigen bis rundlichen, vorne abgerundeten, an der Basis herzförmigen Blätter. Sie sind im Austrieb schön bronzefarben, später oberseits frischgrün, unterseits blau- bis weißgrün. Die nickenden Blüten sind breit-glockig, cremeweiß, rosa oder pink, im Schlund meist dunkelrot gezeichnet. Sie stehen in lockeren Ständen zusammen und blühen im April/Mai auf.
Verwendung: Mit den rundlich herzförmigen Blättern und den großen, glockigen Blüten sehr attraktive, aber nur mäßig frostharte Sorten für geschützte Plätze.
Standort: Halb- bis lichtschattig, geschützt. Bodenansprüche wie bei *R. calophytum*.
Pflege: Wie bei *R. calophytum*. ✂ 1.
Vermehrung: Stecklinge von gerade ausgereiften Trieben.

Rhododendron yakushimanum, Yakushima-Rhododendron

(Tab. 58)

Aussehen: *R. yakushimanum* ist ein immergrüner, kompakter, dicht belaubter, 0,5–1 (–1,5) m hoher, abgeflacht kugeliger, dicktriebiger Strauch. 8–18 cm lang sind die derb ledrigen, meist länglich-lanzettlichen, deutlich konkav gewölbten oder flachen Blätter. Sie sind im Austrieb mehrere Wochen lang silbrig filzig, später oberseits glänzend dunkelgrün, unterseits mit einem bleibenden, dicken, weißen bis gelbbraunen, filzigen Haarkleid (Indumentum) versehen. Der silbrig filzige Austrieb und das typische Indumentum ist nicht bei allen Sorten der Yakushimanum-Gruppe erhalten geblieben. Bei den Sorten ‘Koichiro Wada’ und ‘Marlis’ sind die Blätter dagegen im Austrieb mehrere Wochen lang schön silbrig filzig. Die glockigen, 5–6 (–7,5) cm breiten Blüten sind in der Knospe zartrosa, aufgeblüht reinweiß oder zartrosa überhaucht. Sie stehen im Mai zu etwa 8–12 in kaldelaberartigen Ständen zusammen.
Verwendung: Neben der Wildart sind zahlreiche Sorten der Yakushimanum-Gruppe mit abweichenden Blütenfarben in Kultur. Sie

Tab. 57 Empfehlenswerte Sorten von *Rhododendron* der Williamsianum-Gruppe

Sorte	Wuchs	Blüten
‘August Lamken’	breit aufrecht, 1,5–2 m hoch	purpurrosa
‘Gartendirektor Glocker’	abgeflacht halbkugelig, kompakt, 1–1,5 m hoch	rosarot, später aufhellend
‘Gartendirektor Rieger’	breit aufrecht, geschlossen, bis 1,4 m hoch	cremefarben, außen rosa getönt
‘Rothenburg’	aufrecht bis breit aufrecht, bis 1,8 m hoch	hellgelb bis cremefarben

Rhododendron ‘August Lamken’

Rhododendron ‘Gartendirektor Glocker’

Rhododendron ‘Gartendirektor Rieger’

Rhododendron ‘Rothenburg’

Tab. 58 Empfehlenswerte Sorten von *Rhododendron* der Yakushimanum-Gruppe

Sorte	Blüten
'Anuschka'	rosarot, innen heller, dunkelrot gezeichnet
'Arabella'	außen zartrosa, am stark gefransten Saum intensiv rosa, im Schlund weiß, dunkelrot gezeichnet
'Babette'	im Aufblühen cremegelb, rosa getönt, aufgeblüht zartgelb bis cremegelb, mit rotem Basalfleck
'Blurettia'	außen und am inneren Saum rosaviolett, zum Zentrum hin fast weiß
'Emanuela'	leuchtend rosa, innen reinweiß bis zart rosaweiß, porzellanartig
'Fantastica'	außen und am inneren Saum rosarot, im Zentrum weiß
'Kalinka'	außen hellrosa, innen rubinrosa, zuletzt hellrosa
'Koichiro Wada'	in der Knospe rosa, aufgeblüht reinweiß, Blätter im Austrieb lange schön silbrig filzig
'Marlis'	hellrosa, mit weißen Partien und einer schwachen gelben Zeichnung, Blätter im Austrieb lange schön silbrig filzig
'Morgenrot'	im Aufblühen leuchtend rot, später außen rosa, innen rosarot
'Percy Wiseman'	anfangs cremegelb, rosa getönt, später cremeweiß, innen klein hellbraun gezeichnet
'Polaris'	rubinrosa, innen zartrosa, auf weißem Untergrund gelbgrün bis -braun gezeichnet
'Schneekrone'	im Aufblühen zartrosa, später reinweiß, braun gezeichnet
'Silberwolke'	im Aufblühen hellrosa, später rosaweiß bis silbrig weiß, schwach gelblich grün gezeichnet
'Tatjana'	außen intensiv karminrot, innen mit einer kleinen, weißen Aufhellung
'Tina Heinje'	im Aufblühen leuchtend rot, später außen und am inneren Saum rosarot, im Schlund dunkelrot gezeichnet
'Volker' (Syn. 'Flava')	hellgelb, außen leicht rötlich getönt, innen mit großem, purpurrotem Basalfleck

Rhododendron 'Babette'

Rhododendron 'Koichiro Wada'

Rhododendron 'Polaris'

Rhododendron 'Schneekrone'

Rhododendron 'Tina Heinje'

Rhododendron 'Volker' (Syn. 'Flava')

Empfehlenswert
Dank des niedrigen, kompakten Wuchses und der früh einsetzenden Blüte sind Sorten der Yakushimanum-Gruppe ganz besonders gut für kleine Gärten geeignet.

wachsen kompakt und werden in 10 Jahren 1,0–1,3 m hoch und 1,2–1,6 m breit. Ihre meist weit geöffneten, trichterförmigen oder glockigen Blüten sind 5,5–6,5 (–7,5) cm breit. Sie vertragen, im Gegensatz zu vielen anderen *Rhododendron*-Arten und -Sorten, auch sonnige Plätze.
Standort: Sonnig bis lichtschattig. Bodenansprüche wie *R. calophytum*.
Pflege: Wie bei *R. calophytum*. ✂ 1.
Vermehrung: Handveredlung im Spätsommer unter Glas.

Tab. 59 Empfehlenswerte immergrüne, großblättrige *Rhododendron*-Sorten

Sorte	Wuchs	Blüten
'Alfred'	locker aufrecht, 1,5–2 m hoch	lila, auf hellem Grund schwach grünlich gezeichnet, Mai/Juni
'Anastasia'	breit aufrecht, bis 2,5 m hoch	karminrosa, innen hellrosa, oliv- bis goldgrün gezeichnet, Mai/Juni
'Azurro'	breit aufrecht, kompakt, bis 2 m hoch	intensiv dunkelviolett, innen rötlich violett, mit einem großen samtschwarzen Fleck, Mai/Juni
'Blue Peter'	breit aufrecht, locker, bis 2,5 m hoch	hell lilablau, innen lilaweiß, mit einem großen, purpurroten Fleck, Mai/Juni
'Cassata'	breit aufrecht, 2–3 m hoch	im Aufblühen zartrosa, später reinweiß, innen auffallend dunkelrot gezeichnet, Juni
'Catawbiense Boursault'	breit aufrecht, bis 4 m hoch	lila, schwach grüngelb gezeichnet, Mai/Juni
'Catawbiense Grandiflorum'	stark, robust, 4–5 m hoch	kräftig lila, im Schlund rötlich braun gezeichnet, Mai/Juni
'Cunningham's White'	halbkugelig, kompakt, robust, 2–3 m hoch	reinweiß, gelbbraun gezeichnet, Mai
'Dr. H. C. Dresselhuis'	steif aufrecht, dicht verzweigt, bis 4 m hoch	purpurrot, zart braunrot gezeichnet, im Verblühen verblassend, Mai/Juni
'Furnivall's Daughter'	breit aufrecht, bis 3 m hoch	hellrosa, mit einem großen, dunkelroten Fleck, Mai/Juni
'Goldbukett'	rundlich, kompakt, 2–3 m hoch	in der Knospe kupferfarben, aufgeblüht, cremegelb, kräftig dunkelrot gezeichnet, Mai
'Goldkrone'	breit aufrecht, kompakt, bis 2 m hoch	reingelb, innen zitronengelb getönt, klein braun gezeichnet, Mai
'Gomer Waterer'	breit aufrecht, kompakt, 2–3 m hoch	weiß, am Saum lila getönt, im Aufblühen zartlila, grünlich gelb gezeichnet, Mai/Juni
'Hachmanns Feuerschein'	halbkugelig, kompakt, 2–2,5 m hoch	kirschrot, im Aufblühen dunkler, Juni
'Nova Zembla'	breit aufrecht, im Alter locker, 2–3 m hoch	leuchtend rubinrot, mit dunkel braunroter Zeichnung, Mai/Juni
'Polarnacht'	halbkugelig, kompakt, 2–2,5 m hoch	tief dunkelviolett, innen violettschwarz gezeichnet, Mai/Juni
'Roseum Elegans'	breit aufrecht, robust, bis 4 m hoch	lilarosa, schwach rotbraun bis gelbgrün gezeichnet, Mai/Juni
'Scintillation'	anfangs sparrig, später geschlossen, bis 3 m hoch	hellrosa, grünlich bis goldbraun gezeichnet, Mai/Juni

Großblättrige, immergrüne *Rhododendron*-Sorten

(Tab. 59)

Aussehen: Zu dieser Gruppe gehören immergrüne, breitbuschig aufrecht wachsende, mehr oder weniger rundliche, 1–3 (–5) m hohe und meist gleich breite, üppig belaubte Sträucher mit großen, ledrigen, überwiegend glänzend dunkelgrünen Blättern. Die großen, weit geöffneten Blüten können weiß, gelb, rosa, rot oder violett sein. Sie stehen im Mai/Juni meist zu vielen in rundlichen bis domförmigen, kompakten oder lockeren Ständen über dem Laub.

Verwendung: Die üppig belaubten, farbenprächtigen Sorten werden einzeln, in Gruppen und teilweise in Blütenhecken gepflanzt.

Rhododendron 'Azurro'

Rhodod. 'Catawbiense Grandiflorum'

Rhododendron 'Cunningham's White'

Rhododendron 'Dr. H. C. Dresselhuis'

Rhododendron 'Goldbukett'

Rhododendron 'Roseum Elegans'

INKARHO®-Rhododendren

Die meisten großblättrigen *Rhododendron*-Sorten und Sorten der Yakushimanum-Gruppe werden veredelt. Als Unterlage wurde bis vor wenigen Jahren nahezu ausschließlich die robuste, anpassungsfähige Sorte 'Cunningham's White' verwendet. Seit vielen Jahren ist man auf der Suche nach einer Rhododendron-Unterlage, die auch auf Böden mit einem höheren Lehmanteil und mit einem etwas höheren Kalkgehalt zurechtkommen. Nach fast 20-jähriger Forschungs- und Züchtungsarbeit sind die heute als INKAHRO® bezeichneten Veredlungsunterlagen selektiert worden. Während der optimale pH-Bereich für Rhododendren zwischen 4,5 und 5,0 liegt, kommen Sorten auf INKARHO®-Unterlagen auch mit pH-Werten zwischen 5,5 und 7,0 zurecht. Für Bodenverbesserungen sind also nicht mehr hohe Torfgaben notwendig, zur Bodenlockerung reicht die Beimischung von Rindenhumus aus.

Knospensterben bei Rhododendron

Im Herbst und in den Wintermonaten werden die Blütenknospen großblumiger Rhododendren braun und sterben ab. Auf den abgestorbenen Knospen sind schwärzliche Pilzsporen zu sehen. Der Pilz *(Pycnostysanus azaleae)* dringt durch Stichverletzungen in die Knospen ein, die durch Zikaden *(Graphocephala fennahi)* verursacht worden sind. Die braunen Blütenknospen rechtzeitig ausbrechen, um die weitere Verbreitung einzudämmen. Neuinfektionen finden im Herbst statt.

Standort: Am besten im lichten, wandernden Schatten unter großkronigen, tief wurzelnden Bäumen. Boden gleichmäßig feucht, durchlässig, sandig- oder lehmig-humos, sauer bis schwach sauer.
Pflege: Gedeihen zufriedenstellend nur auf zusagenden Standorten. Vom Knospensterben befallene, trockene Blütenknospen rasch ausbrechen und entsorgen, um die Ausbreitung des Pilzes einzudämmen. ✂ 1.
Vermehrung: Meist Handveredlungen im Spätsommer unter Glas.

Japanische Azaleen (Tab. 60)

Aussehen: Zu dieser Gruppe gehören niedrig bleibende, feintriebige, kleinblättrige Azaleen-Sorten, deren Belaubung in Mitteleuropa meist winter- oder halbimmergrün ist. Japanische Azaleen werden selten mehr als 1 m hoch. Es sind buschige, meist dicht verzweigte, kompakte, oft kissenförmige, reichblühende Azaleen, die meist weniger frosthart sind als die bisher behandelten *Rhododendron*-Arten und -Sorten. Die unten aufgelisteten Sorten blühen sehr reich, sind vergleichsweise frosthart und behalten ihre Blätter über Winter. Ihre Blütezeit liegt im Mai/Juni.
Verwendung: In Gruppen als Vorpflanzung vor höher werdenden Rhododendren, in Japanischen Gärten, in Steingärten und auf Gräbern, für Kübelbepflanzung geeignet.
Standort: Licht- bis halbschattig, luftfeucht. Boden gleichmäßig frisch bis feucht, durchlässig, sandig- oder lehmig-humos, sauer bis schwach sauer.
Pflege: Vor Wind und Wintersonne schützen, bei strengem Kahlfrost mit Reisig oder Vlies abdecken. Alle Sorten sind sehr schnittverträglich. ✂ 1.
Vermehrung: Stecklinge von krautigen Trieben.

Tab. 60 Empfehlenswerte Japanische Azaleen

Sorte	Blüten
'Babuschka'	karminrosa, innen schwach dunkelrot gezeichnet, gefüllt, 4,2 cm breit
'Canzonetta'	karminrot bis rötlich rosa, leicht gefüllt, 4,8–6 cm breit
'Diamant'-Sorten	blau, lachsfarben, purpurrosa, purpurrötlich oder weiß, 2–3 cm breit
'Fridolin'	lebhaft rötlich orange, innen klein dunkelrot gezeichnet, 4–4,7 cm breit
'Georg Arends'	intensiv rosarot, innen braunrot gezeichnet, 6,5–7,5 cm breit
'Hatsugiri'	lebhaft purpurrot, 2,5–3 cm breit
'Kermesina'	karminrosa, innen klein rötlich gezeichnet, 2,5–3,5 cm breit
'Kermesina Alba'	reinweiß, 2,5–3 cm breit
'Kermesina Rose'	rosa, mit breitem weißem Saum, 3,2–3,6 cm breit
'Königstein'	kräftig violett, 3,5–4 cm breit
'Maruschka'	hell karminrot, innen dunkler, nicht verblassend, 4–4,5 cm breit
'Melina'	purpurrosa, zum Zentrum hin mehr rötlich, gefüllt, 4,5–5,6 cm breit
'Purpurkissen'	karminrot, nicht verblassend, 5–5,8 cm breit
'Rosalind'	reinrosa, innen schwach bräunlich gezeichnet, 4–4,8 cm breit
'Rubinetta'	rubinrot, dunkler gezeichnet, 4–4,5 cm breit
'Schneeglanz'	weiß, deutlich gelblich grün gezeichnet, süß duftend, 4,5–5 cm breit
'Schneeperle'	reinweiß, dicht gefüllt, 4,5 cm breit
'Schneewittchen'	reinweiß, schwach grünlich gelb gezeichnet, 3–4 cm breit
'Vuycks Scarlet'	leuchtend karminrot, 5,5 cm breit, frostempfindlich

Rhododendron 'Canzonetta'

Rhododendron 'Diamant Rot'

Rhododendron 'Fridolin'

Rhododendron 'Maruschka'

Rhododendron 'Kermesina Rose'

Rhododendron 'Melina'

Rhododendron 'Königstein'

Rhododendron 'Schneeperle'

Sommergrüne Azaleen

(Tab. 61)

Aussehen: Von den zahlreichen Gruppen und Sorten sommergrüner Azaleen werden gegenwärtig überwiegend die so genannten Knap-Hill-Azaleen kultiviert. Sie zeichnen sich durch einen gesunden, kräftigen, meist breit aufrechten Wuchs, durch große Winterhärte, Anpassungsfähigkeit an den Standort, leuchtende Blütenfarben und einen regelmäßigen reichen Blütenansatz aus. Ihre Blüten sind über einer langen, engen Kronröhre am Saum weit geöffnet, sie stehen im Mai/Juni in großen, lockeren oder kompakten Blütenständen zusammen. Bei zahlreichen Sorten treiben die Blätter kupferfarben aus und färben sich im Herbst in goldgelben, orangefarbenen oder roten Tönen.

Verwendung: Sommergrüne *Rhododendron*-Sorten bieten kräftige Blütenfarben in Weiß, Gelb, Orange und Rot, die in dieser Farbintensität bei immergrünen Arten und Sorten nicht vokommen. Diese kräftigen Farben vertragen sich nicht gut mit den zarten, warmen Farbtönen immergrüner Arten und Sorten, man sollte beide deshalb räumlich trennen. Auch bei der Zusammenstellung sommergrüner Rhododendren sollte man auf deren Blütenfarben achten, zu bunte Farbmischungen ergeben meist unharmonische Bilder.

Standort: Sonnig bis halbschattig. Boden gleichmäßig frisch, duchlässig, humos, sauer bis schwach sauer.

Pflege: Nur auf zusagenden Standorten frohwüchsig. ✂ 1.

Vermehrung: Stecklinge von krautigen Trieben.

Tab. 61 Empfehlenswerte sommergrüne Azaleen

Sorte	Wuchs	Blüten
'Berryrose'	breit aufrecht, kompakt, bis 1,5 m hoch	rosa, das obere Kronblatt gelb gefleckt, 5–8 cm breit
'Coccinea Speciosa'	breit aufrecht, bis 2,5 m	leuchtend orangerot, orange gefleckt, 3,5–5,5 cm breit
'Daviesii'	locker breit aufrecht, bis 2 m hoch	cremeweiß, gelb gezeichnet, duftend, 4,5–5 cm breit
'Feuerwerk'	locker aufrecht, bis 2,5 m hoch	leuchtend orangerot, leicht duftend, 7–9 cm breit
'Gibraltar'	breit aufrecht, kompakt, bis 2,5 m hoch	leuchtend orangerot, das obere Kronblatt orangegelb gefleckt, 5–7 cm breit
'Goldtopas'	breit aufrecht, kompakt, bis 2 m hoch	lebhaft gelb, das obere Kronblatt groß orangegelb gefleckt, 7,5–10 cm breit
'Juniduft'	breit aufrecht, dicht verzweigt, bis 2 m hoch	rosa, innen weißlich rosa, das obere Kronblatt lebhaft goldgelb gefleckt, stark duftend, 5,5 cm breit, erst Ende Mai/Juni aufblühend
'Klondyke'	breit aufrecht, geschlossen, bis 2 m hoch	goldgelb, rötlich orange geflammt, 6–8 cm breit
'Nabucco'	locker aufrecht, bis 2,5 m hoch	tief dunkelrot, innen leicht orange getönt, nicht verblassend, 6,5–7,5 cm breit
'Parkfeuer'	straff aufrecht, bis 3,5 m hoch	leuchtendrot, innen orange getönt, leicht duftend, 6,7–7,5 cm breit
'Persil'	locker breit aufrecht, bis 2,5 m hoch	reinweiß, das obere Kronblatt goldgelb gefleckt, 5–7 cm breit
'Raimunde'	breit aufrecht, bis 2,5 m hoch	innen hellrosa, außen dunkelrosa gestreift und geadert, 7,5–9,5 (–12) cm breit
'Schneegold'	breit aufrecht, reich verzweigt, bis 2,5 m hoch	weiß, am Saum zartrosa getönt, das obere Kronblatt groß goldgelb gefleckt, 7,5–10 cm breit

Rhododendron 'Berryrose'

Rhododendron 'Daviesii'

Rhododendron 'Klondyke'

Rhus typhina, Hirschkolben-Sumach

Aussehen: Der sommergrüne Hirschkolben-Sumach baut sich mit wenigen dicken, geweihartig aufstrebenden Ästen zu einem ornamentalen, 3–5 m hohen und gleich breiten, üppig belaubten Strauch auf, dessen Krone sich im Alter schirmförmig ausbreitet. Er kann zahlreiche Ausläufer treiben und dann dickichtartige Kolonien bilden. Die dunkelgrünen, unpaarig gefiederten, bis 50 cm langen Blätter färben sich im Herbst prachtvoll gelborange bis scharlachrot. Aus grünlichen Blüten entwickeln sich ab September an weiblichen Pflanzen scharlachrote, dicht behaarte Früchte, die in 15–20 cm langen, kolbenartigen Ständen zusammenstehen.

Bei der etwas schwächer wachsenden Sorte 'Dissecta' sind die fiederschnittigen Blättchen farnartig fein zerteilt.
Verwendung: Ornamentaler Großstrauch für Parks und große Gärten, kann durch starke Ausläuferbildung lästig werden.
Standort: Sonnig, hitzeverträglich. Boden trocken bis frisch, durchlässig, sandig-kiesig bis sandig-lehmig, versagt auf schweren Böden, sauer bis schwach alkalisch.
Pflege: Wurzelverletzungen vermeiden, sonst wird die Bildung von Ausläufern angeregt. ✂ 1.
Vermehrung: Durch Ausläufer.

Ribes sanguineum 'Pulbourough Scarlet', Blut-Johannisbeere

Aussehen: Der sommergrüne, unbewehrte, bis 3 m hohe, straff aufrecht wachsende Strauch treibt sehr früh aus. Seine rundlichen, drei- bis fünflappigen Blätter sind im Austrieb leicht rotbraun, später oberseits dunkelgrün und unterseits mäßig filzig behaart. Im April/Mai stehen große, röhrenförmige, dunkel purpurrosa Blüten mit weißer Mitte zu je 19–26 Einzelblüten in 9–13 cm langen, dichten Trauben zusammen. Die etwa 1 cm dicken, blauschwarzen, bereiften, ungenießbaren Früchte reifen ab August.

Einen hohen Gartenwert besitzen die dunkel purpurrosa blühenden Sorten 'Atrorubens' und 'King Edward VII' sowie 'Koja' mit langen, tiefroten Blütentrauben.
Verwendung: Blut-Johannisbeeren sind unentbehrliche Begleiter der gleichzeitig blühenden Forsythien, sie können einzeln, in Gruppen oder in Blütenhecken stehen.
Standort: Sonnig bis lichtschattig. Boden frisch bis feucht, durchlässig, sandig-lehmig, schwach sauer bis schwach alkalisch.
Pflege: Anpassungsfähig. ✂ 2.
Vermehrung: Stecklinge von krautigen Trieben.

Weitere empfehlenswerte *Ribes*-Arten

Ribes alpinum 'Schmidt', Alpen-Johannisbeere
Früh austreibender, sehr dicht verzweigter, bis 1,5 m hoher Strauch. Blätter meist dreilappig, dunkelgrün, bis in den Winter haftend. Blüten sehr zahlreich, gelblich grün, unscheinbar. Robuster, schattenverträglicher, kalkliebender, für Unterpflanzungen und Schnitthecken geeigneter Strauch.

Ribes aureum, Gold-Johannisbeere
Bis 2 m hoher, anfangs straff aufrechter, später ausgebreiteter Strauch. Blätter dreilappig, dicklich, dunkelgrün, im Herbst gelblich rosa bis rot. Blüten gelb, duftend, zu 5–15 in 5–6 cm langen Trauben. Robuster, leicht salzverträglicher Gruppen- und Heckenstrauch. Die Blüten sind, wie die von *R. sanguineum*, sehr ertragreiche Nektar- und Pollenlieferanten.

Rhus typhina

Ribes sanguineum 'Pulbourough Scarlet'

Ribes aureum

Robinia hispida 'Macrophylla'

Robinia hispida 'Macrophylla', Borstige Robinie

Aussehen: *R. hispida* ist ein locker verzweigter, unbewehrter, 1,5–3 m hoher, Ausläufer treibender Strauch mit brüchigen Ästen und auffallend rotborstig behaarten Zweigen. Die unpaarig gefiederten, bis 23 cm langen Blätter sind oberseits dunkelgrün, unterseits graugrün. Im Juni entfalten sich die großen, purpurrosa Schmetterlingsblüten, die in hängenden Trauben zusammenstehen. Bis zum September ist mit einzelnen Nachblüten zu rechnen. Die dicht mit drüsigen Borsten besetzten Hülsen sind giftig.
Verwendung: Mit den auffallend gefärbten, duftenden Blüten ein hoch attraktiver Blütenstrauch, der seiner brüchigen Äste wegen gerne als Spalier an Wänden gezogen wird.
Standort: Sonnig, windgeschützt, hitzeverträglich, wärmeliebend, trockenresistent. Boden trocken bis frisch, alle lockeren, durchlässigen, nicht zu nährstoffreichen Bodenarten, schwach sauer bis stark alkalisch.
Pflege: Anspruchslos und pflegeleicht. ✂ 1.
Vermehrung: Handveredlungen im Spätsommer unter Glas.

Robinia pseudoacacia, Gewöhnliche Robinie (Tab. 62)

Aussehen: Der anfangs rasch wachsende, spät austreibende Baum wird 20–25 m hoch und entwickelt im Alter eine lockere rundliche bis schirmförmige, bis 18 m breite Krone. Zweige und junge Äste sind mit starken Dornen bewehrt. Die unpaarig gefiederten, bis 30 cm langen, frischgrünen Blätter färben sich im Spätherbst gelblich. Im Mai/Juni stehen weiße bis elfenbeinfarbene, stark duftende, 2–3 cm lange Schmetterlingsblüten in 10–25 cm

Robinia pseudoacacia

Tab. 62 Empfehlenswerte Sorten von *Robinia pseudoacacia*

Sorte	Wuchs	Blätter/Blüten
'Friesia', Gold-Robinie	locker aufrecht, 6–10 m hoch, Krone eiförmig	im Austrieb goldgelb, später zitronengelb, wenig blühend
'Tortuosa', Korkenzieher-Robinie	aufrecht, 8–12 m hoch, Äste und Zweige bizarr gewunden und korkenzieherartig gedreht	oft gedreht und hängend, selten blühend
'Umbraculifera', Kugel-Robinie	meist hochstämmig veredelt, Krone gedrungen kugelig, im Alter angeflacht rundlich bis schirmförmig	bis 15 cm lang, Blättchen kleiner als bei der Art, nicht blühend
'Unifoliola', Einblättrige Robinie	aufrecht, Stamm durchgehend, 10–15 m hoch, Krone unregelmäßig kegelförmig	die Fiederblätter bis auf ein 15 cm langse Endblättchen reduziert, lange haftend, reichblühend

Robinia pseudoacacia 'Friesia'

Robinia pseudoacacia 'Umbraculifera'

langen, nickenden Trauben zusammen. Die glatten, rotbraunen, giftigen Fruchthülsen bleiben oft bis in den Winter hinein haften.
Verwendung: Allgemein bekannter Solitärbaum für Parks und große Gärten, wichtiger, stadtklimatauglicher Straßen- und Alleebaum. Gehört zu den nektar- und zuckerreichsten Bienentrachtpflanzen.
Standort: Wie bei *R. hispida*.
Pflege: Wurzelverletzungen vermeiden, sonst ist mit einer starken Bildung von Wurzelsprossen zu rechnen.
Vermehrung: Aussaat im Frühjahr, die Sorten durch Veredlung.

Rosa foetida

Rosa gallica 'Officinalis'

Rosa canina, Hunds-Rose

Aussehen: Die heimische Wildrose ist ein bis 3 m hoher, locker aufrechter Strauch mit weit ausladenden bis überhängenden, dornig bewehrten Zweigen und unpaarig gefiederten, dunkelgrünen Blättern. Die duftenden, weißen bis hellrosa, 4–5 cm breiten, einfachen Blüten entfalten sich im Mai/Juni. Im September reifen die schlank eiförmigen, 2–2,5 cm langen, korallenroten, vitaminreichen Hagebutten.
Verwendung: Robuste Wildrose für naturnah gestaltete Gärten.

Rosa canina

Gilt, wie alle Wildrosen, als ökologisch wertvoll, weil die Blüten den Bienen reichlich Pollen anbieten, während der Nektarertrag unbedeutend ist. Die Früchte sind im Spätherbst und Winter eine wichtige Vogelnahrung, die Sträucher selbst wirksame Vogelschutzgehölze.
Standort: Sonnig bis lichtschattig. Boden mäßig trocken bis frisch, tiefgründig, sandig-lehmig bis lehmig, schwach sauer bis alkalisch.
Pflege: Anspruchslos und pflegeleicht. ✂ 2.
Vermehrung: Aussaat im Frühjahr auf Freilandbeete.

Weitere empfehlenswerte Wildrosen

Rosa foetida, Fuchs-Rose, Gelbe Rose
Bis 2 m hoher, schwach Ausläufer treibender Strauch. Zweige aufrecht oder übergebogen. Blätter mit 5–9 Blättchen unpaarig gefiedert, glänzend dunkelgrün. Blüten tiefgelb, streng riechend, 5–6 cm breit, Mai/Juni. Früchte abgeflacht kugelig, 1 cm dick, dunkelrot. Blüten bei der Sorte 'Bicolor' innen leuchtend orangescharlach, außen gelb. Attraktive Wildrosen mit ungewöhnlichen Blütenfarben.

Rosa gallica, Essig-Rose
Gedrungen aufrechter, bis 1 m hoher Strauch mit weithin kriechenden Ausläufern und stark bestachelten Zweigen. Die Blätter bestehen aus 3–5 (–7) Blättchen, sie sind derb, oberseits dunkelgrün und rau. Blüten hellrot bis dunkelpurpurn, duftend, 4–5 cm breit, meist einzeln auf einem dicken, drüsigen Stiel, Juni/Juli. Früchte kugelig bis birnenförmig, 1,5 cm dick, braunrot. Seit alter Zeit in Kultur und eine Vorfahrin der Gartenrosen. Die Sorte *R. gallica* 'Officinalis', die Apotheker-Rose, ist schon seit Anfang des 14. Jh. bekannt, sie hat karminrote, halbgefüllte, schalenförmige, intensiv duftende Blüten.

R. gallica ist auch Elternteil der Damascener-Rose, *R.* × *damascena*, einer uralten Kultursorte, die vermutlich von den zurückkehrenden Kreuzfahrern Mitte des 16. Jh. nach Europa gebracht worden ist. Zu *R.* × *damascena* gehört die Sorte 'Versicolor', die York- und Lancaster-Rose, eine seit 1581 bekannte Sorte, deren locker gefüllte Blüten meist halb weiß und halb rosa gefärbt sind.

Rosa glauca

Rosa moyesii

Rosa multiflora

Rosa glauca (Syn. _R. rubrifolia_), Hecht-Rose, Rotblättrige Rose
Aufrechter, bis 3 m hoher Strauch. Äste glänzend kastanienbraun. Zweige rotblau überlaufen, wenig bestachelt. Blätter mit 5–9 Blättchen gefiedert, bläulich grün, mehr oder weniger purpurrot überlaufen, Herbstfärbung gelborange. Blüten karminrosa mit weißem Nagel, und hellgelben Staubblättern, 3–3,5 cm breit. Blüht im Juni/Juli. Früchte kugelig, 1,5 cm dick, glänzend kirschrot, früh reifend. Heimische Wildrose mit auffallender Laubfärbung.

Rosa majalis, Mai-Rose, Zimt-Rose
Aufrechter, dünnzweigiger, oft unbewehrter, Ausläufer bildender, bis 1,5 m hoher Strauch. Blätter mit 5–7 Blättchen unpaarig gefiedert, dünn, mattgrün, meist fein behaart. Blüten karminrot bis purpurn, angenehm duftend, etwa 5 cm breit, Mai/Juni. Früchte kugelig bis birnenförmig, 1,5 cm dick, scharlachrot.

Rosa majalis

Rosa moyesii, Mandarin-Rose
Starkwüchsiger, locker aufrechter, bis 3,5 m hoher, kräftig bestachelter Strauch. Blätter mit 7–13 Fiederblättchen, oberseits dunkelgrün, unterseits bläulich. Blüten rosa bis blutrot, 5–6 cm breit, Staubblätter goldgelb, Juni. Früchte auffallend flaschenförmig, 5–7 cm lang, scharlachrot. Schöne Wildrose mit großen Blüten und einer ungewöhnlichen Hagebuttenform. Von *R. moyesii* stammt die überaus reich blühende 'Marguerite Hilling' mit ihren halbgefüllten, karminrosa Blüten ab.

Rosa multiflora, Vielblütige Rose
Breitwüchsiger, aufrechter, bis 3 m hoher Strauch oder bis 5 m hoch kletternd. Äste dünn, weit übergeneigt. Blätter meist mit 7–9 Blättchen gefiedert, glänzend grün, lange haftend. Blüten weiß, nach Honig duftend, 1,5–3 cm breit, sehr zahlreich. Juni/Juli. Früchte mehr oder weniger kugelig, 5 mm dick, orange bis rot. Robuste, reichblühende Wildrose, häufig für Böschungsbepflanzungen und an Autobahnen eingesetzt. Blätter werden auf alkalischen Böden chlorotisch.

Rosa nitida, Glanz-Rose
Aufrechter, bis 0,75 m hoher Strach mit zahlreichen Ausläufern. Zweige rötlich, dicht mit dünnen Stachelborsten besetzt. Blätter mit 7–9 Blättchen gefiedert, glänzend dunkelgrün, im Herbst schön orangerot. Blüten rosa, 4–6 cm breit. Staubblätter goldgelb. Früchte kugelig, 5–8 mm dick, scharlachrot, borstig. Beste niedrig bleibende Wildrose für flächige Bepflanzungen. Benötigt schwach saure Böden.

Rosa nitida

Rosa pendulina

***Rosa pendulina*, Alpen-Hecken-Rose**
Heimischer, locker aufrechter, 0,5–2 m hoher Strauch mit zahlreichen Ausläufern. Zweige im unteren Bereich mit nadelförmigen Stacheln. Blätter meist mit 7–11 Blättchen, frisch- bis dunkelgrün. Blüten rosarot, 4–6,5 cm breit, Mai/ Juni. Früchte länglich flaschenförmig, 2–2,5 cm lang, ziegelrot. Gut für Böschungsbefestigungen und Hangbegrünungen geeignet.

***Rosa rubiginosa*, Schottische Rose, Wein-Rose**
Gedrungener, dicht verzweigter, kurzastiger, 1–3 m hoher Strauch. Zweige zuletzt übergeneigt, stark bestachelt. Blätter mit 5–7 Blättchen unpaarig gefiedert, oberseits blassgrün, unterseits und am Blattstiel dicht mit rotbraunen Drüsen besetzt, die im Frühsommer auch ohne Reiben einen deutlichen Apfelduft verströmen. Blüten lebhaft rosa, duftend, 3–5 cm breit, Juni. Früchte kugelig bis eiförmig, 1,5–2 cm lang, scharlachrot, früh reifend. Schöne Wildrose für freiwachsende Blütenhecken.

***Rosa rugosa*, Kartoffel-Rose**
Aufrechter, dicktriebiger, 1–2 m hoher Strauch, der durch zahlreiche Ausläufer Dickichte bildet. Zweige meist dicht mit Stacheln und Stachelborsten besetzt. Blätter derb, dicklich mit 5–9 Blättchen gefiedert, oberseits glänzend grün und auffallend runzelig, unterseits graugrün, im Herbst goldgelb. Blüten purpurn, rosa oder weiß, duftend, 6–9 cm breit, Juni bis September. Früchte abgeflacht kugelig, 2–2,5 cm dick, ziegelrot, weichfleischig, wirtschaftlich verwertbar. Sehr robuste, häufig kultivierte Wildrose, sehr gut für großflächige Begrünungen geeignet, erträgt stark saure bis neutrale Substrate, auf Kalkböden werden die Blätter chlorotisch.

Rosa-rugosa-Hybriden werden bei den Strauch- und Kleinstrauchrosen beschrieben.

Rosa rugosa

***Rosa sericea* subsp. *omeiensis* fo. *pteracantha*, Stacheldraht-Rose**
Aufrechter, 2–2,5 m hoher Strauch. Stacheln ungewöhnlich groß, in Längsrichtung der Zweige flügelartig ausgebreitet, im Frühjahr durchscheinend blutrot. Blätter mit 11–19 Blättchen unpaarig gefiedert, matt mittelgrün, seidig behaart. Blüten weiß, bis 3 cm breit, Mai. Früchte birnenförmig, 1–1,5 cm breit, hochrot. Diese Form der Seiden-Rose ist vor allem durch die Form und Färbung der ganz ungewöhnlichen Bestachelung von Interesse.

Rosa rubiginosa 'Magnifica'

Rosa rugosa

Rosa sericea subsp. *omeiensis* fo. *pteracantha*

Rosa spinosissima

Rosa villosa

Rosenklassen
Nach einer 1979 getroffenen Vereinbarung der Weltvereinigung aller Rosenliebhaber-Gesellschaften werden die überaus zahlreichen Rosenarten und -sorten im „Federation of Rose Societies-Übereinkommen" in folgende Klassen gegliedert:

1 Strauchrosen
1.1 Wildrosen
1.2 Historische und alte einmal- (bis zweimal-) blühende Strauchrosen
1.3 Öfterblühende Strauchrosen
1.4 Flächenrosen (auch als Kleinstrauch- oder Bodendeckerrosen bezeichnet)

2 Kletterrosen
2.1 Einmalblühende, kleinblütige Kletterrosen (Ramblerrosen)
2.2 Öfterblühende Kletterrosen

3 Buschrosen
3.1 Beetrosen, vielblumige Rosen, für flächige Verwendung
3.2 Edelrosen
3.3 Zwergrosen (Miniaturrosen)

Historische Rosen sind etwas für Liebhaber alter Sorten. Sie werden heute meist nur noch von wenigen Spezialbetrieben kultiviert und angeboten. Englische Rosen, Romantica-Rosen, Märchen-Rosen, Nostalgische Rosen und Renaissance-Rosen sind keine besonderen Rosenklassen. Gemeinsam ist ihnen eine nostalgisch anmutende Blütenform, die bei allen Rosengruppen vorkommen kann.

***Rosa spinosissima* (Syn. *R. pimpinellifolia*), Bibernell-Rose, Dünen-Rose**
Heimischer, aufrechter, 1–1,5 m hoher Strauch mit zahlreichen Ausläufern. Zweige dicht mit Stachelborsten und derben Dornen besetzt. Blätter mit 7–9, teilweise auch 5 oder 11 Blättchen unpaarig gefiedert, mattgrün, Blattstiele drüsig bestachelt. Blüten weiß bis blassgelb, 4–6 cm breit, zahlreich, Mai/Juni. Früchte kugelig, 1–1,5 cm dick, ledrig, braun- bis blauschwarz. Robuste, kalkholde, trockenresistente Wildrose für Einzel- oder Gruppenpflanzungen oder freiwachsende Blütenhecken. Von *R. spinosissima* stammen die zauberhaften, reich und früh blühenden Strauchrosen ab: 'Frühlingsgold' (Blüten goldgelb), 'Frühlingsduft' (Blüten cremeweiß mit gelber Mitte) und 'Maigold' (Blüten leuchtend goldgelb, kupfrig überhaucht, locker gefüllt).

***Rosa villosa*, Apfel-Rose**
Heimischer, aufrechter bis 2 m hoher, schwach Ausläufer bildender Strauch. Zweige mit langen, geraden Stacheln. Blätter mit 7–9, teilweise auch 5 oder 7, Blättchen unpaarig gefiedert, oberseits graugrün und behaart, unterseits wollig-filzig und drüsenreich, gerieben leicht harzig duftend. Blüten rosa, leicht duftend, Juni/Juli. Früchte länglich kugelig, bis 3 cm dick, dunkelrot, drüsig borstig, harzig duftend, wirtschaftlich verwertbar. Großfrüchtige, auch für Gärten geeignete Wildrose, wertvolles Vogelschutz- und Nährgehölz.

***Rosa xanthia* fo. *hugonis*, Chinesische Gold-Rose**
Aufrechter, 1,5–3 m hoher Strauch. Zweige mit dicken, geraden oder leicht gebogenen Stacheln. Blätter mit 7–13 Fiederblättchen, glänzend mittel- bis dunkelgrün. Blüten gelb, einfach, 4–6 cm breit (bei *R. xanthina* halbgefüllt), Mai/Juni. Früchte kugelig bis breit-elliptisch, 1,2–1,5 cm dick, braunrot. Filigran belaubte Wildrose mit zahlreichen gelben, schalenförmigen Blüten.

Rosa xanthia fo. *hugonis*

Öfterblühende Strauchrosen
(Tab. 63)

Aussehen: Im Gegensatz zu den ebenfalls strauchig wachsenden, einmalblühenden Wildrosen mit einfachen Blüten, werden hier strauchförmig wachsende, öfterblühende Sorten mit einfachen bis gefüllten Blüten beschrieben, sie werden nicht selten auch als Zier-Strauchrosen bezeichnet.

Sie wachsen meist buschig aufrecht und werden, weil sie nicht regelmäßig zurückgeschnitten werden, bis zu 2 m hoch, höher also als die nahe verwandten Beetrosen. Sie blühen, wie die Beetrosen, vom zeitigen Frühjahr bis zu den ersten Herbstfrösten
Verwendung: Einzeln oder in Gruppen, in Verbindung mit Stauden oder Sommerblumen oder als freiwachsende Blütenhecken.
Standort: Sonnig bis lichtschattig. Boden mäßig trocken bis frisch, tiefgründig, sandig-lehmig bis lehmig, schwach sauer bis alkalisch.
Pflege: Kein regelmäßiger Rückschnitt wie bei den Beetrosen, nur regelmäßig auslichten. ✂ 2.
Vermehrung: Okulation im Sommer.

Rosa 'Schneewittchen'

Tab. 63 Empfehlenswerte öfterblühende Strauchrosen

Sorte	Blüten	Wuchshöhe
'Angela'	altrosa, mittelgroß, schallenförmig, locker gefüllt, ADR-Rose 1982	1,2 m
'Bonanza'	leuchtend gelb, zum Saum hin rot, mittelgroß, locker gefüllt, leicht duftend, ADR-Rose 1984	
'Burghausen'	hellrot, mittelgroß, halbgefüllt, leicht duftend, ADR-Rose 1989	2 m
'Dortmunder Kaiserhain'	lachsrosa, mittelgroß, dicht gefüllt, ADR-Rose 1994	1 m
'Bremer Stadtmusikanten'	cremerosa mit dunklerer Mitte, mittelgroß, gefüllt, leicht duftend	1,2 m
'Caramella'	hell bernsteingelb, groß, gefüllt, leicht duftend	1,2 m
'Cinderella'	zartrosa, groß, gefüllt, duftend	1,5 m
'Felicitas'	karminrosa, klein, einfach, leicht duftend, ADR-Rose 1996	1,2 m
'F. J. Grootendorst'	leuchtend karminrot, verblauend, halbgefüllt, *Rosa-rugosa*-Hybride	1 m
'Flashlight'	leuchtend rosa bis hellrosa, stark gefüllt, leicht duftend, ADR-Rose 2006	1,2 m
'Hansa'	violettrot, verblauend, gefüllt, *Rosa-rugosa*-Hybride	2 m
'Kaiser von Lautern'	kupfergelb, groß, halbgefüllt, ADR-Rose 2004	1,5 m
'Lichtkönigin Lucia'	kräftig zitronengelb, groß, halbgefüllt, duftend, ADR-Rose 1968	1,5 m
'Moje Hammarberg'	violettrot, locker gefüllt, stark duftend, *Rosa-rugosa*-Hybride	1,5 m
'Northern Lights'	dunkrosa, groß, einfach, ADR-Rose 1997	1,5 m
'Postillon'	leuchtend gelb, groß, halbgefüllt, duftend, ADR-Rose 1996	1,5 m

Rosa 'Angela'

Rosa 'Bremer Stadtmusikanten'

Tab. 63 (Fortsetzung)

Sorte	Blüten	Wuchshöhe
'Rosenresli'	orangerosa bis karminrot, groß, halbgefüllt, duftend, ADR-Rose 1984	1,5 m
'Roter Korsar'	leuchtend dunkelrot, groß, locker gefüllt, ADR-Rose 2005	1,5 m
'Rugelda'	zitronengelb, rötlich gerandet, groß, locker gefüllt, duftend, ADR-Rose 1992	2 m
'Saremo'	dunkelrosa, groß, gefüllt, ADR-Rose 1969	1,2 m
'Schneewittchen'	reinweiß, mittelgroß, locker gefüllt	1,2 m
'Tascaria'	samtig rot, klein, halbgefüllt, ADR-Rose 2004	1,1 m
'Triade'	leuchtend rot, klein, locker gefüllt, ADR-Rose 2003	1,2 m
'Westerland'	leuchtend kupfrigorange, groß, locker gefüllt, duftend, ADR-Rose 1974	1,5 m
'White Haze'	reinweiß, mittelgroß, leicht gefüllt, ADR-Rose 2003	1,3 m

Rosa 'Felicitas'

Rosa 'Lichtkönigin Lucia'

Rosa 'Roter Korsar'

Rosa 'Westerland'

Kleinstrauchrosen (Tab. 64)

Aussehen: Bei dieser Rosengruppe handelt es sich um besonders robuste, winterharte, vergleichsweise niedrig bleibende Sorten, die mit zahlreichen Zweigen buschig aufrecht wachsen oder die durch abstehende bis niederliegende Zweige den Boden rasch bedecken. Es sollten nur Sorten mit einer hohen Resistenz gegen Mehltau und Sternrußtau gepflanzt werden. Bei der Verwendung von wurzelechten Sorten treten keine Schwierigkeiten mit durchtreibenden Unterlagen auf.
Verwendung: Auf mehr oder weniger großen Flächen als Bodendecker. Zur raschen Flächendeckung sind pro m^2, je nach Wuchsstärke der Sorten, 2–4 Pflanzen notwendig.
Standort: Sonnig bis lichtschattig. Boden mäßig trocken bis frisch, tiefgründig, sandig-lehmig bis lehmig, schwach sauer bis alkalisch.
Pflege: Kein Anhäufeln und kein jährlicher Rückschnitt notwendig, starke Rückschnitte werden aber vertragen. *Rosa-rugosa*-Hybriden jährlich auf ein Drittel der Zweiglänge zurückschneiden.
Vermehrung: Stecklinge von krautigen Trieben, Okulation im Sommer.

ADR-Rosenprüfung
Seit 1950 werden neue Rosensorten an elf Standorten in Deutschland drei Jahre lang einer strengen Prüfung unterzogen, wobei vor allem die Widerstandsfähigkeit gegen Krankheiten und Schädlinge, aber auch die Wirkung und der Duft der Blüten oder die Wuchsform bewertet werden. Hat eine Sorte eine bestimmte Punktzahl erreicht, wird ihr das ADR-Zeichen verliehen. Diese hohe Auszeichnung bietet die Gewähr dafür, dass es sich um eine robuste, blattgesunde Sorte handelt, bei der der Einsatz von Spritzmitteln ganz unterbleiben oder zumindest stark reduziert werden kann.

Tab. 64 Empfehlenswerte Kleinstrauchrosen

Sorte	Blüte	Wuchs, Wuchshöhe
'Alcantara'	dunkelrot, einfach	bogig überhängend, 0,6 m
'Apfelblüte'	zartrosa bis weiß, einfach, ADR-Rose 1991	ausgebreitet, 0,8 m
'Celina'	cremegelb, halbgefüllt, ADR-Rose 1999	bogig überhängend, 0,8 m
'Dagmar Harstrup'	hellrosa, einfach, *Rosa-rugosa*-Hybride	straff aufrecht, 0,8 m
'Danica'	reinweiß, einfach, ADR-Rose 1997	aufrecht bis überhängend, 0,8 m
'Diamant'	reinweiß, halbgefüllt, ADR-Rose 2002	buschig, kompakt, 0,6 m
'Escimo'	reinweiß, einfach, ADR-Rose 2006	aufrecht bis ausgebreitet, 0,6 m
'Estima'	hellrosa, gefüllt, ADR-Rose 1998	buschig aufrecht, 0,8 m
'Famosa'	leuchtend rot, halbgefüllt, ADR-Rose 2001	steif aufrecht, 0,7 m
'Foxi'	violettrosa, halbgefüllt, ADR-Rose 1993, *Rosa-rugosa*-Hybride	buschig aufrecht, 0,8 m
'Gärtnerfreude'	himbeerrot, gefüllt, ADR-Rose 2001	ausgebreitet, 0,5 m
'Heidefeuer'	leuchtend rot, halbgefüllt	steif aufrecht, 0,6 m
'Heidetraum'	karmesinrosa, halbgefüllt	buschig aufrecht, 0,8 m
'Innocencia'	reinweiß, einfach	aufrecht bis ausgebreitet, 0,5 m
'Juanita'	pinkfarben, einfach, ADR-Rose 2006	ausgebreitet, 0,8 m
'Knirps'	kräftig rosa, gefüllt, ADR-Rose 2004	niederliegend, 0,3 m
'Lavendel Dream'	lavendelfarben, einfach, ADR-Rose 1987	bogig überhängend, 0,8 m
'Loredo'	leuchtend gelb, halbgefüllt, ADR-Rose 2001	steif aufrecht, 0,7 m
'Magic Meidiland'	dunkelrosa, halbgefüllt, ADR-Rose 1995	niederliegend, 0,5 m
'Nemo'	weiß, einfach, ADR-Rose 2000	buschig aufrecht, 1 m
'Palmengarten Frankfurt'	kräftig rosa, gefüllt, ADR-Rose 1992	bogig bis überhängend, 0,8 m
'Phlox Meidiland'	rosa, einfach, ADR-Rose 2001	buschig aufrecht, 0,8 m
'Pierette'	kräftig rosa, stark gefüllt, ADR-Rose 1992, *Rosa-rugosa*-Hybride	buschig überhängend, 0,6 m
'Pink Basino'	apfelblütenrosa, einfach, ADR-Rose 1993	niederliegend, 0,6 m
'Pink Meidiland'	lachsrosa, einfach, ADR-Rose 1987	buschig aufrecht, 1 m
'Pink Roadrunner'	pinkfarben, halbgefüllt, ADR-Rose 2003, *Rosa-rugosa*-Hybride	niederliegend, 0,6 m
'Polareis'	weißlich rosa, gefüllt, *Rosa-rugosa*-Hybride	buschig aufrecht, 0,8 m
'Ravenna'	dunkelrosa, einfach, ADR-Rose 1999	aufrecht bis ausladend, 0,8 m
'Red Yesterday'	dunkelrot, einfach, ADR-Rose 1980	aufrecht bis überhängend, 1 m
'Richard Strauß'	dunkelrosa, einfach, ADR-Rose 1991	aufrecht bis überhängend, 0,8 m
'Rosa Zwerg'	reinrosa, halbgefüllt, *Rosa-rugosa*-Hybride	buschig aufrecht, 0,6 m
'Satina'	kräftig rosa, gefüllt, ADR-Rose 2004	buschig aufrecht, 0,5 m
'Schneeflocke'	weiß, einfach, ADR-Rose 1991	steif aufrecht, 0,5 m
'Schneekönigin'	weiß, halbgefüllt, ADR-Rose 1992	niederliegend, 0,6 m
'Schöne Dortmunderin'	reinrosa, halbgefüllt, ADR-Rose 1992	steif aufrecht, 0,7 m
'Simply'	rosa, halbgefüllt, ADR-Rose 2002	ausgebreitet, 1 m
'Smart Roadrunner'	dunkelrosa, halb gefüllt, ADR-Rose 2003, *Rosa-rugosa*-Hybride	aufrecht bis übergebogen, 0,7 m
'Soft Meidiland'	rosa, einfach, ADR-Rose 2005	buschig aufrecht, 0,6 m
'Sommerabend'	leuchtend rot, einfach, ADR-Rose 1996	breitbuschig, 0,5 m
'Sorrento'	leuchtend rot, halbgefüllt, ADR-Rose 2007	buschig aufrecht, 0,8 m
'Sunny Rose'	hellgelb, gefüllt, ADR-Rose 2004	niederliegend, kompakt, 0,4 m
'Sweet Haze'	hellrosa, einfach, ADR-Rose 2004	ausgebreitet, 0,7 m
'Sweet Meidiland'	hellrosa, einfach, ADR-Rose 2005	buschig aufrecht, 0,7 m
'Venice'	reinweiß, einfach, ADR-Rose 2002	buschig aufrecht, 1 m
'Wildfang'	reinrosa, halbgefüllt, ADR-Rose 1991	buschig aufrecht, 0,7 m
'Windrose'	zartrosa, einfach, ADR-Rose 1995	ausgebreitet, 0,8 m

Rosa 'Apfelblüte'

Rosa 'Heidetraum'

Rosa 'Lavendel Dream'

Kletterrosen (Tab. 65)

Aussehen: Kletterrosen werden in zwei Gruppen eingeteilt. Die erste Gruppe umfasst öfterblühende Sorten mit steifen Zweigen, mehr oder weniger aufrechtem Wuchs, ihre Blüten entfalten sich von Juni bis zum September/Oktober. Zur zweiten Gruppe zählen oft nur einmalblühende Sorten, die mit langen, biegsamen Zweigen als Spreizklimmer an Gerüsten emporklettern oder in Bäume hineinwachsen. Sie werden als Ramblerrosen bezeichnet.
Verwendung: Mithilfe von Klettergerüsten aus Holz oder Metall zur Berankung von Wänden, Zäunen, Lauben und Pergolen oder von frei stehenden Bögen, Pyramiden oder anderen Gerüsten. Hochstämmig veredelt, werden einige Sorten auch als Trauerrosen gezogen. Kletterrosen werden gerne mit *Clematis* kombiniert.
Standort: Sonnig bis lichtschattig, an Hauswänden vollsonnige Standorte mit Hitzestau vermeiden. Boden mäßig trocken bis frisch, tiefgründig, sandig-lehmig bis lehmig, schwach sauer bis alkalisch.
Pflege: Alle Kletterrosen blühen vorwiegend an Kurztrieben, die an den vorjährigen Langtrieben angelegt werden. Regelmäßige Rückschnitte verbieten sich deshalb. Notfalls sind aber Korrekturschnitte möglich. ✂6.
Vermehrung: Okulation im Sommer.

Rosa 'Flammentanz'

Rosa 'New Dawn'

Rosa 'Raubritter'

Rosa 'Phlox Meidiland'

Rosa 'Bobby James'

Rosa 'Rosarium Uetersen'

Tab. 65 Empfehlenswerte Kletterrosen

Sorte	Blüten	Blütezeit		Wuchshöhe
		VI–VII	VI–IX	
'Bobby James'	rahmweiß, einfach, duftend, Ramblerrose	x		4–5 m
'Compassion'	salmrosa, orange schattiert, gefüllt, duftend, ADR-Rose 1974		x	3 m
'Flammentanz'	leuchtend blutrot, halbgefüllt, ADR-Rose 1952		x	5 m
'Golden Gate'	goldgelb, halbgefüllt, duftend, ADR-Rose 2006	x		2–3 m
'Jasmina'	hellrosa, gefüllt, leicht duftend, ADR-Rose 2007, Ramblerrose		x	2 m
'Laguna'	karminrosa, gefüllt stark duftend, ADR-Rose 2007		x	2,5 m
'Manita'	dunkelrosa, in der Mitte gelblich weiß, halbgefüllt, ADR-Rose 1997		x	2–3 m
'New Dawn'	weißlich rosa, locker gefüllt, leicht duftend		x	3 m
'Raubritter'	hell purpurrosa, halbgefüllt, leicht duftend, Ramblerrose	x		4 m
'Rosarium Uetersen'	kräftig rosa, gefüllt, leicht duftend		x	3 m
'Rotfassade'	rot, halbgefüllt, ADR-Rose 1997		x	3 m
'Santana'	leuchtend blutrot, gefüllt, leicht duftend		x	2 m
'Schneewalzer'	reinweiß, gefüllt, duftend		x	3 m
'Super Dorothy'	rosa, gefüllt, Ramblerrose		x	3 m
'Super Excelsa'	karminrosa, gefüllt, ADR-Rose 1992, Ramblerrose		x	3 m
'Sympathie'	samtig dunkelrot, gefüllt, duftend, ADR-Rose 1996		x	3–4 m
'Tradition 95'	leuchtend blutrot, gefüllt, leicht duftend		x	3 m

Rosa 'Rotfassade'

Rosa 'Super Excelsa'

Rosa 'Sympathie'

Beetrosen (Tab. 66)

Aussehen: Unter der Bezeichnung Beetrosen werden Sorten zusammengefasst, die mit verzweigten Trieben breit aufrecht wachsen, etwa kniehoch werden und die ihre einfachen bis gefüllten, selten auffallend duftenden Blüten meist in Büscheln oder großen Blütenständen anlegen. Beetrosen sind in der Regel robust, sie haben oft leuchtende Blüten mit großer Farbwirkung und blühen den ganzen Sommer über. Bei der Züchtung neuer Sorten wird verstärkt auf deren Blattgesundheit Wert gelegt. Sorten mit derben, glänzend dunkelgrünen Blättern sind stets gesünder als Sorten mit zarten, mattgrünen Blättern.
Verwendung: Sie werden in Gruppen oder beetweise gepflanzt und sehr häufig mit Stauden, Gräsern oder Kleingehölzen kombiniert.
In geschlossenen Pflanzungen sollte der Pflanzabstand bei schwächer wachsenden Sorten 30–40 cm (6–8 Pflanzen je m^2), bei starkwüchsigen Sorten 40–60 cm (3–5 Pflanzen je m^2) betragen.
Standort: Sonnig bis lichtschattig. Boden mäßig trocken bis frisch, tiefgründig, sandig-lehmig bis lehmig, schwach sauer bis alkalisch.
Pflege: Regelmäßig im Frühjahr stark zurückschneiden, das rechtzeitige Entfernen verblühter Blütenstände fördert die Nachblüte, über Winter anhäufeln. ✂ 3.
Vermehrung: Okulation im Sommer.

Tab. 66 Empfehlenswerte Beetrosen

Sorte	Blüten	Wuchshöhe
'Alea'	leuchtend rosa, stark gefüllt, ADR-Rose 2006	0,8 m
'Aprikola'	aprikosengelb bis rosa, rosettenartig gefüllt, ADR-Rose 2001	0,6 m
'Bad Birnbach'	lachsrosa, stark gefüllt, ADR-Rose 2000	0,5 m
'Bad Wörrishofen'	karminrosa, halbgefüllt, ADR-Rose 2003	0,6 m
'Blühwunder'	silbrig rosa, halbgefüllt, schalenförmig, ADR-Rose 1994	0,7 m
'Bonica 82'	hellrosa, locker gefüllt, ADR-Rose 1982	0,8 m
'Brautzauber'	schneeweiß, halbgefüllt, ADR-Rose 1999	0,8 m
'Canzonetta'	leuchtend rot, locker gefüllt, ADR-Rose 2005	0,5 m
'Chorus'	leuchtend blutrot, gut gefüllt, schalenförmig, ADR-Rose 1977	0,7 m
'Crescendo'	rosa, gefüllt, ADR-Rose 2005	0,7 m
'Duftwolke'	korallenrot, stark gefüllt, stark duftend	0,7 m
'Fortuna'	lachsrosa, einfach, ADR-Rose 2002	0,6 m
'Isarperle'	cremegelb bis lachsfarben, gefüllt, ADR-Rose 2004	0,8 m
'Kronjuwel'	dunkelrot, halbgefüllt, ADR-Rose 1999	0,6 m
'La Sevillana'	leuchtend rot, gefüllt, ADR-Rose 1979	0,8 m
'Leona'	dunkelrosa, halbgefüllt, schalenförmig, ADR-Rose 2002	0,7 m
'Lions-Rose'	cremeweiß, stark gefüllt, ADR-Rose 2002	0,6 m
'Maxi Vita'	rosarot, halbgefüllt, ADR-Rose 2000	0,7 m
'Neon'	karminrosa, halbgefüllt, ADR-Rose 1999	0,6 m
'Petticoat'	cremeweiß, stark gefüllt, ADR-Rose 2004	0,8 m
'Pink Swany'	reinrosa, stark gefüllt, rosettenartig, ADR-Rose 2003	0,7 m
'Purple Meidiland'	magentarot, halbgefüllt, ADR-Rose 2002	0,6 m
'Red Leonardo da Vinci'	johannisbeerrot, rosettenartig gefüllt, leicht duftend, ADR-Rose 2005	0,6 m
'Roseprofessor Sieber'	porzellanrosa, halbgefüllt, ADR-Rose 1996	0,7 m
'Rotilia'	dunkelrot, gut gefüllt, klein, ADR-Rose 2002	0,6 m
'Rouge Meilove'	dunkelrot, gut gefüllt, ADR-Rose 2004	0,6 m
'Sommerwind'	reinrosa, halbgefüllt, ADR-Rose 1987	0,7 m
'The Queen Elisabeth Rose'	hellrosa, edelrosenähnlich, schalenförmig	1,2 m
'Vinesse'	orangerosa bis gelb, halbgefüllt, ADR-Rose 2000	0,6 m

Rosa 'Aprikola'

Rosa 'Bonica 82'

Rosa 'Aachener Dom'

Rosa 'Chorus'

Rosa 'Lions-Rose'

Rosa 'Berolina'

Rosa 'Rotilia'

Rosa 'Sommerwind'

Rosa *'Glora Dei'*

Edelrosen (Tab. 67)

Aussehen: Edelrosen, auch als Teehybriden bezeichnet, tragen ihre eleganten, edel geformten, oft duftenden Blüten meist einzeln oder zu wenigen auf langen Stielen, sie sind deshalb als Schnittblumen besonders gut geeignet. Edelrosen sind in der Regel nicht so blattgesund wie zum Beispiel zahlreiche moderne Beetrosen, deshalb konnten nur wenige Sorten eine ADR-Auszeichnung erlangen.
Verwendung: Wegen der geringen Blütenzahl ist die Gesamtwirkung auf dem Beet nicht so groß wie bei Beetrosen, sie werden oft in kleinen Gruppen oder auf eigenen Beeten zur Gewinnung von Schnittrosen gepflanzt.
Standort: Sonnig bis lichtschattig. Boden mäßig trocken bis frisch, tiefgründig, sandig-lehmig bis lehmig, schwach sauer bis alkalisch.
Pflege: Regelmäßig im Frühjahr stark zurückschneiden, im Spätherbst anhäufeln, vorbeugend gegen Blattkrankheiten spritzen. ✂3.
Vermehrung: Okulation im Sommer im Freiland.

Rosa 'Polarstern'

Tab. 67 Empfehlenswerte Edelrosen

Sorte	Blüten	Wuchshöhe
'Aachener Dom'	lachsrosa, groß, stark gefüllt	0,8 m
'Ambiente'	cremeweiß, in der Mitte leicht gelb, stark gefüllt	0,7 m
'Arosia'	rosa, gefüllt, leicht duftend	0,8 m
'Augusta Louisa'	pfirsich- bis rosafarben, stark gefüllt, stark duftend	0,8 m
'Bakarole'	schwarzrot, stark gefüllt, leicht duftend	1 m
'Berolina'	zitronengelb mit rotem Anflug, stark gefüllt, leicht duftend, ADR-Rose 1986	1 m
'Blue River'	magentalila, Rand dunkler, stark gefüllt, stark duftend	0,8 m
'Focus'	lachsorange, gefüllt, schalenförmig	0,7 m
'Frederik Mistral'	hellrosa, stark gefüllt, stark duftend	0,8 m
'Duftfestival'	dunkel samtrot, stark gefüllt, stark duftend	0,6 m
'Duftrausch'	rosaviolett, stark gefüllt, stark duftend	0,8 m
'Duftzauber 84'	dunkelrot, stark rosettenartig gefüllt, leicht duftend	0,7 m
'Elbflorenz'	altrosa bis karminrosa, stark gefüllt, stark duftend, ADR-Rose 2007	1,2 m
'Eliza'	silbrig rosa, stark gefüllt, schwach duftend, ADR-Rose 2005	0,9 m
'Fairest Cape'	apricot, gelb und orange, stark gefüllt, mittelstark duftend	0,8 m
'Glora Dei'	gelbrosa, stark gefüllt, robust und altbewährt	0,8 m
'Golden Medaillon'	leuchtend goldgelb, stark gefüllt, duftend	0,9 m
'Grand Amore'	kräftig leuchtendrot, stark gefüllt, nur schwach duftend, ADR-Rose 2005	0,8 m
'Inspiration'	lachsrosa mit gelb, stark gefüllt, ADR-Rose 2005	0,8 m
'Lady Like'	dunkelrosa, stark gefüllt, stark duftend	0,8 m
'Marie Louise Marjan'	cremeweiß, rosa überhaucht, leicht gefüllt, mittelstark duftend	1,2 m
'Nostalgie'	cremeweiß und kirschrot, stark gefüllt, leicht duftend	1 m
'Polarstern'	weiß, stark gefüllt, leicht duftend	1 m
'Sebastian Kneipp'	cremeweiß, in der Mitte gelblich rosa, stark gefüllt, stark duftend	1 m

Zwergrosen (Tab. 68)

Aussehen: Als Zwergrosen, oft auch als Miniatur- oder Patiorosen bezeichnet, gelten Sorten, die kompakt und buschig aufrecht wachsen und etwa 0,3 bis 0,5 m hoch werden. Die Blüten duften nicht.

Sorten mit ADR-Auszeichnung zeichnen sich durch eine gesunde Belaubung aus.

Verwendung: Meist in Gruppen in kleinen Gärten, in Steingärten, auf Friedhöfen und in Kübeln.

Standort: Sonnig bis lichtschattig. Boden mäßig trocken bis frisch, tiefgründig, sandig-lehmig bis lehmig, schwach sauer bis alkalisch.

Pflege: Regelmäßig im Frühjahr stark zurückschneiden, über Winter anhäufeln. ✂3.

Vermehrung: Stecklinge von krautigen Trieben oder Okulation im Freiland.

Tab. 68 Empfehlenswerte Zwergrosen

Sorte	Blüten	Wuchshöhe
'Charmant'	reinrosa, stark gefüllt, ADR-Rose 2004	0,5 m
'Goldjuwel'	goldgelb, gut gefüllt, edelrosenartig	0,5 m
'Lupo'	karminrot, in der Mitte weiß, einfach, auffallende Staubgefäße, ADR-Rose 2007	0,5 m
'Mandarin'	lachsrosa und orangegelb, innen heller, gefüllt	0,25 m
'Orange Meilandina'	signalrot, klein, stark gefüllt, rosettenartig	0,4 m
'Pepita'	kräftig pinkfarben, gut gefüllt, ADR-Rose 2004	0,5 m
'Sonnenröschen'	weiß, mit gelbem Auge und auffallenden Staubgefäßen, einfach, ADR-Rose 2003	0,3 m
'Zwergkönig 78'	blutrot, klein, stark gefüllt, zahlreich	0,5 m

Rosa 'Zwergkönig 78'

Rosenkrankheiten

Die gefährlichsten Rosenkrankheiten sind pilzliche Parasiten: Sternrußtau, Rosenrost und Falscher Mehltau.

- **Sternrußtau** macht sich durch schwarzbraune Flecken auf den Blättern und durch frühzeitigen Blattfall bemerkbar. Die Ausbreitung wird durch kühle, regnerische Witterung begünstigt. Der Pilz überwintert auf abgefallenen Blättern.

- **Rosenrost** zeigt sich auf den Blattoberseiten durch gelbliche Flecken, auf den Unterseiten durch gelbe, im Herbst schwarze, stäubende Pusteln, es kommt auch hier zu einem vorzeitigen Blattfall. Der Pilz tritt vor allem bei feuchtkühler Witterung auf, er überwintert im Falllaub und infiziert im Frühjahr den Neuaustrieb.

- **Falscher Mehltau** macht sich durch lilarote Flecken auf den Blättern bemerkbar, nicht immer entwickelt sich der typische graue Pilzrasen, auch hier fallen bei einem starken Befall die Blätter vorzeitig ab.

Achtung: Alle genannten Krankheiten lassen sich nach dem Auftreten nicht mehr bekämpfen. Nur vorbeugende Maßnahmen helfen hier weiter. Dazu gehört in erster Linie die Wahl möglichst resistenter Sorten und das Entfernen des infizierten Falllaubes. Notfalls ist vorbeugend der Einsatz zugelassener Spritzmittel ratsam.

Alle oberirdisch schädigenden **tierischen Schädlinge** können nach dem Auftreten und dem Überschreiten einer nicht mehr tolerierbaren Schadensschwelle durch den Einsatz geeigneter Mittel bekämpft werden.

Rubus odoratus, Wohlriechende Himbeere

Aussehen: Der bis etwa 2 m hohe, aufrechte, sommergrüne Strauch kann sich durch zahlreiche Ausläufer dickichtartig ausbreiten. Ahornähnlich gelappt sind die 10–30 cm breiten, dunkelgrünen, im Herbst gelben Blätter. Im Juni/Juli stehen rosarote, duftende, 4–5 cm breite, schalenförmige Blüten in kurzen, vielblumigen Rispen zusammen. Die kleinen, flaumig behaarten Früchte fallen meist rasch ab.
Verwendung: Mit wohlriechenden Blüten und schöner Belaubung ein attraktiver Strauch für den Gehölzrand in größeren Gärten.
Standort: Halbschattig bis schattig. Boden frisch bis feucht, alle tiefgründigen, nährstoffreichen, gepflegten Bodenarten, schwach sauer bis alkalisch.
Pflege: Bei Bedarf gelegentlich auslichten. ✂2.
Vermehrung: Durch Ausläufer.

Rubus odoratus

Rubus 'Bennenden'

Rubus lasiostylus

Rubus pentalobus 'Emerald Carpet'

Weitere empfehlenswerte Zier-Himbeeren

Rubus 'Bennenden'
Bis etwa 2 m hoher, locker aufgebauter Strauch. Blätter drei- bis fünfzählig, dunkelgrün. Blüten reinweiß, bis 5 cm breit, zahlreich, einzeln endständig an Kurztrieben. Mit den großen, wildrosenähnlichen Blüten eine besonders attraktive Hybride.

Rubus leucodermis, Oregon-Himbeere
Aufrechter, bis 2 m hoher Strauch. Zweige stark bläulich weiß bereift. Blätter dreizählig, oberseits dunkelgrün, unterseits graufilzig. Blüten weiß, wenig zahlreich. Wirkt vor allem im Winter durch die interessante Farbe der Zweige. Eine ähnlich auffallende Zweigfärbung besitzen *R. lasiostylus* und *R. thibetanus*.

Rubus pentalobus 'Emerald Carpet', Kriech-Himbeere
Immergrüner, kriechender, dichte Matten bildender, bis 0,2 m hoher Zwergstrauch. Blätter dreilappig, stark runzelig, dunkelgrün. Blüten weiß, etwa 1,5 cm breit, im Mai/Juni. Ein hervorragender Bodendecker für kleinere Flächen.

Rubus phoenicolasius, Japanische Weinbeere
2–3 m hoher Strauch. Zweige abstehend bis übergeneigt, wie die Blüten- und Blattstiele auffallend dicht mit roten Drüsenborsten besetzt. Blätter dreizählig, oberseits dunkelgrün, unterseits weißfilzig. Blüten hellrosa, im Juni/Juli in dichten Trauben. Früchte orangerot, 2 cm dick, saftig, wohlschmeckend. Kann zur Fruchtgewinnung angebaut und sehr gut an Spalieren gezogen werden.

Rubus phoenicolasius

***Rubus tricolor*, Dreifarbige Himbeere**
Wintergrüner, mattenförmig wachsender, etwa 0,2 m hoher Strauch. Zweige niederliegend, borstig behaart. Blätter rundlich bis eiförmig, 6–10 cm lang, leicht gelappt, glänzend, oberseits dunkelgrün, Nervatur tief eingesenkt, unterseits weißfilzig. Blüten weiß, 2–2,5 cm breit, in kurzen Trauben, Juli/August. Früchte hellrot, borstig behaart, essbar. Hervorragender Bodendecker, auch kleinflächig einsetzbar.

Salix caprea 'Kilmarnock'

Salix acutifolia 'Pendulifolia'

Salix caprea, Sal-Weide

Aussehen: Die heimische Sal-Weide ist ein 5–10 m hoher Strauch oder kurzstämmiger Baum mit vergleichsweise dicken Zweigen. Rundlich-eiförmig bis breit lanzettlich sind die 3–10 cm langen, oberseits matt dunkelgrünen, unterseits dicht graufilzigen Blätter. Die attraktiven männlichen, bis 4 cm langen Blütenkätzchen sind vor dem Aufblühen, im März/April, lange in einen dichten, weißlichen Pelz gehüllt, später mit goldgelben Staubblättern besetzt. Männliche Sorten werden unter Sortennamen wie 'Atlas' (Syn. 'Mas') oder 'Silberglanz' angeboten. Bei den weiblichen Pflanzen sind die grünlichen Blüten unscheinbar.

Salix caprea 'Mas'

Neben der Art werden sehr häufig auch hochstämmig veredelte Hängeformen kultiviert. Bei ihnen bilden die steifen, in Bögen abwärts wachsenden Zweige glockenförmige Kronen. Mit den großen, anfangs silberweißen, später goldgelben Blütenkätzchen ist 'Kilmarnock' (oft auch als 'Pendula' angeboten) die schönste Hängeform. 'Weeping Sally' ist eine weibliche Sorte mit wenig attraktiven Blüten.
Verwendung: Bekannte, weit verbreitete, heimische Weide. Zweige werden oft zum Vortreiben (Barbarazweige) oder zum Palmsonntag als Ersatz für Palmzweige verwendet.
Standort: Sonnig. Boden mäßig trocken bis feucht, alle nährstoffreichen Bodenarten, schwach sauer bis alkalisch.
Pflege: Notfalls werden starke Verjüngungsschnitte vertragen, sonst ✂ 1.
Vermehrung: Steckholz, die Hängeformen durch Veredlung.

Weitere empfehlenswerte, strauchförmig wachsende Weiden

***Salix acutifolia* 'Pendulifolia', Kaspische Reif-Weide**
Bis 5 m hoher Strauch. Die schlanken, rotvioletten, bereiften Zweige in anmutigen Bögen überhängend. Blätter schmal linealisch, 10–16 cm lang, meist hängend, im Herbst leuchtend gelb gefärbt. Eine sehr elegante Erscheinung unter den Weiden.

***Salix elaeagnos* 'Angustifolia', Lavendel-Weide**
Breitbuschig aufrechter, 2–3 m hoher, vieltriebiger Strauch. Zweige zunächst aufrecht, später bogig abstehend. Blätter schmal lanzettlich, bis 10 cm lang. Gelbe Kätzchen im April. Zierliche, fein belaubte Weidensorte.

***Salix integra* 'Hakuro Nishiki', Japanische Weide**
Mittelgroßer, vom Boden an verzweigter Strauch, häufig auch auf kurze Stämmchen veredelt. Zweige schlank, aufrecht bis ausgebreitet. Blätter im Austrieb flamingorot, später graugrün, sehr dicht mit weißen,

Salix integra 'Hakuro Nishiki'

Salix purpurea 'Nana'

Salix udensis 'Sekka'

gelegentlich rosa Tupfen und Flecken besetzt. Beliebte Weide mit auffällig gefärbter Belaubung.

Salix matsudana 'Tortuosa', Korkenzieher-Weide
Kleiner, 6–8 m hoher, zunächst straff aufrechter Baum. Zweige gelblich olivbraun, wie die schmal lanzettlichen Blätter stark korkenzieherartig gedreht.

Salix matsudana 'Tortuosa'

Salix rosmarinifolia, Rosmarin-Weide
Einheimischer, knapp mannshoher, feinblättriger Strauch mit aufsteigenden, anfangs filzig behaarten Zweigen und dünnen, 2–5 cm langen, linealisch-lanzettlichen, oberseits dunkelgrünen, unterseits silbrig grauen Blättern. Die kugeligen Kätzchen meist vor dem Laubaustrieb aufblühend.

Salix purpurea 'Nana', Purpur-Weide
Schwachwüchsige, weibliche Sorte der heimischen Purpur-Weide. Wuchs gedrungen, dicht verzweigt, halbkugelig, bis etwa 2 m hoch. Zweige dünn. Blätter 5–7 cm lang, schmal lanzettlich, oberseits matt bläulich grün, unterseits heller. Kätzchen unscheinbar.

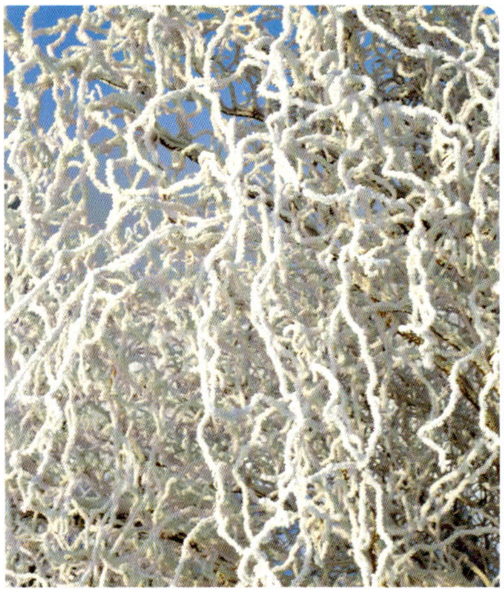

Salix × sepulcralis 'Erythroflexuosa', Locken-Weide
Kleiner, reich verzweigter, breitkroniger Baum. Äste und Zweige zuletzt in weiten, lockeren Bögen überhängend. Zweige goldgelb bis orange, hin und her gebogen und teilweise korkenzieherartig gedreht. Blätter länglich-lanzettlich, kraus und oft ineinander gedreht.

Salix udensis 'Sekka' (Syn. S. sachalinensis 'Sekka'), Drachen-Weide
Breit aufrechter, bis 3 m hoher Strauch. Die rötlichen Zweige oft gebändert und dadurch nicht stielrund, sondern abgeflacht und 5–8 cm breit, Zweige außerdem oft gewunden. Blätter oberseits glänzend dunkelgrün, unterseits silbrig, im Herbst gelb. Kätzchen zahlreich, bis 5 cm lang, anfangs silbrig, später gelb, vor der Laubentfaltung im April. Interessante, stets blattgesunde Weide.

Salix × sepulcralis 'Erythroflexuosa'

Salix hastata 'Wehrhanii', Spieß-Weide

Aussehen: Die in europäischen Gebirgen heimische Art ist ein etwa 1 m hoher, dicktriebiger Strauch mit bogig aufsteigenden Zweigen und 3–8 cm langen, verkehrt-eiförmigen bis länglichen, oberseits dunkelgrünen und unterseits blaugrünen Blättern. Im April schmückt sich der kleine Strauch mit zahlreichen großen, anfangs silberweißen, zuletzt gelben Kätzchen.
Verwendung: Hübsche, reichblühende Zwergweide für Heide-, Stein- und Alpingärten, das gilt auch für die drei anderen beschriebenen Zwergweiden.
Standort: Sonnig bis lichtschattig, Luft- und Bodentrockenheit schlecht ertragend. Boden frisch bis feucht, durchlässig, sandig- oder lehmig-humos, schwach sauer bis alkalisch.
Pflege: Kein regelmäßiger Schnitt erforderlich. ✂ 1.
Vermehrung: Stecklinge von krautigen Trieben.

Weitere empfehlenswerte Zwergweiden

Salix helvetica, Schweizer Weide

Buschig aufrechter, bis 0,8 m hoher, dickastiger Strauch. Triebe anfangs weißfilzig behaart. Blätter verkehrt-eiförmig bis lanzettlich, bis 4 cm lang, oberseits dunkelgrün, unterseits weißfilzig behaart. Männliche Kätzchen silbrig weiß, später goldgelb, im April.

Salix lanata, Woll-Weide

Kaum mehr als 1 m hoher, dickastiger, breit aufrechter Strauch. Winterknospen und junge Triebe dick weißwollig behaart. Blätter rundlich-eiförmig , 2,5–7 cm lang, in der Jugend beiderseits dicht und lang weißseidig behaart, zuletzt oberseits trübgrün, unterseits bläulich grün. Die großen, männlichen Kätzchen dicht goldgelb behaart, im April.

Salix repens 'Voorthuizen', Kriech-Weide

Bis etwa 0,4 m hoher und 1,5 m breiter Kleinstrauch. Zweige dünn, flach ausgebreitet bis aufsteigend. Blätter 1–5 cm lang, elliptisch, oberseits dunkelgrün, unterseits silbrig grau. Männliche Kätzchen silbrig, klein, aber sehr zahlreich und dekorativ, erscheinen im April. Verträgt besser Bodentrockenheit als die anderen Zwergweiden.

Salix helvetica

Salix lanata

Salix hastata 'Wehrhanii'

Salix repens 'Voorthuizen'

Sambucus nigra, Schwarzer Holunder (Tab. 69)

Aussehen: Der heimische Holunder wächst zu einem 5–7 m hohen, breit ausladenden Strauch oder kleinen, breitkronigen Baum heran. Die unpaarig gefiederten, dunkelgrünen Blätter riechen beim Reiben etwas unangenehm. Im Juni/Juli stehen kleine, weiße oder gelblich weiße, duftende Blüten in flachen, 10–15 cm breiten Trugdolden zusammen. Auffällig sind auch die 5–6 mm dicken, schwarzvioletten, glänzenden Früchte mit dem blutroten, stark färbenden Saft.

Neben der Art und einigen Ziersorten werden zur Fruchtgewinnung zahlreiche großfrüchtige Sorten wie zum Beispiel 'Haschberg', 'Mammut' oder 'Riese von Vosloch' in Plantagen angebaut.
Verwendung: Alte Kultur- und Heilpflanze, heimischer Großstrauch für Parks und Bauerngärten. Die Früchte enthalten neben Fruchtsäuren, Zucker und Vitaminen vor allem den tiefroten Pflanzenfarbstoff Sambucin. Die Früchte werden seit langem zu Gelee, Suppen, Punsch, Saft und Wein, die Blüten zu Holundersekt verarbeitet.

Sambucus nigra

Standort: Sonnig bis halbschattig. Boden mäßig trocken bis frisch, alle durchlässigen, nährstoffreichen Bodenarten, neutral bis alkalisch.
Pflege: Zur Fruchterzeugung kultivierte Pflanzen werden regelmäßig ausgelichtet und im Turnus von 4–5 Jahren stark zurückgeschnitten. ✂ 2.
Vermehrung: Aussaat im Herbst oder Frühjahr, die Sorten durch Stecklinge und Veredlungen.

Tab. 69 Empfehlenswerte Ziersorten von *Sambucus nigra*

Sorte	Blätter	Blüten	Früchte
'Aurea'	goldgelb	weiß	selten
'Black Beauty' (Syn. 'Gerda')	vom Austrieb bis zum Herbst dunkel purpurbraun	hellrosa, duftend	violett-schwarz
'Black Lace' (Syn. 'Eva')	stark geschlitzt, im Austrieb grünrot, später beständig tief dunkelrot	rosa, duftend	glänzend schwarz
'Guincho Purple'	anfangs grün, später purpur-bronze	in der Knospe rosa, aufgeblüht weiß	schwarz
'Laciniata'	farnartig tief eingeschnitten, grün	weiß	schwarz

Sasa palmata, Palmblatt-Bambus

Aussehen: *S. palmata* wird mit aufrechten bis überhängenden, grünen, weiß bemehlten Halmen bis etwa 2,5 m hoch und breitet sich durch eine starke Ausläuferbildung dickichtartig aus. Bis 40 cm lang sind die mattglänzend dunkelgrünen Blätter, sie befinden sich vorwiegend im Spitzenbereich der Halme und bilden so ein dichtes Blätterdach.

S. veitchii wird bis 1,5 m hoch und breitet sich durch Ausläufer stark aus. Die 15–25 cm langen, glänzend sattgrünen Blätter tragen im Herbst und Winter einen breiten, weißen Randstreifen.

Sasa palmata

Sasa veitchii

Verwendung: Sehr gut zur großflächigen Unterpflanzung von Bäumen geeignet, am Teichrand nur mit Rhizomsperre pflanzen.
Standort: Sonnig bis schattig. Boden frisch bis feucht, alle durchlässigen, nährstoffreichen, humosen Bodenarten, sauer bis neutral.
Pflege: Bei Einzelstellung unbedingt Rhizomsperren verwenden.
Vermehrung: Teilung der Mutterpflanze oder Abteilen von Rhizomstücken.

Schisandra chinensis, Chinesisches Spaltkölbchen

Aussehen: *S. chinensis* ist ein sommergrüner, 5–8 m hoher, linkswindender Strauch mit 5–10 cm langen, breit-elliptischen bis verkehrt-eiförmigen, glänzend dunkelgrünen Blättern. Im Mai/Juni entfalten sich die 1,5 cm breiten, gelblich weißen bis blassrosa, duftenden, eingeschlechtlichen, meist zweihäusig verteilten Blüten. Aus den weiblichen Blüten mit den zahlreichen, gedrängt stehenden Fruchtblättern entstehen durch Streckung verlängerte, ährenartige, fleischige, bis 15 cm lange Achsen, an denen bis zu 40 kugelige, bis 1 cm dicke, scharlachrote Früchtchen sitzen.

Schisandra chinensis

Verwendung: Mit den auffallenden Früchten eine attraktive Kletterpflanze zur Begrünung von Mauern und Pergolen. Früchte und Fruchtachsen sind reich an organischen Aminosäuren und verschiedenen Zuckern, sie werden in China seit Jahrhunderten in der Volksheilkunde eingesetzt. Die Samen sind reich an Fett und ätherischen Ölen. Inzwischen wird die Art auch in Europa plantagenmäßig zur Fruchtgewinnung angebaut.
Standort: Sonnig bis lichtschattig, wärmeliebend. Boden frisch bis feucht, Trockenheit schlecht ertragend, durchlässig, gepflegt, sandig- oder lehmig-humos, sauer bis neutral.
Pflege: Nur bei Bedarf schneiden. ✂ 6.
Vermehrung: Stecklinge von krautigen Trieben.

Semiarundinaria fastuosa, Säulen-Bambus

Aussehen: *S. fastuosa* wächst, wie schon der Name andeutet, mit kräftigen Halmen straff aufrecht und wird bei uns bis 8 m hoch. *S. fastuosa* breitet sich mit kurzen Rhizomen aus und bildet dichte Bestände. Die anfangs grünen Halme werden zuletzt ziegelrot bis purpurbraun. Die vertrockneten Halmscheiden bleiben lange haften. *S. fastuosa* bildet zahlreiche Seitentriebe mit bis zu 21 cm langen, sattgrünen Blättern. Bei der starkwüchsigen, bis 10 m hohen Sorte 'Viridis' bleiben Halme und Blätter auch an sonnigen Standorten dunkelgrün.
Verwendung: Der dicht belaubte Säulen-Bambus eignet sich gut für hohe Sichtschutzhecken.
Standort: Sonnig bis lichtschattig. Boden frisch bis feucht, durchlässig, gepflegt, lehmig, schwach sauer bis alkalisch.
Pflege: Mit Rhizomsperren pflanzen.

Das Wurzelsystem der Bambusarten
Bambusarten bilden entweder dichte Horste oder breiten sich durch unterirdische Rhizome mehr oder weniger stark aus. Horstbildende Arten (zum Beispiel *Fargesia*-Arten) haben ein pachymorphes Rhizomsystem. Ihre kurzen, dicken Rhizome sind nahe der Mutterpflanze aufwärts gebogen. Die Terminalknospe wächst zu einem neuen Halm aus, die Seitenknospen bilden meist neue Rhizomachsen. Ausläufer bildende Arten (alle anderen hier beschriebenen Bambusarten) haben ein leptomorphes Wurzelsystem, bei dem sich die dünnen, lang gestreckten Rhizome dicht unter der Bodenoberfläche ausbreiten. Während die Terminalknospe im Boden horizontal weiter wächst, bilden die Seitenknospen neue Halme aus oder bleiben in Ruhe. Will man starkwüchsige, Ausläufer bildende Arten im Zaum halten, sollten sie nie ohne Rhizomsperre gepflanzt werden. Dazu wird am besten eine 0,7 m hohe Spezialfolie 0,6 m tief eingegraben. Würde die Folie bodeneben eingesetzt werden, würden die Rhizome die Sperre überwinden können.

Vermehrung: Teilung der Mutterpflanze oder Abteilen von Rhizomstücken.

Shibataea kumasasa, Shibata-Bambus

Aussehen: Die zierliche, 1 m hohe Art hat nur einen geringen Ausbreitungsdrang und wächst mit kurzen Ausläufern fast horstartig. Die schlanken Halme tragen sehr dekorative, dunkelgrüne, 5–10 cm lange und 2,5 cm breite Blätter, die mit den nahezu parallel verlaufenden Kanten fast rechteckig wirken.

Shibataea kumasasa

Verwendung: In ihrer Erscheinung unverkennbare, breitblättrige Art, sehr schön als Solitärpflanze, lässt sich aber auch sehr gut als niedrige Hecke ziehen und eignet sich für großflächige Pflanzungen.
Standort: Sonnig bis schattig. Boden frisch bis feucht, durchlässig, sandig- oder lehmig-humos, sauer bis neutral.
Pflege: Mit Rhizomsperre pflanzen.
Vermehrung: Teilung der Mutterpflanze oder Abteilen von Rhizomstücken.

Skimmia japonica, Japanische Skimmie

Aussehen: Die Japanische Skimmie ist ein immergrüner, buschig aufrechter, reich verzweigter, 0,6–1 m hoher Zwergstrauch mit ledrigen, elliptischen bis verkehrt-eiförmigen, bis 12 cm langen, dunkelgrünen Blättern. Die kleinen, zweihäusigen, süß duftenden, gelblich weißen bis rosa Blüten stehen im April in schönen, endständigen Rispen zusammen. Bis 1,1 cm dick sind die hellroten, schwach glänzenden, sehr lange haftenden Früchte.

Neben weiblichen, fruchtenden Pflanzen wird oft auch die männliche Sorte 'Rubella' angeboten. Bei

Skimmia japonica 'Rubella'

ihr sind die Blattstiele purpurrot, die Blütenstiele und Blütenstandsachsen im Winter und Frühjahr braunrot, die Blüten weiß gefärbt.
Verwendung: Einzeln oder in Gruppen in Verbindung mit Rhododendren, Blumen-Hartriegeln oder Prachtglocken. Der Fruchtansatz wird gefördert, wenn neben weiblichen auch männliche Pflanzen gesetzt werden.
Standort: Lichtschattig bis schattig. Boden frisch bis feucht, durchlässig, sandig- oder lehmig-humos, sauer bis neutral.
Pflege: Bei strengem Kahlfrost Schutz durch Reisig oder Vlies. ✂ 1.
Vermehrung: Stecklinge von ausgereiften Trieben.

Sophora japonica, Japanischer Schnurbaum

Aussehen: Bis 25 m hoch kann der sommergrüne, spät austreibende Baum werden. Er hat im Alter eine lichte, rundliche bis leicht schirmförmige Krone. Die Zweige bleiben lange glänzend dunkelgrün, sie sind mit helleren Korkwarzen besetzt. Die unpaarig gefiederten, oberseits glänzend dunkelgrünen, unterseits bläulichen Blätter sind bis 25 cm lang. Erst im August/September entfalten sich die cremeweißen, 1–1,5 cm langen Schmetterlingsblüten, die in 15–25 cm langen, lockeren Rispen geordnet sind. Gelegentlich werden auch bei uns die zwischen den Samen eingeschnürten Hülsen ausgebildet.

Zu sehr skurilen Gestalten kann die 5–8 m hohe Hängeform 'Pendula' mit den in Bögen abwärts geneigten Zweigen heranwachsen. Leider blüht die Sorte nur sehr selten.
Verwendung: Durch die spätsommerliche Blüte ein interessanter, stadttauglicher, hitze- und trockenresistenter Park- und Straßenbaum. Durch die spätsommerliche Blüte ökologisch sehr wertvoll. Die nektarreichen Blüten werden stark von Bienen und anderen Insekten besucht.
Standort: Sonnig. Boden trocken bis frisch, durchlässig, tiefgründig, sandig-lehmig oder lehmig, schwach sauer bis stark alkalisch. Nicht auf zu nährstoffreiche Böden pflanzen, da das Holz sonst schlecht ausreift.
Pflege: In der Jugend frostempfindlich. Schnittmaßnahmen nur im Herbst durchführen, da es sonst zu starken Blutungen kommt. ✂ 1.
Vermehrung: Aussaat im Frühjahr.

Sophora japonica

Sorbaria sorbifolia, Sibirische Fiederspiere

Aussehen: Der 1,5–2 m hohe, sehr früh austreibende, sommergrüne, nur spärlich verzweigte Strauch breitet sich durch zahlreiche Ausläufer aus und kann so dichte Kolonien bilden. Die unpaarig gefiederten, 5–10 cm langen, frischgrünen Blätter färben sich im Herbst gelb. Im Juni/Juli stehen kleine, 8 mm breite, weiße Blüten in dichten, aufrechten, 10–25 cm langen Rispen über dem Laub. Die kleinen, braunen Balgfrüchte sind unscheinbar.

Die gedrungen wachsende Sorte 'Sem' wird kaum mehr als 1 m hoch. Ihre filigranen Blätter sind im Austrieb bronzefarben, im Herbst rötlich gefärbt.

Verwendung: Eignet dich dank der starken Ausläuferbildung gut für großflächige Bepflanzungen von Gehölzrändern und Böschungen.

Standort: Sonnig bis schattig. Boden mäßig trocken bis feucht, alle durchlässigen, nährstoffreichen Bodenarten, schwach sauer bis alkalisch.

Pflege: Regelmäßige Schnittmaßnahmen sind nicht notwendig, notfalls vertragen die Sträucher aber einen starken Verjüngungsschnitt. ✂ 1.

Vermehrung: Aussaat im Frühjahr. Die Sorte 'Sem' durch Stecklinge von krautigen Trieben.

Sorbaria sorbifolia 'Sem'

Sorbus aria, Echte Mehlbeere

Aussehen: Die meist einstämmig gezogene Echte Mehlbeere wird 10–15 m hoch und entwickelt eine regelmäßig kegelförmige bis rundliche Krone. Die derben, breit-eiförmigen, 8–10 cm langen Blätter sind oberseits anfangs silbrig behaart, zuletzt glänzend dunkelgrün, unterseits bleibend silbrig behaart. Sie färben sich im Herbst gelb. Die kleinen, weißen Blüten stehen im Mai/Juni in filzigen Trugdolden zusammen. Im September reifen die 1–1,3 cm dicken, orange- oder korallenroten Früchte.

Neben der Art werden oft auch die Sorten 'Lutescens' (Blätter im Austrieb beiderseits weiß-filzig, später oberseits matt- bis graugrün, unterseits silbrig-filzig) und 'Magnifica' (Blätter groß, dick, steif ledrig, oberseits glänzend dunkelgrün, unterseits schneeweiß-filzig) angeboten.

Verwendung: *S. aria* ist ein langsam wachsender, hitzeverträglicher und sehr windresistenter Straßen- und Alleebaum. Die Blüten aller *Sorbus*-Arten bieten den Honigbienen eine sehr gute Nektar- und Pollentracht. Die Früchte werden gerne von Vögeln angenommen.

Standort: Sonnig bis lichtschattig. Boden trocken bis frisch, durchlässig, nährstoffreich, sandig-lehmig bis lehmig, schwach sauer bis alkalisch.

Pflege: Anpassungsfähig und pflegeleicht. ✂ 1.

Vermehrung: Aussaat im Frühjahr, Sorten durch Okulation im Sommer oder durch Handveredlungen im Winter.

Sorbus aria

Sorbus aria 'Lutescens'

Sorbus × hybrida 'Gibbsii'

Weitere empfehlenswerte Mehlbeeren

***Sorbus × hybrida* 'Gibbsii', Bastard-Mehlbeere**
Bis 7 m hoher, breitkroniger Baum. Blätter eiförmig bis länglich-eiförmig, 10–15 cm lang, an der Basis mit 1–2 Paar Fiederblättchen. Früchte sehr zahlreich, bis 1,5 cm groß, tiefrot.

***Sorbus intermedia*, Schwedische Mehlbeere**
Bis 15 m hoher, meist kurzstämmiger, wind- und trockenresistenter, reichblühender und -fruchtender Baum. Krone eiförmig bis rundlich. Blätter breit eiförmig, 6–10 cm lang, unterhalb der Blattmitte gelegentlich fiederschnittig. Früchte 1–1,2 cm dick, scharlachrot. Seit langer Zeit kultivierter, wertvoller Allee- und Straßenbaum.

Sorbus intermedia

***Sorbus × thuringiaca* 'Fastigiata', Thüringer Mehlbeere**
5–8 m hoher Baum. Krone dicht verzweigt, zunächst schmal kegelförmig, später breit eiförmig, 3–5 m breit. Blätter derb, länglich-eiförmig, am Grunde mit 1–4 Paar Fiederblättchen. Früchte sehr zahlreich, dunkelrot.

Sorbus aucuparia, Gewöhnliche Eberesche, Vogelbeere

Aussehen: Die heimische Eberesche wächst zu einem bis 15 m hohen, oft vom Boden an mehrstämmigen Baum mit einer lockeren, anfangs eiförmigen, zuletzt rundlichen Krone heran. Unpaarig gefiedert sind die bis 15 cm langen, dunkelgrünen Blätter. Sie können sich im Herbst gelborange bis ziegel- oder tiefrot verfärben. Die kleinen, weißen, herb duftenden Blüten stehen im Mai/Juni an den Zweigenden in 10–15 cm breiten Trugdolden zusammen. Von September an reifen die etwa 1 cm großen, kugeligen, orangeroten Früchte. Sie sind bei der Süßen Eberesche, der var. *edulis*, und den daraus selektierten Sorten 'Konzentra' und 'Rosina' arm an Bitterstoffen und deshalb essbar. Die Sorte 'Fastigiata' wächst straff aufrecht, wird 5–7 m hoch und bildet mit dicken, steifen Trieben eine säulenförmige Krone.
Verwendung: Attraktives Solitärgehölze. Ökologisch wertvoll, da Bienenweide sowie Vogelschutz- und Nährgehölz. Früchte der Süßen Eberesche können zu Kompott verarbeitet werden.
Standort: Sonnig bis lichtschattig. Boden mäßig trocken bis frisch, alle durchlässigen, nährstoffreichen, humosen Bodenarten, sauer bis

Sorbus aucuparia

schwach alkalisch, empfindlich gegen sommerliche Trockenperioden.
Pflege: Keine besonderen Ansprüche. ✂ 1.
Vermehrung: Aussaat im Frühjahr, Sorten durch Okulation im Sommer oder Handveredlungen im Winter.

Weitere empfehlenswerte Ebereschen

***Sorbus × arnoldiana*, Arnolds Eberesche**
Kleine, nahe mit *S. aucuparia* verwandte Bäume. Zu dieser Hybrid-Gruppe gehören einige Sorten mit bitterstoffarmen, essbaren Früchten

Gestaltungstipp
Mit dem auffallenden Fruchtschmuck und der oft prächtigen Herbstfärbung sind Ebereschen attraktive Kleinbäume. Sie eignen sich für eine Solitärstellung im Garten und in Parkanlagen.

wie zum Beispiel 'Golden Wonder' mit großen, goldgelben Früchten oder die nur spärlich fruchtende Sorte 'Schouten', ein 6–8 m hoher Baum mit einer eiförmigen, dicht geschlossenen Krone und orangegelben Früchten.

Sorbus cashmiriana, Himalaja-Eberesche
5–8 m hoher, lockerkroniger Baum. Blätter sehr filigran, bis 20 cm lang, matt dunkelgrün. Blüten in der Knospe dunkelrosa, aufgeblüht weiß. Große, weiße Früchte, bis 1,8 cm.

Sorbus commixta 'Serotina', Mahagoni-Eberesche
Strauch oder bis 10 m hoher Baum. Krone rundlich, locker. Blätter glänzend dunkelgrün, im Herbst prachtvoll hell- bis mahagonirot. Blüten klein, weiß; Früchte orangerot, lange haftend.

Sortentipp
Bei keiner anderen Eberesche sind die Blätter im Herbst so leuchtend rot gefärbt wie bei *Sorbus commixta* 'Serotina'.

Sorbus 'Joseph Rock'
Bis etwa 9 m hoher, lockerkroniger Baum. Blätter glänzend dunkelgrün, im Herbst prächtig rot, orange, kupfern bis purpurrot. Blüten in lockeren Trugdolden. Früchte anfangs cremegelb, später bernsteinfarben, bis zu 50 Einzelblüten je Fruchtstand.

Sorbus reducta, Zwerg-Mehlbeere
Bis 1 m hoher, buschig aufrechter, schwach Ausläufer bildender Strauch. Blätter 7–10 cm lang, dunkelgrün, im Herbst karminrot.

Sorbus × arnoldiana 'Golden Wonder'

Sorbus sargentiana

Sorbus cashmiriana

Sorbus commixta 'Serotina'

Blüten weiß, 1,2 cm breit, zu wenigen in kahlen Trugdolden. Früchte 6 mm dick, karminrot. Sehr interessanter, leider nur selten kultivierter Zwergstrauch.

Sorbus sargentiana, Sargents Eberesche
Bis 10 m hoher, sehr sparsam verzweigter Baum mit dicken, steifen Zweigen und auffallend großen, glänzend rotbraunen, stark klebrigen Winterknospen. Blätter bis 30 cm lang, matt dunkelgrün, im Herbst sehr prachtvoll dunkelrot. Blüten in bis 15 cm breiten, vielblumigen Trugdolden. Früchte scharlachrot, nur 6 mm dick, aber bis zu 500 Stück in dichten Ständen.

Sorbus vilmorinii, Vilmorins Eberesche
Strauch oder bis 6 m hoher, locker aufgebauter Baum. Blätter bis 15 cm lang, bestehend aus bis zu 31 Blättchen, daher sehr filigran. Blüten weiß, in bis 10 cm breiten, lockeren Trugdolden. Früchte anfangs rötlich, zuletzt blassrosa.

Sorbus domestica, Speierling

Aussehen: Der langsam wachsende, 10–20 m hohe, heimische Speierling hat anfangs eine regelmäßig kegelförmige, im Alter eiförmige bis rundliche Krone. Unpaarig gefiedert sind die bis 20 cm langen, mattgrünen, im Herbst gelben oder orangefarbenen Blätter. Im Mai/Juni stehen an den Enden der Kurztriebe weiße, etwa 1,5 cm breite Blüten in vielblumigen, breit kegelförmigen Trugdolden zusammen. Die im September/Oktober reifenden, bis 3,5 cm langen Früchte können apfel- oder birnenförmig sein, sie sind grünlich gelb, sonnenseits oft etwas gerötet, anfangs herbsauer und erst bei Überreife süßsäuerlich und roh essbar.
Verwendung: Seit mehr als 2000 Jahren in wärmebegünstigten Klimalagen kultiviertes Fruchtgehölz, dessen tanninhaltige Früchte gerne dem Apfelmost zugesetzt werden, um dessen Geschmack und Haltbarkeit zu verbessern. Seit langer Zeit werden aus den Früchten auch Branntweine hergestellt.
Standort: Sonnig bis lichtschattig, wärmebedürftig, hitzeverträglich. Boden trocken bis frisch, durchlässig, nährstoffreich, sandig-lehmig bis lehmig, neutral bis alkalisch.
Pflege: In der Jugend schwachwüchsig und frostempfindlich. ✂ 1.
Vermehrung: Aussaat im Herbst oder Frühjahr.

Spiraea × arguta, Braut-Spierstrauch

Aussehen: *S. × arguta* ist ein buschiger, trichterförmig aufrechter, bis 2 m hoher, fein verzweigter, überreich blühender Strauch mit zierlich überhängenden Zweigen und 3–4 cm langen, länglich-eiförmigen bis lanzettlichen, lebhaft grünen Blättern. Ende April/Anfang Mai stehen entlang der Zweige reinweiße, 8 mm breite, streng riechende Blüten in vielblumigen Trugdolden.
Verwendung: Seit vielen Jahren bewährter, zierlicher Blütenstrauch für Gehölz- und Staudenrabatten oder freiwachsende Blütenhecken.
Standort: Sonnig, empfindlich gegen Hitze und Trockenheit. Boden frisch bis feucht, durchlässig, nährstoffreich, sandig oder lehmig, sauer bis neutral.
Pflege: Regelmäßig auslichten. ✂ 2.
Vermehrung: Stecklinge von krautigen Trieben.

Spiraea × billardii 'Triumphans'

Weitere empfehlenwerte strauchförmig wachsende Spiersträucher

***Spiraea × billardii* 'Triumphans'**
Straff aufrechter, bis etwa 1,5 m hoher Strauch. Blätter elliptisch-lanzettlich, 3–6 cm lang. Blüten lebhaft purpurrosa, im Juni bis September in bis 20 cm langen, dichten, breit kegelförmigen Ständen an den Zweigenden. Sehr robuster und anpassungsfähiger Deck- und Gruppenstrauch.

***Spiraea × cinerea* 'Grefsheim'**
Breit aufrechter, 1,5–2,5 m hoher, buschiger, dünntriebiger, überreich

Sorbus domestica 'Sossenheimer Riesen'

Spiraea × arguta

Spiraea × cinerea 'Grefsheim'

Spiraea nipponica 'Flächenfüller'

Spiraea thunbergii

blühender Strauch. Zweige weitbogig überhängend. Blätter lanzettlich, bis 2,5 cm lang. Blüten weiß, sehr zahlreich, in kleinen Trugdolden entlang der Triebe. Blüht etwa 10 Tage früher als *S.* × *arguta* und wird nicht selten dieser alten Hybride vorgezogen. Hervorragend für freiwachsende Blütenhecken geeignet.

Spiraea nipponica **'Flächenfüller'**
Bis etwa 1 m hoher Strauch, mit zahlreichen verzweigten Ästen straff aufrecht wachsend. Zweige im Winter rot- bis schwarzbraun. Blätter elliptisch bis schmal-eiförmig, 2–4 cm lang, bis in den Herbst hinein dunkelgrün bleibend. Blüten weiß, im Juni in sehr zahlreichen Trugdolden auf der ganzen Zweiglänge. Sehr robust und hervorragend für großflächige Pflanzungen, aber auch als Solitär- und Gruppenstrauch geeignet.

Spiraea nipponica **'Snowmound'**
Bis 1,5 (–2,5) m hoher, dicht verzweigter Strauch. Zweige aufsteigend bis weitbogig abstehend. Blätter 1–3 cm lang, länglich bis spatelförmig, dunkelgrün. Blüten weiß, im Juni in sehr zahlreichen, 2–3 cm breiten Trugdolden entlang der Zweige. Prachtvoller, in der Sortimentsprüfung mit „sehr gut" bewerteter Blütenstrauch.

***Spiraea thunbergii*,**
Thunbergs Spierstrauch
Bis 1,5 m hoher, zierlicher, dicht und fein verzweigter, sehr früh austreibender Strauch. Zweige dünn, abstehend bis überhängend. Blätter schmal lanzettlich, 2,5–4 cm lang, lebhaft grün, im Herbst orange und scharlach. Blüten weiß, Ende April/Anfang Mai, in sitzenden Dolden an seitenständigen Kurztrieben. Bei der japanischen Sorte 'Fujino Pink' sind die weißen Blüten rosa überhaucht.

***Spiraea* × *vanhouttei*,**
Belgischer Spierstrauch
Robuster, 2–3 m hoher, reich verzweigter, überreich blühender Strauch. Zweige bogig aufrecht, an den Spitzen stark überhängend. Blätter rhombisch bis verkehrt-eiförmig, 3–4 cm lang, dunkelgrün. Blüten reinweiß, Ende Mai/Juni in zahlreichen, vielblumigen, bis 5 cm breiten, doldenartigen Büscheln entlang der Zweige. Bewährter, robuster Solitär- und Gruppenstrauch, besonders gut für freiwachsende Blütenhecken geeignet.

Spiraea × *vanhouttei*

Spiraea japonica, Japanischer Spierstrauch
(Tab. 70)

Aussehen: Der Japanische Spierstrauch wird in zahlreichen Sorten kultiviert. Alle wachsen straff aufrecht und sind, bedingt durch den regelmäßigen starken Rückschnitt, kompakt aufgebaut und reich verzweigt, sie werden maximal 1 m hoch. Die 3–8 cm, langen, lanzettlichen bis eiförmigen, oberseits dunkelgrünen, unterseits graugrünen Blätter sind im Herbst bronzefarben bis orangerot. Die weißen, hellrosa bis karminroten oder zweifarbigen Blüten stehen am Ende der diesjährigen Langtriebe in 15–20 cm breiten, flachen Trugdolden zusammen, die sich im Juni/Juli entwickeln.
Verwendung: Die sommerblühenden Zwergsträucher können in kleinen Gruppen in Verbindung mit Stauden, Gräsern und anderen sommerblühenden Zwergsträuchern, aber auch großflächig als Bodendecker gepflanzt werden. Sie sind ideale Zwergsträucher für niedrige Blütenhecken.
Standort: Sonnig bis lichtschattig. Boden mäßig trocken bis frisch, durchlässig, nährstoffreich, sandig bis lehmig, schwach sauer bis alkalisch.
Pflege: Regelmäßig im Frühjahr stark zurückschneiden. ✂ 3.
Vermehrung: Stecklinge von krautigen Trieben.

Tab. 70 Empfehlenswerte Sorten von *Spiraea japonica*

Sorte	Blüten	Blätter	Wuchshöhe
'Albiflora'	weiß	hellgrün	0,5 m
'Sapho'	karminrot	dunkelgrün, die Auslese von 'Anthony Waterer' virusfrei, deshalb ohne helle, krankhafte Panaschierungen	bis 0,8 m
'Crispa'	karminrot	dunkelgrün, am Rand stark gewellt	0,5 m
'Dart's Red'	dunkel karminrot	dunkelgrün	1 m
'Golden Princess'	hell purpurrosa	im Austrieb rötlich bronzefarben, später hell- bis grünlich gelb	0,8 m
'Goldflamme'	purpurrosa	im Austrieb bronzefarben, später goldgelb bis grünlich gelb	0,8 m
'Nana'	rosa, klein	grün	0,4 m
'Neon Flash'	dunkel rosarot	dunkelgrün	0,8 m
'Little Princess'	hellrosa	dunkelgrün	0,5 m
'Shirobana'	innerhalb einer Dolde weiß, rosa und rosarot	im Austrieb bronzefarben, später dunkelgrün	0,8 m
'Zigeunerblut'	dunkel lilarot	im Austrieb kräftig braunrot, später dunkelgrün	0,8 m

Spiraea japonica 'Sapho'

Spiraea japonica 'Goldflamme'

Spiraea japonica 'Shirobana'

Spiraea betulifolia 'Tor'

Weitere empfehlenswerte, zwergig wachsende *Spiraea*-Arten

Spiraea betulifolia 'Tor', Birkenblättriger Spierstrauch
Wuchs gedrungen, dicht verzweigt, halbkugelig, bis 0,8 m hoch. Blätter dunkelgrün, im Herbst orangefarben bis rot und purpurn. Blüten weiß, sehr zahlreich, in 3–6 cm breiten, flachen Trugdolden endständig an Langtrieben, Juni. Wurde in Sortimentsprüfungen mit „sehr gut" bewertet.

Spiraea decumbens, Kärntener Spierstrauch
Stark Ausläufer treibender und rasch flächendeckender, bis 0,5 m hoher Strauch mit drahtartig dünnen Zweigen. Blätter 1–3 cm lang, frischgrün. Blüten weiß, sehr zahl-

Spiraea decumbens

reich, im Juni in 3–5 cm breiten, vielblumigen Trugdolden an den Triebenden. Wertvoller, auch kleinflächig einsetzbarer, reichblühender Bodendecker.

Spiraea densiflora, Dichtblütiger Spierstrauch
Bis 0,6 m hoher, kompakter, buschiger Strauch. Blätter 1,5–4 cm lang, elliptisch, dunkelgrün, im Herbst orange- oder weinrot. Blüten rosa, in 2–4 cm breiten Trugdolden, Mai. Nicht so hübsch blühend wie andere *Spiraea*-Arten, aber sehr robust und mit einer sehr gesunden, auffallend lange haftenden Belaubung.

Stachyurus chinensis, Chinesische Schweifähre

Aussehen: Der sparsam verzweigte Strauch wird mit schlanken, leicht überhängenden, mattbraunen Zweigen etwa 2,5 m hoch. Er hat eiförmige bis länglich-eiförmige, 6–12 cm lange, glänzend dunkelgrüne Blätter, die sich im Herbst intensiv orange bis tief weinrot verfärben. Im März/April öffnen sich die im Herbst schon weit vorgebildeten, kleinen, gelben, glockigen Blüten, die zu je 12–20 in 5–10 cm langen, schlanken, hängenden Trauben zusammenstehen. Früchte werden bei uns nur selten ausgebildet.

Die Japanische Schweifähre, *S. praecox*, blüht etwa 2 Wochen früher, unterscheidet sich sonst aber nur in geringfügigen Details von ihrer chinesischen Schwester.
Verwendung: Beide sind sehr attraktive Vorfrühlingsblüher, die ihre nackt überwinterten Blüten lange vor der Laubentfaltung öffnen.
Standort: Sonnig bis lichtschattig, geschützt, hitzeverträglich und wärmeliebend. Boden mäßig trocken bis frisch, durchlässig, nährstoffreich, sandig bis lehmig, schwach sauer bis alkalisch.
Pflege: In der Jugend frostempfindlich. ✂ 1.
Vermehrung: Aussaat im Frühjahr unter Glas.

Staphylea colchica, Kolchische Pimpernuss

Aussehen: *S. colchica* ist ein 3–5 m hoher, aufrechter, sparsam verzweigter, glattrindiger Strauch mit unpaarig gefiederten, lebhaft grünen Blättern. Weiße, angenehm leicht duftende, 1,2–1,5 cm lange Blüten stehen in 5–10 cm langen, nickenden Rispen zusammen. Sie blühen im Mai/Juni auf. Sehr hübsch sind auch die blasig aufgetriebenen, pergamenthäutigen, 5–8 cm langen, zwei- bis dreizipfeligen, grünlichen Fruchtkapseln mit den großen, harten, gelbbraunen Samen.
Verwendung: *S. colchica* wird als Solitär- und Gruppenstrauch verwendet.
Standort: Sonnig bis lichtschattig, wärmeverträglich. Boden frisch bis feucht, durchlässig, gepflegt, lehmig, schwach sauer bis alkalisch.
Pflege: Keine besonderen Ansprüche. ✂ 1.
Vermehrung: Aussaat im Frühjahr.

Die attraktivste Pimpernuss
Staphylea colchica hat die größten Blüten und Früchte aller *Staphylea*-Arten, er ist somit ein besonders schöner und gleichzeitig robuster Blüten- und Fruchtstrauch.

Spiraea densiflora

Stachyurus chinensis

Staphylea colchica

Stephanandra incisa, Kleine Kranzspiere

Aussehen: *S. incisa* ist ein vieltriebiger, 1,5–2,5 m hoher Strauch mit dünnen, hin und her gebogenen, locker überhängenden Zweigen. 2–6 cm lang sind die eiförmigen oder dreieckig eiförmigen, tief eingeschnittenen, dunkelgrünen, im Herbst ziegel- bis tief rotbraunen Blätter. Sehr kleine, cremeweiße oder gelbliche Blüten sind zu 2–6 cm langen, endständigen Rispen geordnet, Blütezeit ist der Juni.

Die häufig kultivierte Sorte 'Crispa' wird mit den bogig abwärts wachsenden Zweigen und den kleinen, krausen Blättern nur bis 0,8 m hoch.

Verwendung: Vorwiegend als Gruppenstrauch, die Sorte 'Crispa' ist sehr gut für flächige Pflanzungen geeignet.

Standort: Sonnig bis lichtschattig, Luft- und Bodenfeuchtigkeit vertragend. Boden frisch bis feucht, durchlässig, sandig bis lehmig, sauer bis neutral.

Pflege: Jährlich nach der Blüte auslichten. ✂ 2.

Vermehrung: Stecklinge von krautigen Trieben.

Stephanandra incisa

Stewartia pseudocamellia, Japanische Scheinkamelie

Aussehen: *S. pseudocamellia* wächst langsam zu einem 4–6 (–18) m hohen, zunächst straff aufrechten Strauch oder kleinen Baum heran. Die Krone ist später aufgelockert und unregelmäßig rundlich bis ausgebreitet. Der glatte Stamm ist platanenähnlich bunt gescheckt. Elliptisch bis lanzettlich sind die 3–8 cm langen, frischgrünen Blätter. Sie färben sich im Herbst prachtvoll orange- bis dunkelrot. Im Juli/August schmückt sich der Kleinbaum mit 5–6 cm breiten, schalenförigen, weißen Blüten, die in der Mitte ein großes, goldgelbes Staubblattbündel präsentieren. Die Blüten öffnen sich nacheinander über einen Zeitraum von mehreren Wochen.

Verwendung: Kostbares Solitärgehölz, passt gut zu Rhododendren oder in einen japanischen Garten.

Standort: Sonnig bis lichtschattig. Boden frisch bis feucht, durchlässig, sandig- bis lehmig-humos, sauer bis schwach sauer, kalkmeidend, empfindlich gegen Bodentrockenheit und -nässe.

Pflege: Gedeiht nur auf zusagenden Standorten zufrieden stellend. ✂ 1.

Vermehrung: Aussaat im Frühjahr unter Glas.

Gartentipp
Kaum ein anderes Ziergehölz unserer Gärten kann mit so zahlreichen dekorativen Attributen aufwarten wie die Japanische Scheinkamelie: ein auffallender Stamm, große, kamelienähnliche Blüten und eine prachtvolle Herbstfärbung.

Stewartia pseudocamellia

Stewartia pseudocamellia

Symphoricarpus albus var. *laevigatus*, Gewöhnliche Schneebeere

Aussehen: Die allgemein bekannte Schneebeere ist ein dicht verzweigter, bis 2 m hoher, dünnzweigiger Strauch mit zahlreichen kurzen Ausläufern.

Die eiförmigen, bis 7,5 cm langen, dunkelgrünen Blätter bleiben im Herbst lange haften. Aus kleinen, recht unscheinbaren, nektarreichen Blüten entwickeln sich im Spätsommer die zahlreichen Früchte. Sie sind schneeweiß, kugelig und bleiben bis in den Winter an den Zweigen haften.

Symphoricarpus albus var. *laevigatus*

Symphoricarpus × *chenaultii* 'Hancock'

Verwendung: Robuster, anspruchsloser Deck- und Gruppenstrauch, für Unterpflanzungen geeignet.
Standort: Sonnig bis halbschattig. Boden mäßig trocken bis feucht, alle durchlässigen Bodenarten, schwach sauer bis alkalisch.
Pflege: Schnittmaßnahmen sind nicht unbedingt notwendig, notfalls werden aber auch starke Verjüngungsschnitte ertragen. ✂ 1.
Vermehrung: Aussaat im Frühjahr, bei Hybriden und Sorten Stecklinge von krautigen Trieben.

Weitere empfehlenswerte Schneebeeren

Symphoricarpus × *chenaultii* 'Hancock', Bastard-Korallenbeere

Wuchs sehr stark, dicht verzweigt, wird bei flächiger Pflanzung bis über 1 m hoch und 1,5 m breit. Zweige abstehend bis niederliegend, weit übergebogen, eine dichte Bodendecke bildend. Wird in der Regel großfächig als Bodendecker eingesetzt.

Symphoricarpus × *doorenbosii* 'Amethyst'

Breit aufrechter, etwa 1,5 m hoher Strauch mit dunkelgrünen, lange haftenden Blättern. Blüten klein, weiß bis lilarosa, im Juni bis August in kurzen Trauben. Früchte intensiv lilarosa bis purpurviolett, sehr zahlreich, in dichten Büscheln an den Triebenden, bis zum November/Dezember haftend. Mit den zahlreichen, auffallend gefärbten Früchten im Herbst ein sehr attraktiver Gruppenstrauch.

Zu *S.* × *doorenbosii* gehören weitere Sorten mit attraktiven Früchten: 'Hecona' (Früchte weiß, sonnenseits kräftig lilarosa), 'Magic Barry' (Früchte lilarot, schon im Juli Farben zeigend), 'Mother of Pearl' (Früchte grünlich weiß bis weiß, mit rosa Wange), 'White Hedge' (Früchte weiß).

Symphoricarpus × *doorenbosii* 'Amethyst'

Syringa × *chinensis*, Chinesischer Flieder

Aussehen: Der Chinesische Flieder wächst mit dünnen, bogig übergeneigten Zweigen locker aufrecht, im Alter wird er 3–5 m hoch und gleich breit. 4–8 cm lang sind die eiförmig lanzettlichen, dunkelgrünen Blätter. Im Mai stehen purpurviolette, duftende Blüten in großen, ziemlich lockeren, nickenden Rispen entlang der Zweige. Bei der Sorte 'Saugeana' sind die Blüten lilarot.
Verwendung: Im Gegensatz zu vielen anderen Fliedern ein gefällig aufgebauter Solitärstrauch mit reichem Blütenflor. Wird gelegentlich auch hochstämmig gezogen, die Stämme sind dann auffallend drehwüchsig.
Standort: Sonnig, wärmeliebend, für Stadklima geeignet. Boden mäßig trocken bis frisch, tiefgründig, nährstoffreich, sandig-kiesig bis lehmig, schwach sauer bis alkalisch.
Pflege: Keine besonderen Ansprüche. ✂ 1.
Vermehrung: Sommerokulation im Freiland.

Syringa × *chinensis* 'Saugeana'

Weitere empfehlenswerte Syringa-Arten und -Sorten

***Syringa* 'Agnes Smith'**
Wuchs breit aufrecht, 2–2,5 m hoch. Blätter länglich-eiförmig, im Austrieb rötlich. Blüten weiß, stark duftend, in zahlreichen mittelgroßen Rispen, Mai/Juni.

Wird auch unter der Bezeichnung *S.* × *prestoniae* 'Agnes Smith' angeboten.

***Syringa* 'Josee'**
Bis etwa 1,5 m hoher, kompakter, gut verzweigter, reichblühender Kleinstrauch. Blätter klein, eiförmig, mattgrün. Blüten in der Knospe violettpurpurn, aufgeblüht rosa, in zahlreichen ziemlich kleinen Rispen, Mai/Juni. Attraktiver Kleinstrauch, u.a. sehr gut für Kübelbepflanzung geeignet.

***Syringa josikaea*, Ungarischer Flieder**
Steif aufrechter, 3–4 m hoher, dickzweigiger Strauch. Blätter breitelliptisch, 6–12 cm lang, tiefgrün. Blüten lilapurpurn, in 10–18 cm langen, schmal kegelförmigen Rispen, Mai/Juni. Robuster, trockenresistenter Flieder.

Syringa josikaea

Syringa meyeri 'Palibin'

***Syringa meyeri* 'Palibin'**
Kaum mehr als 1 m hoher, reich verzweigter, kompakter, nahezu kugeliger Kleinstrauch. Blätter elliptisch-eiförmig, 2–4 cm lang, frischgrün. Blüten in der Knospe purpurrosa, aufgeblüht weißlich rosa, in sehr zahlreichen kleinen Rispen, Juni. Schon als junge Pflanze reich blühend. Besonders zierlicher Flieder, hervorragend für eine Kultur in Steingärten und Kübeln geeignet.

***Syringa microphylla* 'Superba'**
Breit aufrechter, buschiger, bis 1,5 m hoher, reich verzweigter Strauch. Blätter rundlich bis elliptisch-eiförmig, 1–4 cm lang, oberseits sattgrün, unterseits graugrün. Blüten rosarot, im Verblühen heller, herb duftend, in zahlreichen 4–7 cm langen Rispen, Hauptblütezeit im Mai, bis zum Oktober nachblühend.

***Syringa patula* 'Miss Kim'**
Wuchs aufrecht, kompakt, ziemlich dicht verzweigt, bis 2 m hoch. Blätter eiförmig, 6–8 cm lang, dunkelgrün, unterseits graugrün, im Herbst burgunderrot, Blüten in der Knospe dunkel violettpurpurn, geöffnet innen weiß, im Verblühen fast weiß, stark duftend, in 11–15 cm langen Rispen, Mai/Juni.

Syringa microphylla 'Superba'

***Syringa* Villosae-Gruppe** (Tab. 71)
Zu dieser Gruppe gehören einige Sorten, die gelegentlich auch als Sorten von *S.* × *prestoniae* bezeichnet werden. Gemeinsame Merkmale der 3–4 m hohen Sträucher sind ihr breit aufrechter Wuchs und die elliptischen bis länglichen, 5–18 cm langen, oberseits sattgrünen Blätter. Die Blüten können purpurn, rosa oder weiß sein. Sie stehen in langen, schmalen, dichten Rispen zusammen und blühen im Juni auf. Alle Sorten blühen reich, sind robust und sehr frosthart.

Syringa vulgaris, Gewöhnlicher Flieder (Tab. 72)

Aussehen: Seit 5 Jahrhunderten ist der Gewöhnliche Flieder ein überaus beliebter Blütenstrauch unserer Gärten. Der vielstämmige Strauch kann bis 7 m hoch werden und sich durch zahlreiche Ausläufer ausbreiten. Seine 5–12 cm langen, derben, breit-eiförmigen Blätter sind glänzend dunkelgrün. Im Mai entfaltet der Strauch seine stark duftenden, blauvioletten Blüten, die in 10–20 cm langen, vielblumigen Rispen zusammenstehen. Neben der Art stehen uns zahlreiche Sorten mit einfachen oder gefüllten Blüten zur

Tab. 71 Empfehlenswerte Sorten von *Syringa* der Villosae-Gruppe

Sorte	Blüten
'Elinor'	in der Knospe dunkel purpurrot, aufgeblüht hell lavendelfarben
'Minuet'	hellpurpurn, zahlreich
'Miss Canada'	leuchtend rosa, zahlreich
'Redwine'	karminrosa, in der Knospe dunkler, in langen Rispen
'Royalty'	in der Knospe tiefviolett, aufgeblüht lilablau, in dichten, bis 17 cm langen Rispen

Syringa vulg. 'Andenken an Ludwig Späth'

Syringa 'Elinor'

Syringa 'Royalty'

Syringa vulgaris 'Katharine Havemeyer'

Syringa vulgaris 'Michel Buchner'

Tab. 72 Empfehlenswerte Sorten von *Syringa vulgaris*

Sorte	Blüten
'Andenken an Ludwig Späth'	dunkel purpurrot, einfach
'Charles Joly'	dunkel purpurrot, außen lilaweiß, gefüllt
'Katharine Havemeyer'	in der Knospe lilarosa, aufgeblüht kobaltlila mit rosa Anflug, halb- bis dicht gefüllt
'Michel Buchner'	rosalila mit weißem Auge, gefüllt
'Mme Antoine Buchner'	zart malvenrosa, gefüllt
'Mme Lemoine'	in der Knospe cremegelb, aufgeblüht weiß, gefüllt
'Primrose'	in der Knospe grünlich gelb, aufgeblüht hell primelgelb, einfach
'Sensation'	purpurrosa, mit einem breiten silbrigen Saum, einfach

Syringa vulgaris 'Mme Lemoine'

Verfügung. Die Zweige lasen sich gut vortreiben und sind beliebte Schnittblumen.
Verwendung: Allgemein bekannter Blütenstrauch für Einzel- oder Gruppenpflanzung oder freiwachsende Blütenhecken.
Standort: Sonnig bis lichtschattig, wärmeliebend, hitze- und windresistent, für Stadtklima geeignet. Boden mäßig trocken bis frisch, durchlässig, nährstoffreich, sandig bis lehmig, schwach sauer bis alkalisch.
Pflege: Bei den Sorten auf Wildtriebe achten. ✂ 1.
Vermehrung: Aussaat im Frühjahr, Sorten durch Freilandokulation im Sommer.

Tamarix parviflora, Kleinblütige Tamariske

Aussehen: Die sommergrüne Tamariske baut sich mit aufrechten Ästen und bogenförmig übergeneigten, dunkelpurpurnen Zweigen zu einem lockeren, bis 5 m hohen Strauch auf. Die kleinen, hellgrünen, schuppenförmigen Blätter sind dachziegelartig angeordnet. Auch die rosa Blüten sind sehr klein, sie stehen aber in zahlreichen, 2–4 cm langen, schmalen Trauben auf der ganzen Länge der vorjährigen Zweige und blühen im Mai auf.
Verwendung: Eleganter Blütenstrauch für eine Solitärstellung in großen Gärten, passt gut in Steppen- und mediterrane Gärten.
Standort: Sonnig, wärmeliebend, hitze- und windresistent, für Stadtklima geeignet. Boden trocken bis frisch, durchlässig, nährstoffreich, sandig bis lehmig, neutral bis alkalisch.
Pflege: Regelmäßiges Auslichten und leichter Rückschnitt unmittelbar nach der Blüte fördern einen reichen Blütenflor. ✂ 4.
Vermehrung: Aussaat im Frühjahr oder Steckholz.

Tamarix ramosissima 'Pink Cascade', Kaspische Tamariske

Aussehen: Im Gegensatz zu *T. parviflora* blüht *T. ramosissima* im Sommer, in den Monaten Juli bis September. Locker und etwas sparrig wächst der 2–4 m hohe Strauch mit seinen aufstrebenden Ästen und den schlanken, bogig überhängenden Zweigen. Die schuppenförmigen Blätter sind blaugrün, im Herbst gelb gefärbt. Die 3–8 cm langen rosafarbenen Blütentrauben stehen in großen, rispenartigen Ständen an den Zweigenden. Bei der Sorte 'Rosea' sind die Blüten rosarot, bei 'Rubra' dunkel karminrosa.
Standort und Verwendung: Wie bei *T. parviflora*.
Pflege: Schnittmaßnahmen im zeitigen Frühjahr durchführen. ✂ 2.
Vermehrung: Steckholz.

Tilia cordata, Winter-Linde

Aussehen: Die heimische Winter-Linde ist ein allgemein bekannter, heimischer Großbaum, der mit seiner hoch gewölbten Krone bis 40 m hoch werden kann. Nahezu rundlich sind die 3–10 cm langen, oberseits dunkelgrünen, unterseits graugrünen Blätter mit ihren rostfarbenen Achselbärten.

Die grünlich gelbe bis goldgelbe Herbstfärbung ist unspektakulär. Die gelblich weißen Blüten sind zwar klein, duften aber sehr angenehm, sie stehen zu 5–7 in Büscheln, die meist den Blättern aufliegen und blühen im Juni/Juli.

Neben der Art wird oft auch die Sorte 'Greenspire' angeboten, ein nur 15–18 m hoher Baum mit einer schmalen, kompakten Krone und kleinen, ledrigen Blättern.

Tamarix parviflora

Tamarix ramosissima 'Pink Cascade'

Tilia cordata

Tilia cordata

Tilia × euchlora

Tilia platyphyllos

Verwendung: Häufig gepflanzter Hof-, Park-, Straßen- und Alleebaum. Wird manchmal kastenförmig geschnitten oder als hohe Baumwand zum Licht- und Windschutz gezogen. Linden sind nur für große Gärten geeignet. Für kleine und mittelgroße Hausgärten werden sie zu groß. Die nektarreichen Blüten sind eine wichtige Bienenweide, sie werden in Tees und Duftkissen verarbeitet.
Standort: Sonnig bis lichtschattig. Boden mäßig trocken bis frisch, tiefgründig, nährstoffreich, sandig bis lehmig, schwach sauer bis alkalisch.
Pflege: Keine besonderen Ansprüche. ✂ 1, 5.
Vermehrung: Aussaat im Herbst oder Frühjahr, Sorten durch Handveredlungen im Winter.

Weitere empfehlenswerte Linden

Tilia × euchlora, Krim-Linde
Bis 20 m hoher Baum mit durchgehendem Stamm und hoch gewölbter Krone. Äste bogig nach außen übergeneigt, Zweige schleppenartig herabhängend. Blätter breit eiförmig, 6–10 cm lang, auffallend glänzend dunkelgrün, im Herbst gelb. Blüten zu 3–7 in hängenden Büscheln, Juli. Wertvoller, für Stadtklima geeigneter Park- und Straßenbaum.

Tilia platyphyllos, Sommer-Linde
Stattlicher, bis 40 m hoher, heimischer Baum, oft mit tief angesetzter Krone. Blätter rundlich eiförmig, 7–15 cm lang, oberseits mattgrün, unterseits flaumig behaart und mit zahlreichen weißlichen Achselbärten. Herbstfärbung sattgelb. Blüten hellgelb, zu 2–5 in hängenden Büscheln, Juni. Bekannter Hof-, Park- und Straßenbaum.

Tilia tomentosa, Silber-Linde
Bis 30 m hoher, stattlicher Baum mit einer regelmäßigen, breit kegelförmigen bis rundlichen Krone. Blätter rundlich, 10–15 cm lang, oberseits dunkelgrün, unterseits auffallend silbergrau sternhaarig. Herbstfärbung hellgelb. Blüten mattweiß, duftend, zu 5–10 in hängenden Büscheln, Juli/August. Wird u.a. häufig als Stadtstraßenbaum eingesetzt und als spät blühende Insektenweide geschätzt.

Tilia tomentosa

Linden – uralte Begleiter der Menschen
Seit Jahrhunderten sind uns Linden im dörflichen und städtischen Siedlungsbereich als Hof-, Park-, Straßen- und Alleebäume vertraut. Kaum ein anderer Baum ist so eng mit dem Leben der Menschen verbunden wie die Linde. Sie stand im Hof, vor dem Gasthaus oder in Siedlungsnähe, markierte den Ort der Ratsversammlung und Rechtsprechung, war als Tanzlinde Mittelpunkt von Festen. Durch zahlreiche Märchen, Gedichte und Lieder, durch unzählige Familiennamen und mehr als 1000 Ortsnamen im deutschsprachigen Raum wird deutlich, wie tief der Baum im Bewusstsein der Menschen verankert war. Den Slawen und Germanen war die Linde heilig und ihrer Fruchtbarkeitsgöttin Freya gewidmet. Noch heute erinnern uns zahlreiche uralte Dorf-, Gerichts- und Tanzlinden an die Gebräuche früherer Zeiten.

Tilia × vulgaris 'Pallida'

Tilia × vulgaris 'Pallida', Kaiser-Linde
Stattlicher, 30–40 m hoher Baum mit regelmäßig kegelförmiger Krone. Blätter breit eiförmig, 7–10 cm lang, frischgrün, unterseits bläulich grün, im Herbst lange haftend. Herbstfärbung gelblich. Blüten gelb, duftend, zu jeweils 3–7 in Büscheln. Blütezeit Juni. Robuste, für Stadtklima geeignete Linde.

Ulmus × hollandica 'Dampieri Aurea'

Ulmus × hollandica 'Dampieri Aurea', Gold-Ulme

Aussehen: Die 8–10 m hohe Gold-Ulme hat anfangs eine schmal säulen- bis kegelförmige Krone, die später aber breiter und unregelmäßig schmal trichterförmig wird. Die 5–8 cm langen Blätter sind im Austrieb leuchtend gelb, später gelb bis gelbgrün und im Herbst gelb. Die Blüten sind, wie bei allen Ulmen, sehr unauffällig. Schon im Mai reifen die geflügelten Nussfrüchte.
Verwendung: Solitärgehölz mit einer auffälligen Belaubung.
Standort: Sonnig bis lichtschattig. Boden mäßig trocken bis feucht, tiefgründig, nährstoffreich, neutral bis alkalisch.
Pflege: Keine besonderen Ansprüche. ✂ 1.
Vermehrung: Handveredlungen im Winter unter Glas.

Vaccinium corymbosum, Amerikanische Strauch-Heidelbeere

Aussehen: *V. corymbosum* ist ein sommergrüner, breit aufrechter, 1–2 m hoher, kompakter, vieltriebiger Strauch. 3–8 cm lang sind die eiförmigen oder lanzettlichen, dunkelgrünen Blätter, die sich im Herbst lebhaft orange bis scharlachrot färben. Die weißen oder leicht geröteten Blätter sind urnenförmig und 0,6–1 cm lang. Sie stehen im Mai in dichten Büscheln zusammen. Von Juni bis September reifen die kugeligen, 0,8–1,5 cm dicken, blauschwarzen, wohlschmeckenden Früchte.

Statt der Art sind großfrüchtige Sorten wie 'Bluecrop', 'Blunette', 'Duke', 'Goldtraube' oder 'Patriot' in Kultur.
Verwendung: Gedeiht als Ziergehölz am besten in Verbindung mit Rhododendren oder im Heidegarten, wird stellenweise in großen Plantagen zur Fruchtgewinnung angebaut.
Standort: Sonnig bis halbschattig. Boden frisch bis feucht, durchlässig, nährstoffreich, sandig-humos, sauer.
Pflege: Gedeiht nur auf zusagenden Standorten zufrieden stellend. ✂ 2.
Vermehrung: Steckholz und Stecklinge.

Vaccinium corymbosum 'Bluecrop'

Vaccinium vitis-idaea, Kronsbeere, Preiselbeere

Aussehen: Die heimische Preiselbeere ist ein immergrüner, 0,1–0,5 m hoher, vieltriebiger Zwergstrauch mit einer kriechenden Grundachse und aufrechten Sprossen. Die ledrigen, verkehrt-eiförmigen bis elliptischen, 1–2,5 cm langen Blätter sind oberseits glänzend dunkelgrün, unterseits matt bläulich grün. Kleine glockige, weiße, rosa überhauchte Blüten stehen im Mai/Juni in kleinen Trauben zusammen, mit Nachblüten ist bis zum September zu rechnen. Im August/September reifen die 5–8 mm großen, kugeligen, glänzend roten, säuerlichen, essbaren Früchte. Neben der Art sind reich tragende Sorten wie

Vaccinium vitis-idaea 'Koralle'

Viburnum × bodnantense

Viburnum × burkwoodii *'Anne Russel'*

'Erntedank', 'Erntekrone', 'Koralle' oder 'Red Pearl' in Kultur.
Verwendung: Der hübsche, immergrüne Zwergstrauch kann zur Fruchtgewinnung, aber auch als Ziergehölz im Heidegarten oder in Rhododendronbeeten in kleinen Tuffs oder kleinflächig zur Bodenbegrünung gepflanzt werden.
Standort: Licht- bis halbschattig. Boden frisch bis feucht, durchlässig, nährstoffarm, torfig, sauer.
Pflege: Abgeerntete Triebspitzen abschneiden, sonst kein Schnitt erforderlich. ✂ 1.
Vermehrung: Aussaat im Frühjahr unter Glas oder Teilung.

Viburnum × bodnantense, Bodnant-Schneeball

Aussehen: Der sommergrüne, bis 3 m hohe, breit aufrechte Strauch wirkt mit seinen starken Ästen etwas grobastig. Die lanzettlichen bis eiförmigen, 4–10 cm langen Blätter sind oberseits frischgrün und runzelig, im Herbst färben sie sich dunkelrot bis dunkelviolett. Lange vor der Laubentfaltung öffnen sich die stark süßlich duftenden, in der Knospe tiefrosa, aufgebüht rosaweißen Blüten, sie stehen in 5–7 cm breiten, dichten Büscheln zusammen. Die ersten Blüten öffnen sich oft schon im November/Dezember, die Hauptblüte folgt dann im März. Die Blüten leiden schon bei leichten Frösten. Wird mit Sortennamen wie 'Dawn' und 'Charles Lamont' angeboten.

Etwa um die gleiche Zeit blüht die nahe verwandte *V. farreri*, sie ist weniger grobastig, die Blüten sind etwas blasser als die von *V. × bodnantense*.
Verwendung: Beide sind attraktive Winter- und Vorfrühlingsblüher für mittelgroße bis große Gärten. Als Schnittblumen reichen wenige Blüten aus, um einen ganzen Raum mit ihrem starken Duft zu erfüllen.
Standort: Sonnig bis halbschattig. Boden mäßig trocken bis feucht, durchlässig, nährstoffreich, sandig bis lehmig, schwach sauer bis alkalisch.
Pflege: Keine besonderen Ansprüche. ✂ 2.
Vermehrung: Stecklinge von krautigen Trieben.

Viburnum × burkwoodii, Wintergrüner Duft-Schneeball

Aussehen: Der wintergrüne Schneeball wächst locker aufrecht und wird 2–3,5 m hoch. Eiförmig bis eiförmig-elliptisch sind die 3–10 cm langen, oberseits glänzend tiefgrünen, unterseits graugrünen, sternhaarigen Blätter. Die anfangs rosaweißen, aufgeblüht weißen, stark nach Vanille duftenden Blüten stehen im März/April in 5–9 cm breiten, vielblumigen, ballförmigen Trugdolden zusammen.

Wichtigste Sorte dieser Hybridgruppe ist 'Anne Russel' mit großen, in der Knospe lachsrosa, aufgebüht weißen, angenehm duftenden Blüten.
Verwendung: Prächtiger Frühlingsblüher für geschützte Gartenplätze.
Standort: Licht- bis halbschattig, geschützt. Boden mäßig trocken bis frisch, durchlässig, nährstoffreich, sandig-lehmig, schwach sauer bis alkalisch.
Pflege: Jungpflanzen in strengen Wintern schützen. ✂ 1.
Vermehrung: Stecklinge von halbreifen Trieben.

Weitere empfehlenswerte Duft-Schneebälle

***Viburnum × carlcephalum*, Großblumiger Duft-Schneeball**
Sommergrüner, 2–3 m hoher, breit aufrechter bis rundlicher Strauch. Blätter rundlich-eiförmig, 6–12 cm lang, leicht glänzend grün, im Herbst rötlich bis orangebraun. Blüten reinweiß, stark duftend, bis

Viburnum × carlcephalum

zu 100 Einzelblüten in bis 15 cm breiten, nahezu kugeligen Ständen. Blütezeit Anfang bis Ende Mai.

***Viburnum carlesii* 'Aurora', Koreanischer Duft-Schneeball**
Sommergrüner, bis 1,5 m hoher, rundlicher Strauch. Blätter breit eiförmig bis elliptisch, 3–10 cm lang, mattgrün, im Herbst gelblich orange. Blüten in der Knospe intensiv rot, aufgeblüht rosa bis rosaweiß, stark duftend, April/Mai.

Viburnum carlesii 'Aurora'

Viburnum davidii, Davids Schneeball, Immergrüner Kissen-Schneeball

Aussehen: *V. davidii* ist ein immergrüner, sehr dicht verzweigter und belaubter, bis etwa 1 m hoher, kompakter, halbkugeliger Strauch. Die 5–13 cm langen, derb ledrigen, elliptischen bis länglich-elliptischen, glänzend dunkelgrünen Blätter zeichnen sich durch eine auffallende Nervatur aus. Im Mai stehen kleine, stumpfweiße Blüten in dichten, 5–10 cm breiten Trugdolden zusammen. Im September reifen die stahlblauen Früchte. Weil in den eigentlich zwittrigen Blüten oft ein Geschlecht nicht voll entwickelt ist, ist ein reicher Fruchtansatz nur zu erwarten, wenn mehrere Pflanzen in enger Nachbarschaft stehen.
Verwendung: Kleiner Strauch mit einer dekorativen Belaubung für Solitär- und Gruppenpflanzungen für geschützte Plätze.
Standort: Lichtschattig bis schattig. Boden frisch bis feucht, durchlässig, sandig- oder lehmig-humos, schwach sauer bis schwach alkalisch.
Pflege: Bei Kahlfrost Schutz durch Reisig oder Vlies. ✂ 1.
Vermehrung: Aussaat unter Glas oder Stecklinge von ausgereiften Trieben.

Viburnum davidii

Viburnum lantana

Viburnum lantana, Wolliger Schneeball, Schlinge

Aussehen: Der heimische Schneeball ist ein sommergrüner, aufrechter, 2–4 m hoher Strauch mit nackten Winterknospen und breit eiförmigen bis länglichen, oberseits dunkelgrünen und runzeligen, unterseits dicht graufilzig behaarten Blättern, die sich im Herbst grünlich gelb bis orange verfärben. Weiße, 5–8 mm breite, streng riechende Blüten stehen im Mai/Juni in dichten, 3–10 cm breiten Trugdolden zusammen. Ab August reifen die 7–8 mm langen, eiförmigen, anfangs roten, zur Vollreife glänzend schwarzen Früchte.
Verwendung: Robuster, trockenresistenter und kalkholder Deck- und Gruppenstrauch, sehr gut auch für freiwachsende Hecken geeignet.
Standort: Sonnig bis halbschattig. Boden trocken bis frisch, alle durchlässigen, nährstoffreichen, schwach sauren bis alkalischen Bodenarten.
Pflege: Keine besonderen Ansprüche. ✂ 2.
Vermehrung: Aussaat im Herbst oder Frühjahr.

Viburnum opulus, Gewöhnlicher Schneeball

Aussehen: *V. opulus* ist ein allgemein bekannter, heimischer Strauch. Er wächst aufrecht bis ausladend und kann 3–4 (–7) m hoch werden. Die bis 12 cm langen, ahornartigen, drei- bis fünflappigen Blätter sind oberseits dunkelgrün, unterseits graugrün und im Herbst prächtig wein- bis orangerot gefärbt. In den bis 10 cm breiten, flachen Trugdolden sind die zahlreichen kleinen, fertilen Blüten von einem Kranz aus großen, reinweißen, sterilen Blüten umgeben, Blütezeit ist Mai/Juni. Ab September reifen die kugeligen, 1 cm dicken, leuchtend scharlachroten Früchte, die oft bis zum Frühjahr haften.

Als Gartengehölze haben zwei Sorten mehr Bedeutung als die Art selbst: die Sorte 'Compactum' wird nur etwa 1 m hoch, blüht und fruchtet sehr reich. 'Roseum', der Gefüllte Schneeball, ist eine alte, allgemein bekannte Sorte mit ballförmigen Blütenständen, in denen alle Blüten steril sind.
Verwendung: Die Art als Deck- und Gruppenstrauch, in der Landschaft als Pioniergehölz, die Sorten als reichblühende Solitär- und Gruppensträucher.
Standort: Sonnig. Boden frisch bis feucht, alle durchlässigen Bodenarten, schwach sauer bis alkalisch.
Pflege: Keine besonderen Ansprüche. ✂ 2.
Vermehrung: Aussaat im Herbst oder Frühjahr.

Viburnum plicatum fo. *tomentosum*, Japanischer Schneeball
(Tab. 73)

Aussehen: Mit waagerecht ausgebreiteten Ästen wächst der sommergrüne *V. plicatum* zu einem bis 4 m hohen und gleich breiten Strauch heran. Eiförmig bis eiförmig-elliptisch sind die 7–12 cm langen, dunkelgrünen, im Herbst dunkel weinroten bis violettbraunen Blätter. Im Mai/Juni, nach der Laubentfaltung, schmückt sich der Strauch mit zahlreichen flachen Trugdolden, in denen 50–100 kleine, fertile Innenblüten von einem Kranz aus weißen, bis 4 cm großen, sterilen Schaublüten umgeben sind. 5–8 mm lang sind die anfangs roten, zuletzt schwarzen Früchte.
Verwendung: *V. plicatum* gehört zu den prachtvollsten Blütensträuchern, die aus Ostasien in unsere Gärten gekommen sind.

Viburnum plicatum 'Mariesii'

Standort: Sonnig bis halbschattig. Boden frisch bis feucht, durchlässig, gepflegt, nährstoffreich, lehmig-humos, schwach sauer bis alkalisch.
Pflege: Verträgt keine Luft- und Bodentrockenheit. ✂ 1.
Vermehrung: Aussaat oder Stecklinge von krautigen Trieben.

Tab. 73 Empfehlenswerte Sorten von *Viburnum plicatum*

Sorte	Blüten
'Cascade'	weiß, in 5–12 cm breiten, flachen Ständen, Randblüten vergleichsweise groß
'Mariesii'	weiß, in flachen, 7–10 cm breiten Ständen
'Pink Beauty'	anfangs rosaweiß, später weiß, in flachen, 6–9 cm breiten Ständen
'Thunbergs Original'	weiß, alle steril, bis zu 75 Einzelblüten stehen in 5–8 cm breiten, ballförmigen Ständen
'Watanabe'	weiß, in 5–7 cm breiten, flachen Ständen, Mai, starke Nachblüte im August/September

Viburnum opulus

Viburnum plicatum 'Cascade'

Viburnum plicatum 'Thunbergs Original'

Viburnum rhytidophyllum, Runzelblättriger Schneeball

Aussehen: Der immergrüne, 3–5 m hohe, vielstämmige Strauch wächst anfangs straff aufrecht, wird zuletzt aber bis 4 m breit. Er hat sehr derbe, länglich-eiförmige, 8–20 cm lange Blätter, die oberseits dunkelgrün und runzelig, unterseits dicht grau- oder gelblich-filzig sind. Kleine, weiße bis gelblich weiße Blüten stehen in 10–20 cm breiten, flachen Trugdolden an den Zweigenden, sie sind schon im Herbst weit vorgebildet, überwintern nackt und entfalten sich im Mai/Juni. Die eiförmigen, anfangs roten Früchte sind zur Vollreife glänzend schwarz.

Der nahe verwandte Prager Schneeball, *Viburnum × pragense*, ist im Aufbau graziler, hat 4–10 cm lange, elliptisch-eifömige, glänzend dunkelgrüne Blätter und cremeweiße Blüten in 8–15 cm breiten, halbkugeligen Ständen.
Verwendung: Sehr robuster, immergrüner Strauch, sehr gut für Sichtschutz- und Unterpflanzungen geeignet.

Viburnum rhytidophyllum

Standort: Sonnig bis halbschattig. Boden frisch bis feucht, alle durchlässigen, nährstoffreichen Bodenarten, sauer bis schwach alkalisch.
Pflege: Robust und anspruchslos. Vorsicht bei Schnittmaßnahmen, die feinen Sternhaare können bei empfindlichen Menschen Allergien auslösen. ✂ 1.
Vermehrung: Aussaat im Herbst oder Frühjahr, *V. × pragense* durch Stecklinge von ausgereiften Trieben.

Viburnum tinus, Lorbeerblättriger Schneeball

Aussehen: Diese mediterrane Art ist ein immergrüner, 2–3,5 m hoher, dicht verzweigter, mehr oder weniger rundlicher Strauch mit ledrigen, 3–10 cm langen, länglich elliptischen, dunkelgrünen Blättern. Die kleinen, leicht duftenden Blüten sind in der Knospe rosa, aufgeblüht weiß, sie sind zu 4–9 cm breiten, halbkugeligen Trugdolden angeordnet. Erste Blüten öffnen sich schon im November, die Hauptblütezeit liegt im März/April. Die rundlichen, stahlblauen bis schwarzen Früchte reifen ab August. *V. tinus* wird häufig in kompakt wachsenden, reichblühenden Sorten wie 'Eva Price' (Blüten karminrosa) und 'Gwenllian' (Blüten in der Knospe tiefrosa, aufgeblüht weiß) angeboten.
Verwendung: In wintermilden Regionen ein attraktiver Blütenstrauch für Einzel- oder Gruppenpflanzungen und für freiwachsende Hecken, lässt sich sehr gut auch als Kübelpflanze kultivieren.
Standort: Sonnig bis halbschattig, geschützt, wärmeliebend. Boden frisch bis feucht, alle durchlässigen, nährstoffreichen Bodenarten, sauer bis alkalisch.
Pflege: Junge Pflanzen im Winter schützen. ✂ 1.
Vermehrung: Stecklinge von ausgreiften Trieben.

Vinca minor

Vinca minor, Kleines Immergrün

Aussehen: Die heimische, immergrüne Waldbodenpflanze breitet sich mit niederliegenden Sprossen und aufrechten Blütentrieben mattenförmig aus und bildet dichte, bis 0,3 m hohe Bestände. Die 2–4 cm langen, länglich-lanzettlichen bis elliptischen, glänzend dunkelgrünen Blätter sind kreuzweise gegenständig angeordnet. Im April/Mai (mit Nachblüten bis zum September) stehen 2,5–3 cm breite, stieltellerförmige, blauviolette Blüten über dem Laub. Nur selten werden die paarweise stehenden, schmal zylindrischen Balgfrüchte ausgebildet.

Neben der Art werden gelegentlich auch Sorten mit andersfarbigen Blüten oder solche mit panaschierten Blättern angegeboten wie 'Alba' (Blüten weiß), 'Atropurpurea' (Blüten weinrot bis purpurn), 'Bowles Cunningham' (Blüten groß, violettblau), 'Marie' (Blüten groß, violettblau) oder 'Ralph Shugart' (Blüten violettblau, Blätter am Saum cremegelb panaschiert).

Das Große Immergrün, *Vinca major*, unterscheidet sich von *V. minor* vor allem durch den höheren Wuchs (0,5–0,8 m hoch) sowie die größeren Blätter und die größeren,

Vinca major

3,5–4 cm breiten, lebhaft blauen Blüten.
Verwendung: Beide Arten sind hervorragend für bodendeckende Flächenbegrünungen und Unterpflanzungen oder für Grab- und Kübelbepflanzungen geeignet. *Vinca* sind in allen Teilen giftig.
Standort: Sonnig bis schattig. Boden frisch bis feucht. Alle durchlässigen, humosen Bodenarten, sauer bis alkalisch.
Pflege: Pflanzen können bei Nässe und feuchter Witterung vom Triebsterben befallen werden. Dabei verfärben sich Blätter und Triebe schwarz. Kein regelmäßiger Schnitt erforderlich, notfalls werden aber auch starke Rückschnitte vertragen. ✂ 1.
Vermehrung: Stecklinge von ausgereiften Trieben, gesundes Ausgangsmaterial verwenden.

Vitis coignetiae, Rostrote Rebe

Aussehen: *V. coignetiae* ist eine sehr starkwüchsige Rebe, die an ihren natürlichen Standorten bis in die Kronen von Großbäumen klettern kann. Die bis 30 cm breiten, rundlich eiförmigen Blätter sind oberseits mattgrün und runzelig, unterseits, besonders auf den Nerven, rostrot-filzig behaart. Die Herbstfärbung der Blätter ist prachtvoll scharlach- bis karminrot. Aus unscheinbaren Blüten im Juni/Juli entwickeln sich 1,2 cm große, purpurschwarze Früchte.
Verwendung: Mit der tropisch anmutenden Rebe lassen sich rasch auch größere Lauben, Pergolen oder Fassaden begrünen.
Standort: Sonnig bis lichtschattig. Boden frisch bis mäßig trocken, durchlässig, nährstoffreich, sandig-lehmig bis lehmig, sauer bis schwach alkalisch.
Pflege: Nur bei Bedarf schneiden. ✂ 6.
Vermehrung: Aussaat im Frühjahr.

Vitis coignetiae

Vitis vinifera, Echte Weinreben

Aussehen: Während wilde Reben bis 35 m hoch klettern können, werden Kulturreben durch regelmäßige Rückschnitte in ihrem Höhenwachstum begrenzt. Die bis 15 cm breiten, im Umriss kreisrunden Blätter sind unterschiedlich tief handförmig gelappt. Kulturreben haben, im Gegensatz zu den Wildreben, zwittrige, unscheinbare Blüten, aus denen sich die bekannten, saftreichen, verschieden gefärbten Beeren entwickeln. Sie reifen von August bis Oktober.
Verwendung: Weinreben gehören neben verschiedenen Getreidearten zu den ältesten Kulturpflanzen der Menschen. Gelegentlich werden sie in verschiedenen Sorten auch im Hausgarten zur Fruchtgewinnung angebaut.
Standort: Sonnig, warm, geschützt. Boden mäßig trocken bis frisch, durchlässig, tiefgründig, nährstoffreich, schwach sauer bis neutral.
Pflege: Regelmäßig im Frühjahr die Langtriebe bis auf kurze Zapfen zurückschneiden, beim Anbau zur Fruchtgewinnung wird häufig auch ein Sommerschnitt durchgeführt. ✂ 6.
Vermehrung: Handveredlung im Winter auf reblausresistente Unterlagen.

Vitis vinifera

Weigela florida, Liebliche Weigelie (Tab. 74)

Aussehen: Der sommergrüne, 2–3 m hohe Strauch wächst buschig aufrecht, seine Zweige hängen im Alter etwas über. Elliptisch bis länglich-eiförmig sind die 4–6 cm langen, oberseits mittelgrünen, unterseits dicht weich behaarten Blätter. 3–4 cm lang sind die trichterförmig-glockigen, mehr oder weniger intensiv rosafarbenen Blüten. Sie stehen einzeln, werden aber in großer Zahl angelegt und blühen im Mai/Juni auf. Die braunen Fruchtkapseln reifen im September. Neben der Art sind zahlreiche Sorten und Hybriden in Kultur.
Verwendung: Häufig verwendete Blütensträucher für Gehölz- und Staudenrabatten und freiwachsende Blütenhecken.
Standort: Sonnig bis halbschattig. Boden frisch bis feucht, durchlässig, nährstoffreich, schwach sauer bis schwach alkalisch.
Pflege: Sträucher regelmäßig auslichten. ✂ 2.
Vermehrung: Steckholz oder Stecklinge von krautigen Trieben.

Tab. 74 Empfehlenswerte Sorten und Hybriden von *Weigela florida*

Sorte	Blüte	Wuchshöhe	Blätter
Sorten von *Weigela florida*			
'Alexandra'	dunkelrosa	bis 2 m	dunkel braunrot
'Foliis Purpureis'	karminrot bis purpurrosa	1 m	tief braunrot
'Minor Black'	lilarosa	bis 1 m	dunkelrot
'Monet'	rosa	bis 0,7 m	dunkel braungrün, rosaweiß gerandet
'Ruby Queen'	rosarot	bis 0,5 m	tief dunkelrot bis braunrot
'Suzanne'	hellrosa	bis 1,25 m	frischgrün, schmal weißlich gelb gerandet
'Victoria'	innen purpurrot, außen purpurrosa	1 m	tief braunrot
Weigela-Hybriden			
'Bristol Ruby'	in der Knospe dunkelrot, aufgeblüht leuchtend karminrot	2–3 m	grün
'Carnaval'	zweifarbig, hell- bis dunkelrosa	2–3 m	grün
'Eva Rathke'	in der Knospe dunkelrot, aufgeblüht leuchtend karminrot	bis 2 m	grün
'Evita'	in der Knospe sehr dunkelrot, aufgeblüht karmesinrot	bis 0,7 m	grün
'Lucifer'	intensiv rot, nicht verblassend	1,5–2 m	grün
'Newport Red'	in der Knospe dunkelrosa, aufgeblüht purpurrot	2–3 m	grün
'Nana Variegata'	tiefrosa, aufgeblüht rosa bis hellrosa	1–1,5 m	grün, hellgelb bis cremeweiß gerandet
'Red Prince'	leuchtend hellrot	bis 1,5 m	grün
'Snowflake'	weiß	bis 1,5 m	frischgrün
'Styriaca'	in der Knospe karminrosa, aufgeblüht leuchtend rosa	2–3 m	grün

Weigela 'Bristol Ruby'

Weigela 'Carnaval'

Weigela 'Lucifer'

Weigela 'Snowflake'

Wisteria floribunda, Blauregen, Wisterie (Tab. 75)

Aussehen: *W. floribunda* ist eine rasch wachsende, rechtswindende Liane, die mit ihren langen Sprossen 8–12 m hoch winden kann. 25–32 cm lang sind die gefiederten, dunkelgrünen Blätter. Die violetten oder violettblauen Schmetterlingsblüten werden in 40–80 cm langen, schlanken Trauben angelegt, die von der Basis zur Spitze hin allmählich aufblühen. Blütezeit ist Mai/Juni. Die 10–15 cm langen, samtig behaarten Fruchthülsen mit den giftigen Samen bleiben oft lange hängen.

Die Chinesische Wisterie, *W. sinensis*, unterscheidet sich von ihrer japanischen Schwester vor allem durch die linkswindenden Sprosse und die vergleichsweise kurzen, dicken Blütentrauben. Alle Blüten einer Traube blühen nahezu gleichzeitig.

Verwendung: *Wisteria*-Arten und ihre Sorten gehören mit ihrer Fülle an blauen, rosa oder weißen Blütentrauben zu den attraktivsten Lianen unserer Gärten. Sie eignen sich hervorragend für eine rasche Begrünung von Mauern, Hausfassaden, Pergolen und Rankgerüsten. Dazu sind Kletterhilfen bis zu einem Durchmesser von 8 cm notwendig.
Standort: Sonnig, warm. Boden frisch bis feucht, durchlässig, tiefgründig, nährstoffreich, sandig bis lehmig, schwach sauer bis neutral.
Pflege: Um Selbststrangulieren, bedingt durch starkes Dickenwachstum, zu vermeiden, sollte je Spanndraht nur ein Haupttrieb geduldet werden. Sprosse waagerecht leiten, um den Blütenansatz zu fördern. Die langen Triebe im Spätsommer notfalls mehrfach bis auf kurze Stummel zurückschneiden. ✂ 6.
Vermehrung: Handveredlungen unter Glas.

Wisteria floribunda 'Macrobotrys'

Wisteria floribunda

Wisteria sinensis

Tab. 75 Empfehlenswerte Sorten von *Wisteria*

Sorte	Blüten
W. floribunda 'Honbeni' (Syn. *W. floribunda* 'Rosea')	zartrosa, gelegentlich schwach lavendelrosa, in 30–40 cm langen, ziemlich dicken Trauben
W. floribunda 'Macrobotrys'	zart purpurblau, in 50–80 cm langen Trauben
W. floribunda 'Shiro Noda' (Syn. *W. floribunda* 'Alba')	reinweiß, schwach duftend, in 50–60 cm langen schlanken Trauben
W. sinensis 'Alba'	weiß, in 20–35 cm langen, vielblumigen Trauben
W. sinensis 'Profilic'	hell violettblau, zahlreich, in 25–30 cm langen, ziemlich dichten Trauben, regelmäßige Nachblüte im August/September

Wisteria floribunda 'Honbeni'

Wisteria floribunda 'Shiro Noda'

Nadelgehölze und Ginkgo

Abies balsamea 'Nana', Zwerg-Balsam-Tanne

Aussehen: 'Nana' ist eine zwergwüchsige Sorte der nordamerikanischen Balsam-Tanne mit zahlreichen dicht stehenden Ästen und Zweigen und sehr kurzen, dunkelgrünen Nadeln. Sie wächst kompakt, rundlich bis halbkugelig und wird auch im Alter kaum mehr als 0,8 m hoch und 1 m breit. Ganz ähnlich wächst auch die sonnenverträgliche Sorte 'Piccolo'.
Verwendung: Hübsche Zwergkonifere für Stein- und Heidegärten, für Staudenrabatten und Gräber.
Standort: Sonnig bis schattig, empfindlich gegen Luft- und Bodentrockenheit. Boden frisch bis feucht, durchlässig, sandig-lehmig, sauer bis neutral.
Pflege: Standortbedingungen beachten.
Vermehrung: Veredlung unter Glas.

Abies concolor

Abies balsamea 'Nana'

Abies concolor, Colorado-Tanne

Aussehen: Die Colorado-Tanne ist ein stattlicher, 20–30 m hoher Baum mit einer regelmäßigen, schmal kegelförmigen Krone. Die 3–8 cm langen, leicht aufwärts gebogenen, aromatisch duftenden Nadeln sind beiderseits blau- oder graugrün, bei der baumförmig wachsenden Sorte 'Violacea' prachtvoll blauweiß gefärbt. Bis 15 cm lang sind die zylindrischen, anfangs grünlichen oder purpurfarbenen, zuletzt hellbraunen Zapfen.

Die zwergwüchsige Sorte 'Compacta' wächst gedrungen und regelmäßig kegelförmig, sie wird im Alter etwa 5–6 m hoch.
Verwendung: *A. concolor* gehört mit den langen, blaugrünen Nadeln zu den attraktivsten Vertretern der Gattung, ein prachtvoller Solitärbaum für größere Gärten.
Standort: Sonnig bis halbschattig, Hitze und Trockenheit vertragend. Boden mäßig trocken bis frisch, alle tiefgründigen, nährstoffreichen Bodenarten, sauer bis schwach alkalisch.
Pflege: Problemlos zu kultivieren.
Vermehrung: Aussaat im Frühjahr, Sorten durch Veredlung unter Glas.

Abies koreana, junge Zapfen

Abies koreana, Korea-Tanne

Aussehen: Die Korea-Tanne wächst vergleichsweise schwach, sie wird mit ihrer regelmäßig breit kegelförmigen Krone nur 10–15 m hoch. Häufig werden veredelte Pflanzen angeboten, sie wachsen etwas langsamer und sind zunächst etwas unregelmäßig aufgebaut. Die 1–2 cm langen, sehr dicht stehenden Nadeln sind oberseits glänzend grün, unterseits tragen sie 2 breite, auffällige, silberweiße Spaltöffnungsbänder. Die zahlreichen, 4–7 cm langen, zylindrischen Zapfen sind anfangs sehr auffällig purpurn oder stahl-

Abies koreana 'Blauer Pfiff'

Empfehlung
Abies koreana ist eine der schönsten Tannen-Arten für kleinere Gärten.

blau gefärbt. Sie werden bei veredelten Pflanzen schon nach wenigen Jahren angelegt.

Neben der Art ist auch die zwergwüchsige Sorte 'Blauer Pfiff' in Kultur. Sie wächst breitstrauchig und bildet mit abstehend-aufsteigenden Ästen dichte, bis etwa 1 m hohe und 1,5–2 m breite Kissen.

Bei der Sorte 'Silberlocke' (auch 'Horstmann's Silberlocke' genannt) sind die Nadeln stark aufwärts gekrümmt und präsentieren so ihre silberweiße Unterseite. Sie wächst anfangs unregelmäßig und wird im Alter 8–10 m hoch.
Verwendung: Für kleine Gärten geeignet.
Standort: Sonnig bis halbschattig. Boden frisch bis feucht, durchlässig, sandig- bis lehmig-humos, sauer bis neutral.
Pflege: Bei veredelten Pflanzen anfangs Stammverlängerung aufbinden.
Vermehrung: Aussaat im Frühjahr, Sorten durch Veredlung unter Glas.

Abies lasiocarpa 'Compacta'

Abies lasiocarpa 'Compacta', Zwerg-Kork-Tanne

Aussehen: Statt der Art wird bei uns eher die Sorte 'Compacta' gepflanzt, eine vegetativ vermehrte Auslese aus der var. *arizonica*. 'Compacta' wächst regelmäßig schmal bis breit kegelförmig, ist reich verzweigt und wird im Alter 2–3 (–4) m hoch und 1–1,5 m breit. Ihre sehr dicht gestellten, 1,5–2,5 cm langen Nadeln sind oberseits blaugrün bis silbergrau, unterseits mit 2 auffälligen Spaltöffnungsbändern versehen.
Verwendung: Sehr dekorative, langsam wachsende Tanne, die auch den Rahmen kleiner Gärten nicht sprengt.
Standort: Sonnig bis halbschattig, liebt hohe Luft- und Bodenfeuchtigkeit. Boden frisch bis feucht, durchlässig, sandig- oder lehmig-humos, sauer bis neutral, empfindlich gegen hohen Kalkgehalt.
Pflege: Stellt keine besonderen Ansprüche.
Vermehrung: Veredlung unter Glas.

Abies nordmanniana, Nordmanns-Tanne, Kaukasus-Tanne

Aussehen: Die stattliche Nordmanns-Tanne erreicht im Alter Wuchshöhen von 25–30 m. Die Krone ist mit den weit abstehenden, im Alter auch hängenden Ästen anfangs regelmäßig breit kegelförmig, im Alter oft nahezu säulenförmig. Die 2–4,5 cm langen, starren Nadeln sind auf der Zweigoberseite bürstenförmig geordnet, sie sind oberseits dunkelgrün und haben unterseits 2 silberweiße Spaltöffnungsbänder. Die zylindrischen, anfangs grünen, zur Reife braunen Zapfen werden 15–20 cm lang.
Verwendung: Sehr dekorative, gleichzeitig robuste Tanne für größere Gärten und Parkanlagen. Von allen Tannenarten wird sie am häufigsten als Weihnachtsbaum verwendet.
Standort: Sonnig bis halbschattig. Boden frisch bis feucht, tiefgründig, sandig bis lehmig, schwach sauer bis alkalisch.
Pflege: Sehr anpassungsfähig.
Vermehrung: Aussaat im Frühjahr.

Abies pinsapo 'Glauca', Spanische Tanne

Aussehen: Mit ihrer ungewöhnlichen Benadelung ist die Spanische Tanne eine unverwechselbare Erscheinung. Sie wird 15–20 m hoch und hat eine regelmäßig kegelförmige Krone. Die 1,5–2,5 cm langen, dicken, starren Nadeln sind nahezu viereckig. Sie stehen fast gleichmä-

Abies pinsapo 'Glauca'

ßig nach allen Seiten rechtwinklig vom Zweig ab und tragen an Ober- und Unterseite blauweiße Spaltöffnungsbänder. Sie sind bei der Art dunkelgrün, bei vegetativ vermehrten, baumförmig wachsenden Auslesen wie 'Glauca' und 'Kelleriis' auffallend blaugrün gefärbt. Die zylindrischen, 10–15 cm langen Zapfen sind anfangs grün mit rötlichem oder violettem Reif, zuletzt braun.
Verwendung: Attraktiver Solitärbaum, auch für mittelgroße Hausgärten gut geeignet.
Standort: Sonnig, wärmeliebend. Boden mäßig trocken bis frisch, durchlässig, sandig-lehmig bis lehmig, schwach sauer bis alkalisch.
Pflege: Junge Pflanzen in kalten Wintern schützen.
Vermehrung: Aussaat im Frühjahr, Sorten durch Veredlung unter Glas.

Abies procera 'Glauca', Edle Tanne

Aussehen: Statt der Art wird bei uns vorwiegend die Sorte 'Glauca' gepflanzt. Sie wird immer durch Veredlungen herangezogen und wächst deshalb meist sehr unregelmäßig und eigenwillig. Nur selten entwickeln sich aus Veredlungen so regelmäßig aufgebaute Bäume wie sie aus einer Saatgutvermehrung zu erwarten sind. Während die Art an ihren natürlichen Standorten Höhen von 50–60 m erreichen kann, wird 'Glauca' maximal 15–20 m hoch und 4–6 m breit. Die 2,5–3,5 cm langen, sichelförmig gekümmten Nadeln stehend dicht gedrängt, sie sind bei der Art blau- oder graugrün, bei 'Glauca' intensiv blaugrau. *A. procera* hat von allen Tannen die größten Zapfen. Sie sind 18–25 cm lang, länglich bis zylindrisch und anfangs purpurn. Sie werden bei veredelten Pflanzen schon nach 5–8 Jahren angelegt.
Verwendung: Mit der blaugrünen Benadelung und den sehr dekorativen Zapfen eine der auffälligsten Tannenarten, auch für kleiner Gärten gut geeignet. Adventskränze werden bevorzugt aus Reisig der Edlen Tanne hergestellt.
Standort: Sonnig bis lichtschattig. Boden frisch bis feucht, tiefgründig, sandig bis lehmig, sauer bis neutral.
Pflege: Bei veredelten Pflanzen anfangs die Stammverlängerung aufbinden und fördern.
Vermehrung: Veredlung unter Glas.

Abies procera 'Glauca'

Araucaria araucana

Araucaria araucana, Araukarie

Aussehen: Die Araukarie ist ein ganz eigenwilliger, regelmäßig und fast starr aufgebauter, urweltlich anmutender Baum, der auch an seinen natürlichen Standorten, in den argentinischen und chilenischen Anden, fremdartig wirkt. In seiner Heimat kann der Baum 20–30 m hoch werden, bei uns wird er kaum 5–8 m hoch. Anfangs hat die Araukarie eine breit kegelförmige Krone mit weit abstehenden Ästen, im Alter trägt sie eine fast schirmförmige Krone. Der Stamm besitzt dann eine dicke, graue Schuppenborke. Die dicken Zweige sind mit steifen, stechenden, dreieckigen, bis 5 cm langen Blättern bedeckt, sie haben eine Lebenszeit von 10–15 Jahren. An weiblichen Pflanzen entwickeln sich im Alter bis 20 cm

Araucaria araucana in den chilenischen Anden

dicke, kugelige Zapfen mit großen, essbaren Samen.
Verwendung: Eigenwilliger Baum für eine Solitärstellung an geschützten Plätzen.
Standort: Sonnig, geschützt, wintermild. Boden mäßig trocken bis frisch, tiefgründig, nährstoffreich, sauer bis schwach alkalisch.
Pflege: Junge Pflanzen im Winter schützen.
Vermehrung: Aussaat im Frühjahr.

Cedrus atlantica 'Glauca', Blaue Atlas-Zeder

Aussehen: Die Atlas-Zeder, heimisch im Atlasgebirge von Marokko und Algerien, entwickelt sich zu einem majestätischen, starkstämmigen 20–30 m hohen Baum. Anfangs ist die locker aufgebaute Krone regelmäßig breit kegelförmig, im Alter unregelmäßig weit ausladend bis abgeflacht und dann 10–15 m breit. Die Nadeln sind bis 2,5 cm lang und im Querschnitt drei- bis viereckig. Sie sind an Kurztrieben zu 10–30 rosettenartig angeordnet. Bei der Art sind sie grün bis bläulich grün, bei der Sorte 'Glauca' prächtig graublau, vor allem im Austrieb. Zedern blühen im September/Oktober, erst im folgenden Jahr entwickeln sich die 5–7 cm langen, fassförmigen, an der Spitze eingedellten Zapfen. Auffällig sind nur die zapfenartigen, männlichen Blütenstände, die zur Vollreife ganze Wolken an Blütenstaub entlassen.

Von ganz eigenwilliger, malerischer Gestalt ist die Sorte 'Glauca Pendula'. Die Stammverlängerung wächst nur dann aufrecht, wenn sie aufgebunden wird. Die Äste können waagerecht geleitet werden oder sie sind bogenförmig übergeneigt, die langen Zweige hängen mähnenartig herab.

Die Libanon-Zeder, *C. libani*, heimisch im Kilikischen Taurus, im Antitaurus, im Libanon und in Syrien, lässt sich in ihren morphologischen Merkmalen nur sehr schwer von der Atlas-Zeder unterscheiden. Beide Zedernarten sind in Bezug auf ihre Wuchsform, ihre Nadellänge und -färbung nahezu identisch, sie sind nur in getrennten Arealen heimisch.
Verwendung: Prachtvolle Solitärbäume für größere Gärten und Parkanlagen.
Standort: Sonnig, Luft- und Bodentrockenheit ertragend, für Stadtklima geeignet. Boden mäßig trocken bis frisch, durchlässig, nährstoffreich, sandig bis lehmig, sauer bis schwach alkalisch.
Pflege: Problemlos zu kultivieren.
Vermehrung: Veredlung unter Glas.

Cedrus atlantica 'Glauca'

Cedrus deodara, Himalaya-Zeder

Aussehen: In unseren Breiten kann die Himalaya-Zeder 15–20 m hoch werden. Anfangs ist die Krone regelmäßig breit kegelförmig, später ausladend und 6–10 m breit. Typisch für *C. deodara* sind die weich überhängenden Zweigspitzen und die bis 6,5 cm langen, weichen Nadeln. Sie sind im Querschnitt vierkantig, stehen zu je 25–30 Stück an Kurztrieben zusammen und sind grün bis blaugrün. Auch *C. deodara* blüht im September/Oktober. Die 8–10 cm langen, fass- oder eiförmigen Zapfen sind an der Spitze nicht eingedellt.

Statt der etwas frostempfindlichen Art werden bei uns am besten die frosthärteren, blaunadeligen, vegetativ vermehrten Auslesen gepflanzt. Die schönste blaunadelige Sorte ist ganz sicher 'Karl Fuchs', auch die blaunadelige Sorte 'Eisregen' kann empfohlen werden.

Cedrus deodara 'Feelin Blue'

'Golden Horizon' ist eine baumförmig wachsende Sorte mit sonnenseits intensiv gelb bis grünlich gelben, sonst eher blaugrünen Nadeln. 'Feelin Blue' ist eine zwergwüchsige, graublau benadelte Auslese, die mit ihrer abstehenden Verzweigung etwa bis 1 m hoch wird.

Verwendung: Die Art und die baumförmig wachsenden Sorten sind prachtvolle Solitärbäume für große Gärten und Parkanlagen.

Standort: Sonnig bis halbschattig, wintermild, windgeschützt. Boden mäßig trocken bis frisch, tiefgründig, nährstoffreich, sandig bis lehmig, sauer bis neutral, empfindlich gegen hohen Kalkgehalt.

Pflege: Junge Pflanzen in kalten Wintern schützen.

Vermehrung: Aussaat im Frühjahr, Sorten durch Veredlung unter Glas.

Cedrus deodara 'Karl Fuchs'

Cedrus deodara 'Golden Horizon'

Chamaecyparis lawsoniana, Lawsons Scheinzypresse

(Tab. 1)

Aussehen: Die Lawsons Scheinzypresse wird an ihren natürlichen Standorten 20–50 m hoch, sie behält bis ins hohe Alter eine schmal kegelförmige Krone mit kurzen, abstehenden Ästen und überhängenden Zweigspitzen. Die fächer- oder federförmigen Zweige sind in einer Ebene abgeflacht und verzweigt. Die schuppenförmigen Blätter stehen in 4 Längsreihen und decken sich dachziegelartig. Sie sind bei der Art dunkel- bis graugrün, bei den zahlreichen Sorten auch stahlblau oder gelb. Aus unscheinbaren, stahlblauen, weiblichen Blüten entwickeln sich kugelige, etwa 1 cm dicke, zur Reife dunkel rotbraune Zapfen mit 6–10 Schuppen. Die männlichen Blüten sind auffallend karminrot.

Statt der Art werden bei uns einige der überaus zahlreichen Sorten gepflanzt.

Verwendung: Als Solitär-, Gruppen- oder Heckenpflanzen.
Standort: Sonnig bis halbschattig, kühl und luftfeucht, empfindlich gegen Hitze und Trockenheit. Boden frisch bis feucht, tiefgründig und sandig bis lehmig, schwach sauer bis alkalisch.
Pflege: Sehr schnittverträglich.
Vermehrung: Aussaat im Frühjahr, Sorten durch Stecklinge von ausgereiften Trieben.

Tab. 1 Empfehlenswerte Sorten von *Chamaecyparis lawsoniana*

Sorte	Wuchsform	Wuchshöhe/-breite	Laubfärbung
'Alumigold'	schmal kegelförmig	8–10/3–4 m	schwefelgelb bis gelbgrün
'Alumi'	schmal kegelförmig	10–15/3–4 m	graublau
'Columnaris'	schmal säulenförmig	5–10/1–2 m	blaugrün
'Dart's Blue Ribbon'	schmal säulenförmig	5–10/1–1,5 m	tief blaugrün
'Ellwoodii'	kegelförmig	3–4/1–1,5 m	stahlblau bis blaugrün
'Ellwood's Gold'	kegelförmig	2–3/1–1,5 m	goldgelb, im Herbst verblassend
'Ellwood's Pillar'	schmal kegelförmig	2–3/0,8 –1,2 m	blaugrün
'Filiformis Compacta'	abgeflacht kegelförmig, Zweige fadenförmig, überhängend	1–1,5/1 m	dunkel blaugrün
'Golden Wonder'	kegelförmig, locker	4–7/2–2,5 m	gleich bleibend goldgelb
'Ivonne'	schmal kegelförmig	6–9/2–2,5 m	goldgelb
'Kelleriis Gold'	schmal kegel- bis säulenförmig	6–8/2–3 m	mattgelb, im Winter gelbgrün
'Minima Aurea'	kegelförmig bis eirundlich	1,5–2/1–1,5 m	goldgelb
'Minima Glauca'	abgeflacht kugelig	1–2/1–2 m	blaugrün
'Romana'	schmal kegelförmig	5–6/2–2,5 m	gelb bis gelbgrün
'Stardust'	breit kegelförmig	6–7/2–4 m	schwefelgelb
'White Spot'	locker säulenförmig	5–10/2–3,5 m	grün mit rahmweißen Spitzen
'Wisseli'	schmal kegelförmig, Zweige farnartig bis hahnenkammförmig	8–10/2–3 m	blaugrün

Chamaecyparis lawsoniana 'Alummii'

Chamaecyparis lawsoniana 'Columnaris'

Chamaecyp. lawsoniana 'Golden Wonder'

Chamaecyparis lawsoniana 'Minima Aurea'

Chamaecyparis lawsoniana 'Minima Glauca'

Chamaecyparis lawsoniana 'Stardust'

Chamaecyparis obtusa, Hinoki-Scheinzypresse

(Tab. 2)

Aussehen: Die Art wächst zu einem bis 40 m hohen Baum mit einer kegelförmigen Krone heran, sie wird bei uns nur in dendrologischen Sammlungen gehalten. In seiner japanischen Heimat gehört der Baum zu den wenigen heiligen Bäumen der Shintoreligion, das helle Holz wird bevorzugt zum Bauen von Shinto-Schreinen benutzt. In unseren Gärten werden vorwiegend schwach- oder zwergwüchsige Sorten mit unterschiedlichen Zweigformen und Laubfärbungen kultiviert. Die dicklichen, schuppenförmigen Blätter haben unterseits oft Y-förmige Spaltöffnungslinien.
Verwendung: Für alle Gartengrößen geeignet, oft in Steingärten, Innenhöfen oder auf Gräber gepflanzt. Besonders beliebt ist die Sorte 'Nana Gracilis'.
Standort: Licht- bis halbschattig, Luft- und Bodenfeuchtigkeit liebend. Boden frisch bis feucht, durchlässig, sandig- bis lehmig-humos, sauer bis neutral, empfindlich gegen hohen Kalkgehalt.
Pflege: Keine Pflegemaßnahmen notwendig.

Chamaecyparis obtusa 'Wissel'

Vermehrung: Veredlungen unter Glas.

Chamaecyparis obtusa 'Crippsii'

Chamaecyparis obtusa 'Nana Aurea'

Chamaecyparis obtusa 'Nana Gracilis'

Tab. 2 Empfehlenswerte Sorten von *Chamaecyparis obtusa*

Sorte	Wuchsform	Wuchshöhe/-breite	Laubfärbung
'Coralliformis'	anfangs abgeflacht kugelig, später breitbuschig aufrecht, Zweige korallenförmig	bis 0,5/bis 0,5 m	bläulich grün
'Crippsii'	breit kegelförmig, Zweige fächerförmig, Spitzen überhängend	bis 5/3–4 m	goldgelb, im Inneren der Pflanze gelbgrün
'Nana Aurea'	schmal kegelförmig, locker verzweigt	bis 2/1–1,5 m	goldgelb, im Inneren der Pflanze gelbgrün
'Nana Gracilis'	anfangs unregelmäßig kugelig, später breit kegelförmig, Zweige muschelförmig	2–3/1–1,5 m	glänzend dunkelgrün
'Wissel'	kissenförmig, feinzweigig, Blätter nadelförmig	bis 0,5/bis 0,5 m	tiefgrün, im Winter leicht bronzefarben

Chamaecyparis pisifera, Sawara-Scheinzypresse
(Tab. 3)

Aussehen: Statt der Art werden bei uns einige der zahlreichen, baum- oder strauchförmig wachsenden Sorten gepflanzt. Deren Zweige sind entweder feder- oder fächerförmig verzweigt oder fadenförmig dünn. Die Blätter sind überwiegend schuppenförmig oder nadelförmig, sie können grün oder auffallend blau oder gelb gefärbt sein. An den Sorten werden selten die für die Art typischen, kugeligen, erbsengroßen Zapfen angelegt.
Verwendung: Mit der farbigen Belaubung teilweise auffallende Solitär-, Gruppen- und Heckengehölze. Zweige werden gelegentlich in der Floristik verwendet.
Standort: Sonnig bis halbschattig. Boden frisch bis feucht, sandig- oder lehmig-humos, schwach sauer bis alkalisch.
Pflege: Sehr schnittverträglich.
Vermehrung: Stecklinge von ausgereiften Trieben.

Chamaecyparis pisifera 'Boulevard'

Chamaecyparis pisifera 'Filifera Aurea'

Chamaecyp. pisifera 'Squarrosa Sulphurea'

Chamaecyparis pisifera 'Sungold'

Tab. 3 Empfehlenswerte Sorten von *Chamaecyparis pisifera*

Sorte	Wuchsform	Wuchshöhe/-breite	Laubfärbung
'Aurea Nana'	abgeflacht kugelig, Blätter schuppenförmig	1,5/1,5 m	goldgelb, im Winter gelbgrün
'Boulevard'	locker breit kegelförmig, Blätter pfriemförmig	3–5/1,5 m	silberblau, im Winter graublau
'Filifera Aurea'	breit kegelförmig, Zweige fadenförmig	4/3–4 m	beständig goldgelb
'Gold Spangle'	breit kegelförmig, Zweige fadenförmig, leicht gedreht	2–3/1,5 m	hellgelb
'Plumosa Aurea'	breit kegelförmig, Zweige fedrig kraus	6–8/3–5 m	goldgelb
'Plumosa Aurea Compacta'	breit kegelförmig, dicht, Zweige fedrig kraus	1,5–2/1,5–2 m	goldgelb
'Squarrosa'	locker breit kegelförmig, Zweige moosartig kraus, Blätter nadelförmig	15–20/4–6 m	oberseits blaugrün, unterseits silberweiß
'Squarrosa Sulphurea'	kegelförmig, dicht verzweigt, Zweige und Blätter wie bei 'Squarrosa'	4–5/1,5–2 m	schwefelgelb, im Winter silbergrau
'Sungold'	stumpf kegelförmig, Zweige fadenförmig, fontänenartig überhängend	1–1,2/1 m	goldgelb, im Winter gelblich grün

Cryptomeria japonica, Sicheltanne, Sugi (Tab. 4)

Aussehen: In ihrer japanischen Heimat wird die Sicheltanne bis 50 m hoch, bei uns kaum mehr als 10–15 m. Der Stamm ist auffällig dunkel- bis rotbraun gefärbt, die äußeren Borkenschichten lösen sich in langen Streifen ab. In der schmal kegelförmigen Krone stehen die Äste locker verteilt. Die dunkelgrünen, nadelförmigen, sichelförmig gekrümmten Blätter sind spiralig um den Zweig gestellt. Die kugeligen, bis 3 cm dicken Zapfen reifen ab Oktober.
Verwendung: Die stattliche Art nur in großen Gärten in wintermilden Regionen verwenden. Für den Hausgarten sind einige schwachwüchsige Sorten geeigneter als die Art. In ihrer japanischen Heimat ist die Sugi ein wichtiger Forstbaum und unentbehrlich an Shinto-Schreinen, denn er gehört zu den heiligen Bäumen der Shinto-Religion.
Standort: Sonnig bis halbschattig, wintermild, luftfeucht. Boden frisch bis feucht, tiefgründig, sandig bis lehmig, sauer bis neutral.
Pflege: Junge Pflanzen in kalten Wintern schützen.
Vermehrung: Aussaat im Frühjahr, Sorten durch Stecklinge von ausgereiften Trieben.

Cryptomeria japonica 'Compacta'

Cupressus arizonica 'Fastigiata', Arizona-Zypresse

Aussehen: Die Säulenform der Arizona-Zypresse wächst straff aufrecht, wird 6–8 m hoch und bildet eine dicht geschlossene, säulenförmige Krone. Die kleinen, schuppenförmigen, blaugrauen Blätter sind dicht an die Zweige gedrückt. 2–3 cm dick sind die eiförmigen, dunkelbraunen, blau bereiften Zapfen.
Verwendung: *C. arizonica* ist sie sehr schnittverträglich, deshalb gut für Formschnitte und für eine Kultur in Kübeln geeignet.
Standort: Sonnig, wintermild. Boden frisch bis feucht, alle durchlässigen, nährstoffreichen Bodenarten, kalkhold.
Pflege: Sehr schnittverträglich und formbar.
Vermehrung: Stecklinge von ausgereiften Trieben.

Cupressus arizonica 'Fastigiata'

Gestaltungstipp
Cupressus arizonica ist winterhärter als die Mittelmeer-Zypresse, *C. sempervirens*. Sie eignet sich mit ihrer geringen Wuchshöhe sehr gut auch für kleinere Gärten. In mediterran gestalteten Gärten ist sie daher ein guter Ersatz für die Mittelmeer-Zypresse.

Tab. 4 Empfehlenswerte Sorten von *Cryptomeria japonica*

Sorte	Wuchs	Wuchshöhe/-breite	Laubfärbung
'Compacta'	kegelförmig, dicht verzweigt	8–10/2–4 m	blaugrün
'Cristata'	unregelmäßig kegelförmig, Zweige oft mit hahnenkammartigen Verbänderungen	6–10/2–4 m	grün
'Elegans Viridis'	breit kegelförmig, locker, Nadeln sehr dünn und weich	3–5/2–4 m	ganzjährig gleichmäßig grün
'Vilmoriniana'	unregelmäßig kugelig, dicht verzweigt	bis 1/bis 1 m	hellgrün, im Winter bräunlich

× *Cuprocyparis leylandii*, Bastardzypresse (Syn. × *Cupressocyparis leylandii*)

Aussehen: Die Gattungshybride ist ein starkwüchsiger, bis 30 m hoher Baum mit einer dunkel rotbraunen Borke, einer schmal kegelförmigen bis säulenförmigen, 5–6 m breiten Krone und einer sehr dichten, bis zum Boden reichenden Verzweigung. Die dunkelgrünen, schuppenförmigen, streng harzig duftenden Blätter sind dachziegelartig angeordnet.

Die Sorte 'Castlewellan Gold' wächst deutlich schwächer als der Typ. Die Äste stehen waagerecht ab, die schuppenförmigen Blätter sind an jungen Pflanzen goldgelb, an älteren bronzegrün. Bei der Sorte 'Golden Rider', einer Mutante von 'Castlewellan Gold' sind die nadelförmigen Blätter intensiver gelb gefärbt als bei 'Castlewelland Gold'.

Verwendung: Rasch wachsende Koniferen für Einzel- und Gruppenpflanzungen in großen Gärten, sehr schnittverträglich und deshalb auch eine sehr gute Heckenpflanze, nur für wintermilde Lagen zu empfehlen.

Standort: Sonnig bis halbschattig. Boden mäßig trocken bis frisch, alle durchlässigen, nährstoffreichen Bodenarten, schwach sauer bis alkalisch.

Pflege: Sehr schnittverträglich.

Vermehrung: Stecklinge von ausgreiften Trieben.

× *Cuprocyparis leylandii*

Ginkgo biloba, Ginkgo, Fächerblattbaum

Aussehen: *G. biloba* ist ein sommergrüner, im Alter 20–30 m hoher Baum. Die locker aufgebaute Krone bleibt bei jungen Bäumen lange schmal kegel- bis säulenförmig, sie wird erst im Alter breiter und mit den weit ausladenden Ästen meist sehr malerisch. Die breit fächerförmigen, 7–10 cm langen, derb ledrigen Blätter sind, wie bei Laubbäumen, flächig ausgebildet. Die schraubig angeordneten Blätter der Langtriebe sind am oberen Rand unterschiedlich tief gespalten. An den stark gestauchten Kurztrieben stehen die Blätter zu 3–6 nahezu rosettenartig, sie sind am oberen Rand nicht gespalten und nahezu ganzrandig. Auffällig an den Blättern ist auch die nahezu parallel verlaufende Nervatur. Im Herbst färben sich die Blätter ganz prachtvoll goldgelb. Bei *G. biloba* sind die Blüten zweihäusig verteilt. Die männlichen Blüten sind zu 3–5 cm langen Kätzchen geordnet. Aus den unscheinbaren weiblichen Blüten entwickeln sich die eiförmigen oder rundlichen, bis

Ginkgo biloba mit Samen

2,5 cm dicken Samen mit der zur Reife orangegelben, saftig fleischigen, unangenehm nach Butter- und Valerinsäure riechenden Schale.

Von den zahlreichen Sorten, die sich in Habitus und Belaubung von

Ginkgo biloba

Ginkgo als Ammenbaum
An sehr alten Ginkgobäumen können an der Unterseite starker Äste und an den Stämmen eigenartige, im ganzen Pflanzenreich einzigartige Gebilde enstehen. Es handelt sich dabei um anfangs kropfartige, später stalaktitenähnliche, in Japan als Tschitschi bezeichnete Auswüchse. Sie wachsen senkrecht nach unten und können zuletzt den Boden berühren. Weil man die Form von Tschitschi zunächst mit der einer Frauenbrust vergleichen kann, waren sie im alten Japan ein Fruchtbarkeitssymbol. Zu alten Bäumen mit Tschitschi kamen Frauen, um Kindersegen oder reichen Milchfluss zu erbitten.

der Art unterscheiden, wird gegenwärtig vor allem die zwergwüchsige Sorte 'Marieken' kultiviert. Sie bildet mit nahezu waagerecht abstehenden Zweigen eine abgeflacht rundliche Krone mit einem Jahreszuwachs von etwa 15 cm. Sie wird nicht selten auf Stämmchen veredelt und lässt sich sehr gut in Töpfen kultivieren.
Verwendung: Prachtvoller, stets gesunder, stadttauglicher Baum, der auch in mittelgroßen Gärten ausreichend Platz findet. In Japan und China werden die stärkehaltigen Samen zu verschiedenen Gerichten verarbeitet. Aus den Blättern werden Medikamente gegen Durchblutungsstörungen gewonnen.
Standort: Sonnig bis lichtschattig, Luft- und Bodentrockenheit ertragend. Boden mäßig trocken bis feucht, alle durchlässigen, nährstoffreichen, humosen Bodenarten, schwach sauer bis alkalisch.
Pflege: Problemlos zu kultivieren.
Vermehrung: Aussaat im Frühjahr, Sorten durch Veredlungen unter Glas.

Juniperus chinensis, Chinesischer Wacholder
(Tab. 5)

Aussehen: Die Art selbst wächst zu einem bis 20 m hohen, sehr langlebigen Baum mit einer kegelförmigen Krone heran. In Kultur sind bei uns aber nur einige Sorten, die entweder aufrecht oder breitstrauchig wachsen. Die Blätter können nadel- oder schuppenförmig und grün, graublau oder gelb gefärbt sein, gerieben duften sie aromatisch. Die fast kugeligen, 6–9 mm dicken Früchte (Beerenzapfen) sind anfangs blauweiß, später braun und mehlig bereift. In China ist *J. chinensis* ein wichtiger Tempelbaum. Der ausgedehnte Hain, der den Himmelstempel in Bejing (Peking) umgibt, besteht überwiegend aus jahrhundertealten, knorrigen Wacholdern und Morgenländischen Lebensbäumen *(Platycladus orientalis)*.
Verwendung: Die meist aufrecht oder strauchförmig wachsenden Sorten eignen sich für solitäre oder gruppenweise Pflanzungen, zum Beispiel im Heidegarten oder auch in Verbindung mit Rosen, Gräsern, graulaubigen Stauden oder Sommerblumen.
Standort: Sonnig, Luft- und Bodentrockenheit vertragend. Boden trocken bis frisch, alle durchlässigen, nährstoffreichen Bodenarten, kalkliebend.
Pflege: Problemlos zu kultivieren.
Vermehrung: Stecklinge von ausgereiften Trieben.

Juniperus chinensis 'Blue Alps'

Juniperus chinensis 'Obelisk'

Juniperus chinensis 'Stricta'

Tab. 5 Empfehlenswerte Sorten von *Juniperus chinensis*

Sorte	Wuchs	Wuchshöhe/-breite	Laubfärbung
'Blaauw'	breit trichterförmig bis aufrecht	2–3/1,5 m	dunkel graublau
'Blue Alps'	buschig aufrecht, dicht verzweigt	2–4/1,5 m	blaugrün, unterseits weiße Spaltöffnungsbänder
'Columnaris'	locker säulenförmig	8/2–3 m	grün
'Kaizuka'	breit aufrecht, Aststellung unregelmäßig, malerisch	3–4/3–4 m	frischgrün
'Kuriwao Gold'	buschig trichterförmig, Äste steil ansteigend	2–3/1,5 m	goldgelb, im Winter bronzegelb
'Obelisk'	schmal säulenförmig, geschlossen	5/3 m	oberseits zwei Spaltöffnungsbänder, unterseits blau bereift
'Plumosa Aurea'	breitstrauchig bis trichterförmig, gedrungen	2/1,5 m	goldgelb, im Winter bronzegelb
'Stricta'	schmal kegelförmig, dicht verzweigt	3/1,5 m	blaugrün, unterseits bereift

Tab. 6 Empfehlenswerte Sorten von *Juniperus communis*

Sorte	Wuchs	Wuchshöhe/-breite	Nadelfärbung
'Barmstedt'	schmal säulenförmig	2,2/1 m	grün
'Depressa Aurea'	breitstrauchig, Äste schräg aufsteigend	1/1 m	anfangs goldgelb, später gelbgrün
'Green Carpet'	flach ausgebreitet, polsterförmig	0,3/1,5 m	lebhaft grün
'Hibernica'	schmal säulenförmig	3–5/1–1,5 m	bläulich grün
'Hornibrookii'	kriechend, Zweigspitzen leicht aufsteigend	0,5/2 m	frischgrün, oberseits bläulich weiß
'Horstmann'	locker aufrecht, Äste unregelmäßig abstehend, Zweige mähnenartig herabhängend	3–5/3–5 m	graugrün
'Meyer'	locker säulenförmig, 3–4 m hoch	3–4/1,5 m	bläulich grün
'Repanda'	niederliegend, polsterbildend	0,8/1,5 m	oberseits silbrig weiß, unterseits grün
'Schneverdinger Goldmachangel'	säulenförmig	3–4/1,5 m	im Austrieb lebhaft goldgelb, später leicht vergrünend
'Suecica Nana'	schmal säulenförmig	1,8/0,5 m	oberseits grau, unterseits blaugrün

Juniperus communis, Gewöhnlicher Wacholder
(Tab. 6)

Aussehen: Der von Eurasien bis Nordamerika verbreitete Wacholder ist eine sehr variable Art, ein mehrstämmiger Strauch oder ein bis 15 m hoher säulen- oder kegelförmiger Baum mit einer dünnen, rötlich braunen Borke und nadelförmigen, zugespitzen Blättern, die in dreizähligen Wirteln stehen. Die Blätter sind oberseits mit einem breiten, grauweißen Spaltöffnungsband gezeichnet und unterseits glänzend grün gefärbt.

Erst im zweiten oder dritten Jahr nach der Blüte reifen die schwarzblauen, 5–6 mm dicken Beerenzapfen.
Verwendung: Die aufrecht und strauchig wachsenden Sorten wie bei *J. chinensis*, die flach- und mattenförmig wachsenden Sorten im Stein- und Heidegarten, an Böschungen oder auf Gräbern. Sie eignen sich sehr gut für eine Bepflanzung von Schalen und Trögen. Die Beerenzapfen sind ein unentbehrliches Gewürz für Sauerkraut, eingelegte Gurken, Fischmarinaden und Wildgerichte.
Standort: Sonnig. Boden trocken bis frisch, alle durchlässigen Bodenarten, kalkverträglich.
Pflege: Sehr anpassungsfähig.
Vermehrung: Aussaat im Frühjahr, Sorten durch Stecklinge von ausgereiften Trieben.

Juniperus communis 'Hibernica'

Juniperus conferta, Strand-Wacholder

Aussehen: Der zweihäusige Strand-Wacholder bildet mit niederliegenden, ausgebreiteten Ästen dichte Matten. Die 1–1,5 cm langen, nadelförmigen Blätter stehen dicht gedrängt und bedecken den Trieb vollkommen, sie sind scharf zugespitzt, aber nicht stehend, oberseits grün und mit einem weißen Spaltöffnungsband versehen. Bis 1,2 cm dick sind die dunkelblauen, grau bereiften Beerenfrüchte.

In Kultur sind die Sorten 'Blue Pacific' (Nadeln blaugrün, Spaltöffnungsbänder silberweiß) und 'Slager' (Nadeln im Austrieb frischgrün, später blaugrün, Spaltöffnungsbänder silberweiß).
Verwendung: Sehr gut geeignet für Stein-und Heidegärten, für Böschungen, Gräber und Kübel.
Standort: Sonnig. Boden mäßig trocken bis frisch, sandig bis lehmig, schwach sauer bis schwach alkalisch.
Pflege: Problemlos zu kultivieren.
Vermehrung: Wie bei *J. communis*.

Juniperus communis 'Green Carpet'

Juniperus communis 'Repanda'

Juniperus conferta

Juniperus horizontalis, Kriech-Wacholder (Tab. 7)

Aussehen: Mit langen, dicht dem Boden aufliegenden Ästen und zahlreichen Zweigen bildet der Kriech-Wacholder dichte, bis 0,3 m hohe Teppiche, die sich allen Bodenbewegungen anpassen. Er ist eine Charakterpflanze der Dünen entlang der Großen Seen im östlichen Nordamerika. Die 2–6 mm langen, grünen oder blaugrünen Blätter sind überwiegend nadelförmig, die Altersblätter dagegen schuppenförmig. Blauschwarz und leicht bläulich bereift sind die kugeligen, 7–9 mm großen Früchte.
Verwendung: Die Sorten von *J. horizontalis* gehören zu den besonders häufig kultivierten Wacholderarten. Sie eignen sich hervorragend für die Bepflanzung von Stein- und Heidegärten, Gräbern, Böschungen und Rabatten, auch in großen, bodendeckenden Gruppen.
Standort: Sonnig, hitzeverträglich. Boden trocken bis feucht, alle durchlässigen, nicht zu schweren Bodenarten, schwach sauer bis stark alkalisch.
Pflege: Problemlos zu kultivieren.
Vermehrung: Wie bei *J. communis*.

Juniperus horizontalis 'Blue Chip'

Juniperus horizontalis 'Golden Carpet'

Tab. 7 Empfehlenswerte Sorten von *Juniperus horizontalis*

Sorte	Wuchs	Wuchshöhe/-breite	Nadelfärbung
'Andorra Compact'	ausgebreitet, kissenartig, bis 0,6 m hoch	0,6/1 m	bronzegrün, im Winter purpurbraun
'Blue Chip'	niederliegend, dicht verzweigt	0,3/1,2 m	silbrig graublau
'Douglasii'	niederliegend, mattenförmig	0,4/2–3 m	graugrün, blau bereift
'Glauca'	niederliegend, dichte Matten bildend	0,3/1–1,5 m	stahlblau
'Golden Carpet'	niederliegend, dichte Teppiche bildend	0,2/1 m	im Austrieb goldgelb, später grünlich gelb
'Ice Blue'	dicht mattenförmig	0,3/1,5 m	leuchtend stahlblau
'Wiltonii'	niederliegend, sehr dicht verzweigt	0,2/1,5 m	lebhaft silbrig blau, im Winter graublau

Juniperus × pfitzeriana, Pfitzers Wacholder (Tab. 8)

Aussehen: Zu dieser Hybridgruppe (häufig noch unkorrekt als *J. × media* bezeichnet) gehören starkwüchsige Sorten, die mit abstehenden bis aufstrebenden Ästen überwiegend breit strauchig oder breit trichterförmig wachsen. Die Blätter können nadel- oder schuppenförmig sein. Unregelmäßig kugelig sind die 4–6 mm dicken, dunkelpurpurnen, hellblau bereiften Beerenzapfen. In Kultur sind vor allem gelb- und blaunadelige Sorten. Die häufig zu *J. × pfitzeriana* gestellte Sorte 'Hetzii' gehört zu *J. virginiana*.
Verwendung: Wie die Sorten von *J. chinensis*.
Pflege: Sorten können unter einem Zweigsterben leiden, bei dem Triebspitzen und junge Zweige im Frühjahr und Frühsommer braun werden und schließlich absterben. Das Auftreten wird durch Magnesium- und Manganmangel im Boden begünstigt. Befallene Zweige entfernen.
Vermehrung: Stecklinge von ausgreiften Trieben.

Juniperus × pfitzeriana 'Goldkissen'

Juniperus × pfitzeriana 'Mint Julep'

Tab. 8 Empfehlenswerte Sorten von *Juniperus × pfitzeriana*

Sorte	Wuchs	Wuchshöhe/-breite	Laubfärbung
'Gold Coast'	strauchig, Äste kurz, flach ansteigend, Zweige überhängend	1/2 m	tief chromgelb, im Winter gut die Farbe haltend
'Goldkissen'	breitstrauchig, Äste leicht ansteigend	1,5/4 m	hellgelb, im Winter grünlich gelb
'Gold Star'	breitstrauchig, Äste schräg ansteigend, Zweigspitzen nickend	1,3/3 m	oberseits gelb und grün, unterseits gelblich, an den Spitzen bläulich
'Mint Julep'	strauchig, dicht und voll verzweigt, Äste elegant bogig aufsteigend	2–3/3–4m	frischgrün
'Old Gold'	breitstrauchig, ziemlich kompakt, Äste schräg aufsteigend	1–1,5/2–3 m	oberseits gelbgrün, unterseits grün
'Pfitzeriana Aurea'	sehr breitstrauchig, Äste schräg ansteigend	2–3/3–4 m	oberseits grün bis gelblich, unterseits grünlich blau
'Pfitzeriana Glauca'	breit ausladend, Äste weit und bogig abstehend	3–4/4–6 m	silbrig blau bis graublau
'Wilhelm Pfitzer' (Syn. 'Pfitzeriana')	breit ausladend, Äste weit und bogig abstehend	3–4/4–6 m	oberseits gelblich grün, unterseits weißlich, insgesamt graugrün erscheinend

Juniperus procumbens 'Nana', Japanischer Kriech-Wacholder

Aussehen: 'Nana' ist eine polsterförmig wachsende Zwergform des Japanischen Kriech-Wacholders, die kaum mehr als 0,2 m hoch und bis 1 m breit wird. Die kurzen, steifen, dicht verzeigten Äste schmiegen sich jeder Bodenbewegung an. Die nadelförmigen, 5–7 mm langen Blätter sind hellgrün bis leicht graublau. Die 8–9 mm dicken Beerenzapfen sind nahezu kugelig.
Verwendung: Schöner, langsam wachsender Zwergstrauch für Heide- und Stein- bzw. Steppengärten, sehr gut für Trogbepflanzungen geeignet.
Standort: Sonnig, hitzeverträglich. Boden trocken bis frisch, alle durchlässigen Bodenarten, sauer bis schwach alkalisch.
Pflege: Anspruchslos und pflegeleicht.
Vermehrung: Stecklinge von ausgereiften Trieben.

Juniperus procumbens 'Nana'

Juniperus scopulorum 'Skyrocket'

Juniperus scopulorum, Felsengebirgs-Wacholder (Tab. 9)

Aussehen: Die Art selbst entwickelt sich zu einem bis 15 m hohen, lockerkronigen Baum mit kurzen, abstehenden Ästen und schuppenförmigen Blättern, die den Zweigen dicht angedrückt sind. Im zweiten Jahr reifen die 6–8 mm dicken, nahezu kugeligen, dunkelblauen, blau bereiften Früchte. Statt der Art werden bei uns vorwiegend elegante, säulen- oder kegelförmig wachsende Sorten gepflanzt.
Standort: Sonnig, hitzeverträglich. Boden trocken bis frisch, alle durchlässigen Bodenarten, schwach sauer bis stark alkalisch.
Verwendung: Wie die Sorten von *J. chinensis*.
Pflege: Robust und anspruchslos.
Vermehrung: Wie bei *J. chinensis*.

Tab. 9 Empfehlenswerte Sorten von *Juniperus scopulorum*

Sorte	Wuchs	Wuchshöhe/-breite	Laubfärbung
'Blue Arrow'	sehr schmal säulenförmig, dicht verzweigt, keine ausbrechenden Seitenzweige	4–6/1,0 m	tief blaugrau
'Skyrocket'	schmal säulenförmig	4–6 (–8)/1 m	blaugrau
'Springbank'	unregelmäßig breit säulenförmig	4–6/1,5 m	silbrig graublau

Juniperus squamata, Schuppen-Wacholder (Tab. 10)

Aussehen: Die sehr variable Art wächst niederliegend oder aufrecht und kann bis 8 m hoch werden. Sie hat nadelförmige, sehr dicht gestellte, 4–6 mm lange, fein und scharf zugespitzte Blätter, die oberseits weiß, unterseits grün sind. Rotbraun bis purpurschwarz sind die 6–8 mm dicken Beerenzapfen.

Statt der Art werden bei uns einige schwachwüchsige Sorten kultiviert, die vor allem durch ihre stahlblau gefärbten Nadeln auffallen.
Verwendung: In Heide-, Stein- und Steppengärten, zusammen mit Rosen oder graulaubigen Stauden und Gräsern.
Standort: Sonnig. Boden mäßig trocken bis frisch, alle durchlässigen Bodenarten, schwach sauer bis alkalisch.
Pflege: Keine besonderen Ansprüche.
Vermehrung: Stecklinge von ausgereiften Trieben.

Juniperus squamata 'Blue Carpet'

Juniperus virginiana, Virginischer Wacholder, Rotzeder (Tab. 11)

Aussehen: Der Virginische Wacholder wächst baumförmig und kann 20–30 m hoch werden. Er bildet mit aufstrebenden Äste eine schmal bis breit kegelförmige Krone. Die Blätter sind überwiegend schuppenförmig, rhombisch-eiförmig und 0,4–1 cm lang. Sie sind oberseits graugrün und weißlich gezeichnet, unterseits grün. Kugelig bis eiförmig sind die 6 mm dicken, dunkelblauen, bereiften Beerenzapfen.

Statt der Art sind bei uns einige sehr attraktive, säulen- und strauchförmig wachsende Sorten in Kultur.
Verwendung: Wie die Sorten von *J. chinensis*. Pflanze ist in allen Teilen giftig.
Standort: Sonnig, hitzeverträglich. Boden trocken bis feucht, alle durchlässigen Bodenarten, schwach sauer bis alkalisch.
Pflege: Anspruchslos und anpassungsfähig.
Vermehrung: Aussaat im Frühjahr, Stecklinge von ausgereiften Trieben.

Tab. 11 Empfehlenswerte Sorten von *Juniperus virginiana*

Sorte	Wuchs	Wuchshöhe/-breite	Laubfärbung
'Burkii'	breit säulen- bis kegelförmig, reich verzweigt	3–5/2 m	grün, oberseits mattblau gestreift, im Winter purpurn
'Canaertii'	schlank säulen- bis kegelförmig, Zweige dicht gedrängt stehend	6–8/2–3 m	dunkelgrün
'Glauca'	säulenförmig, dicht beastet	5 (–10)/2–4 m	silbergrau
'Grey Owl'	breitstrauchig, Äste schräg aufsteigend	3–4/1,5 m	silbrig grau, im Winter purpurn überhaucht
'Hetz'	stark, breitstrauchig, Äste allseits schräg aufsteigend	4–5/4–5 m	blaugrün

Juniperus virginiana

Tab. 10 Empfehlenswerte Sorten von *Juniperus squamata*

Sorte	Wuchs	Wuchshöhe/-breite	Laubfärbung
'Blue Carpet'	Äste flach ausgebreitet, dicht verzweigt	0,3/1,5 m	stahlblau
'Blue Star'	unregelmäßig abgeflacht kugelig, dicht verzweigt	0,8/1,5 m	stahlblau
'Meyeri'	strauchig, Äste schräg aufsteigend, nur als junge Pflanze schön	4–6/2–3 m	stahlblau

Larix decidua, Europäische Lärche

Aussehen: Die in den mitteleuropäischen Gebirgen heimische Lärche entwickelt sich zu einem stattlichen, 35–40 m hohen, sommergrünen Baum mit einer zunächst kegelförmigen, im Alter oft abgeflachten Krone und dünnen, stroh- bis hellgelben Zweigen. Die nadelförmigen, schmal linealischen Blätter stehen an Langtrieben locker schraubig, an Kurztrieben zu jeweils 40–50 Stück rosettenartig angeordnet. Sie sind im Austrieb hellgrün, dunkeln später nach und färben sich im Herbst prachtvoll goldgelb. Die weiblichen Blütenstände sind anfangs auffallend rosa oder rot, die männlichen schwefelgelb. Die hellbraunen, eiförmigen, 2–6 cm langen Zapfen fallen erst nach 5–10 Jahren von den Zweigen.
Verwendung: Die Europäische Lärche findet nur in großen Gärten oder in Parkanlagen ausreichend Platz. Als Waldbaum liefert sie ein wertvolles, dauerhaftes Holz.
Standort: Sonnig. Boden frisch bis feucht, tiefgründig, nährstoffreich, lehmig-tonig bis sandig, sauer bis neutral.
Pflege: Problemlos zu kultivieren.
Vermehrung: Aussaat im Frühjahr.

Larix decidua

Larix kaempferi

Larix kaempferi, Japanische Lärche (Tab. 12)

Aussehen: Auch die Japanische Lärche wächst zu einem sehr stattlichen, bis 30 m hohen Baum heran, der im Alter eine breit ausladende Krone entwickelt. Im Gegensatz zur Europäischen Lärche sind die jungen Zweige braun oder orangerot, die Nadeln bläulich grün. Auch sie färben sich im Herbst prachtvoll goldgelb. 40–50 Nadeln stehen jeweils an Kurztrieben zusammen. Die Blüten sind denen von *L. decidua* sehr ähnlich. Bei reifen Zapfen stehen die Schuppen rosettenartig ab.
Verwendung: Auch *L. kaempferi* kann nur für großräumige Gärten und Parks empfohlen werden, einige Sorten sind dagegen durchaus gartentauglich.
Standort: Sonnig, raues Klima mit kalten und trockenen Winden ertragend. Boden frisch bis feucht, tiefgründig, nährstoffreich, lehmig bis sandig, sauer bis neutral.
Pflege: Sehr robust.
Vermehrung: Aussaat im Frühjahr, Sorten durch Veredlung im Winter unter Glas.

Tab. 12 Empfehlenswerte Sorten von *Larix kaempferi*

Sorte	Wuchs	Wuchshöhe/-breite	Nadelfärbung
'Diana'	baumförmig, Äste und Zweige unregelmäßig gewunden	8–10/3–4 m	im Austrieb bläulich grün, später mattgrün, im Herbst goldgelb
'Pendula'	hochstämmig veredeln oder Haupttrieb aufbinden, Äste zunächst ansteigend, dann bogig überhängend	5–7/2–3 m	im Austrieb blaugrün, später vergrünend, im Herbst goldgelb

Metasequoia glyptostroboides, Chinesisches Rotholz

Aussehen: Wie die Lärchen, ist auch das Chinesische Rotholz ein sommergrüner, rasch wachsender, bis 35 m hoher Baum mit einer lockeren, kegelförmigen, 7–10 m breiten Krone. Der Stamm weist häufig tiefe Kehlungen auf. Die rot- bis graubraune Borke löst sich in langen Streifen ab. Die 6–15 cm langen, nur wenig verholzten Kurztriebe werden im Herbst mit den Blättern abgeworfen. Die 1–3,5 cm langen, weichen, hell- bis frischgrünen Nadeln der Langtriebe fallen dagegen einzeln ab. Vorher färben sie sich kupfern bis rötlich. Die lang gestielten Zapfen sind nahezu kugelig und 2–2,5 cm lang.

Metasequoia glyptostroboides

Nicht für kleine Gärten
Das Chinesische Rotholz ist ein attraktiver Großbaum. Er findet allerdings nur in sehr großen Gärten und Parkanlagen ausreichend Platz.

'Goldrush' ist eine vergleichsweise schwachwüchsige Sorte mit einer grüngoldenen Benadelung.
Verwendung: Deer Baum verträgt einen hohen Grundwasserstand und kann in unmittelbarer Nähe von Gewässern gepflanzt werden. Für kleine Gärten ungeeignet.
Standort: Sonnig bis halbschattig. Boden frisch bis nass, tiefgründig, nährstoffreich, sandig bis lehmig, neutral bis alkalisch.
Pflege: Auf nicht zu trockenen Böden leicht zu kultivieren.
Vermehrung: Steckholz.

Microbiota decussata, Zwerg-Lebensbaum

Aussehen: Der Zwerg-Lebensbaum ist ein immergrüner, kaum mehr als 0,3 m hoher Zwergstrauch mit niederliegenden bis leicht ansteigenden, dicht verzweigten Ästen, übergeneigten Zweigspitzen und vierkantigen Trieben. Die schuppenförmigen, gegenständig angeordneten, grünen bis gelblich grünen Blätter färben sich im Winter bronzerot oder purpurn. Die 6 mm dicken, kugeligen Zapfen bestehen nur aus 2–4 gegenständigen Schuppen, sie werden an kultivierten Pflanzen nur selten ausgebildet.
Verwendung: Die robuste und anspruchslose Zwergkonifere hält in Pflanztrögen problemlos jahrzehntelang aus. Sie eignet sich außerdem gut für die Bepflanzung von Steingärten und Gräbern und ist ein hervorragender Bodendecker, der auch großflächig gepflanzt werden kann.

Microbiota decussata

Standort: Sonnig bis lichtschattig. Boden mäßig trocken bis frisch, alle durchlässigen Bodenarten, sauer bis stark alkalisch.
Pflege: Robust und anpassungsfähig.
Vermehrung: Stecklinge von ausgereiften Trieben.

Picea abies, Gewöhnliche Fichte, Rottanne (Tab. 13)

Aussehen: Die heimische Fichte ist ein allgemein bekannter, 30–50 m hoher Baum mit einer spitzkegelförmigen Krone, in der die in Etagen angeordneten Äste mehr oder weniger waagerecht abstehen. Die 1–2,5 cm langen Nadeln sind stechend zugespitzt und auf allen Seiten glänzend dunkelgrün. Sie sind nahezu gleichmäßig um den Zweig angeordnet. Aus grünen oder rötlichen Blütenständen entwickeln sich die zylindrischen, 10–16 cm langen, ab Oktober reifenden Zapfen, die,

Tab. 13 Empfehlenswerte Sorten von *Picea abies*

Sorte	Wuchs	Wuchshöhe/-breite	Nadelfärbung
'Acrocona', Zapfen-Fichte	breit kegelförmig, Äste ansteigend, Zweige bogig überhängend, im Frühjahr zahlreiche rote, weibliche Blütenstände, an den Triebspitzen ungewöhnlich viele große Zapfen	5–8/3 m	dunkelgrün
'Echiniformis', Igel-Fichte	zwergig, kugelig bis kissenförmig, sehr dicht verzweigt	0,5/1 m	matt gelbgrün bis graugrün
'Inversa', Hänge-Fichte	Hängeform, Mittelstamm aufgebunden, Wuchs dann unregelmäßig und bizarr aufrecht, Äste senkrecht abwärts wachsend, Zweige schlaff hängend	5–10/3–4 m	glänzend grün
'Little Gem'	zwergig, abgeflacht kugelig, Triebe dicht gedrängt stehend, Nadeln sehr dünn	0,5/0,7 m	dunkelgrün
'Nidiformis', Nest-Fichte	zwergig, abgeflacht halbkugelig, Äste schräg ansteigend, in der Mitte eine nestförmige Vertiefung bildend	1,2/2,5 m	hellgrün
'Procumbens'	zwergig, breit und flach, Äste steif, leicht aufsteigend, Nadeln dick, steif	1/4,5 m	frischgrün
'Pumila Glauca'	zwergig, abgeflacht kugelig, Äste waagerecht abstehend	1/2 m	bläulich grün
'Pygmaea'	zwergig, kugelig bis breit kegelförmig, dicht verzweigt	1–2/1,5–2 m	frischgrün
'Wills Zwerg'	zwergig, regelmäßig kegelförmig, sehr dicht verzweigt	2/1,5 m	frischgrün

Picea abies 'Acrocona'

Picea abies 'Nidiformis'

Picea abies 'Inversa'

Picea abies 'Procumbens'

Picea abies

Picea breweriana

im Gegensatz zu den Tannenzapfen, als Ganzes abfallen.
Verwendung: Die Gewöhnliche Fichte gehört in Mitteleuropa zu den wichtigsten Forstbäumen, gelegentlich wird sie auch in sehr großen Gärten oder in Parkanlagen gepflanzt, hin und wieder auch als Schnitthecke.
Standort: Sonnig bis halbschattig, luftfeucht und kühl. Boden frisch bis feucht, tiefgründig, nährstoffreich, sandig bis lehmig, schwach sauer bis alkalisch.
Pflege: Empfindlich gegen lange Hitze- und Trockenperioden sowie gegen Luftverschmutzungen.
Vermehrung: Aussaat im Frühjahr, hochwüchsige Sorten durch Veredlungen unter Glas, zwergwüchsige Sorten durch Stecklinge von ausgereiften Trieben.

Gartentipp
Für kleinere oder mittelgroße Gärten sind einige der zahlreichen Sorten besser geeignet als die Art. Die zwergig wachsenden Sorten von *Picea abies* sind für Trogbepflanzungen nicht so gut geeignet wie zwergwüchsige Kiefern-Sorten.

Picea breweriana, Siskiyou-Fichte

Aussehen: Die Siskiyou-Fichte ist mit ihren waagerecht abstehenden Ästen, den schleppenartig herabhängenden Zweigen und den langen Nadeln die eleganteste aller Fichtenarten. In Kultur wird sie mit ihrer breit kegelförmigen Krone kaum höher als 10–15 m. 2–2,7 mm lang sind die fast rechtwinklich vom Zweig abstehenden, dunkelgrünen Nadeln. Aus purpurfarbenen Blütenständen entwickeln sich die 8–10 cm langen, orangebraunen Zapfen.
Verwendung: Besonders eleganter Baum für eine solitäre Stellung im Garten und im Park, findet auch in kleineren Gärten ausreichend Platz.
Standort: Sonnig, kühl, luftfeucht. Boden frisch bis feucht, durchlässig, sandig bis sandig-lehmig, sauer bis schwach alkalisch.
Pflege: Empfindlich gegen Luftverschmutzungen und hohe Kalkgehalte.
Vermehrung: Veredlung unter Glas.

Picea glauca, Kanadische Fichte, Schimmel-Fichte
(Tab. 14)

Aussehen: Die natürliche Art ist ein 20–30 m hoher Baum mit einer kegelförmigen Krone, aufsteigenden Ästen und dicht stehenden, ziemlich starren, matt blaugrünen bis weißgrauen Nadeln, die gerieben streng riechen.

Statt der im Alter weniger attraktiven Art sind in unseren Gärten meist einige schwachwüchsige Sorten vertreten, vor allem die Zuckerhut-Fichte *P. glauca* 'Conica' mit ihrem regelmäßig kegelförmigen, geometrischen Wuchs und der feinen Benadelung.
Verwendung: Die zwergwüchsigen Sorten einzeln oder in kleinen Gruppen in Staudenrabatten, Innenhöfen oder auf Gräbern.
Standort: Sonnig bis lichtschattig, kühl, luftfeucht. Boden frisch bis feucht, durchlässig, humos oder sandig-lehmig, schwach sauer bis alkalisch.
Pflege: Die Zwergformen können bei Hitze und Trockenheit von Roter Spinne befallen werden.
Vermehrung: Stecklinge von ausgereiften Trieben.

Picea glauca 'Echiniformis'

Tab. 14 Empfehlenswerte Sorten von *Picea glauca*

Sorte	Wuchs	Wuchshöhe/-breite	Nadelfärbung
'Blue Wonder'	regelmäßig und streng kegelförmig dicht verzweigt und dicht benadelt	1,5–2/1 m	stahlblau
'Conica'	wie 'Blue Wonder'	2–4/1,5 m	im Austrieb hellgrün, später leicht bläulich grün
'Echiniformis'	zwergig, abgeflacht kugelig bis kissenförmig, sehr dicht verzweigt	0,5/1 m	durch starken Reifbelag grau- bis blaugrün
'Sanders Blue'	schmal kegelförmig	1,5/0,8 m	stahlblau

Picea omorika, Omorika-Fichte, Serbische Fichte

Aussehen: Keine andere Fichtenart wächst mit ihrer schmal kegelförmigen Krone und den bogenförmig durchhängenden Ästen so schlank wie diese. Bei einer Höhe von 20–25 m wird die Krone nur 2,5–4 m breit. An den hellbraunen Zweigen stehen die 1,2–1,8 cm langen Nadeln dicht gedrängt. Sie sind oberseits glänzend dunkelgrün und unterseits mit 2 breiten, silberweißen Spaltöffnungsbändern versehen. 3–6 cm lang sind die länglich-eiförmigen, glänzend dunkelbraunen Zapfen.

Die Sorte 'Nana' wächst breit kegelförmig und kompakt, ist sehr dicht verzweigt und wird im Alter 4–6 m hoch.

Verwendung: Von allen natürlichen Arten der Gattung hat die Serbische Fichte die größte gärtnerische Bedeutung. Sie gehört zu den am häufigsten kultivierten Gartenfichten. Dank ihres überaus schlanken Wuchses ist sie auch für kleinere Gärten geeignet. Leider wird sie viel zu häufig als Heckenpflanze verwendet und nach einigen Standjahren gekappt oder wieder entfernt, weil die Pflanzen höher werden als erwartet.

Standort: Sonnig. Boden mäßig trocken bis frisch, tiefgründig, sandig bis lehmig, schwach sauer bis alkalisch.

Pflege: Empfindlich gegenüber Bodenverdichtungen und Staunässe. Bei unzureichenden Standortbedingungen können an Nadeln chlorotische Fleckungen und Verbräunungen („Omorikasterben") auftreten, dann nach einer Bodenanalyse im April und Juni im Wurzelbereich Magnesiumsulfat (zum Beispiel Bittersalz) ausbringen.

Vermehrung: Aussaat im Frühjahr, Sorten durch Veredlungen unter Glas.

Picea omorika

Picea orientalis, Orient-Fichte, Kaukasus-Fichte

Aussehen: Die Orient-Fichte entwickelt sich zu einem stattlichen, 30–40 m hohen Baum mit einer schmal kegelförmigen, im Alter nahezu säulenförmigen, dicht beasteten Krone. Charakteristisch für die Art sind die sehr kurzen, nur 5–8 mm langen, sehr dicht stehenden und ziemlich steifen, vierkantigen, dunkelgrünen, stark glänzenden Nadeln, die auf allen Seiten weiße Spaltöffnungsbänder tragen. Anfangs sind die zylindrisch-eiförmigen, 5–8 cm langen Zapfen violett, zur Reife braun gefärbt.

Bei 'Aureospicata' (Syn. 'Aurea') sind die Nadeln im Austrieb auffallend rahm- bis goldgelb, später grün gefärbt. Sie wächst schwächer als die Art und wird nur 10–15 m hoch. Die zwergwüchsige 'Gracilis' bildet mit sehr dicht stehenden Ästen eine kom-

Picea orientalis

pakte, ei- bis kegelförmige Krone, sie wird im Alter bis 6 m hoch.
Verwendung: Stattliche Art mit einer zierlichen Verzweigung und den kürzesten Nadeln der Gattung. Prachtvoller Solitärbaum für Parks und größere Gärten. Die Sorte 'Aureospicata' ist mit der gelben Benadelung im Frühjahr eine besonders auffallende Erscheinung.
Standort: Sonnig bis lichtschattig. Boden mäßig trocken bis frisch, tiefgründig, sandig bis lehmig, schwach sauer bis schwach alkalisch.
Pflege: Verträgt eher Luft- und Bodentrockenheit als andere Fichten.
Vermehrung: Aussaat im Frühjahr, Sorten durch Veredlung unter Glas.

Picea pungens, Blau-Fichte, Stech-Fichte (Tab. 15)

Aussehen: Die Bezeichnung Stech-Fichte bezieht sich auf die 1,5–3 cm langen, dicken, starren, stechend zugespitzten Nadeln, die bei der variablen Art matt dunkelgrün bis silbergrau, bei Sorten auch intensiv blauweiß gefärbt sein können. Stech-Fichten werden in Kultur bis etwa 20 m hoch, sie bauen mit waagerecht abstehenden, in regelmäßigen Etagen angeordneten Ästen eine regelmäßige, breit kegelförmige Krone auf. Die zylindrischen Zapfen werden 8–11 cm lang.
Verwendung: Neben der Art werden in Gärten und Parks häufig einige der zahlreichen Sorten gepflanzt. Die „Blautanne", so auch der landläufige Name, gehörte früher zur Standardausstattung von Gärten und Parkanlagen, heute wird sie eher seltener gepflanzt. Gründe dafür sind der etwas steif wirkende

Tab. 15 Empfehlenswerte Sorten von *Picea pungens*

Sorte	Wuchs	Wuchshöhe/-breite	Nadelfärbung
fo. *glauca*	wie die Art	10–15/3–5 m	stahl- bis graublau
'Glauca Globosa'	zwergig, abgeflacht kugelig, dicht verzweigt	1,5/2–3 m	weißblau
'Hoopsii'	baumförmig, Krone breit kegelförmig	10–15/3–5 m	hell silberblau
'Iseli Fastigiata'	schmal kegelförmig	3–4/1 m	blaugrau
'Koster'	baumförmig, kegelförmig	10–20/4–5 m	silberblau
'Maigold'	regelmäßig kegelförmig, kompakt	4–6/1,5–2 m	im Austrieb hellgelb, später blaugrün
'Thuem' (Syn. 'Glauca Compacta')	breit kegelförmig, kompakt	5–7/2–2,5 m	silberblau

Picea pungens 'Glauca Globosa'

Picea pungens 'Koster'

Picea pungens 'Maigold'

Habitus, die auffällige Nadelfärbung und die Anfälligkeit gegenüber der Fichtenröhrenlaus.
Standort: Sonnig bis lichtschattig. Boden mäßig trocken bis frisch, alle durchlässigen, nicht zu schweren Bodenarten, schwach sauer bis schwach alkalisch.
Pflege: Saugschäden durch Läuse können an Altnadeln Fleckungen, Verfärbungen und Nadelfall von innen nach außen verursachen.
Vermehrung: Aussaat im Frühjahr, Sorten durch Veredlungen unter Glas.

Pinus aristata, Grannen-Kiefer

Aussehen: In ihrer Heimat, den Hochlagen der Rocky Mountains, kann die Grannen-Kiefer in hohem Alter bis 15 m hoch werden, bei uns wird sie kaum mehr als 6–8 m hoch und 3–4 m breit. Sie wächst sehr langsam und baut eine aufgelockerte, oft malerische Krone auf. Die 2–5 cm langen, dunkelgrünen, sehr langlebigen Nadeln stehen zu fünft, sie sind mit kleinen, auffallenden Harzflocken besetzt. Die Zapfen sind zylindrisch eiförmig und 4–9 cm lang, der Nabel der Schuppenschilde ist mit einem 8 mm langen, grannenförmigen Dorn ausgestattet.

P. aristata ist sehr nahe mit der Langlebigen Kiefer *(Pinus longaeva)* verwandt. Sie unterscheidet sich vor allem durch fehlende Harzflocken auf den Nadeln und durch die Zapfenschuppen, die mit feinen, kurzen Grannen besetzt sind.
Verwendung: Exquisite, selten gepflanzte Kiefer, die an einem besonderen Gartenplatz präsentiert werden sollte.
Standort: Sonnig. Boden trocken bis frisch, sehr gut dräniert, sandig kiesig, schwach sauer bis stark alkalisch.
Pflege: Braucht unbedingt einen sehr durchlässigen Boden und einen sonnig luftigen Pflanzplatz.
Vermehrung: Aussaat im Frühjahr.

Pinus longaeva, eines der ältesten Lebewesen der Welt
Im westlichen Nordamerika, u.a. in den White Mountains der Sierra Navada, kommt in Höhenlagen von über 3000 m die Langlebige Kiefer, *Pinus longaeva*, vor. Sie trotzt an ihrem exponierten Standort sommerlicher Hitze und Dürre, winterlicher Kälte und starken Winden und entwickelt sich zu knorrigen, oft abenteuerlich anmutenden Bäumen, die ein extrem hohes Alter erreichen können. Vor einigen Jahrzehnten sind zahlreiche Bäume vermessen worden, die nachweislich älter als 4000 Jahre waren. Damit gehören sie zu den ältesten Lebewesen der Welt.

Pinus bungeana, Bunges Kiefer

Aussehen: *P. bungeana* ist ein 15–20 m hoher Baum mit einer anfangs regelmäßig kegelförmigen, später aufgelockerten Krone und einem einmaligen Stammbild. Die dünne Borke löst sich in kleinen, rundlichen Schuppen ab und hinterlässt cremefarbene, hellgelbe und olivbraune bis rötlich purpurne, im Alter kalkweiße Flecken. Zu dritt stehen die steifen, 7–9 cm langen, hellgrünen Nadeln. Die stumpf eiförmigen Zapfen sind 5–6 cm lang.
Verwendung: *P. bungeana* ist etwas für den Liebhaber seltener Arten. Sie ist in der Kultur nicht unproblematisch, denn sie kann von Blasenrost befallen werden und ist dann oft nur kurzlebig. In ihrer chinesi-

Pinus aristata

Pinus longaeva in den White Mountains, Kalifornien

Pinus bungeana

schen Heimat ist die auch als Tempel-Kiefer bezeichnete Art häufig in prachtvollen Exemplaren an Tempeln zu finden.
Standort: Sonnig, Luft- und Bodentrockenheit vertragend. Boden mäßig trocken bis frisch, sandig lehmig bis lehmig, schwach sauer bis alkalisch.
Pflege: Empfindlich gegen Blasenrost.
Aussaat: Aussaat im Frühjahr.

Pinus cembra, Arve, Zirbel-Kiefer

Aussehen: *Pinus cembra* ist in den Hochgebirgen Mitteleuropas ein Charakterbaum des Arven-Lärchen-Waldes. Er wird 10–15 (–25) m hoch, hat anfangs eine schmal kegelförmige, später unregelmäßig gerundete bis fast säulenförmige Krone mit vergleichsweise kurzen, bogig aufstrebenden Ästen. Die jungen, olivgrünen Triebe sind dicht orangebraun bis rostrot behaart. Die 5–10 cm langen, ziemlich steifen, blaugrünen Nadeln stehen zu fünft zusammen und liegen den Zweigen dicht an. Erst in hohem Alter trägt der Baum seine 5–8 cm langen, eiförmigen, zimtbraunen Zapfen mit den großen, essbaren Samen.

Bei der Sorte 'Glauca' sind die Nadeln schön silbrig blau gefärbt.
Verwendung: *P. cembra* ist mit der schmalen, regelmäßig kegelförmigen, bis zum Boden beasteten Krone eine der wichtigsten Kiefernarten für kleinere Gärten.
Standort: Sonnig, kühl, luftfeucht. Boden mäßig trocken bis frisch, durchlässig, schwach sauer bis stark alkalisch.
Pflege: Nicht für trockenwarme Standorte geeignet.
Vermehrung: Aussaat im Frühjahr.

Pinus contorta, Dreh-Kiefer

Aussehen: Die von Südalaska bis Oregon verbreitete *P. contorta* entwickelt sich zu kleinen, 10–15 m hohen, breit kegelförmigen Bäumen mit bogenförmig aufstrebenden Ästen. Im Alter werden aufgelockerte, oft malerische Kronen geformt. Die frisch- bis dunkelgrünen Nadeln stehen paarweise zusammen, sie sind 4–8 cm lang, steif und stets um die eigene Achse gedreht. Die 2–5 cm langen, eiförmigen, asymetrischen, glänzend gelbbraunen Zapfen bleiben oft lange hängen.
Verwendung: Sehr robuste und anpassungsfähige Kiefer. Wird manchmal zu großen Gartenbonsais geformt. Kann auch in Küstennähe für Wind- und Sichtschutzpflanzungen verwendet werden.
Standort: Sonnig. Boden trocken bis frisch, alle durchlässigen, nährstoffarmen Bodenarten, sauer bis schwach alkalisch.
Pflege: Bevorzugt leichte, saure Böden.
Vermehrung: Aussaat im Frühjahr.

Pinus cembra

Pinus contorta

Pinus densiflora 'Umbraculifera'

Pinus heldreichii 'Compact Gem'

Pinus heldreichii 'Aureospicata'

Pinus densiflora 'Umbraculifera', Japanische Rot-Kiefer

Aussehen: Die schwachwüchsige Sorte der Japanischen Rot-Kiefer entwickelt sich zu einem malerischen Großstrauch mit einer zunächst abgeflacht kugeligen, im Alter deutlich schirmförmigen Krone. Bei einer Höhe von 4 m wird die Krone bis 6 m breit. Typisch für die fünfnadelige Art und ihre Sorte ist die dünne, rötlich braune Stammborke. Die dünnen, frischgrünen Nadeln werden bis 10 cm lang. 4–6 cm lang sind die zahlreichen, lange haftenden Zapfen.
Verwendung: Sehr attraktive Kiefer für Heidegärten, Staudenrabatten oder Innenhöfe, gut für die Erziehung großer Gartenbonsais geeignet.
Standort: Sonnig. Boden mäßig trocken bis frisch, durchlässig, sandig-lehmig bis lehmig, schwach sauer bis schwach alkalisch.
Pflege: Problemlos zu kultivieren.
Vermehrung: Veredlungen unter Glas.

Pinus heldreichii, Schlangenhaut-Kiefer, Bosnische Kiefer (Tab. 16)

Aussehen: *P. heldreichii* ist oft noch unter dem Namen *P. leucodermis* in Kultur. Die südosteuropäische Art wird 20–25 m hoch, ihre Krone bleibt lange regelmäßig schmal bis breit kegelförmig, erst im Alter wird sie unregelmäßig rundlich bis ausgebreitet. Die dicken, grauweißen bis hellbraunen Zweige sind nach dem Abfallen der Nadeln schlangenhautartig gefeldert. Die steifen, 6–10 cm langen, zum Zweig hin gekrümmten, dunkelgrünen Nadeln stehen paarweise zusammen. Die eiförmigen, etwa 8 cm langen Zapfen sind anfangs dunkel- bis graublau, später mattbraun.
Verwendung: Mit der dunkelgrünen Benadelung und dem regelmäßigen Aufbau eine sehr attraktive Kiefer, die auch an sonnig-heißen Standorten gut gedeiht.
Standort: Sonnig, Luft- und Bodentrockenheit gut ertragend, gut für Stadtklima geeignet. Boden trocken bis frisch, durchlässig, sandig- bis lehmig-kiesig, schwach sauer bis stark alkalisch.
Pflege: Empfindlich gegenüber Bodenverdichtungen und Staunässe.
Vermehrung: Aussaat im Frühjahr, Sorten durch Veredlung unter Glas.

Tab. 16 Empfehlenswerte Sorten von *Pinus heldreichii*

Sorte	Wuchs	Wuchshöhe/ -breite	Nadelfärbung
'Aureospicata'	langsam, breit kegelförmig	3–5 m/2–3 m	Nadelspitzen auffallend gelb, vor allem im Winter
'Compact Gem'	regelmäßig breit kegelförmig, kompakt	2–4/1 m	frischgrün
'Smidtii'	zwergig, anfangs rundlich, später bienenkorbförmig, sehr kompakt	2/1 m	dunkelgrün

Pinus mugo, Berg-Kiefer, Krummholz-Kiefer, Legföhre (Tab. 17)

Aussehen: Die sehr variable Art hat ihre natürliche Verbreitung in den Hochgebirgen Mitteleuropas. Sie ist ein 4–6 m hoher und etwa gleich breiter, niederliegender Großstrauch mit aufstrebenden Ästen und 2–8 cm langen, steifen, dunkelgrünen Nadeln, die zu 2 stehen und eine Lebensdauer von 5–10 Jahren haben. Sehr vielgestaltig sind die 3–7 cm langen, ei- bis kegelförmigen, gelb- bis dunkelbraunen Zapfen. Die in den Katalogen noch häufig ausgewiesenen Varietäten und Unterarten werden heute in die variable Art einbezogen.
Verwendung: Sehr häufig gepflanzte Zwergkiefer. Gut geeignet für Stein-, Heide-, Trog- und Dachgärten, sowie für Grabbepflanzungen. Häufig als Heckenpflanzen eingesetzt und für die Kultur von Bonsais verwendet.
Standort: Sonnig, Lufttrockenheit gut ertragend. Boden mäßig trocken bis feucht, alle durchlässigen, nicht zu schweren Bodenarten, schwach sauer bis stark alkalisch.
Pflege: Robust und anpassungsfähig.
Vermehrung: Aussaat, Sorten durch Veredlung unter Glas.

Tab. 17 Empfehlenswerte Sorten von *Pinus mugo*

Sorte	Wuchs	Wuchshöhe/-breite	Nadelfärbung
'Gnom'	kegelförmig, dicht verzweigt	2–3/2,5 m	tief dunkelgrün
'Hesse'	abgeflacht kugelig, gedrungen, Endknospen stark harzig	0,9/1,5 m	frischgrün
'Humpy'	unregelmäßig, flach kissenförmig, sehr kompakt	0,8/1 m	grün bis graugrün
'Laurin'	breitstrauchig bis halbkugelig, dicht verzweigt, junge Triebe auffallend hellgrau	1,5–2/2 m	grün bis dunkelgrün
'Liliput'	halbkugelig, kompakt, Nadeln nur 1–1,5 cm lang	0,6/0,5 m	grün bis graugrün
'Mops'	abgeflacht halbkugelig	1,5–2/1,5–2 m	dunkelgrün
'Wintergold'	breit aufrecht, reich verzweigt	1,5/2 m	grün, im Winter leuchtend hell- bis goldgelb

Tipps zur Auswahl
Wer von den tatsächlichen Wuchshöhen der zunächst zwergwüchsig aussehenden Pflanzen nicht überrascht werden will, sollte vegetativ vermehrte Sorten auswählen.

Pinus mugo

Pinus mugo 'Mops'

Pinus nigra

Pinus nigra 'Hornibrookiana'

Pinus parviflora 'Glauca'

Pinus nigra, Schwarz-Kiefer
(Tab. 18)

Aussehen: Die Schwarz-Kiefer ist eine allgemein bekannte Kiefer, die mit Wuchshöhen von 20–25 (–30) m stattliche Ausmaße erreicht. Die anfangs regelmäßig kegelförmige Krone löst sich im Alter auf, wird breit und ausladend. Die dicke, dunkel graubraune bis schwarzbraune Stammborke ist grob in schuppige Platten gefurcht. Die Nadeln stehen zu zweit, sie sind bis 18 cm lang, steif und dunkelgrün. Die glänzend gelblich braunen Zapfen sind eiförmig und 4–10 cm lang.
Verwendung: Raschwüchsige und sehr robuste Kiefer für größere Gärten und Parkanlagen. Für kleinere Gärten stehen einige schwachwüchsige Sorten zur Verfügung.
Standort: Sonnig, Luft- und Bodentrockenheit ertragend, für Stadtklima geeignet. Boden trocken bis feucht, alle durchlässigen Bodenarten, schwach sauer bis stark alkalisch.
Pflege: Pflegeleicht und anpassungsfähig.
Vermehrung: Aussaat, Sorten durch Veredlung unter Glas.

Tab. 18 Empfehlenswerte Sorten von *Pinus nigra*

Sorte	Wuchs	Wuchshöhe/-breite	Nadelfärbung
'Helga'	zwergig, breit kugelförmig, gedrungen	2/1,5 m	grün
'Hornibrookiana'	zwergig, abgeflacht kugelig	2/2,5 m	hellgrün
'Obelisk'	säulenförmig bis schmal eiförmig	4–6/1–2 m	dunkelgrün
'Pierrick Brégeon'	zwergig, regelmäßig kugelig, sehr dicht verzweigt, Nadeln fein und dünn	1,5/1,5 m	hellgrün
'Pyramidata'	säulen- bis kegelförmig, Äste straff aufrecht	15–20/3–4 m	dunkelgrün

Pinus parviflora 'Glauca', Blaue Mädchen-Kiefer

Aussehen: Die blaunadelige Form der in Japan heimischen Mädchen-Kiefern gehört mit ihrem lockeren, unregelmäßigen, malerischen Aufbau zu den grazilsten aufrecht wachsenden Kiefern unserer Gärten. Die fünfnadelige Kiefer wird nur 5–10 m hoch und 5–7 m breit. Die 4–7 cm langen, steifen, gedrehten Nadeln sind oberseits silbrig graublau, unterseits silbrig weiß. Sehr zahlreich werden die 5–10 cm langen, zur Reife weit aufklaffenden Zapfen angelegt.

Neben der Sorte 'Glauca' wird gelegentlich auch die attraktive Sorte 'Negishii' gepflanzt. Sie wächst unregelmäßig, bizarr und malerisch. Sie wird in 15 Jahren nur gut manns-

Gestaltungstipp
Die Blaue Mädchen-Kiefer sieht schön in Verbindung mit Rosen und graulaubigen Stauden aus. Sie ist unverzichtbar in japanischen Gärten und sehr gut für die Bepflanzung größerer Kübel geeignet.

Pinus parviflora 'Negishii'

hoch. 'Negishii' besitzt 4–6 cm lange, stark gedrehte, graublaue, innen auffallend blauweiße Nadeln.
Verwendung: Sehr häufig gepflanzte Kiefern, die auch den Rahmen kleiner Gärten nicht sprengen. Wird in Japan oft als Bonsai gezogen.
Standort: Sonnig bis lichtschattig, luftfeucht. Boden mäßig trocken bis frisch, alle durchlässigen Bodenarten, sauer bis neutral.
Pflege: Empfindlich gegen Staunässe und hohe Kalkgehalte.
Vermehrung: Veredlung unter Glas.

Pinus peuce, Rumelische Kiefer

Aussehen: Die im Balkan heimische, fünfnadelige Kiefer ist als junge Pflanze in der Benadelung und im Habitus der Zirbel-Kiefer recht ähnlich. Unterscheiden lässt sich *P. peuce* von *P. cembra* u.a. durch die glänzend olivgrünen, kahlen Triebe. *P. peuce* wird 15–20 m hoch. Die regelmäßig schmal kegelförmige Krone bleibt lange geschlossen, sie lockert sich erst im Alter auf und wird dann unregelmäßig. Die 7–10 cm langen, frisch- bis dunkelgrünen Nadeln sind ziemlich steif und pinselartig vorwärts gerichtet. 8–12 cm lang wird der zylindrische, gelbbraune Zapfen.
Verwendung: Sehr empfehlenswerte Kiefer für Solitär- und Gruppenpflanzungen in Gärten und Parks.
Standort: Sonnig bis lichtschattig. Boden frisch, durchlässig, sandig-lehmig bis lehmig, schwach sauer bis schwach alkalisch.
Pflege: Im Gegensatz zu anderen fünfnadeligen Kiefern ziemlich resistent gegen Blasenrost.
Vermehrung: Aussaat im Frühjahr.

Pinus pumila 'Glauca', Ostasiatische Zwerg-Kiefer

Aussehen: *P. pumila* ist das von Ostsibirien bis Japan heimische Pendant der alpinen *P. mugo*. Wie diese wächst sie mit niederliegenden bis aufsteigenden Ästen strauchig und kann 1,5–2 m hoch und 3 m breit werden. Im Gegensatz zu *P. mugo* ist *P. pumila* allerdings fünfnadelig. Sie wirkt durch ihre weichen, 4–7 cm langen, außen dunkelgrünen, innen durch je 5–6 deutliche Spaltöffnungslinien stark blaugrünen Nadeln gefälliger und attraktiver als die alpine *P. mugo*. Das gilt vor allem für die blaunadelige Selektion 'Glauca' mit den graublauen, innen silberweißen Nadeln. Sehr dekorativ sind auch die auffallend weinroten männlichen Blüten. Die 3–5 cm langen Zapfen sind anfangs purpurviolett, zuletzt gelblich braun.
Verwendung: Sehr attraktive Zwerg-Kiefer für Stein-, Heide- und Troggärten, unentbehrlich in japanischen Gärten.
Standort: Sonnig bis lichtschattig, luftfeucht. Boden mäßig trocken bis frisch, alle durchlässigen Bodenarten, sauer bis neutral.
Pflege: Empfindlich gegen Staunässe.
Vermehrung: Veredlung unter Glas.

Pinus peuce

Pinus pumila 'Glauca'

Pinus × schwerinii, Schwerins Kiefer

Aussehen: Die Hybride *(P. strobus × P. wallichiana)* entwickelt sich zu einem 15–20 m hohen Baum mit einer breit kegelförmigen, unregelmäßig aufgebauten Krone mit weit und waagerecht abstehenden Ästen, die innerhalb eines Astquirles fast immer ungleich lang sind. Bei der fünfnadeligen Kiefer sind die dünnen, schlaff hängenden Nadeln grün und innen mit je 3–4 blauweißen Spaltöffnungsbändern gezeichnet. Die Nadeln sind 8–14 cm lang. Die zylindrischen, häufig leicht gebogenen Zapfen werden 8–15 cm lang und meist in großer Zahl angelegt. Sie sind hellbraun und oft stark beharzt.
Verwendung: Durch den unregelmäßigen Kronenaufbau und die langen, weichen Nadeln sehr attraktive Kiefer für größere Gärten und Parkanlagen.
Standort: Sonnig bis lichtschattig. Boden frisch bis feucht, durchlässig, sandig bis sandig-lehmig, sauer bis neutral, empfindlich gegenüber höhere Kalkgehalte.
Pflege: Anfällig für Blasenrost.
Vermehrung: Veredlung unter Glas.

Pinus strobus 'Radiata'

Aussehen: Die reich verzweigte Zwergform der Weymouths-Kiefer wächst breit kegelförmig und gedrungen, wird im Alter aber durchaus 4–6 m hoch und 2–3 m breit. An den dünnen, grünlichen Trieben stehen die Nadeln zu fünft, sie sind 4–6 cm lang, sehr dünn, weich, biegsam, graugrün und innen mit 2–3 weißen Spaltöffnungsbändern versehen.

Noch schwächer als 'Radiata' wächst 'Krügers Liliput', sie wird in 15 Jahren etwa 1,2 m hoch und gleich breit. Ihre kurzen, relativ steifen Nadeln sind silbrig grau bis graugrün.
Verwendung: Schöne Kiefern für Stein-, Heide- und größere Troggärten.
Standort: Sonnig. Boden mäßig trocken bis frisch, durchlässig, sandig-humos bis lehmig, sauer bis schwach alkalisch.
Pflege: Empfindlich gegen Blasenrost.
Vermehrung: Veredlung unter Glas.

Pinus sylvestris 'Globosa Viridis'

Pinus sylvestris, Gewöhnliche Kiefer, Föhre

(Tab. 19)

Aussehen: Die heimische Kiefer ist ein 20–35 m hoher Baum mit einer im Alter unregelmäßig rundlichen bis schirmförmigen Krone. An älteren Bäumen ist die Borke im unteren Bereich des Stammes tief gefurcht und löst sich in Platten ab. Im oberen Stammbereich ist die Borke dünn und auffallend fuchsrot

Pinus × schwerinii

Pinus strobus 'Radiata'

Pinus sylvestris 'Watereri'

gefärbt. Zu zweit stehen die steifen, meist gedrehten, 3–7 cm langen, blau- oder graugrün gefärbten Nadeln. Die 3–8 cm langen, graubraunen Zapfen sind ei- bis kegelförmig.
Verwendung: Die robuste und anpassungsfähige Art selbst ist ein wichtiger Waldbaum, der nicht selten auch als Parkbaum verwendet wird. Für den Garten sind einige der zahlreichen schwach- und zwergwüchsigen Sorten besser geeignet.
Standort: Sonnig. Boden trocken bis feucht, alle durchlässigen Bodenarten, schwach sauer bis alkalisch.
Pflege: Empfindlich gegenüber Luftverschmutzungen.
Vermehrung: Aussaat im Frühjahr, Sorten durch Veredlung unter Glas.

Pinus wallichiana, Tränen-Kiefer

Aussehen: Die Tränen-Kiefer wächst zu einem sehr stattlichen, 20–30 (–50) m hohen Baum heran. Er bildet mit waagerecht abstehenden Ästen im Alter eine unregelmäßige, bis 20 m breite Krone. Die zu fünft stehenden, blau- bis graugrünen Nadeln sind 12–20 cm lang, sie sind dünn, weich, hängen meist bogig über und sind im unteren Drittel geknickt. Auch die zylindrischen, zur Reife hellbraunen Zapfen erreichen beträchtliche Ausmaße. Sie werden 15–25 (–30) cm lang, sind meist bananenartig gebogen. Die Zapfenschuppen sind oft dicht mit großen, glänzenden Harztropfen bedeckt.
Verwendung: Elegante, imposante Kiefer für eine Solitärstellung in großen Gärten und Parkanlagen.

Pinus wallichiana

Standort: Sonnig, wintermild. Boden mäßig trocken bis feucht, alle durchlässigen, nicht zu nährstoffreichen Böden, schwach sauer bis stark alkalisch.
Pflege: Junge Pflanzen in kalten Wintern schützen, empfindlich gegenüber Blasenrost.
Vermehrung: Aussaat im Frühjahr.

Tab. 19 Empfehlenswerte Sorten von *Pinus sylvestris*

Sorte	Wuchs	Wuchshöhe/-breite	Nadelfärbung
'Fastigiata'	schmal säulenförmig	5–15/1–1,5 m	blaugrün
'Globosa Viridis'	zwergig, kugelig bis eiförmig, kompakt	3/2 m	graugrün
'Norska'	schwächer wachsend und kompakter als die Art, breitkronig	5–15/6–8 m	blaugrau
'Watereri'	großstrauchig, Stamm alter Pflanzen mit fuchsroter Rinde	3–5/3–5 m	stahlblau

Blasenrost an fünfnadeligen Kiefern
Viele fünfnadelige Kiefern leiden unter dem Befall von Weymouths-Kiefern-Blasenrost *(Cronartium ribicola)*. Der Befall macht sich durch Anschwellungen an Ästen und am Stamm, durch Harzfluss und eingesunkene Rindenpartien bemerkbar. Es folgen Kümmerwuchs und Nadelverfärbungen. Stark befallene Pflanzen sterben langsam ab. Da *Ribes*-Arten als Zwischenwirte des Pilzes gelten, sollten sie nicht in unmittelbarer Nachbarschaft stehen. Unter den fünfnadeligen Kiefern sind *P. cembra* und *P. peuce* weniger empfindlich als *P.* × *schwerinii*, *P. strobus* und *P. wallichiana* und deren Sorten.

Platycladus orientalis 'Aurea Nana'

Platycladus orientalis 'Elegantissima'

Platycladus orientalis, Morgenländischer Lebensbaum (Tab. 20)

Aussehen. Der Morgenländische Lebensbaum, oft noch unter dem Namen *Thuja orientalis* bekannt, ist ein 10–15 m hoher, meist mehrstämmiger Baum mit einer kegelförmigen Krone, aufrechten bis aufsteigenden Ästen und flach ausgebreiteten, senkrecht stehenden Trieben. Die schuppenförmigen Blätter sind beiderseits frisch- bis hellgrün. Bei den eiförmigen bis kugeligen Zapfen haben die Schuppen auf der Rückseite einen gekrümmten, hornartigen Fortsatz. Statt der Art sind bei uns einige zwergwüchsige und gelblaubige Sorten in Kultur.

Verwendung: Solitär- und Gruppenpflanzen für Haus- und Vorgärten, lassen sich auch in größeren Kübeln kultivieren.

Standort: Sonnig bis halbschattig, geschützt. Boden frisch bis feucht, durchlässig, nährstoffreich, sandig bis lehmig, schwach sauer bis alkalisch.

Pflege: Junge Pflanzen in kalten Wintern schützen.

Vermehrung: Aussaat im Frühjahr, Sorten durch Stecklinge von krautigen Trieben.

Tab. 20 Empfehlenswerte Sorten von *Platycladus orientalis*

Sorte	Wuchs	Wuchshöhe/-breite	Laubfärbung
'Aurea Nana'	zwergig, kugelig bis eiförmig, dicht verzweigt	2/1 m	hell gelbgrün, im Winter bräunlich gelb
'Elegantissima'	breit säulenförmig	5/1–2 m	im Austrieb goldgelb, später grünlich gelb, im Winter bronzefarben

Pseudolarix amabilis, Goldlärche

Aussehen: Trotz ihres Namens ist die Goldlärche nicht mit den Lärchen verwandt, obwohl auch sie ein sommergrüner Baum ist, der sehr langsam Wuchshöhen von 10–15 m erreichen kann. Er hat schon in der Jugend eine locker kegelförmige, im Alter oft eine malerische, 8–10 m breite Krone. An den Langtrieben stehen die 3–6 cm langen, weichen, nadelförmigen Blätter entfernt schraubig, an den gestauchten Kurztrieben stehen 15–30 einzelne Nadeln fast rosettenförmig zusammen. Die vergleichsweise großen Nadeln treiben zartgrün aus und färben sich im Herbst prachtvoll goldgelb. Im Jahr der Blüte reifen die 4–5 cm dicken, am Baum zerfallenden Zapfen mit den rosettig angeordneten Schuppen.

Verwendung: Mit den zartgrünen Nadeln und der prachtvollen Herbstfärbung eine selten gepflanzte Rarität mit besonderen Standortansprüchen.

Standort: Sonnig, geschützt, luftfeucht. Boden frisch bis feucht, durchlässig, gepflegt, sandig- bis lehmig-humos, sauer bis neutral.

Pflege: Empfindlich gegenüber kalkhaltige Böden und trockenheiße Pflanzplätze.

Vermehrung: Aussaat im Frühjahr, meist unter Glas.

Pseudolarix amabilis

Pseudotsuga menziesii, Douglasie

Aussehen: Die raschwüchsige Douglasie kann Höhen von 30–50 (–60) m erreichen. Sie bildet zunächst eine regelmäßig kegelförmige, später eine ausladende, bis 10 m breite Krone aus. Den Stamm bedeckt eine dicke, korkige, im Alter längs gefurchte Borke. Die weichen, frisch- bis tiefgrünen Nadeln sind 2–4 cm lang. Sie haften den Zweigen unregelmäßig bis deutlich kammartig gescheitelt an. Werden sie gerieben, duften sie angenehm nach Orangen. Im Jahr der Blüte reifen die länglich-eiförmigen bis zylindrischen, 5–10 cm langen Zapfen mit den schmalen, weit herausragenden, dreizipfeligen Deckschuppen.
Verwendung: Bedingt durch die Wuchshöhe lässt sich die Douglasie nur als Parkbaum verwenden. Sie ist außerdem ein rasch wachsender Forstbaum, der ein wertvolles, haltbares Holz liefert. Die Zweige sind mit den weichen, duftenden Nadeln ein begehrtes Schmuckreisig.
Standort: Sonnig bis halbschattig. Boden frisch bis feucht, durchlässig, nährstoffreich, sandig-lehmig, sauer bis neutral.
Pflege: Empfindlich gegenüber kalkhaltige Böden.
Vermehrung: Aussaat im Frühjahr.

Pseudotsuga menziesii

Pseudotsuga menziesii

Sciadopitys verticillata, Schirmtanne

Aussehen: Die Schirmtanne ist mit ihrer eigenartigen Benadelung eine ganz ungewöhnliche Erscheinung. An den Langtrieben erscheinen die Blätter als dicht gedrängt stehende Schuppenblätter, an den Zweigenden sind die glänzend dunkelgrünen Nadeln dagegen zu jeweils 20–40 Stück schirmspeichenartig angeordnet. Die 5–15 cm langen und 3–4 mm breiten, flachen, ledrigen Nadeln sind aus der Verwachsung von 2 Nadeln entstanden und werden deshalb als „Doppelnadeln" betrachtet. Im zweiten Jahr reifen die 7–12 cm langen Zapfen mit den dicken, holzigen Zapfenschuppen. *S. verticillata* wächst sehr langsam und wird bei uns kaum mehr als 8–10 m hoch und 2–4 m breit.
Verwendung: Die attraktive Konifere verdient im Garten eine Sonderstellung, zum Beispiel in Verbindung mit schwach wachsenden Rhododendren und Japanischen Azaleen. In ihrer japanischen Heimat begegnet man der Schirmtanne gelegentlich an Tempeln und Schreinen als kapitale Exemplare, die dann einen besonderen Schutz genießen.

Sciadopitys verticillata

Sciadopitys verticillata

Standort: Licht- bis halbschattig, luftfeucht, wintermild. Boden frisch bis feucht, durchlässig, sandig-humos, sauer bis neutral.
Pflege: Gedeiht nur an zusagenden Standorten zufrieden stellend.
Vermehrung: Aussaat im Frühjahr unter Glas.

Sequoia sempervirens, Küstenmammutbaum, Küstensequoie

Aussehen: Der Küstenmammutbaum gehört mit Wuchshöhen von bis zu 110 m, gewaltigen Kronen und Stammdurchmessern von mehr als 5 m zu den größten Gehölzen der Welt. Er erreicht seine größten Ausmaße erst im Alter von 500–600 Jahren, nicht selten wird er um 1000 Jahre alt. Bei uns wird der Baum kaum mehr als 10–15 m hoch. Er hat eine kegelförmige Krone mit kurzen, waagerecht abstehenden Ästen. Die nadelförmigen, linealischen, dunkel- bis bläulich grünen Blätter sind 0,6–2 cm lang. Aus unscheinbaren Blüten, die sich ab November öffnen, entwickeln sich eiförmige, 2–2,5 cm lange Zapfen.
Verwendung: *S. sempervirens* ist nur in sehr wintermilden Regionen ausreichend frosthart und kann nur dort für größere Gärten empfohlen werden. Im Gegensatz zum Bergmammutbaum liefert die Art ein wertvolles Nutzholz.
Standort: Sonnig bis lichtschattig, luftfeucht, wintermild. Boden frisch bis feucht, tiefgründig, sandig-lehmig, sauer bis neutral.
Pflege: Benötigt vor allem in der Jugend Schutz.
Vermehrung: Aussaat im Frühjahr unter Glas.

Sequoia sempervirens

Sequoiadendron giganteum, Mammutbaum

Aussehen: Während der Küstenmammutbaum die größten Wuchshöhen aller Nadelbaumarten erreicht, wird der Mammutbaum, auch Berg- oder Riesenmammutbaum genannt, als einer der mächtigsten Bäume der Erde angesehen. Als größtes Exemplar gilt der „German Sherman“ im Sequoia Nationalpark in Kalifornien. Er hatte 1975 eine Höhe von 81,82 m, eine Kronenbreite von 32,60 m und einen Stammumfang von 8,07 m, sein Alter wurde auf 2500–3000 Jahre geschätzt. Typisch für die Art ist die 30–60 cm dicke, schwammige, dunkel rotbraune, feuerresistente Borke. *S. giganteum* baut mit starken, waagerecht abstehenden Ästen im Alter eine unregelmäßig gerundete Krone auf, anfangs ist die Krone regelmäßig spitz kegelförmig. Die scharf zugespitzten, grünen Nadeln sind pfriemlich bis lanzettlich und werden bis 1,2 cm lang. Die Nadeln der Sorte 'Glaucum' sind ausgeprägt blaugrau gefärbt. Die Art blüht im April/Mai. Die eiförmigen Zapfen sind 4–6 cm lang.
Verwendung: Im Gegensatz zu *S. sempervirens* nahezu überall in Deutschland ausreichend frosthart. Ein prachtvoller, raschwüchsiger Baum für große Gärten und Parkanlagen.

Sequoiadendron giganteum 'Glaucum'

Standort: Sonnig bis halbschattig. Boden frisch bis feucht, tiefgründig, sandig-lehmig bis lehmig, kalkverträglich.
Pflege: Junge Pflanzen in kalten Wintern schützen.
Vermehrung: Aussaat im Frühjahr unter Glas.

Sequoiadendron giganteum

Taxodium distichum, Sumpfzypresse

Aussehen: Die Sumpfzypresse gehört zu den wenigen sommergrünen Arten unter den Nadelgehölzen, sie ist ein Charakterbaum der Flussniederungen und Sümpfe im südöstlichen Nordamerika. Dort bildet sie regelmäßig ihre auffälligen Wurzelknie aus, die wie schlanke, spitze Kegel aus dem Boden oder über die Wasserfläche herausragen. Sie verbessern die Standfestigkeit des Baumes und dienen vermutlich auch dem Luftaustausch der Wurzeln. Der 20–40 m hohe Baum behält lange seine kegelförmige bis zylindrische Krone, die sich erst im Alter auflockert und breiter wird. Die hellgrünen, nadelförmigen, linealischen, bis 2 cm langen Blätter färben sich im Herbst auffallend rotbraun bis orange. Die männlichen Blüten stehen im Frühjahr in bis 15 cm langen, traubenartigen Ständen am Ende der vorjährigen Langtriebe, die weiblichen Blüten sind dagegen unscheinbar. Im ersten Jahr reifen die 2–3 cm dicken, kugeligen Zapfen.
Verwendung: Der lichtkronige Baum eignet sich sehr gut für Anpflanzungen an See- und Teichrändern oder für eine Kultur unmittelbar in flachen, stehenden Gewässern. Er gedeiht aber auch auf weniger sumpfigen Böden.
Standort: Sonnig. Boden mäßig trocken bis nass, nährstoffreich, sandig, lehmig oder tonig, sauer bis neutral.
Pflege: Junge Pflanzen in kalten Wintern schützen.
Vermehrung: Aussaat im Frühjahr.

Taxus baccata, Europäische Eibe (Tab. 21)

Aussehen: Die Europäische Eibe ist ein allgemein bekannter und seit altersher in unseren Gärten kultivierter, äußerst langlebiger Baum. Er ist häufig von der Basis an mehrstämmig, wird 10–15 m hoch und hat eine lockere, breit kegelförmige, 8–12 m breite Krone mit aufsteigenden oder abstehenden Ästen.
1,5–3 cm lang sind die linealischen, glänzend dunkelgrünen Nadeln, sie stehen an Langtrieben rings um den Zweig, an Seitentrieben deutlich gescheitelt. Im März/April werden zahlreiche gelbliche, männliche Blüten angelegt. Aus den unscheinbaren weiblichen Blüten entwickeln sich im Herbst eiförmige Samen, die von einem meist leuchtend scharlachroten, becherförmigen, saftig fleischigen,

Taxodium distichum

Taxodium distichum

Taxus baccata

Taxus baccata

Tab. 21 Empfehlenswerte Sorten von *Taxus baccata*

Sorte	Wuchs	Wuchshöhe/-breite	Nadelfärbung
'Adpressa Aurea'	gedrungen, buschig aufrecht, später rundlich	3–5/3–5 m	gelb oder hellgelb gerandet
'David'	breit säulenförmig, straff aufrecht	2/0,8 m	zitronen- bis goldgelb
'Dovastoniana'	breit kegelförmig, Äste malerisch ausgebreitet, Zweige durchhängend	6–8/5–7 m	dunkelgrün
'Dovastoniana Aurea'	wie 'Dovastoniana'	5–7/4–6 m	gelbgrün, gelb oder goldgelb gerandet
'Fastigiata'	anfangs säulenförmig, später breit vasenförmig	5–7/3–4 m	dunkelgrün
'Fastigiata Aureomarginata'	anfangs schmal säulenförmig, später breit trichterförmig	3–5/2 m	im Austrieb goldgelb gerandet, allmählich vergrünend
'Fastigiata Robusta'	straff aufrecht, dauerhaft schmal säulenförmig	6–8/1,5–2 m	dunkelgrün
'Germers Gold'	säulenförmig	1,5–2/0,5 m	gelb, im Austrieb bronzefarben
'Overeynderi'	breit kegelförmig	5–7/3–4 m	dunkelgrün
'Repandens'	ausgebreitet, dicht verzweigt	0,7/2–5 m	glänzend dunkelgrün
'Schwarzgrün'	breitbuschig aufrecht, kompakt	3–5/3–5 m	tiefgrün
'Semperaurea'	breit aufrecht, kompakt, dicht verzweigt	3–4/2–3 m	oberseits goldgelb, unterseits gelb
'Summergold'	flach ausgebreitet, ausladend, Äste flach aufsteigend	1/2–3 m	im Austrieb goldgelb, Nadeln später gelbrandig

Taxus baccata 'Adpressa Aurea'

Taxus baccata 'David'

Taxus baccata 'Dovastoniana Aurea'

Taxus baccata 'Fastigiata Aureomarginata'

Taxus baccata 'Fastigiata Robusta'

Taxus baccata 'Semperaurea'

schleimigen, süß schmeckenden, essbaren Samenmantel (Arillus) umgeben sind. Dieser Arillus ist das einzige ungiftige Teil der sonst in allen Teilen sehr giftigen Pflanze.
Verwendung: Als geschnittene Heckenpflanze und Formgehölz, einzeln oder in Gruppen, als Sicht- und Windschutz.
Standort: Sonnig bis schattig, für Stadtklima geeignet. Boden frisch bis feucht, durchlässig, sandig- bis lehmig-humos, schwach sauer bis alkalisch.
Pflege: Robust, anpassungsfähig, langlebig, sehr schnittverträglich.
Vermehrung: Aussaat im Frühjahr, Sorten durch Stecklinge von ausgereiften Trieben.

Die Eibe, eine jahrhundertealte Kulturpflanze

Keine andere Nadelholzart besitzt die Eigenschaften der Eibe: ein für Nadelholzarten unübertroffenes Ausschlagvermögen, hohe Schattenverträglichkeit und Widerstandsfähigkeit gegenüber dem Wurzeldruck hoher Bäume. Seit Jahrhunderten wird die Eibe in den formalen Anlagen der Renaissance-, Barock- und Bauerngärten als Heckenpflanze verwendet oder zu Skulpturen geschnitten. Seit Jahren sind sie wieder groß in Mode. Früher spielte die Eibe im Volksglauben eine große Rolle. Sie wurde von den Kelten als heiliger Baum verehrt, war aber auch ein Baum des Todes und der Trauer und ist deshalb häufig als uraltes Exemplar auf Friedhöfen zu finden. Aus dem sehr elastischen Holz der Eibe wurden im Mittelalter in großem Umfang Waffen (Pfeilbögen und Armbrustbügel) hergestellt. Noch im 16. Jahrhundert war Eibenholz ein begehrter Handelsartikel, der zum Beispiel aus Deutschland nach England exportiert wurde. Dazu mussten jährlich bis zu 10 000 Eiben gefällt werden.

Taxus cuspidata 'Nana', Japanische Eibe

Aussehen: Die Japanische Eibe ist das ostasiatische Pendant zur Europäischen Eibe. Sie wächst strauchig oder entwickelt sich zu einem bis 15 m hohen Baum mit abstehenden oder aufsteigenden Ästen, einer rötlich braunen Rinde und 1,5–2,5 cm langen, dunkelgrünen Nadeln. Bei uns ist überwiegend die Sorte 'Nana' in Kultur: eine männliche, sehr gedrungen wachsende, äußerst dicht verzweigte Sorte mit steifen, ausgebreiteten Ästen und matt dunkelgrünen Nadeln. 'Nana' wächst langsam und wird im Alter 1–2 m hoch und 2–3 m breit.
Verwendung: Schöne Zwerg-Eibe für Stein-, Heide- und Troggärten, Vorgärten und Innenhöfe.
Standort: Sonnig bis halbschattig, frisch bis feucht, alle durchlässigen, humosen Bodenarten, sauer bis alkalisch.
Pflege: Robust, anpassungsfähig und sehr winterhart.
Vermehrung: Stecklinge von ausgereiften Trieben.

Taxus × media, Hybrid-Eibe
(Tab. 22)

Aussehen: *T. baccata* und *T. cuspidata* sind die Eltern dieser Hybridgruppe, in der Sorten mit unterschiedlichem Wuchscharakter zusammengefasst sind. Die dunkelgrünen Nadeln stehen deutlich zweizeilig, sie sind etwas steifer und breiter als bei *T. baccata*.
Verwendung: Häufig gepflanzte Sorten, sie werden einzeln oder in Gruppen in Rabatten, Vorgärten, Heidegärten oder als freiwachsende Hecke gepflanzt, sie sind sehr gut für Kübelbepflanzungen geeignet. Giftig.
Standort: Sonnig bis halbschattig. Boden frisch bis feucht, alle durchlässigen, humosen Bodenarten, sauer bis alkalisch.
Pflege: Robust, sehr schnittverträglich.
Vermehrung: Stecklinge von ausgereiften Trieben.

Taxus × media 'Straight Hedge'

Taxus × media 'Hicksii'

Tab. 22 Empfehlenswerte Sorten von *Taxus × media*

Sorte	Wuchs	Wuchshöhe/ -breite	Nadelfärbung
'Hicksii'	mit langen, aufstrebenden Ästen, anfangs breit säulenförmig, später schmal trichterförmig	3–5/2–3 m	glänzend dunkelgrün
'Hillii'	breit aufrecht bis kegelförmig, dicht verzweigt	3–5/2–3,5 m	glänzend hellgrün
'Straight Hedge'	breit aufrecht bis vasenförmig, Äste straff aufrecht, mit kurzen, dicht stehenden Zweigen	3–5/2–3 m	dunkelgrün

Thuja occidentalis, Abendländischer Lebensbaum

(Tab. 23)

Aussehen: *T. occidentalis* ist ein 15–20 m hoher Baum mit durchgehendem Stamm, einer dicht verzweigten, kegelförmigen Krone, bogenförmig aufsteigenden Ästen und stark abgeflachten, 2–3 mm dicken Trieben. Die dicht an die Zweige angedrückten Blätter sind schuppenförmig, oberseits mattgrün, unterseits blasser grün und im Winter oliv- bis bronzefarben. Zerrieben duften sie stark aromatisch. Aus unscheinbaren Blüten entwickeln sich kleine, längliche Zapfen mit 4–6 ledrigen Schuppenpaaren. Neben der variablen Art sind einige, auch schwachwüchsige Sorten in Kultur.
Verwendung: Die Art und hochwüchsige Sorten für Hecken, als Sicht- und Windschutz, Zwergformen für Stein- und Heidegärten, Rabatten und Gräber.Pflanzen sind in allen Teilen schwach giftig.
Standort: Sonnig bis halbschattig, windresistent. Boden frisch bis feucht, alle durchlässigen, humosen Bodenarten, schwach sauer bis alkalisch.
Pflege: Sehr schnittverträglich.
Vermehrung: Aussaat, Sorten durch Stecklinge von ausgereiften Trieben.

Tab. 23 Empfehlenswerte Sorten von *Thuja occidentalis*

Sorte	Wuchs	Wuchshöhe/ -breite	Laubfärbung
'Brabant'	regelmäßig kegelförmig, dicht verzweigt	10–15/2–4 m	lebhaft grün, auch im Winter
'Columna'	sehr schmal säulenförmig	5–17/1–1,5 m	glänzend dunkelgrün
'Danica'	zwergig, kugelförmig, sehr kompakt	0,8/1 m	frischgrün, im Winter bräunlich grün
'Europe Gold'	schmal kegelförmig, kompakt	2–4/1,5 m	goldgelb, im Winter orangegelb
'Golden Globe'	zwergig, regelmäßig kugelig, dicht verzweigt	1,5–2/1,5–2m	lebhaft goldgelb
'Holmstrup'	regelmäßig schmal kegelförmig, dicht verzweigt	3–4/1,5 m	frischgrün, auch im Winter
'Malonyana'	sehr schmal säulenförmig, dicht beastet, Triebe flach, dicht gedrängt stehend	10–15/0,6 m	glänzend grün
'Smaragd'	sehr regelmäßig kegelförmig, dicht verzweigt	4–7/1–2 m	frischgrün, auch im Winter
'Sunkist'	schmal bis breit kegelförmig, dicht verzweigt	3–5/2 m	goldgelb, im Winter bronzegelb
'Teddy'	zwergig, kugelig bis breit eiförmig, Blätter dauerhaft nadelförmig, weich	0,5–1/0,5–1 m	sattgrün
'Tini Tim'	zwergig, kugelig bis abgeflacht kugelig, fein verzweigt	1,2/1,5 m	frischgrün, im Winter bronzefarben

Thuja occidentalis 'Brabant'

Thuja occidentalis 'Europe Gold'

Thuja occidentalis 'Golden Globe'

Thuja occidentalis 'Smaragd'

Thuja occidentalis 'Sunkist'

Thuja occidentalis 'Tini Tim'

Thuja plicata, Riesen-Lebensbaum (Tab. 24)

Aussehen: Der Riesen-Lebensbaum macht seinem Namen alle Ehre, denn er kann an seinen natürlichen Standorten 30–50 m hoch werden, bei uns begnügt er sich mit Höhen von 10–15 (–25) m. Er hat eine schmal kegelförmige Krone, stark abgeflachte Triebe und schuppenförmige, oberseits dunkelgrüne, unterseits graugrüne Blätter, die zerrieben stark aromatisch duften. Die bis 2 cm langen, länglich elliptischen Zapfen haben jeweils 8–12 Schuppen.
Verwendung: Raschwüchsiger Parkbaum, sehr gut für hohe Hecken geeignet. Der Baum liefert ein wertvolles, als „Redzeder" bezeichnetes Nutzholz.
Standort: Sonnig bis lichtschattig, luftfeucht. Boden frisch bis feucht, tiefgründig, sandig-humos, sauer bis neutral, empfindlich gegen hohen Kalkgehalt.
Pflege: Sehr schnittverträglich.
Vermehrung: Aussaat im Frühjahr, Sorten durch Stecklinge von ausgereiften Trieben.

Thuja plicata 'Atrovirens'

Thuja plicata 'Aurescens'

Thuja plicata 'Aurescens'

Tab. 24 Empfehlenswerte Sorten von *Thuja plicata*

Sorte	Wuchs	Wuchshöhe/-breite	Laubfärbung
'Atrovirens'	schmal kegelförmig	10–15/5 m	glänzend dunkelgrün, auch m Winter
'Aurescens'	kegelförmig	8–12/3–4 m	anfangs grünlich gelb, später frischgrün
'Excelsa'	schmal kegelförmig, locker verzweigt	12–15/3–5 m	frisch- bis dunkelgrün

Thujopsis dolabrata, Hibalebensbaum

Aussehen: Der Hibalebensbaum unterscheidet sich von der nah verwandten Gattung *Thuja* vor allem durch seine breiten, derben, unterseits auffallend weiß gefleckten, schuppenförmigen Blätter und durch die breit eiförmigen Zapfen mit den 6–10 dicken, fleischigen Schuppen. Bei uns wird der oft vom Boden an mehrstämmige Baum kaum mehr als 10–15 m hoch. Er hat eine regelmäßig kegelförmige, reich verzweigte, 4–5 m breite Krone und fächerförmig ausgebreitete Triebe, die vollkommen von den 4–6 mm dicken, glänzend frischgrünen Blättern umgeben sind. Aus Seitentrieben vermehrte Pflanzen wachsen gelegentlich anfangs buschig oder stumpf kegelförmig, bevor sie, oft erst nach vielen Jahren, einen aufstrebenden Gipfeltrieb bilden.
Verwendung: Einzeln oder in Gruppen, in Gärten, Parkanlagen oder auf Friedhöfen.
Standort: Sonnig bis halbschattig, kühl und luftfeucht. Boden frisch bis feucht, tiefgründig, sandig-humos, sauer bis neutral.
Pflege: Nicht für trockenwarme Standorte geeignet.
Vermehrung: Aussaat im Frühjahr.

Thujopsis dolabrata

Tsuga canadensis, Kanadische Hemlocktanne

(Tab. 25)

Aussehen: Die Kanadische Hemlocktanne gehört mit ihrem moderaten Wuchs, der locker aufgebauten, malerischen Krone und den überhängenden Zweigspitzen zu den grazilsten Nadelgehölzen. Der oft vom Boden an mehrstämmige Baum wird bei uns nach vielen Jahren 15–20 m hoch und etwa 6–10 m breit. Die ungleich großen, in der vorderen Hälfte deutlich verschmälerten Nadeln sind 0,5–1,5 cm lang, oberseits mattglänzend dunkelgrün und unterseits mit 2 grauweißen Spaltöffnungsbändern gezeichnet. Die kleinen, eiförmigen, hellbraunen Zapfen reifen im Jahr der Blüte.
Verwendung: Attraktive Konifere für Einzel- und Gruppenpflanzung, sehr gut als Schattenbaum in Rhododendronpflanzungen geeignet.
Standort: Sonnig bis halbschattig. Boden frisch bis feucht, durchlässig, humos, sandig-lehmig, sauer bis neutral.
Pflege: Empfindlich gegenüber Luft- und Bodentrockenheit und Luftverschmutzung.
Vermehrung: Aussaat im Frühjahr, Sorten durch Stecklinge von ausgereiften Trieben.

Tsuga canadensis

Tsuga canadensis 'Pendula'

Tab. 25 Empfehlenswerte Sorten von *Tsuga canadensis*

Sorte	Wuchs	Wuchshöhe/-breite	Nadelfärbung
'Jeddeloh'	zwergig, abgeflacht kugelig bis kissenförmig, Nadeln derb	1/1,2 m	frischgrün
'Oldenburg' (Syn. 'Gracilis Oldenburg')	zwergig, abgeflacht kugelig, oben mit einer nestförmigen Vertiefung, Nadeln kurz	2/2 m	tiefgrün
'Pendula'	wenn die Stammverlängerung aufgebunden wird, hängen die Zweige kaskadenförmig herab	3–5/3–5 m	dunkelgrün

Tsuga mertensiana, Berg-Hemlocktanne

Aussehen: In ihrer Heimat, den schneereichen Gebirgen des westlichen Nordamerika, kann die Berg-Hemlocktanne 30–50 m hoch werden. Sie baut dort eine auffallend schlanke, schmal kegelförmige Krone auf. Bei uns wächst der Baum langsam und wird kaum mehr als 10–15 m hoch. Seine linealischen, schraubig stehenden Nadeln sind 0,5–2,5 cm lang und auffallend blaugrün oder wie bei fo. *argentea* und 'Glauca' bläulich oder silbrig grün gefärbt. 3–7,5 cm lang sind die länglichen bis zylindrischen Zapfen. In Kultur ist bei uns vorwiegend die Sorte 'Glauca'. Sie wächst noch langsamer als die Art und wird etwa 6–10 m hoch.
Verwendung: Sehr attraktive Konifere, gut geeignet für Heidegärten, in grauen Gärten oder in Verbindung mit Rosen. Findet auch in sehr kleinen Gärten ausreichend Platz.
Standort: Sonnig bis lichtschattig. Boden frisch bis feucht, durchlässig, sandig- oder lehmig-humos, sauer bis neutral.
Pflege: Verträgt keine trockenwarmen Pflanzplätze.
Vermehrung: Aussaat im Frühjahr.

Tsuga mertensiana

Xanthocyparis nootkatensis 'Pendula', Nutka-Goldzypresse (Syn. *Chamaecyparis nootkatensis*)

Aussehen: Die Hängeform der Nutka-Goldzypresse ist ein eleganter, bis 15 m hoher Baum mit durchgehendem Stamm, überhängendem Wipfel und unregelmäßig angeordneten Ästen, die oft in flachen Bögen aufwärts gerichtet sind. Die Seitenzweige hängen mähnenartig herab. Die matt dunkelgrünen, aromatisch duftenden schuppenförmigen Blätter haben unterseits keine auffällige Zeichnung. Die Sorte 'Glauca' wird 10–15 m hoch und hat eine schlank kegelförmige Krone mit dicht stehenden Ästen, überhängenden Zweigen und ausgeprägt blaugrauen Schuppenblättern.
Verwendung: Die Sorte 'Pendula' ist eine sehr elegante Erscheinung und deshalb ein recht häufig gepflanzter Solitärbaum.
Standort: Sonnig bis halbschattig. Boden mäßig trocken bis feucht, durchlässig, sandig bis lehmig, schwach sauer bis alkalisch.
Pflege: Keine besonderen Ansprüche.
Vermehrung: Veredlung unter Glas.

Xanthocyparis nootkatensis 'Pendula'

Service

Bezugsquellen

Viele ortsansässige Baumschulen und Gartencenter bieten ein breit gefächertes Sortiment von Baum- und Straucharten an. Wer das Besondere oder größere Solitärgehölze sucht, ist gelegentlich auf überregional agierende Baumschulen mit einem breiten Sortiment oder auf Baumschulen mit Spezialsortimenten angewiesen.

Überregionale Baumschulen mit einem breiten Sortiment

Baumschule G. D. Böhlje
Oldenburger Straße 9
26655 Westerstede

Baumschule Georg Wilken
Am Nesterhorn 21
26655 Hüllstede

Baumschule Lappen
Herrenpfad 14
41334 Nettetal

Bruns Pflanzen-Export
Johann-Bruns-Allee 1
26160 Bad Zwischenahn

H. Lorberg Baumschulerzeugnisse
Zachower Straße 4
14699 Ketzin, OT Tremmen

Lorenz von Ehren
Malfeldstraße 4
21077 Hamburg

Sämann Pflanzenkontor
Spittelwiesenweg 42
02625 Bautzen

Rosenschulen

Baum- und Rosenschulen R. Noack
Im Waterkamp 12
33334 Gütersloh

BKN Strobel
Pinneberger Straße 238
25488 Holm

Rosenhof Schultheis
Bad Nauheimer Straße 3–7
61231 Bad Nauheim, OT Steinfurth

Rosen-Tantau
Tornescher Weg 13
25436 Uetersen

W. Kordes' Söhne
Rosenstraße 54
25365 Klein Offenseth-Sparrieshoop

Rhododendron-Baumschulen

Baumschule H. Hachmann
Brunnenstraße 68
25355 Barmstedt

Baumschule Nagel
Hetzenbaumhöhe 5
75015 Bretten

Hobbie Rhododendron-Kulturen
26655 Westerstede/Linswege

T. J. Rudolf Seidel
Rudolf-Seidel-Straße 1
01936 Grüngräbchen

Ernst Stöckmann Baumschulen
Westersteder Straße 1
26160 Bad Zwischenahn

Clematis-Spezialkulturen

Clematis-Kulturen
Friedrich Manfred Westphal
Peiner Hof 7
25497 Prisdorf

Kamelien-Baumschulen

Baumschule Huben
Schriesheimer Fußweg 7
68526 Ladenburg

Kamelien-Kulturen Michael von Allesch
Kurfürstendeich 54
21037 Hamburg

Kamelien-Kulturen Peter Fischer
Hoeden 16, 21789 Wingst

Bambus-Kulturen

Bambus-Kulturen F. Vaupel –
K. Steckhan
Ramhorster Straße 1–2
31275 Lehrte-Steinwedel

Knoblich & Knoblich
Repräsentanz La Bambouseraie
Leppestraße 44
51766 Engelskirchen

Niederländische Versandbaumschulen mit umfangreichen Sortimenten

Fa. C. Esveld
Rijneveld 72
NL-2771 XS Boskoop

Pieter Zwijnenburg jr.
Halve Raak 18
NL-2771 AD Boskoop

Weiterführende Literatur

Bärtels, Andreas (2001): Enzyklopädie der Gartengehölze. Verlag Eugen Ulmer, Stuttgart.

Bärtels, Andreas (2003): Das große Buch der Kamelien. Verlag Eugen Ulmer, Stuttgart.

Bärtels, Andreas (2006): Das große Buch der Rhododendron und Azaleen. Verlag Eugen Ulmer, Stuttgart.

Bärtels, Andreas (2008): Gehölzvermehrung, 5. Aufl., Verlag Eugen Ulmer, Stuttgart.

Bärtels, Andreas; Kaiser, Klaus (2004): Clematis. Verlag Eugen Ulmer, Stuttgart.

Haberer, Martin (2009): Taschenatlas Gehölze, 2. Aufl., Verlag Eugen Ulmer, Stuttgart.

Kawollek, Wolfgang; Kawollek, Marco (2008): Alles über Pflanzenvermehrung. Verlag Eugen Ulmer, Stuttgart.

Pirc, Helmut (2004): Bäume von A–Z. Verlag Eugen Ulmer, Stuttgart.

Pirc, Helmut (2008): Alles über Gehölzschnitt. Verlag Eugen Ulmer, Stuttgart.

Roloff, Andreas; Bärtels, Andreas (2008): Flora der Gehölze, 3. Aufl., Verlag Eugen Ulmer, Stuttgart.

Strobel, Klaus-Jürgen (2006): Alles über Rosen. Verlag Eugen Ulmer, Stuttgart.

Erhardt, Walter; Götz, Erich; Bödeker, Nils: Seybold, Siegmund (2008): Zander – Handwörterbuch der Pflanzennamen, 18. Aufl., Verlag Eugen Ulmer, Stuttgart.

Bildquellen

Albrecht, Hans-Joachim 155 u. re.

Fischer, M. 102 u.

Haag, Dorothea 11, 16, 18.

Haberer, Martin 144 o., 163 u. li., 174 u. re., 246 o. re.

Nickig, Marion 4 li, 10, 12, 14, 15 o., 22, 23 o.

Panthermedia/Anna Reinert Titelbild o., 38/39.

Photolibrary/Lynn Keddie Titelbild u. re

Photolibrary/Steffen Hauser 8/9.

Pirc, Helmut 26.

Redeleit, Wolfgang 15 u., 17, 20, 21.

Reinhard, Hans 13, 19.

Strauß, Friedrich Titelbild Mi. re., Umschlagrückseite li.

Strobel, Klaus-Jürgen Titelbild Mi., 2. v. re.

Vits, Anja Vorsatz, 24/25.

Alle anderen Fotos stammen von Andreas Bärtels.

Die Zeichnungen fertige Helmuth Flubacher an.

Register der wissenschaftlichen Pflanzennamen

Abelia mosanensis 42
– × *grandiflora* 42
Abeliophyllum distichum 42
Abies balsamea 'Nana' 236
– *concolor* 236
– *koreana* 236
– *lasiocarpa* 'Compacta' 137
– *nordmanniana* 237
– *pinsapo* 'Glauca' 237
– *procera* 'Glauca' 238
Acer campestre 43
– *capillipes* 44
– *circinatum* 49
– *griseum* 46
– *japonicum* 49
– *monspessulanum* 44
– *negundo* 46
– *palmatum* 47
– *pensylvanicum* 45
– *platanoides* 49
– *pseudoplatanus* 50
– *rubrum* 51
– *rufinerve* 45
– *saccharinum* 51
– *shirasawanum* 49
– *tataricum* subsp. *ginnala* 52
– *tegmentosum* 45
– × *conspicuum* 'Phoenix' 45
– × *zoeschene* 'Annae'
Actinidia arguta 52
– *deliciosa* 53
– *kolomikta* 53
Aeculus × *carnea* 'Briotii' 53
– *parviflora* 54
– × *neglecta* 'Annae' 54
Akebia quinata 54
Alnus cordata 55
– *glutinosa* 55
– *incana* 55
Alnus × *spaethii* 55
Amelanchier alnifolia 56
– *laevis* 57
– *lamarckii* 56
– *ovalis* 57
– × *grandiflora* 56
Andromeda polifolia 57
Aralia elata 58
Araucara araucana 238
Arctostaphylos uva-ursi 58
Aristolochia macrophylla 58
Aronia arbutifolia 59
– *melanocarpa* 59
– × *prunifolia* 59

Berberis buxifolia 'Nana' 60
– *candidula* 60
– *hookeri* 60
– *julianae* 61
– 'Jytte' 61
– 'Klugowskii' 61
– *ottawensis* 'Superba' 61
– *thunbergii* 62
– *verruculosa* 61
– × *frikartii* 60
– × *stenophyla* 62
Betula albosinensis 62
– *ermanii* 63
– *maximowicziana* 64
– *nana* 64
– *nigra* 65
– *papyrifera* 64
– *pendula* 65
– *platyphylla* var. *japonica* 64
Buddleja alternifolia 66
– *davidii* 67
Buxus microphylla 68
– *sempervirens* 68
Callicarpa bodinieri 'Profusoin' 69
Calluna vulgaris 69
Calycanthus floridus 71
Camellia japonica 71
– *sasanqua* 73
Campsis radicans 73
– × *tagliabuana* 73
Caragana arborescens 74
Carpinus betulus 74
Caryopteris × *clandolensis* 75
Cassiope 'Edinburgh' 75
Catalpa bignonioides 76
Ceanothus × *delilianus* 77
Ceanothus × *pallidus* 77
Cedrus altantica 'Glauca' 129
– *deodara* 240
Celastrus orbiculatus 77
Cercididphyllum japonicum 78
Cercis canadensis 78
Cercis siliquastrum 78
Chaenomeles japonica 79
– *speciosa* 79
– × *superba* 79
Chamaecyparis lawsoniana 241
– *obtusa* 243
– *pisifera* 244

Chamaecytisus purpureus 81
Chamaespartium sagittale 81
Chimonanthus praecox 81
Chionanthus virginicus 82
Clematis alpina 82
– *macropetala* 83
– *montana* 83
– *sibirica* 82
– *tangutica* 84
– *vitalba* 85
– *viticella* 85
Clerodendron trichotomum var. *fargesii* 88
Clethra alnifolia 89
Colutea arborescens 89
Cornus alba 90
– *controversa* 91
– 'Eddies' White Wonder' 92
– *florida* fo. *rubra* 93
– *kousa* 92
– *mas* 93
– *sanguinea* 91
– *sericea* 91
– 'Venus' 93
Corylopsis pauciflora 94
– *spicata* 94
Corylus avellana 94
– *colurna* 95
Cotinus coggygria 95
Cotoneaster adpressus 98
– *bullatus* 96
– *dammeri* 97
– *floccosus* 98
– *horizontalis* 97
– *nanshan* 98
– *procumbens* 97
– *radicans* 97
– *salicifolius* 98
– × *suecicus* 99
– × *watereri* 98
Crataegus crus-galli 100
– *laevigata* 99
– *monogyna* 101
– *pedicellata* 101
– × *lavallei* 'Carrierei' 100
– × *media* 'Paul's Scarlet' 100
– × *persimilis* 101
Cryptomeria japonica 245
Cupressus arizonica 'Glauca' 245
Cydonia oblonga 101
Cyticus nigricans 'Cyni' 102
– *decumbens* 102
– *scoparius* 103
– × *beanii* 102
– × *kewensis* 102
– × *praecox* 102

Daboecia cantabrica 105
– × *scotica* 105
Daphne cneorum 106
– *mezereum* 106
– × *burkwoodii* 'Sommerset' 105
Davidia involucrata 106
Deutzia gracilis 107
– *purpurascens* 108
– *scabra* 108
– × *elegantissima* 107
– × *hybrida* 107
– × *magnifica* 108
– × *rosea* 108

Elaeagnus angustifolia 108
– *pungens* 109
– × *ebbingei* 109
Empetrum nigrum 109
Enkianthus campanulatus 109
Erica carnea 110
– *cinerea* 111
– *vagans* 111
Euonymus alatus 112
– *europaeus* 113
– *fortunei* 113
– *planipes* 113
Exochorda 'The Bride' 114

Fagus sylvatica 115
Fallopia baldschuanica 116
Fargesia murielae 116
– *nitida* 117
– 'Rufa' 117
Forsythia 'Marée d'Or' 118
– 'Mêlée d'Or' 118
– *ovata* 'Dresdener Vorfrühling' 119
– × *intermedia* 117
Fothergilla gardenii 119
– *major* 119
Fraxinus ornus 120

Gaultheria mucronata 120
– *procumbens* 120
– *shallon* 120
Genista lydia 121
– *pilosa* 121
– *tinctoria* 121
Ginkgo biloba 246
Gleditsia triacanthos 122

Halesia carolina 122
– *monticola* 122
Hamamalis mollis 124
– × *intermedia* 123
– *japonica* 124
– *virginiana* 124
Hedera colchica 124
– *helix* 125
– *hibernica* 125
Heptacodium jasminoides 126
Hibiscus syriacus 126
Hippophae rhamnoides 127
Hydrangea anomala subsp. *petiolaris* 128
– *arborescens* 129
– *aspera* 'Macrophylla' 129
– *macrophylla* 130
– *paniculata* 132
– *quercifolia* 132
– *serrata* 130
Hypericum calycinum 133
– *densiflorum* 'Goldball' 133
– 'Hidecote' 133
– *kalmianum* 134
– × *inodorum* 134

Ilex aquifolium 134
– *verticillata* 137
– × *meserveae* 136
Indocalamus tessellatus 137

Jasminum nudiflorum 138
Juglans regia 138
Juniperus chinensis 247
– *communis* 249
– *conferta* 249
– *horizontalis* 250
– *procumbens* 'Nana' 252
– *scopulorum* 252
– *squamata* 252
– *virginica* 253
– × *pfitzeriana* 251

Kalmia angustifolia 138
– *latifolia* 139
Kerria japonica 140
Kolkwitzia amabilis 141

Laburnum anagyroides 141
– × *watereri* 'Vossii' 141
Larix kaempferi 254
Lavandula angustifolia 142
Laxix decidua 254
Ledum groenlandicum 142
– *palustre* 142
Lespedeza thunbergii 142
Leucothhoe fontanesiana 143
Ligustrum obtusifolium var. *regelianum* 143
– *ovalifolium* 144
– *vulgare* 144
Liquidambar styraciflua 144
Liriodendron tulipifera 145
Lonicera caerulea 147
– *caprifolium* 145
– *henryi* 146
– *kamtschatica* 147
– *maackii* 147
– *nitida* 148
– *periclymenum* 146
– *pileata* 148
– *tatarica* 148
– × *brownii* 145
– × *heckrottii* 146
– × *purpusii* 148
– × tellmanniana 146
– *xylosteum* 148

Magnolia 'Betty' 149
– 'Galaxy' 149
'Heaven Scent' 149
– *kobus* 149
– *liliiflora* 149
– 'Ricki' 149
– 'Royal Crown' 149
– *sieboldii* 150
– 'Star Wars' 149
– *stellata* 151
– 'Susan'149
– × loebneri 150
– × *soulangiana* 151
Mahonia aquifolium 152
– *japonica* 152
– × *media* 152
Malus florida 153
– *sargentii* 153
– *toringo* 153
– -Hybriden 154
Mespilus germanica 155
Metaseqouia glyptostroboides 255
Microbiota decussata 255

Nothofagus antarctica 156
Nyssa sylvatica 156

Pachysandra terminalis 157
Paeonia rockii 157
– × *suffruticosa* 158
Parrotia persica 159
Parthenocissus quinquefolia 159
– *tricuspidata* 159
Paulownia tomentosa 160
Perovskia abrotanoides 160
– *atriplicifolia* 160
Philadelphus coronarius 161
– – Sorten 161
Photinia villosa 162
– × *fraseri* 162
Phyllostachys aurea 162
– *aureosulcata* 163
– *bissetii* 163
– *nigra* 163
– *viridiglaucescens* 163
Physocarpus opulifolius 163
Picea abies 255
– *breweriana* 257
– *glauca* 257
– *omorika* 258
– *orientalis* 258
– *pungens* 259
Pieris floribunda 164

– *japonica* 164
Pinus aristata 260
– *bungeana* 260
– *cembra* 262
– *contorta* 261
– *densiflora* 'Umbraculifera' 262
– *heldreichii* 262
– *longaeva* 260
– *mugo* 263
– *nigra* 264
– *parviflora* 264
– *peuce* 265
– *pumila* 'Glauca' 265
– *strobus* 'Radiata' 266
– *sylvestris* 266
– *wallichiana* 267
– × *schwerinii* 266
Platycladus orientalis 268
Pleioblastus aricomus 165
– *pygmaeus* var. *distichus* 165
– *variegatus* 165
Potentilla fruticosa 165
Prunus 'Accolade' 171
– *cerasifera* 'Nigra' 167
– *incisa* 171
– *laurocerasus* 167
– *mume* 169
– *nipponica* var. *kurilensis* 171
– *sargentii* 171
– *serrula* 172
– *serrulata* 169
– *subhirtella* 'Autumnalis 172
– – 'Fukubana' 172
– *tenella* 173
– 'Trailblazer' 167
– *triloba* 173
– × *blireana* 167
– × *cistena* 167
– × *eminens* 'Umbraculifera' 171
– × *yedoensis* 172
Pseudolarix amabilis 268
Pseudosasa japonica 173
Pseudotsuga menziesii 269
Pyracantha coccinea 173
– Hybriden 174
Pyrus calleryana 'Chanticleer' 174
– *salicifolia* 'Pendula' 175

Quercus cerris 175
– *coccinea* 176
– *palustris* 176
– *pontica* 175
– *robur* 'Concordia' 176
– – 'Fastigiata' 176
– × *turneri* 'Pseudoturneri' 177

Rhododendron albrechtii 178
– *camtschaticum* 179
– *ferrugineum* 180
– Forrestii-Gruppe 179
– *fortunei* 177
– *hirsutum* 180
– *impeditum* 180
– *insigne* 177
– *luteum* 178
– *occidentale* 179
– *russatum* 180
– *wardii* 177
– Williamsianum-Gruppe 182
– *yakushimanum* 182
– Yakushimanum-Gruppe 183
– *calophytum* 177
Rhus typhina 189
Ribes alpinum 189
– *aureum* 189
– *sanguineum* 189
Robinia hispida 'macrophylla 190
– *pseudoacacia* 190
Rosa canina 191
– *foetida* 191
– *gallica* 191
– *glauca* 192
– *majalis* 192
– *moyesii* 192
– *multiflora* 192
– *nitida* 192
– *pendulina* 193
– *rubiginosa* 193
– *rugosa* 193
– *sericea* subsp. *omeiensis* fo. *pteracantha* 193
– *spinosissima* 194
– *villosa* 194
– *xanthina* fo. *hugonis* 194
Rubus 'Benneden' 204
– *leucodermis* 204
– *odoratus* 204
– *pentalobus* 204
– *phoenicolasius* 204
– *tricolor* 205

Salix acutifolia 'Pendulifolia' 202
– *caprea* 202
– *elaeagnos* 'Angustifolia' 205
– *hastata* 'Wehrhanii' 207
– *helvetica* 207
– *integra* 'Hakuro Nishiki' 205
– *lanata* 207
– *matsudana* 'Tortuosa' 206
– *purpurea* 'Nana' 206
– *repens* 'Voorthuzen' 207
– *rosmarinifolia* 206
– *udensis* 'Sekka' 206
– × *sepulcralis* 'Erythroflexuosa' 206
Sambucus nigra 208
Sasa palmata 208
Schisandra chinensis 209
Sciadopitys verticillata 269
Semiarundinaria fastuosa 209
Sequoia sempervirens 270
Sequoiadendron giganteum 270
Shibataea kumasasa 209
Skimmia japonica 210
Sophora japonica 210
Sorbaria sorbifolia 211
Sorbus aria 211
– *aucuparia* 212
– *cashmiriana* 213
– *commixta* 'Serotina' 213
– *domestica* 214
– 'Joseph Rock' 213
– *reducta* 213
– *sargentiana* 213
– *vilmorinii* 213
– × arnoldiana 212
– × *hybrida* 'Gibbsii' 212
– × *thuringiaca* 'Fastigiata' 212
Spiraea betulifolia 'Tor' 216
– *decumbens* 216
– *densiflora* 217
– *japonica* 215
– *nipponica* 'Flächenfüller' 215
– *nipponica* 'Snowmound' 215
– *thunbergii* 215
– × *arguta* 214
– × *billardii* 'Triumphans' 214
– × *cinerea* 'Grefsheim' 214
– × *vanhouttei* 215
Stachyurus chinensis 217
– *praecox* 217
Staphylea colchica 217
Stephanandra incisa 218
Stewartia pseudocamellia 218
Symphoricarpus albus var. *laevigatus* 218
– × *chenaultii* 'Hancock' 219
– × *doorenbosii* 219
Syringa josikaea 220
– 'Agnes Smith' 220
– 'Josee' 220
– *meyeri* 'Palibin' 220
– *microphylla* 'Superba' 220
– *patula* 'Miss Kim' 220
– Villosae Gruppe 221
– *vulgaris* 220
– × *chinensis* 219

Tamarix parviflora 222
– *ramosissima* 'Pink Cascade' 222
Taxodium distichum 271
Taxus baccata 271
– *cuspidata* 'Nana' 274
– × *media* 274
Thuja occidentalis 275
– *plicata* 276
Thujopsis dolabrata 277
Tilia cordata 222
– *platyphyllos* 223
– *tomentosa* 223
– × *euchlora* 223
– × *vulgaris* 'Pallida' 224
Tsuga canadensis 277
– *mertensiana* 278

Ulmus × *hollandica* 'Dampieri Aurea' 224

Vaccinium corymbosum 224
– *vitis-idaea* 224
Viburnum carlesii 'Aurora' 226
– *davidii* 226
– *farreri* 225
– *lanata* 226
– *opulus* 227
– *plicatum* 227
– *rhytidophyllum* 228
– *tinus* 228
– × *bodnantense* 225
– × *burkwoodii* 225
– × *carlcephalum* 225
Vinca major 228
– *minor* 228
Vitis coignetiae 229
– *vinifera* 229

Weigelia-Hybriden 228
– *florida* 230
– *floribunda* 231
– *sinensis* 231

Xanthocyparis nootkatensis 'Pendula' 278

Register der deutschen Pflanzennamen

Abelie 42
– Großblütige 42
– Koreanische 42
Ahorn 43
– Amerikanischer Schlangenhaut- 45
– Berg- 50
– Burgen- 44
– Davids Schlangenhaut- 45
– Eisenhutblättriger 18
– Eschen- 46
– Fächer- 14, 16, 47
– Feld- 43
– Feuer- 52
– Japanischer Gold- 49
– Koreanischer Schlangenhaut- 45

- Rostnerviger Schlangenhaut- 45
- Rot- 51
- Roter Schlangenhaut- 44
- Schlangenhaut- 44
- Silber- 51
- Spitz- 49
- Weinblatt 49
- Zimt- 46
- Zöschener 44

Alpenrose 180
- Behaarte 180
- Rostblättrige 180

Amberbaun 144
Angelikabaum 58
- Japanischer 58

Apfel 153
- Japan- 153
- Sargents 153
- Vielblütiger 153
- Zier- 18, 153

Apfelbeere 59
- Kahle 59
- Pflaumenblättrige 59

Araukarie 238
Arve 261
Azalee 178, 186
- Albrechts 178
- Japanische 186
- Kamtschatka- 179
- Pontische 178
- Schippenbachs 179
- Westliche 179
- Japanische 186
- sommergrüne 187

Bambus 116, 139, 162, 165, 173, 208, 209
- Fächer- 173
- Fontänen- 117
- Goldhalm- 163
- Grüner 163
- Indus- 139
- Kamuro- 165
- Knoten- 162
- Palmblatt- 208
- Säulen- 209
- Schirm-116
- Schwarzhalm- 163
- Shibata- 209
- Smaragdgrüner 163

Bärentraube, Rotfrüchtige 58
Bartblume 16, 75
Bärtentraube 58
Bastardzypresse 246
Baumwürger 77
- Rundblättriger 77

Belgischer Spierstrauch 215
Berberitze 60
- Blut- 61
- Buchsbaumblättrige 60
- Hookers 60
- Immergrüne Kissen- 60
- Julianes 61
- Schmalblättrige 62
- Schneeige 60
- Thunbergs 62
- Warzige 61

Besenginster 103
Besenheide 69
Birke 62
- Chinesische 62
- Gold- 63
- Hänge- 16, 65
- Japanische Weiß- 64
- Kupfer- 62
- Lindenblättrige 64
- Papier- 64
- Sand- 65
- Schwarz- 65
- Warzen- 65
- Weißrindige Himalaya- 64
- Zwerg- 64

Birne 174
- Chinesische 174
- Weidenblätrige 175

Blasenbaum 140
Blasenspiere 163
- Virginia- 163

Blasenstrauch, Gewöhnlicher 89
Blauregen 15, 231
- Japanischer 231

Blumenspiere, siehe Prunkspiere 114
Buche, Rot- 115
Buchsbaum 68
Buschklee, Thunbergs 142

Deutzie 107
- Raue 108
- Zierliche 107

Dickmännchen 157
Douglasie 269

Eberesche 212
- Arnolds 212
- Gewöhnliche 212
- Himalaja- 213
- Mahagoni- 213
- Sargents 213
- Vilmorins 213

Efeu 15, 124
- Colchischer 124
- Gewöhnlicher 125
- Irischer 125

Eibe 16, 271
- Europäische 271
- Hybrid- 274
- Japanische 274

Eibisch, Rosen- 126
- Strauch- 126

Eiche 175
- Armenische 175
- Gold- 176
- Säulen- 176
- Scharlach- 176
- Sumpf- 176
- Zerr- 175

Eisenholz, Persisches 159
Erbsenstrauch, Gewöhnlicher 71
Erle 55
- Gold- 55
- Herzblättrige 55
- Kaiser- 55
- Späths 55

Esche 120
- Blumen- 18, 120
- Hänge- 16
- Manna- 120

Fächerblattbaum 246
Federbuschstrauch 119
- Erlenblättriger 119
- Großer 119

Felsenbirne 14, 18, 56
- Erlenblättrige 56
- Gewöhnliche 57
- Großblütige 56
- Kahle 57
- Kupfer- 56

Felsenmispel 14
Feuerdorn 173
Fichte 255
- Blau- 259
- Gewöhnliche 255
- Kanadische 257
- Kaukasus- 258
- Omorika- 258
- Orient- 258
- Schimmel- 257
- Serbische 258
- Siskiyou- 257
- Stech- 259

Fiederspiere, Sibirische 211
Fingerstrauch 165
Flieder 219
- Chinesischer 219
- Gewöhnlicher 221
- Ungarischer 220

Flügelginster 81
Föhre 266
Forsythie, Hybrid- 117

Geißblatt 15, 145
- Feuer- 146
- Gold- 146
- Henrys 146
- Trompeten- 145
- Wald- 146

Geißklee 102
- Beans' 102
- Niederliegender 102
- Schwarzwerdender 102

Gewürzstrauch 71
Ginkgo 18, 246
Ginster 81, 102, 121
- Elfenbein- 103
- Färber- 121
- Lydischer 121
- Purpur- 81
- Sand- 121
- Zwerg-Elfenbein- 16, 102

Glanzmispel 162
- Purpur- 162
- Warzige 162

Gleditschie 18, 122
Goldlärche 268
Goldregen 18, 141
- Hybrid- 141

Goldzypresse, Nutka- 278

Hainbuche, Gewönhliche 72
Hartriegel 14, 17, 90
- Blumen- 18, 92
- Blutroter 91
- Gelbrindiger 91
- Japanischer Blumen- 92
- Pagoden- 16, 91
- Roter Blumen- 93
- Tatarischer 90

Hasel 94
- Baum- 95
- Gewöhnlicher 94

Heckenkirsche 147
- Blaue 147
- Duft- 148
- Immergrüne Kriech- 148
- Kamtschatka- 147
- Maacks 147
- Rote 148
- Strauch- 148
- Tataren- 148

Heide, Cornwall- 111
- Grau- 111
- Irische 105
- Schnee-110

Heidelbeere, Amerikanische Strauch- 224
Hemlocktanne 277
- Berg- 278
- Kanadische 277

Heptacodium 126
Hibalebensbaum 277
Himbeere 204
- Kriech- 204
- Oregon- 204
- Wohlriechende 204

Holunder, Schwarzer 208
Hortensie 128
- Eichenblättrige 132

- Garten-130
- Kletter- 15, 128
- Raue 129
- Rispen- 132
- Wald- 129
Hülse 134

Immergrün 228
- Großes 228
- Kleines 228

Jasmin, Winter- 15, 138
Jelängerjelieber 15, 145
Johannisbeere 189
- Alpen 189
- Blut- 189
- Gold- 189
Johanniskraut 16, 133
- Duftloses 134
- Großblütiges 133
Judasbaum, Gewöhnlicher 78
- Kanadischer 78
Jungfernrebe 159
- Dreispitzige 159
- Gewöhnliche 159

Kamelie 71
- Herbstblühende 73
- Japanische 71
Katsurabaum 78
Kerrie 140
Kiefer 260
- Berg- 16, 263
- Blaue Mädchen- 262
- Bosnische 262
- Bunges 260
- Dreh- 261
- Gewöhnliche 266
- Grannen- 260
- Japanische Rot- 262
- Krummholz- 263
- Langlebige 260
- Mädchen- 264
- Ostasiatische Zwerg- 265
- Rumelische 265
- Schlangenhaut- 262
- Schwarz- 264
- Schwerins 266
- Tränen- 267
- Weymouths- 166
- Zirbel- 261
Kirsche 169
- Berg- 171
- Japanische Zier- 169
- Kurilen- 171
- Mahagoni- 172
- Tibetanische 172
- Yoshino- 172
- Zier- 169
- Japanische Zier- 170
Kirschpflaume 167
Knöterich, Schling- 116
Kolkwitzie 141
Korallenbeere, Bastard- 219
Kornelkirsche 93
Krähenbeere 109
- Schwarze 109
Kranzspiere 218
- Kleine 218
Kronsbeere 224
Küstenmammutbaum 270
Küstensequoie 270

Lärche 254
- Europäische 254
- Japanische 254
Lavendel 16, 142
- Echter 142
Lavendelheide 164
- Japanische 164
- Vielblütige 164
Lebensbaum 268, 275
- Abendländischer 275
- Morgenländischer 268
- Riesen- 276
- Zwerg- 255
Legföhre 263
Liebesperlenstrauch 69
Liguster 143
- Gewöhnlicher 144
- Stumpfblättriger 143
- Wintergrüner 144
Linde 222
- Kaiser- 224
- Krim- 223
- Silber- 223
- Winter- 222
Lorbeerkirsche 167
Lorbeerrose 138
- Breitblättrige 139
- Schmalblättrige 138
Losbaum 88
Losbaum, Japanischer 88

Magnolie 149
- Kobushi- 149
- Loebners 150
- Purpur- 149
- Siebolds 150
- Stern- 18, 151
- Tulpen- 151
Mahonie 152
- Gewöhnliche 152
Mammutbaum 270
Mandel, Russische Zwerg- 173
- Zwerg- 173
Mandelbäumchen 173
Mehlbeere 18, 211
- Bastard- 212
- Echte 211
- Schwedische 212
- Zwerg- 213
Mispel 155
- Fächer-Zwerg- 97
- Flockige Zwerg- 98

Ölweide 108
- Schmalblättrige 108

Päonie 157
- Rocks Strauch- 157
- Strauch- 158
Paulownie 190
- 16, 160
- Fiederschnittige 160
Perückenstrauch 95
Pfeifenstrauch 161
- Europäischer 161
Pfeifenwinde 15, 58
- Amerikanische 58
Pflaume 167
- Blut- 18, 167
- Zwerg-Blut- 167
Pimpernuss 217
- Kolchische 217
Porst 142
- Sumpf- 142
Prachtglocke 109
Preiselbeere 224
Prunkspiere 114

Quitte 101

Ranunkelstrauch 140
Rebe 229
- Rostrote 229
Rhododendron 177
- Ausgezeichneter 177
- Forrestii Gruppe
- Fortunes 177
- immergrüne, großblättrige Sorten 184
- kleinblättrige Sorten 181
- Rötlicher 180
- Schöner 177
- sommergrüne Azaleen 187
- Veilchenblauer 180
- Wards 177
- Williamsianum Gruppe 182
- Yakushima- 182
- Yakushimanum Gruppe 182
Robinie 190
- Borstige 190
- Gewöhnliche 190
Rose 191
- Alpen-Hecken- 193
- Apfel- 194
- Bibernell- 194
- Chinesiche Gold- 194
- Dünen- 194
- Edel- 202
- Essig- 191
- Gelbe 191
- Glanz-192
- Hecht- 192
- Hunds- 191
- Kartoffel- 193
- Kletter- 15, 198
- Mandarin-192
- Rotblättrige 192
- Schottische 193
- Stacheldraht- 193
- Vielblütige 192
- Wein- 193
- Zwerg- 201
- Beet- 200
- Kleinstrauch- 196
- Strauch- 15, 195
Rosmarinheide 57
- Kahle 57
Rosskastanie 53
- Karolina- 54
- Rotblühende 53
- Strauch- 54
Rotdorn 100
Rotholz, Chinesisches 255
Rottanne 255
Rotzeder 253

Säckelblume 77
- Blaue 77
Sanddorn 127
Scheinbeere 120
- Kahle Steife, siehe Torfmyrte 120
- Niederliegende 120
- Shallon- 121
- Wisley- 121
Scheinbuche 156
Scheinhasel 94
- Armblütige 94
Scheinkamelie 218
- Japanische 218
Scheinzypresse 241
- Hinoki- 243
- Lawsons 241
- Nutka-, siehe Goldzypresse 278
- Sawara- 244
Schirmtanne 269
Schlinge 226
Schmetterlingsstrauch 67
Schneeball, 14, 225
- Bodnant- 18, 225
- Davids 226
- Duft- 17, 225
- Gewöhnlicher 227
- Großblumiger Duft- 225
- Immergrüner Kissen- 226
- Japanischer 227

- Koreanischer Duft- 226
- Lorbeerblättriger 228
- Runzelblättriger 228
- Wintergüner Duft- 225
- Wolliger 226
Schneebeere 218
- Gewöhnliche 218
Schneeflockenstrauch 82
- Virginischer 82
Schneeglöckchenbaum 122
- Carolina- 122
Schönfrucht 69
Schuppenheide 75
Schweifähre 217
- Chinesische 217
- Japanische 217
Seidelbast 105
- Burkwoods 105
- Gewöhnlicher 106
- Maien- 105
- Rosmarin- 106
Sicheltanne 245
Skimmie 210
- Japanische 210
Sommerflieder 14, 66
- Chinesischer 66
Spaltkölbchen 209
- Chinesiches 2009
Speierling 214
Spierstrauch 16, 214
- Birkenblättriger 216
- Braut- 214
- Dichtblütiger 217
- Japanischer 215
- Kärntener 216
- Thunbergs 215
Spindelstrauch 112
- Flachstiegliger 113
- Flügel- 112
- Gewöhnlicher 113
- Kletternder 113
Stechpalme 134
- Blaue 136
- Japanische 136
Strahlengriffel 52
- Chinesischer 52
- Kolomikta- 53
- Scharfzähniger 52
Südbuche 156
Sugi 245
Sumach 189
- Hirschkolben- 189
Sumpfzypresse 271

Tamariske 222
- Kaspische 222
- Kleinblütige 222
Tanne 236
- Colorado- 236
- Edle 238
- Kaukasus- 237
- Korea- 236
- Nordmanns- 237
- Spanische 237
- Zwerg-Balsam- 236
- Zwerg-Kork- 237
Taschentuchbaum 106
Taubenbaum 106
Torfmyrte 120
Traubenheide 142
Trompetenbaum 76
- Gewöhnlicher 76
Trompetenwinde 71
- Amerikanische 71
- Großblütige 71
Tulpenbaum 145
Tupelobaum 156
- Wald- 156

Ulme 224
- Gold- 224

Vogelbeere 212

Wacholder 247
- Chinesischer 247
- Felsengebirgs- 252
- Gewöhnlicher 249
- Japanischer Kriech- 252
- Kriech- 16, 250, 252
- Pfitzers 251
- Schuppen- 253
- Strauch- 249
- Virginischer 253
Waldrebe 15, 82
- Alpen- 82
- Berg- 83
- Gewöhnliche 85
- Großblumige Hybriden 85
- Großblütige Alpen- 83
- Italienische 85
- Mongolische 84
Walnuss 138
Weide 205
- Drachen- 206
- Japanische 205
- Kaspische Reif- 205
- Kriech- 207
- Lavendel- 205
- Locken- 206
- Purpur- 206
- Rosmarin- 206
- Sal- 205
- Schweizer 207
- Spieß- 207
- Woll- 207
- Zwerg- 207
Weigelie 230
- Liebliche 230
Wein, Wilder 15, 159
Weinbeere 204
- Japanische 204
Weinrebe 229
- Echte 229
Weißdorn 99
- Eingriffliger 101
- Hahnensporn- 18, 100
- Lederblättriger 18, 100
- Pflaumenblättriger 18, 101
- Scharlach- 101
- Zweigriffliger 99
Winterbeere 137
- Rote 137
Winterblüte 81
- Chinesische 81
Wisterie 231
- Chinesische 231

Ysander 157

Zaubernuss 14, 17, 18, 123
- Chinesische 124
- Hybrid- 123
- Japanische 124
- Virginische 124
Zeder 239
- Atlas- 239
- Blaue Atlas- 239
- Himalaya- 240
- Libanon- 239
Zierquitte 79
- Chinesische 79
Zierquitte, Japanische 79
Zimterle 89
- Erlenblättrige 89
Zwergmispel 16, 96
- Kriechende 97
- Niederliegende 97
- Runzelige 96
- Schwedische 99
- Spalier- 98
- Teppich- 96
Zypresse 245
- Arizona- 245

Bibliografische Information der Deutschen Nationalbibliothek
Die Deutsche Nationalbibliothek verzeichnet diese Publikation in der Deutschen Nationalbibliografie; detaillierte bibliografische Daten sind im Internet über http://dnb.d-nb.de abrufbar.

Wollgrasweg 41, 70599 Stuttgart (Hohenheim)
E-Mail: info@ulmer.de
Internet: www.ulmer.de
Lektorat: Karin Wachsmuth, Antje Krause
Herstellung: Gabriele Wieczorek
Umschlagentwurf: red.sign Anette Vogt, Stuttgart
Satz: r&p digitale medien, Echterdingen
Druck und Bindung: Offizin Andersen Nexö, Zwenkau
Printed in Germany

ISBN 978-3-8001-5849-2